二十一世纪普通高等教育人才培养“十四五”系列精品教材
ERSHIYI SHIJI PUTONG GAODENG JIAOYU RENCAI PEIYANG SHISIWU XILIE JINGPIN JIAOCAI

基础会计（第四版）

主编◎林双全 李小腾

西南财经大学出版社
Southwestern University of Finance & Economics Press
中国·成都

图书在版编目(CIP)数据

基础会计 / 林双全，李小腾主编.—4 版.—成都：西南财经大学出版社，2024.2
ISBN 978-7-5504-6112-3

Ⅰ.①基…　Ⅱ.①林…②李…　Ⅲ.①会计学　Ⅳ.①F230

中国国家版本馆 CIP 数据核字(2024)第 043906 号

基础会计(第四版)
主编　林双全　李小腾

责任编辑:李晓嵩
责任校对:王　琳
封面设计:何东琳设计工作室
责任印制:朱曼丽

出版发行	西南财经大学出版社(四川省成都市光华村街 55 号)
网　　址	http://cbs.swufe.edu.cn
电子邮件	bookcj@swufe.edu.cn
邮政编码	610074
电　　话	028-87353785
照　　排	四川胜翔数码印务设计有限公司
印　　刷	郫县犀浦印刷厂
成品尺寸	185mm×260mm
印　　张	25.625
字　　数	592 千字
版　　次	2024 年 2 月第 4 版
印　　次	2024 年 2 月第 1 次印刷
印　　数	1— 2000 册
书　　号	ISBN 978-7-5504-6112-3
定　　价	55.00 元

第四版前言

进入新时代，我国各行各业飞速发展变化，对人才培养不断提出新的要求。党的二十大报告提出“加快构建新发展格局，着力推动高质量发”“构建高水平社会主义市场经济体制”“充分发挥市场在资源配置中的决定性作用”。习近平总书记深刻指出：“办好人民满意的教育。教育是国之大计、党之大计。培养什么人、怎样培养人、为谁培养人是教育的根本问题。育人的根本在于立德。全面贯彻党的教育方针，落实立德树人根本任务，培养德智体美劳全面发展的社会主义建设者和接班人。”为了更好地服务经济社会发展和高素质人才培养，我们组织修订了《基础会计》（第三版）一书。

在会计职业教育实践中，我们逐渐意识到一个值得重视的教育误区，即应用技术类学生应以实际操作为主，理论知识可以根据工作需要来补充学习。然而，事实并非如此。在指导学生顶岗实习中，我们经常发现有些学生在编制报表时，往来款项出现负数时不会进行重分类调整；有的学生则将财务软件中的记账凭证编号全部选择为“转字”，等等。这些大量发生的实践差错使我们发现，知识的局限性和片面性不利于学生职业技能的真正提高，在会计职业教育中引导学生全面、系统地学习理论知识同样重要。理论学习全面、系统，可以使学生具有扎实的功底和系统完整的指导思想。只有指导思想正确了，实践中的错误才会减少；只有理论水平提高了，解决问题的能力才会随之增强。本书在编写过程中注重突出以下特点：

第一，理论学习的系统性和完整性。本书主要从会计基本理论、基本方法和基本程序三个方面介绍会计基础知识。第一章 会计基本理论，主要遵循会计核算基本程序确认、计量、记录、报告四个环节，在介绍复式簿记、资金平衡、平行登记等传统会计学原理的同时，突出了会计目标、会计假设、会计确认、会计计量、会计报告等现代会计理论的系统性。第二章 会计基本方法，主要从设置账户、复式记账、填制和审核会计凭证、登记会计账簿、成本计算、财产清查、编制会计报告七个方面介绍会计核算原理，展现了会计方法的完整性。第三章 会计基本程序，主要介绍了会计资料组织程序和保管程序，前者包括记账凭证账务处理程序、科目汇总表账务处理程序、汇总记账凭证账务处理程序、多栏式日记账账务处理程序和日记总账账务处理程序五种账务处理程序，后者主要包括会计档案整理归档、查阅以及销毁程序等内容。

第二，技能训练的针对性和全面性。本书第四章和第五章为会计实训部分。第四章主要培养学生工业企业科目汇总表全套账务处理基本能力，第五章主要培养学生商业企业记账凭证账务处理基本能力。案例设计针对性强、教学目的明确，确保从不同侧面以不同形式全方位培养学生职业技能。

本书由广州城市职业学院林双全、李小腾担任主编，负责拟定编写大纲、设计案例、确定内容结构，进行总纂、修改和定稿；广州城市职业学院林双全、李小腾、周荃、胡美秀，中国航空油料有限责任公司成都天府分公司周建承担相应编写工作。第一章第一节由周荃编写，第二节、第三节、第四节、第五节、第六节由林双全编写；第二章第一节由胡美秀编写，第二节、第三节由周建编写，第四节由林双全编写，第五节、第六节、第七节由李小腾编写；第三章由林双全编写；第四章由林双全编写；第五章由林双全编写；课后小结及习题由林双全编写。

由于时间仓促，水平有限，本书不足和错漏之处恳请读者批评指正，以期不断完善。

编者

2024 年 2 月

目录

第一章　会计基本理论

会计是现代经济生活中普遍使用、频繁出现的一个词语，泛指会计工作、会计人员、会计信息以及会计科学等。会计在现代经济生活中不可或缺，无论是个人的经济活动还是所在组织的经济活动，都离不开会计。会计为适应人类生产实践和经济管理的客观需要而产生，并随着生产的不断发展而发展。经济越发展，会计越重要。

第一节　会计概论

一、发展简史

人类物质资料的生产活动是人类生存和发展的基础，它决定着人类其他一切活动，也是会计产生的根本前提。会计行为是人类发展到一定阶段的产物，会计在我国有着悠久的历史。远在原始社会末期，我国就有“结绳记事”“刻契记数”等原始计算记录的方法，这就是会计的萌芽。

直到西周时期（公元前 1046 年—公元前 771 年），我国才有了“会计”一词和较为严格的会计机构。根据西周“官厅会计”核算的具体情况考察，“会计”开始运用时，其基本含义是“零星算之为计，综合算之为会”，既有日常的零星核算，又有岁终的综合核算，通过日积月累到岁终的核算，达到正确考核王朝财政收支的目的。同时，西周王朝也建立了较为严格的会计机构，设立了专管钱粮赋税的官员，并建立了所谓“以参互考日成，以月要考月成，以岁会考岁成”的“日成”“月要”和“岁会”等报告，初步具有了旬报、月报、年报等财务报表的雏形，发挥了会计既能对经济活动进行记录核算，又能对经济活动进行审核监督的作用。“会计”这一专有名称的出现，是我国会计理论产生、发展的一种表现，而完备的会计机构的出现，又是我国会计发展史上的一个显著进步。

唐宋时期，我国创建了“四柱结算法”，通过“旧管（期初结存）+新收（本期收入）- 开除（本期支出）= 实在（期末结存）”的基本公式进行结账，这为我国通用的收付记账法奠定了基础。到了清代，“四柱结算法”已经成为系统反映王朝经济活动或私家经济活动全过程的科学方法，是中式会计方法的精髓。

明末清初，随着手工业和商业的发展以及资本主义经济萌芽的产生，我国商人又进一步设计了以“四柱结算法”为基础的“龙门账”，把会计科目划分为“进”“缴”“存”“该”，用以计算盈亏。把全部账目分为“进”（相当于各项收入）、“缴”（相当各项支出）、“存”（相当于各项资产）、“该”（相当于资本、各项负债）四大类，运用“进-缴=存-该”的平衡公式计算盈亏，分别编制“进缴表”和“存该表”（利润表和资产负债表）。继“龙门账”后，我国又出现了“四脚账”，即对每一笔经济业务，既登记“来账”，又登记“去账”，反映同一账项的来龙去脉，既可检查日常记账的正确性，又可系统、全面、综合地反映经济活动的全貌。“龙门账”和“四脚账”是我国复式记账的最初形式，为我国后来发展严谨的复式记账方法奠定了基础。这是我国古代会计的一个杰出成就。

近代史上，我国长期存在的封建统治和半殖民地半封建社会的经济发展状况使我国会计工作的发展受到很大的限制。辛亥革命后，我国会计学家积极引进西方会计，使我国会计事业有了新的发展。20 世纪 30 年代，我国有过“改良中式簿记运动”，对中小企业的会计发展起过一定的推动作用，但仍存在“中式簿记”和“西式簿记”并存的局面。1494 年，意大利科学家、会计学家卢卡·帕乔利（Luca Pacioli）的天才著作《算术、几何、比及比例概要》一书在威尼斯出版发行，该书最早对“借贷记账法”进行了系统的介绍，以后相继传至欧洲各国，日本在明治维新时从英国引入“借贷记账法”。“借贷记账法”于 1905 年正式传入我国，在我国的洋行、海关、铁路、邮政等部门推行。

中华人民共和国成立以后，我国会计事业得到了很大发展。中华人民共和国成立初期统一了全国国营企业的会计制度，给会计工作的发展奠定了良好的基础。党的十一届三中全会后会计工作更是迎来了发展的春天。1980 年召开的第二次全国会计工作会议并成立会计学会为我国会计工作发展提供了组织保证。1985 年颁布的《中华人民共和国会计法》是我国会计法治化的大事。1993 年，我国对《中华人民共和国会计法》进行第一次修订，目前执行的是经修订并自 2000 年 7 月 1 日施行的《中华人民共和国会计法》（以下简称《会计法》）。1990 年 12 月 31 日，国务院发布《总会计师条例》，确立注册会计师制度。1992 年 11 月，财政部公布了《企业会计准则》和《企业财务通则》，自 1993 年 7 月 1 日起执行。2006 年 2 月 15 日，财政部发布了新《企业会计准则》，包括 1 项基本准则和 38 项具体准则，这标志着我国会计工作已经走向国际化、科学化、现代化。2011 年，国际会计准则理事会发起了新一轮变革。为保持我国会计准则与国际财务报告准则的趋同，财政部在 2012 年发布了一系列准则征求意见稿，2014 年正式修订了五项企业会计准则，新增了三项企业会计准则，发布了一项准则解释，并修改了《企业会计准则——基本准则》中关于公允价值计量的表述。2017—2023 年，财政部又对《企业会计准则及应用指南》进行了不同程度的修订。

二、本质内涵

关于会计的本质内涵，管理活动论、信息系统论、技艺论、工具论的观点不尽相同。

（一）管理活动论

管理活动论认为，会计是以货币为主要计量单位，以凭证为依据，借助专门的技术方法，对一定单位的资金运动进行全面、综合、连续、系统的核算与监督，向有关方面提供会计信息、参与经营管理、旨在提高经济效益的一种经济管理活动。在实际工作中，会计不仅为会计信息使用者的决策提供信息，而且在提供信息的过程中，对经济活动进行控制，参与预测与决策。这表明会计提供会计信息不是最终目的，仅是手段，最终目的是凭借这些手段进行管理。因此，从会计工作来看，会计本质上是一种经济管理活动。

（二）信息系统论

信息系统论认为，会计是一个服务于会计信息使用者据以做出决策的信息系统。无论是一个单位的内部有关方面，还是这个单位的外部相关方面，其相关决策的做出在一定程度上依赖于这个单位相关的经济活动信息，而会计的主要目标是提供有助于有关方面做出决策的会计信息。会计作为一个信息系统，由信息获取、信息储存、信息传输、信息控制、信息反馈等环节构成。会计信息系统既是一个单位管理信息系统中最重要的一个子系统，也是一个涉及面最广、反映经济活动最为综合的一个经济系统。

（三）技艺论

技艺论认为，会计是一种提供经济活动信息的技艺。经济活动是多种多样的，会计人员采用一定的方法与技术对大量的、繁杂的经济活动信息进行判别、记录、分类、汇总与解释，使其成为层次清晰、作用明确、数量有限的信息，达到揭示经济活动现状及其发展情况的目的。这种方法与技术被认为是一种会计技艺。作为技艺，部分是由客观规律决定的，部分是由技艺师的经验和技巧决定的。会计也是如此，会计人员对会计信息的加工都按照会计规则进行，但因会计人员的技巧和经验的差别，对会计政策、会计方法的选择不同，所产生的会计信息也有所差别。因此，从会计信息的加工过程来看，会计是一种提供经济活动信息的技艺。

（四）工具论

工具论认为，会计是一种经济活动的管理工具。在现实的经济社会中，可供利用的经济资源是有限的，为此人们需要对经济活动进行管理，进而达到对经济资源进行合理配置的目的。会计就是对经济活动进行管理的一种专门工具。从这个意义上说，会计不等同于会计工作，会计是从长期的会计工作实践中总结出来的用于指导会计工作的方法体系，是进行会计工作所必不可少的一种方法手段。显然，方法手段本身不属于管理，而是服务于管理的工具。

三、基本特征

会计的基本特征主要包括以下四个方面：以货币为主要计量单位，拥有一系列专门方法，具有核算和监督的基本职能，对经济活动的管理具有连续性、全面性、系统性和综合性。

（一）以货币为主要计量单位

从事会计核算工作，必须使用一定的计量单位，会计的计量单位包括实物计量、劳动计量、货币计量，但是会计的主要计量单位是货币。由于各种财产物资不能直接相加，如企业的厂房、设备、汽车、原材料、产成品等，只有把它们折算成价值量，即货币计量，才能汇总各种财产物资和反映不同性质的经济业务。因此，会计必须以货币为主要计量单位。

但是货币并不是会计唯一的计量单位。这是因为，会计不仅要从价值方面反映再生产过程的资金运动，还必须反映和监督再生产过程财产物资的增减变动情况。资金运动往往是伴随着财产物资的增减变动进行的。例如，对原材料的核算，会计不仅需要提供其总括的资料，还要提供各种材料的实际数量的增减变动。这时就需要同时使用货币单位和实物单位进行计量。因此，货币是会计的主要计量单位，而不是唯一的计量单位。

（二）拥有一系列专门方法

会计的方法是指用来核算和监督会计内容、完成会计任务的手段。会计的方法包括会计核算方法、会计分析方法和会计检查方法。会计核算方法是对经济活动进行全面、综合、连续、系统的记录和计算，为经营管理提供必要的信息所应用的方法。它是整个会计方法体系的基础。会计核算方法主要包括以下几种：

（1）设置账户。设置账户是对会计对象的具体内容进行分类核算和控制的一种方法。设置账户是进行会计核算的必要手段。账户依据会计科目设置，会计科目则是对会计要素具体内容进行分类核算的项目。会计对象、会计要素、会计科目是会计对应予以核算的同一经济事项由总括到细化的三个层次。设置会计账户就必须先按会计要素对会计对象的具体内容进行科学分类，之后对会计要素的内容进行具体的划分而形成会计科目，再根据会计科目在账簿中开立账户，用于分类、连续地记录各项经济业务引起的各项资金的增减变动情况和结果。显然，会计对象的内容是复杂多样的，通过设置一定的账户，进行归类记录，循序地汇集起来，才能对其进行系统的核算和有效的控制。

（2）复式记账。复式记账是指将企业发生的经济业务登记在两个或两个以上的账户，反映经济业务涉及资金的来龙去脉及增减变动情况的一种会计核算方法。一个企业发生的任何一项经济业务都不是孤立的，应用复式记账法可通过账户的对应关系反映出经济业务的来龙去脉，能够全面、系统地反映出经济业务的前因后果。复式记账通过价值形式的计算和记录，为经济管理提供核算指标。它以记账内容之间所表现出的数量上的平衡关系作为记账技术方法的基础。会计恒等式的等量双方，必然要求经济事物发生相互联系和等量的变化。如有一项发生增减变化，其他一项必然随之而发生等量的增减变化，为此必须通过两个或两个以上的账户，相互联系地做双重记录，全面反映经济活动的客观规律。目前，我国企业、行政和事业单位均采用复式记账法。

（3）填制和审核会计凭证。填制和审核会计凭证是为了保证经济业务的合法合理，登记入账的会计记录正确、完整而采用的一种方法。会计凭证是记录经济业务、明确经济责任的书面证明，是登记账簿的依据。已经发生或完成的经济业务都要由经办人员或有关单位填制凭证，并签名、盖章。所有凭证都要经过会计部门和有关部门的审核。只有经过审核并认为正确无误的凭证，才能作为记账的依据。填制和审核凭证可以保证会计记录真实可靠、经济责任明确、经济业务合法合理。

（4）登记会计账簿。登记会计账簿是根据审核无误的会计凭证，在账簿中连续、完整并分门别类地记录和循序地汇集计算所发生的经济业务的一种方法。账簿由具有一定格式的账页所组成，是用来连续、完整并分门别类地记录各项经济业务的簿籍，是储存会计数据资料的重要工具。进行会计核算必须设置账簿，登记账簿必须以会计凭证为依据。这样才能可靠、连续、完整并分门别类地记录经济业务的发生情况，再通过定期的结账与对账，为编制会计报告提供完整而又系统的会计数据，同时可以为事中、事后的会计控制提供基础资料。

（5）成本计算。成本计算是按照一定对象归集和分配在生产经营过程中不同部门、不同阶段发生的各种费用支出，以确定该对象的总成本和单位成本的方法。通过成本计算，企业可以确定材料的采购成本、产品的生产成本和销售成本，可以反映和监督生产经营过程中发生的各项费用是节约还是超支。成本计算的意义在于掌握企业的生产经营消耗水平，为企业计算盈亏或财务成果奠定基础。

（6）财产清查。财产清查是通过盘点实物、核对账目来保持账实相符的一种方法。账簿资料系统地记录了企业的经济活动，但会计记录正确与否的检验标准就是与账面反映相对应的实有数进行盘点核对。为提高会计记录的准确性，保证账实相符，企业必须定期或不定期地对各项财产物资、往来款项进行清查、盘点和核对。通过财产清查，企业还可以查明各项财产物资和货币资金的保管和使用情况以及往来款项的结算情况，监管财产物资和资金的安全与合理使用。企业在清查中发现财产物资和货币资金的实有数与账面结存数不一致，应及时查明原因，通过一定审批手续进行处理，并调整账簿记录，使账面数与实存数额保持一致，保证会计核算资料的正确性和真实性。

（7）编制会计报告。编制会计报告是以书面报告形式定期总括地反映企事业单位财务状况、经营成果和现金流量变动情况的一种专门方法。会计报告主要以账簿记录为依据，经过加工整理而产生的一套完整信息的书面文件。会计报告提供的资料，是会计信息使用者赖以做出决策的主要依据。

（三）具有核算和监督的基本职能

会计的职能是指会计在经济管理过程中客观上具有的功能。会计的基本职能是核算职能和监督职能。

会计的核算职能，即会计反映的职能，贯穿经济活动的全过程，是会计最基本的职能。会计的核算职能是指会计以货币为主要计量单位，通过确认、计量、记录、计算、报告五个环节，对特定主体的经济活动进行记账、算账、报账，为各方面提供会计信息的功能。其中，记账是指对特定对象的经济活动采用一定的记账方法，在账簿中进行登记；算账是指在记账的基础上，对企业一定时期的收入、费用（成本）、利润和一定日期的资产、负债、所有者权益进行计算（行政事业单位是对一定时期的收入、支出、结余和一定日期的资产、负债、净资产进行计算）；报账是指在算账的基础上，对企业的经营状况和经营成果及现金流量情况（行政事业单位是指对其经费收入、经费支出、经费结余以及财务状况），以会计报表的形式向有关方面报告。根据《会计法》的规定，企业发生的一切经济业务，都必须借助会计核算职能，通过记账、算账、报账的会计核算三项工作，如实全面地反映出来，为有关各方提供决策有用的会计信息。会计核算的具体内容概括起来有以下七个方面：款项和有价证券的收付；财物的收发、增减和使用；债权、债务的发生和结算；资本的增减；收入、支出、费用、成本的计算；财务成果的计算和处理；需要办理会计手续、进行会计核算的其他事项。

会计对经济活动进行核算的过程也是实施会计监督的过程。会计的监督职能，即会计控制的职能，是指会计人员在进行会计核算的同时，对特定主体的经济活动的真实性、合法性和合理性进行审查。其中，真实性审查是指对各项经济业务应当以实际发生的交易或者事项为依据进行确认、计量和报告，保证会计信息真实可靠、内容完整；合法性审查是指保证各项经济业务符合国家有关法律法规的规定，遵守财经纪律，执行国家的各项方针、政策，杜绝违法乱纪行为；合理性审查是指检查财务收支是否符合特定对象的财政收支计划，是否有利于预算目标的实现，是否有奢侈浪费的行为，是否有违反内部控制制度的要求等现象，为增收节支提高经济效益严格把关。会计监督按其和经济活动之间的关系，分为事前监督、事中监督和事后监督。

核算职能和监督职能之间是密切结合、相辅相成的辩证统一的关系。会计核算是会计监督的基础，没有核算职能提供的各种信息，会计监督就失去了依据；而会计监督又是会计核算职能的保证，没有监督职能，就难以保证核算所提供的会计信息的真实性和可靠性。

除了核算和监督两大基本职能外，随着环境的变化与会计的发展，会计的职能也在拓展。由于所有权与经营权的分离、市场竞争的加剧、资本市场的发展以及经济管理水平的提高，会计预测、会计决策、会计预算、会计分析、会计考核的职能逐渐形成并加强。

（四）对经济活动的管理具有连续性、全面性、系统性和综合性

连续性是指会计对会计主体发生的能以货币表示的经济活动，要按其发生的时间顺序，不间断地进行记录核算。

全面性是指会计对所有纳入会计核算、监督范围的经济活动进行完整的记录，不能有任何遗漏。

系统性是指会计对各项经济活动既要进行相互联系的记录，又要进行科学的分类整理，并将各类经济活动之间的关系反映出来。

综合性是指会计对各项经济活动，统一以货币为计量单位，进行综合汇总，计算出经营管理所需的总括价值指标。

会计反映经济活动的这些特点是与其他经济分析方法相对而言的。例如，统计分析方法就没有像会计这样有以上四个方面的要求。

四、会计目标

会计工作所要达到的终极目的即会计目标，会计目标是向会计信息的使用者提供与企业财务状况、经营成果和现金流量等有关的会计信息，反映管理层受托责任履行情况，有助于会计信息使用者做出经济决策。对会计目标的这一描述反映了对会计目标的受托责任观与决策有用观两种认识。

（一）受托责任观

受托责任观认为，会计的目标是以有效的方式反映资源受托者的受托责任及其履行情况，所提供的会计信息不应受资源所有者以及经营者的影响，只受法定的或公认的会计规范约束。

（二）决策有用观

决策有用观认为，会计的目标是向会计信息使用者提供有助于其做出正确决策的信息，制定与施行法定或公认的会计规范是为了约束会计行为，使所提供的会计信息能够满足会计信息使用者的决策需要。

会计目标的决策有用观与受托责任观之间存在着密切的关系。受托责任观是决策有用观的基础，而决策有用观是受托责任观的发展，明确受托责任的目的仍在于决策，因此我们认为决策有用观包含了受托责任观。

会计信息使用者的身份不同，需求也不同。对于会计信息的外部使用者，如不直接参与企业管理的现实投资者与潜在投资者、债权人、债务人、物资供应商、产品经销商、各级政府的有关部门、中介机构以及咨询或分析机构等，企业一般根据法定或公认的会计规范对外提供会计信息，通常以资产负债表、利润表、现金流量表等报表及其附注等基本形式与规定内容满足其共同的需要，并保证所提供会计信息的中立性。对于会计信息的内部使用者，如企业的管理当局或责任部门、职工代表大会、工会组织、广大员工等，企业可以不受法定或公认的会计规范的约束，以内部财务报告等形式提供决策有用信息，所提供的信息具有较多的个性。

会计信息的加工处理与报告顺序被称为会计核算程序。会计核算程序包括从经济业务发生，到经办人员填制或取得凭证，经会计人员审核整理后，按照设置的账户，运用复式记账法，编制记账凭证，并据以登记账簿；对于生产经营过程中发生的各项费用，进行成本计算，最终计算出企业的经营成果；对于账簿的记录，通过财产清查加以核实，在保证账实相符的基础上，定期编制财务会计报告。会计凭证、会计账簿、会计报告提供的资料是会计信息使用者赖以做出决策的主要依据。会计通过上述的核算程序与方法，相互联系，互相配合，循序渐进，按照“确认、计量、记录、报告”的过程形成会计信息系统，提供会计信息为决策者服务，实现会计目标。在会计信息系统中（如图 1-1 所示），确认、计量、记录、报告等会计核算基本程序与设置账户等会计核算七大主要方法之间不能截然分开，需要进行交互应用。

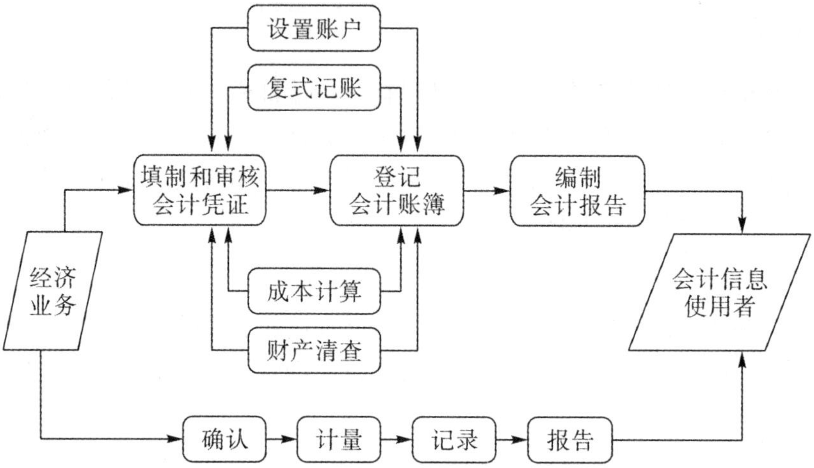

图 1-1　会计信息系统（会计核算基本程序与会计核算方法关系）

五、会计职业

会计职业是会计的专业工作领域。会计职业是随着社会经济的发展而发展的，社会经济的发展水平越高，会计工作的内容越丰富，会计工作的领域也就越宽广。

在美国，存在私人会计、公共会计和政府会计三种类型的会计职业，从事会计工作的会计师也就相应地被分为私人会计师、公共会计师和政府会计师。私人会计师是指服务于特定企业或组织的会计师。私人会计师的服务领域很广，包括广大的工商企业、学校等非营利组织等，这些企业或组织的生产经营管理或运行管理都离不开私人会计师的服务。私人会计师从事的工作包括归类业务事项、登记账簿、定期盘点、分期结账、编制并提供报表等一般会计工作以及成本会计工作、税务会计工作、预算等管理会计工作、内部审计工作等。公共会计师也称注册会计师，是指以收取服务费的形式向客户提供审计、管理咨询等服务的会计师。公共会计师所提供的审计服务，通常是一种外部审计服务，是遵循一定的工作标准（审计准则），对企业或组织的会计报表和其他会计资料进行检查，确定其是否符合一定的会计规范（会计准则），并对会计报表是否真实、公允地反映了企业或组织的财务状况、经营成果、现金流量发表意见。公共会计师提供的管理咨询服务包括内部控制咨询服务、税务咨询服务等。一般规定注册会计师提供的审计业务与管理咨询业务必须分开进行，以保证审计业务的独立性。注册会计师在专业的会计师事务所执业，国际上著名的四大会计师事务所包括普华永道、德勤、安永和毕马威会计师事务所。政府会计师是指受聘于各级政府机构的会计师，为各级政府提供会计服务，属于政府工作人员。

我国的会计职业与美国的会计职业相似，会计人员既可以在某一企业或组织从事会计工作，也可以在政府的财政部门、税务部门、国有资产管理部门以及银行、保险、证券等监管机构从事会计工作。前者相当于美国的私人会计人员，后者则相当于美国的政府会计人员。我国的注册会计师也是一种重要的会计职业，注册会计师在会计师事务所执业，为企业或组织提供审计业务与管理咨询业务。截至 2018 年 12 月 31 日，我国共有会计师事务所 7 862 家，注册会计师执业会员 109 352 人。我国会计职业实行资格管理制度，从事会计工作的人员必须取得会计从业资格证书，即会计证或会计上岗证，从事注册会计师审计服务的，必须取得注册会计师资格。同时，我国会计从业人员还可以按照规定通过会计初级、中级乃至高级职称考试，获评初级会计师、会计师乃至高级会计师职称。

除了会计实务工作外，会计职业还包括会计教学与会计研究工作。

课后小结

主要术语中英文对照

1. 会计	Accounting	2. 会计研究	Accounting Research
3. 会计理论	Accounting Theory	4. 会计实务	Accounting Practice
5. 会计职能	Accounting Function	6. 财务会计	Financial Accounting
7. 核算	Account	8. 管理会计	Managerial Accounting
9. 控制	Control	10. 成本会计	Cost Accounting
11. 会计信息	Accounting Information	12. 税务会计	Tax Accounting
13. 会计目标	Accounting Goal	14. 财务管理	Finance Management
15. 会计职业	Accounting Profession	16. 预算会计	Budgetary Accounting
17. 会计师	Accountant	18. 审计	Auditing

19. 初级会计师	Junior Accountant
20. 高级会计师	Senior Accountant
21. 注册会计师	CPA — Certified Public Accountant
22. 会计师事务所	Accounting Firm
23. 电算化会计	Electronic Data Processing Accounting
24. 确认、计量、记录、报告	Recognition、Measurement、Record、Report
25. 受托责任观	Accountability
26. 决策有用观	Decision-usefulness

复习思考题

1. 从会计的发展历史看，哪些因素引发了会计的重大变革？
2. 会计的本质内涵有哪几种观点？会计具有哪些特征？
3. 简要说明对会计职能的理解。
4. 会计目标观有哪两种？它们之间关系如何？
5. 会计核算基本程序有哪些？会计核算的主要方法有哪些？两者之间的关系如何？
6. 简述对会计职业的认识及自己的职业生涯规划。

练习题

一、单选题

1. 会计的主要特点之一是（　　）。

A. 以实物为主要计量单位　　B. 以货币为主要计量单位

C. 以账簿为主要依据　　D. 是一个独立的互不联系的信息系统

2. 管理活动论认为，会计本质上是一种（　　）。

A. 工具　　B. 信息系统

C. 技艺　　D. 经济管理活动

3. 1494年意大利数学家卢卡·帕乔利创立的（　　），成为会计发展史上的一个里程碑。

A. 四柱结算法　　B. 借贷记账法

C. 货币计量法　　D. 价值管理法

4. 会计的基本职能是（　　）。

A. 预测和决策　　B. 核算和监督

C. 管理生产经营活动　　D. 分析和考核

5. 会计的目标是（　　）。

A. 向信息使用者提供可以据以做出决策的会计信息

B. 对经济活动进行核算和监督

C. 管理生产经营活动

D. 评价企业的绩效

6. 下列会计核算的五个环节中，不是会计核算程序主要过程的是（　　）。

A. 确认　　B. 计量

C. 记录　　D. 计算

E. 报告

7. 会计核算三项工作是指（　　）。

A. 记账、算账、报账

B. 编制会计凭证、登记账簿、编制会计报表

C. 确认、计量、记录

D. 预测、分析、决策

二、多选题

1. 会计可以从不同的角度来考察与认识，会计可以被认为是（　　）。

A. 一种管理活动　　B. 一个经济信息系统

C. 一种财务数据　　D. 一种技艺

E. 一种管理工具

2. 会计除基本职能外，还具有（　　）等职能。

A. 会计决策　　B. 会计考核

C. 会计分析　　D. 会计预测

E. 会计预算

3. 会计应向会计信息的使用者提供与一个单位的财务状况、经营成果和现金流量等有关的会计信息，其目标有（　　）。

A. 反映管理层受托责任履行情况

B. 反映单位的会计控制能力

C. 有助于会计信息使用者做出经济决策

D. 反映单位的会计核算能力

4. 会计核算方法的核心内容包括（　　）。

A. 设置账户　　B. 复式记账

C. 填制和审核会计凭证　　D. 登记账簿

E. 编制会计报告　　F. 成本计算

G. 财产清查

5. 下列不属于会计核算内容的有（　　）。

A. 采购计划的制订　　B. 财务管理制度的制定

C. 财务成果的计算和处理　　D. 劳动定额的制定

6. 从工作内容看，会计职业包括（　　）。

A. 会计教学工作　　B. 会计实务工作

C. 注册税务师工作　　D. 注册会计师工作

E. 会计研究工作

三、判断题

1. 会计被认为是一种将预计发生的经济活动加工为会计信息的技艺。（　　）

2. 由一个企业提供的会计信息不属于公共产品。（　　）

3. 会计信息提供者对所提供的会计信息，特别是对外提供的会计信息负有法律责任。（　　）

4. 随着国际资本市场的发展与全球经济一体化，会计作为一种通用的会计语言，在各国出现了趋同趋势。（　　）

5. 会计核算和会计监督是会计的两项基本职能，会计监督是在完成了会计核算后进行的。（　　）

6. 填制会计凭证是会计日常核算工作的起点。（　　）

参考答案

一、单选题

1. B　2. D　3. B　4. B　5. A　6. D　7. A

二、多选题

1. ABDE　2. ABCDE　3. AC　4. CDE　5. ABD　6. ABE

三、判断题

1. ×　2. ×　3. √　4. √　5. ×　6. √

第二节　会计假设

会计核算是在一定环境下运行和发展的。会计基本假设是对会计核算所处的时间、空间等环境所做的合理设定，是在一定社会经济条件下的适用范围和理论基础，是决定会计运行和发展的基本前提和制约条件。会计基本假设又称为会计的基本前提。只有规定了会计核算的基本假设，会计核算才能正常进行下去，才能选择确定会计处理方法。一般认为，会计核算的基本假设包括会计主体、持续经营、会计分期和货币计量。

一、会计主体

会计主体是指会计所核算和监督的特定单位或者组织，是会计确认、计量和报告的空间范围。从事经济活动，需要有一个进行会计核算的特定单位，这个特定的单位就是会计主体。作为一个会计主体，一般来说，凡是拥有独立的资金、自主经营、独立核算收支和盈亏并编制会计报表的企业或单位就构成一个会计主体。会计主体可以是企业，也可以是事业单位，可以是单一企业，也可以是几个企业组成的联营公司或企业集团等。会计主体不一定具有法人资格，不一定是法律主体，但法律主体一定是会计主体。

会计主体假设的意义在于：第一，将特定主体的经济活动与该主体所有者及职工个人的经济活动区别开来。第二，将该主体的经济活动与其他单位的经济活动区别开来，界定了从事会计工作和提供会计信息的空间范围。

二、持续经营

持续经营是指在正常的情况下，会计主体的生产经营活动将按当前的规模和状态持续经营下去，不会停业，也不会大规模削减业务。在可以预见的未来，该会计主体不会破产清算，所持有的资产将正常营运，所有的负债将正常偿还。

持续经营假设界定了会计核算的时间范围，即会计工作是在假定会计主体持续、正常地按照当前的规模和状态继续经营下去。现行的会计处理方法大部分是建立在持续经营假设上的，否则一些公认的会计处理方法将缺乏存在的基础。例如，固定资产按历史成本进行记录，并采用折旧的方法，将固定资产的历史成本分摊到各个会计期间或相关产品的成本中，就是基于持续经营的假设，否则固定资产就不应采用历史成本进行记录并按期计提折旧。又如，企业承担的债务也只有在持续经营的前提下，才可以按照规定的条件偿还，否则负债必须按照资产变现后的实际负担能力偿还。

当然，如果一个企业在不能持续经营时仍旧按持续经营的假设组织会计核算，就不能客观反映企业的财务状况、经营成果和现金流量，会误导会计信息使用者的经济决策。企业进入破产清算阶段，应该采用清算会计处理有关的会计事项。

三、会计分期

会计分期是指将一个企业持续不断的生产经营活动划分为一个个连续的、长短相同的期间，以便结算账目，编制财务会计报告。会计期间分为会计年度和中期，中期是指短于一个完整的会计年度的报告期间，包括半年度、季度和月度。会计年度一般采用日历年度，即每年的1月1日至12月31日为一个会计年度。

会计分期假设是对持续经营假设的补充。因为在持续经营的前提下，企业的生产经营活动是持续不断进行的，在时间上具有不间断性，如果不进行人为的期间划分，就只有在等到经济活动全部停止时，才能提供财务报告，这无法满足会计信息使用者的要求。因此，为了及时发现企业经济活动中的问题，不断改善经营管理就必须要划分会计期间，规定会计主体经济活动过程和结果的起止日期，并按会计期间分期记录、计算、结账并编制财务会计报告。

正是有了会计分期，才产生了当期与以前期间、以后期间的区别，才出现了权责发生制和收付实现制，使不同类型的会计主体有了记账基础。企业采用权责发生制确认收入和费用所属的会计期间后，进而出现了预收、预付、应收、应付、折旧等会计处理方法。

四、货币计量

货币计量是指会计主体在财务会计确认、计量和报告时采用货币作为统一的计量单位，反映会计主体的生产经营活动。会计提供的信息只有以货币为计量单位，才有可能将企业的各种资产、负债、所有者权益、收入、费用和利润等进行综合汇总。

货币计量条件隐含了“币值不变”的假设，即作为计量单位的货币币值稳定，即使币值本身价值发生波动也波动不大，在会计核算中可以不予考虑，仍按照稳定的币值计量，进行会计处理。事实上，货币本身是不可能不发生变动的，如果没有“币值不变”的假设，则意味着币值每一次发生变动，就必须对会计记录做一次相应的调整，而这在会计实务中是很难做到的。如果发生恶性通货膨胀（如年通货膨胀率达26%或者3年的通货膨胀率达100%）就需要采用物价变动会计来处理有关的会计事项。

在我国，人民币是国家的法定货币，《企业会计准则》规定我国会计核算应以人民币作为记账本位币。考虑到外商投资企业会计核算的需要，我国也允许业务收支以外币为主的企业可以选择某种外币作为记账本位币组织会计核算，但这些企业对外提供财务报表时，应当将外币折算成人民币反映。在境外设立的中国企业，一般要以当地的货币进行生产经营活动，通常也以当地货币组织会计核算，但为了国内有关部门了解其财务状况和经营成果，向国内报送的财务会计报告，应当折算成人民币。

会计核算的四个基本假设，具有相互依存、相互补充的关系。会计主体确立了会计核算的空间范围，持续经营与会计分期确立了会计核算的时间长度，而货币计量为会计核算提供了必要的手段。没有会计主体，就不会有持续经营，没有持续经营就不会有会计分期，没有货币计量就没有现代会计。

课后小结

主要术语中英文对照

1. 会计假设 Accounting Assumption & Accounting Postulate
2. 会计主体 Accounting Entity
3. 持续经营 Going Concern & Continuity
4. 会计分期 Accounting Period
5. 货币计量 Monetary Measurement

复习思考题

为什么要建立会计基本假设？会计核算需要建立哪些基本假设？

练习题

一、单选题

1. 会计主体是（ ）。
A. 一个企业 B. 企业法人
C. 对其进行核算的一个特定单位 D. 法人主体

2. 企业的会计期间是（ ）。
A. 自然形成的 B. 生产经营活动的一个周期
C. 人为划分的 D. 营业年度

3. 规范会计工作空间范围的会计核算基本前提是（ ）。
A. 会计主体 B. 持续经营
C. 会计分期 D. 货币计量

4. 在可以预见的将来，会计主体将会按当前的规模和状态持续经营下去，既不会停业，也不会大规模削减业务。这属于（ ）假设。
A. 会计主体 B. 持续经营
C. 会计分期 D. 货币计量

5. 形成权责发生制和收付实现制不同的记账基础，进而出现应收、应付、折旧等会计处理方法所依据的会计基本假设是（ ）。
A. 会计主体 B. 持续经营
C. 会计分期 D. 货币计量

6. 在我国，会计分期分为年度、半年度、季度和月度，它们均按（ ）确定。
A. 公历起讫日期 B. 农历起讫日期
C. 7 月制起讫日期 D. 4 月制起讫日期

二、多选题

1. 会计基本假设包括（　　）。

A. 会计主体　　B. 持续经营

C. 会计分期　　D. 货币计量

2. 下列选项中，可以作为一个会计主体核算的有（　　）。

A. 销售部门　　B. 分公司

C. 母公司　　D. 企业集团

3. 下列说法中，正确的有（　　）。

A. 会计人员只能核算和监督所在主体的经济业务，不能核算和监督其他主体的经济业务

B. 会计主体既可以是企业中的一个特定部分，也可以是几个企业组成的企业集团

C. 会计主体一定是法律主体

D. 持续经营假设界定了会计核算的时间范围

三、判断题

1. 我国企业的会计核算只能以人民币作为记账本位币。（　　）

2. 合伙经营的企业是会计主体。（　　）

3. 持续经营是假设企业可以长生不老，即使进入破产清算，也不应该改变会计核算方法。（　　）

4. 会计主体不一定是法律主体，但法律主体一定是会计主体。（　　）

5. 企业固定资产可以按照其价值和使用情况，确定采用某一方法计提折旧，它所依据的会计核算基本假设是持续经营。（　　）

参考答案

一、单选题

1. C　2. C　3. A　4. B　5. C　6. A

二、多选题

1. ABCD　2. ABCD　3. ABD

三、判断题

1. ×　2. √　3. ×　4. √　5. √

第三节　会计确认

会计加工处理信息的方法主要是分类记录和报告。分类记录和报告必须首先解决的问题就是要有一套明确的归类标准。在分类标准既定的情况下，企业还要判断所发生的交易或事项应该归入哪一类别、能否归于某一特定类别以及何时对其进行归类记录和报告等。这一过程就是通常所说的会计确认，因此会计确认是分类记录和报告的基础，是会计核算基本程序的首要环节。

一、会计确认的概念

会计确认是指把经济事项作为会计要素进行记录和列入财务报表的过程。会计确认至少应包括以下几层含义：

（一）就确认的内容而言

会计确认不仅包括收入、费用的确认，还包括资产和负债的确认。

（二）就确认的程序而言

会计确认包括初始确认和再确认两个步骤。

初始确认即对企业的交易或事项所产生的经济数据，按照事先确定的会计要素或具体归类对象，依据规定的确认标准进行识别、判断、选择和归类，以便它们在复式簿记系统中能被正式接受和记录。其具体程序包括：第一，将会计要素按照性质或用途进一步细分为会计科目；第二，判断一项交易或事项涉及的会计科目；第三，对照要素或会计科目的定义判断是否应将该交易或事项带来的影响或结果记入该要素或会计科目；第四，判断该交易或事项对会计要素或会计科目造成的影响的方向及金额；第五，按照规定的记账规则将其在账簿中进行登记。

再确认即将经过初始确认形成的账簿信息，依照会计信息使用者的需要，对账簿信息继续进行加工整理、浓缩提炼、归类组合、分析汇总，以形成便于会计信息使用者理解和使用的报告信息的过程。其具体程序包括：第一，将会计要素按照便于理解和使用的原则细分为具体的会计报表项目；第二，将会计账簿中登记的分类信息，按照会计报表项目重新分类；第三，确定会计报表项目的金额；第四，将所确定的金额登入会计报表的具体项目，并确定同类项目的合计金额。

（三）就确认的时点而言

会计确认包括初始确认（Initial Recognition）、后续确认（Subsequent Recognition）和终止确认（Determination Recognition）。初始确认是指于交易或事项发生或者形成时确认；后续确认是指记录项目的金额发生变动时对其金额变动部分进行确认；终止确认是指确认的会计要素灭失或不再具备确认条件时将其从财务报表中剔除。

（四）就确认的目标而言

会计确认的最终目标就是将用于记录企业交易或事项的数据，通过筛选、归类、整理、汇总，最终列示于财务报表之中，以形成对会计报表使用者决策有用的会计信息。

二、会计确认的标准

会计确认必须解决两个基本问题，即应否确认及何时确认。对前者所做的回答构成了会计确认的定性标准，而对后者所做的回答则构成了会计确认的时间标准。企业在对资产、负债、收入、费用等会计要素进行具体确认时，往往要将以上两种标准结合在一起，形成有针对性的具体确认标准，这些标准构成了会计确认的衍生标准。

（一）会计确认的定性标准

会计确认的基本标准是为实现会计目标而确立的用于判别和决定交易或事项是否应予确认的基本条件。这些基本确认标准是：可定义性（Definition）——拟确认项目应符合财务报表的某个要素的定义；可计量性（Measurability）——拟确认项目具有可量化的特征，即具有可用货币可靠计量且具有相关性的特征；相关性（Relevance）——该项目的信息具有导致决策差别的特性；可靠性（Reliability）——该项目的信息具有如实反映、可验证性和中立无偏性。

“可定义性”与“可计量性”是会计确认的基本条件；“相关性”和“可靠性”是会计确认的必要前提；“重要性”“成本效益原则”是会计确认的重要约束条件。具体确认标准如下：

（1）符合定义要求，即一项交易或事项形成的经济项目欲确认为某一会计要素，必须符合该要素定义所确立的标准，否则不能确认，如企业以经营租赁方式租入的固定资产，因不能为企业所拥有或控制而不能确认为企业的资产等。

（2）可用货币单位计量，即拟确认项目具有可用货币可靠计量的特征，如企业所拥有的人力资源，虽然该项资源完全符合资产的定义，但由于其取得成本或可带来的未来经济利益不能可靠地计量，因而在一般情况下是不能被确认为企业的资产的。

（3）相关性，即是否将某一项目确认为某一会计要素，要看该确认行为是否与会计报表使用者的决策相关，如企业自创商誉的价值通常表现为企业的有形资产的公允价值与其市场价值之差，是否在会计报表中反映这一价差，通常与会计报表使用者的决策不甚相关，因此也不予确认。

（4）可靠性，即是否将某一项目确认为某一会计要素，还要看该项目的金额能否可靠获得，如对一项自创商标来说，其取得成本或价值往往是企业长期努力的结果，其金额通常难以明确辨认，因此不会被确认为企业的资产。

（二）会计确认的时间标准

如果说会计确认的定性标准是决定什么经济事项应予确认以及应确认为什么要素的判别标准，那么会计确认的时间标准就是用于判断这些要素应于何时确认入账的判别标准。在判断会计要素应于何时确认入账时，通常有两种可供选择的时间基础，有时也被直接称为“会计基础”，即收付实现制和权责发生制。企业会计核算应当以权责发生制为基础进行会计确认、计量、记录和报告。

（1）收付实现制。在会计活动产生的早期，收付实现制一直是会计确认的天然的基础，如在自然经济条件下，人们在计量一年的收成时，通常会很自然地用一年的现金收入扣除当年现金支出后的差额衡量全年的经济收益。因此，收付实现制又被称为现金基础（Cash Basis）或现金制会计。现金制以现金收到或付出为标准来记录收入的实现或费用的发生。凡是属于本期收到的收入和支出的费用，不管其是否属于本期，都作为本期的收入和费用；反之，凡是本期未收到的收入和未支付的费用，即使应该属于本期，也不能作为本期的收入和费用。

采用收付实现制的优点是会计记录直观，便于根据账簿记录来量入为出；会计处理简便，不需要对账簿记录进行期末账项调整。然而，收付实现制这种确认本期收入、费用的方法不符合配比原则的要求。其缺点是不能正确计算各期损益。因此，收付实现制可适用于各级人民政府的财政会计、行政单位会计和不实行成本核算的事业单位会计。

（2）权责发生制。顾名思义，权责发生制就是以“权利”的形成时间和“责任”或“义务”的发生时间来作为会计确认的时间基础，即以权利或责任的发生与否为标准来确认收入和费用，也称应计制或应收应付制。凡是属于本期的收入，不管其款项是否收到，都应作为本期的收入；凡属于本期应当负担的费用，不管其款项是否付出，都应作为本期的费用。反之，凡不应归属本期的收入，即使款项在本期收到，也不应作为本期的收入；凡不应归属本期的费用，即使款项已经付出，也不能作为本期的费用。

采用权责发生制的优点是可以正确反映各个会计期间实现的收入和为实现收入所应负担的费用，从而可以把各期的收入与其相关的费用、成本相配合，加以比较，正确确定各期的财务成果。其缺点是实务处理繁琐。因为企业不可能在日常的会计工作中对每项业务都按权责发生制来记录，所以就需要在期末按权责发生制的要求进行账项调整。绝大多数企业采用这一基础记账。

三、会计确认对象的归类

会计确认在本质上就是将企业发生的交易或事项在特定的时间内按其性质认定为某一特定的类别或具体项目。这些特定的类别或具体项目是为实现会计目标而事前确定的会计核算内容，即会计对象。在这些特定的类别中，会计要素是最基本的归类标准，但只有这些基本归类标准还是远远不够的，为完整、系统地反映企业的财务状况、经营成果以及现金流量，还需要对这些基本归类标准进一步详细分类，直至细分至会计科目或报表项目。因此，会计对象、会计要素、会计科目实质上一脉相承，会计要素是会计确认对象的基本分类，会计科目是会计确认对象的具体分类，即会计对象可以按照核算内容的不同分为会计要素，而会计要素再进一步细分，就是会计科目。

(一) 会计对象

会计对象是指会计所要核算与监督的内容。会计以货币作为主要计量单位并能对经济活动进行全面、连续、系统地管理的特征，决定了会计对象具有广义和狭义之分。广义的会计对象是指整个社会的再生产过程及其价值运动，狭义的会计对象是指特定经济组织的经济活动及其资金运动。

(1) 广义的会计对象——整个社会的再生产过程及其价值运动。社会再生产过程包括生产、分配、交换和消费四个环节。在生产环节，人们要利用物质资料和生产工具生产产品；在分配环节，人们要对已有的生产资料和消费资料进行分配；在交换环节，人们要以商品交换的形式进行劳动和劳动产品的交换；在消费环节，大量的物质资料要进入个人消费领域和生产消费领域。由此可见，社会再生产过程的各个环节都需要一定的物质资料，这些物质资料尽管品种繁多、数量不同、作用各异，但都能通过货币计量而从价值上综合地反映一个国家或地区对经济资源的使用情况、国民经济的发展状况以及社会公众物质和文化生活水平的提高情况，都应当成为会计核算与监督的内容。因此，就宏观角度而言，会计对象是指整个社会的再生产过程及其价值运动。

(2) 狭义的会计对象——特定经济组织的经济活动及其资金运动。企业只有通过所进行的经济活动，才能为社会提供商品或劳务，满足人们的需求；同时，也才能使自身得以生存与发展。企业的经济活动是指企业在社会再生产过程中所要承担与执行的任务。例如，制造企业的基本经济活动可以分为供应过程、生产过程和销售过程三个阶段。在供应过程，企业采购原材料、购置固定资产为生产过程做好准备；在生产过程，企业制造产品以备销售；在销售过程，企业销售产品收回货款实现销售收入，缴纳税金后获得利润。之后企业向投资者支付股利或利润，留成一定的利润用于维护其持续经营能力或扩大企业的生产经营规模。

商品既具有使用价值又具有价值，其使用价值可以满足人们的一定需要，其价值则凝结了人类的一般劳动。商品经济条件下企业的经济活动，既存在物质资料运动的形式也存在价值运动的形式，两者缺一不可。会计主要从价值上核算与监督企业的经济活动，而“货币是价值的独立的可以捉摸的存在形式”。因此，从价值上看，任何企业的经济活动都表现为一定的资金运动。这是因为任何企业生产经营活动的正常进行，都离不开一定数量的资金。资金是指企业拥有的库存现金、银行存款和厂房、机器设备以及材料、产成品等各项物质资料的货币化表现。资金不仅具有数量，而且具有一定的形态。例如，以库存现金、银行存款等形式表现的资金，属于货币资金形态；以厂房、机器设备等形式表现的资金，属于固定资金形态；以材料等形式表现的资金，属于储备资金形态；以在产品形式表现的资金，属于生产资金形态；以在产品形式表现的资金，属于生产资金形态；以产成品形式表现的资金，属于成品资金或商品资金形态。

企业的资金总是随着企业生产经营活动的进行而时刻处于运动之中。资金运动往往从资金投入企业开始，直到资金退出企业结束。企业每进行一次生产经营活动，其资金就会进行一次循环。只要企业的生产经营活动连续不断地进行，企业的资金就会随之进行一次又一次的循环，无数次的资金循环就构成了资金的周转。因此，企业的资金运动也就是其资金的循环与周转。在资金循环与周转的过程中，资金的形态和数量都会发生一定的变化。以制造企业为例，其资金运动情况如图 1-2 所示。

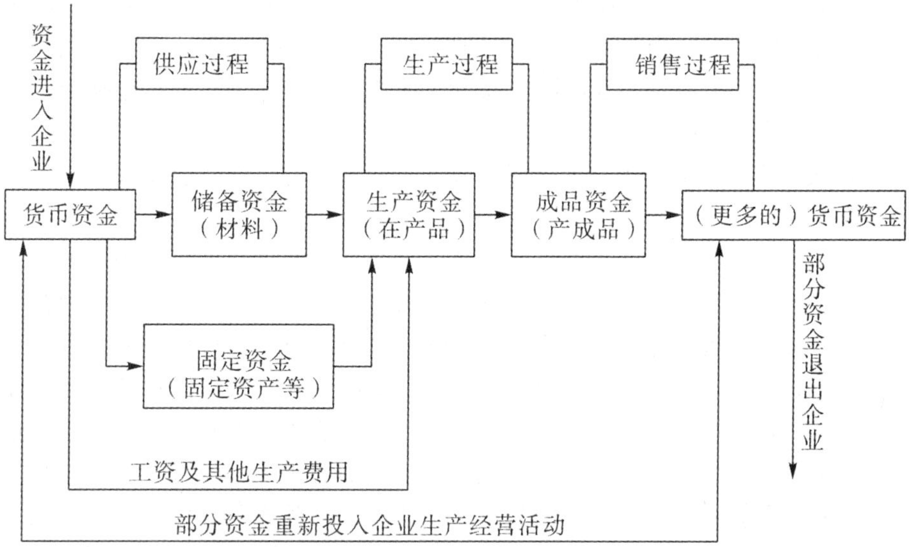

图 1-2 制造企业的资金运动

（二）会计要素

会计要素是对会计对象的基本分类，是会计核算对象的具体化，是用于反映会计主体财务状况、确定经营成果的基本单位。会计要素的划分在会计核算中具有十分重要的作用。划分会计要素的意义主要有：第一，会计要素是会计对象的科学分类；第二，会计要素是设置会计科目、会计账户的基本依据；第三，会计要素是构成会计报表的基本框架。

根据《企业会计准则——基本准则》的规定，会计要素包括资产、负债、所有者权益、收入、费用和利润，称为六大会计要素。其中，前面三大会计要素反映企业的财务状况，后面三大会计要素反映企业的经营成果。

（1）资产。资产是指企业过去的交易或者事项形成的、由企业拥有或者控制的、预期会给企业带来经济利益的资源。

资产的基本特征是：第一，资产是能为企业带来经济利益的资源。资产的形态各异，但作为一项经济资源，都能够通过有效使用，在未来能为企业带来经济利益。如果一项经济资源不能够为企业带来经济利益，就不能确认为资产。第二，资产必须是企业所拥有或控制的。拥有是指拥有该项资产的所有权，控制是指虽然没有所有权，但是该项资产的收益和风险已经由本企业承担，本企业有支配使用权。第三，资产是由过去的交易或者事项产生形成的。也就是说，资产是由过去已经发生的交易所产生的结果，资产必须是现实的资产，而不能是未来的、预期的资产。第四，该资源的成本或者价值能够可靠地计量，不能确认和计量其价值的，不能确定为资产。

资产按其性质可以分为流动资产和非流动资产。流动资产是指在一年或者超过一年的一个营业周期内变现的资产。一般行业的营业周期都小于一年，其资产可按年划分为流动资产和非流动资产。某些特殊行业，如造船、重型机器制造等，其营业周期往往超过一年，其资产可按营业周期划分为流动资产和非流动资产。流动资产包括库存现金、银行存款、交易性金融资产、应收账款、预付账款、存货等。非流动资产是指在一年以上或超过一年的一个营业周期以上变现的资产。非流动资产包括长期股权投资、固定资产、无形资产等。

（2）负债。负债是指企业过去的交易或者事项形成的、预期会导致经济利益流出企业的现时义务。

负债的基本特征是：第一，负债是由过去的交易或者事项形成的当前的债务。也就是说，企业预期在将来要发生的交易或者事项可能产生的债务，不能作为会计上的负债处理。第二，负债预期会导致经济利益流出企业。企业负有偿还的义务，只有企业在履行偿还义务时才会导致经济利益的流出，偿还负债导致经济利益流出企业的形式是多种多样的。例如，用现金偿还或者用实物资产偿还，以提供劳务形式偿还，将负债转为资本等。第三，负债是债权人的权益，它代表债权人对企业资产的要求权，反映的是企业作为债务人与债权人的关系。企业作为债务人负有偿还负债的义务，债权人有到期收取本金和利息的权利，但不能参与企业利润分配。

负债按其偿还期可分为流动负债和长期负债。流动负债是指将在一年或者超过一年的一个营业周期内偿还的债务，包括短期借款、应付账款、预收账款、应付职工薪酬、应交税费、应付股利等。长期负债是指偿还期在一年或超过一年的一个营业周期以上的债务，包括长期借款、应付债券等。

（3）所有者权益。所有者权益是指企业资产扣除负债后由所有者享有的剩余权益，也称净资产。股份有限公司的所有者权益又称股东权益。

所有者权益的基本特征是：第一，所有者权益反映的是产权关系，即企业净资产归谁所有。第二，企业运用所有者投入的资本，一般情况下不需要支付费用。第三，在一般情况下，投资者不得中途随意抽回资本，只有在企业清算时，清偿负债后，才能将净资产返还给投资者。第四，所有者权益的投资者可以参与企业的利润分配。

对于任何企业而言，其资产的来源不外乎两个：一个是债权人，另一个是所有者。债权人对企业资产的要求权形成企业负债，所有者对企业资产的要求权形成所有者权益。因此，所有者权益就是所有者在企业资产中享有的经济利益，其金额为资产减去负债后的剩余，所有者权益的金额取决于资产和负债的计量。

所有者权益一般包括实收资本、资本公积、盈余公积和未分配利润等。实收资本是指企业投资者投入企业的资本数额。资本公积是指企业由投入资本引起的各种增值，如资本溢价、法定财产重估增值等。由于它与生产经营活动本身无关，因此只能转增资本，不能弥补亏损。盈余公积是指企业从利润中提取用于企业发展的积累资金。未分配利润是指企业本期未分配完的或留存以后会计年度分配的利润额。其中，盈余公积和未分配利润又称为留存收益。

（4）收入。收入是指企业在日常活动中形成的、会导致所有者权益增加的、与所有者投入资本无关的经济利益的总流入。

收入的基本特征是：第一，收入是企业在日常活动中产生的，而不是从偶发的交易事项产生的。企业的日常活动是指企业销售商品、提供劳务、让渡资产使用权，除了日常活动外的其他活动带来的经济利益的流入称为利得，利得不作为收入要素反映，如处置固定资产获得的经济利益。第二，收入表现为企业资产的增加、负债的减少或者两者兼而有之，最终导致所有者权益的增加。第三，收入导致所有者权益增加与所有者投入资本无关，收入是日常经营活动所产生的，所有者向企业投入资本虽然也可以导致所有者权益增加，但不属于企业日常经营活动的成果，因而不能作为收入。第四，收入只包括本企业的经济利益流入，不包括为第三方或客户代收的款项。为第三方或客户代收的款项，一方面增加了企业的资产，另一方面增加了企业的负债，不会增加所有者权益，也不属于本企业的经济利益，不能作为企业的收入。

收入一般包括主营业务收入和其他业务收入。主营业务收入是指企业通过主要生产经营活动所取得的收入。在制造业企业主要包括销售商品、对外提供劳务等所取得的收入。其他业务收入是指企业主营业务以外的、企业附带经营的业务所取得的收入。在制造业企业，其他业务收入主要包括出售原材料、出租固定资产、出租包装物、出租无形资产等业务所取得的收入。

（5）费用。费用是指企业在日常活动中发生的、会导致所有者权益减少的、与向所有者分配利润无关的经济利益的总流出。

费用的基本特征是：第一，费用是企业在日常活动中产生的，而不是从偶发的交易事项产生的。例如，工业企业支付当期的借款利息所导致的经济利益的流出，应当作为费用。反之，企业在非日常经营活动中发生的经济利益的流出称为损失，损失不能作为费用，如支付赔偿和罚款等。第二，费用表现为企业资产的减少、负债的增加或者两者兼而有之，最终导致所有者权益的减少。第三，费用导致的所有者权益减少与向所有者分配利润无关。

（6）利润。利润是指企业在一定会计期间的经营成果。利润包括收入减去费用后的净额、直接计入当期利润的利得和损失等，即利润=收入-费用+计入当期利润的利得-计入当期利润的损失。其中，收入减去费用后的净额反映的是企业日常活动的业绩，直接计入当期的利得和损失反映的是企业非日常活动的业绩。企业应当严格区分收入和利得、费用和损失之间的区别，以更全面地反映企业的经营业绩。

以上介绍了会计的六要素以及每个会计要素所包含的具体内容。这六大会计要素可以组成两个会计等式。前三个会计要素是反映企业财务状况的，它们之间的恒等关系为：资产=负债+所有者权益。后三个会计要素是反映企业经营成果的，它们之间的恒等关系为：收入-费用=利润。关于会计等式的详细内容将在本章第五节中的“资金平衡原理”中详细介绍。

（三）会计科目

（1）会计科目的概念。所谓会计科目，就是对会计要素的具体内容进行分类核算的项目。会计要素是对会计对象的基本分类，而这一分类仍显得过于粗略，难以满足各有关方面对会计信息的需要。为此，企业还必须对会计要素做进一步的分类，对会计要素进行细化，即采用一定的形式，对每一个会计要素所反映的具体内容进一步进行分门别类的划分，设置会计科目。

每一个会计科目都有特定的名称，都反映特定的经济内容。例如，企业为了制造产品，就必须拥有各种原材料、燃料和辅助材料等。这些材料的共同点是一经投入生产，就要改变其实物形态被消耗掉，构成产品的一个组成部分，其价值也就一次性地转移到产品成本中。因此，企业将其归为一类，设置了“原材料”会计科目进行核算。又如，企业拥有的专利权、商标权和专有技术等不具有实物形态的资产，它们也能为企业带来一定的经济利益。因此，企业将其归为一类，设置了“无形资产”会计科目进行核算。

设置会计科目是进行会计核算工作的前提条件，是进行各项会计记录和提供会计信息的基础。会计科目在会计核算中具有重要的意义。其意义表现在：第一，会计科目是复式记账的基础。第二，会计科目是编制记账凭证的基础。第三，会计科目为成本计算与财产清查提供了前提条件。第四，会计科目为编制财务报表提供了方便。财务报表中的许多项目与会计科目是一致的。

（2）会计科目的设置原则。会计科目作为向投资者、债权人、企业经营管理者等提供会计信息的重要手段，在其设置过程中应努力做到科学、合理、适用，应遵循下列原则：

第一，合法性原则。这是指所设置的会计科目应当符合国家统一的会计准则的规定。我国现行的统一会计准则中均对企业设置的会计科目做出规定，以保证不同企业对外提供的会计信息的可比性。企业应当参照会计准则中的统一规定的会计科目，根据自身的实际情况设置会计科目，但其设置的会计科目不得违反现行会计准则的规定。对于国家统一会计准则规定的会计科目，企业可以根据自身的生产经营特点，在不影响统一会计核算要求以及对外提供统一的财务报表的前提下，自行增设、减少或合并某些会计科目。

第二，相关性原则。会计科目的设置，要以满足会计报表编制为前提，并充分考虑会计信息使用者的需要。一般来讲，企业内部经营管理需要会计提供尽可能详细、具体的数据资料，而对外报告一般是通过会计报表提供一些概括的数据资料。这就要求企业在设置会计科目时，要同时兼顾企业内部和外部两方面对会计信息的需要，对会计科目适当分类，既设置能够提供总括核算指标的会计科目，以满足企业外部有关方面的需要，又要设置能够提供明细核算指标的明细科目，主要满足企业内部经营管理的需要。

第三，实用性原则。企业的组织形式、所处行业、经营内容以及业务分类等不同，在会计科目的设置上也应有所区别。在合法性的基础上，企业应根据自身特点，设置符合企业需要的会计科目。实用性原则是指所设置的会计科目应符合单位自身特点，满足单位实际需要。例如，根据重要性原则，对于一些不太重要的经济业务或不经常发生的经济业务，企业可以对会计科目进行适当的合并；对于会计科目的名称，在不违背原则的基础上，也可以结合本企业的实际情况，设置本企业特有的会计科目。

（3）会计科目的分类。为了在会计核算中正确地掌握和运用好会计科目，企业需要对会计科目进行科学的分类。会计科目的常用分类标准有两个：一个是按其核算的经济内容分类，另一个是按其提供核算指标的详细程度分类。

①按经济内容分类——最基本、最直接的分类。会计科目按其反映的经济内容不同，可分为资产类、负债类、共同类、所有者权益类、成本类和损益类科目。这种分类有助于了解和掌握各会计科目核算的内容以及会计科目的性质，正确地运用各科目提供的信息资料。常用会计科目表如表 1-1 所示。

表 1-1　常用会计科目表

编号	名称	编号	名称
一、资产类		二、负债类	
1001	库存现金	2001	短期借款
1002	银行存款	2101	交易性金融负债
1015	其他货币资金	2201	应付票据
1101	交易性金融资产	2202	应付账款
1121	应收票据	2203	预收账款
1122	应收账款	2211	应付职工薪酬
1123	预付账款	2221	应交税费
1131	应收股利	2231	应付利息
1132	应收利息	2232	应付股利
1231	其他应收款	2241	其他应付款
1241	坏账准备	2401	递延收益
1401	材料采购	2501	长期借款
1402	在途物资	2502	应付债券
1403	原材料	2701	长期应付款
1404	材料成本差异	2702	未确认融资费用
1406	库存商品	2711	专项应付款
1407	发出商品	2801	预计负债
1410	商品进销差价	2901	递延所得税负债
1411	委托加工物资	三、共同类	
1431	周转材料	3001	清算资金往来
1461	存货跌价准备	3002	货币兑换
1521	持有至到期投资	3101	衍生工具
1522	持有至到期投资减值准备	3201	套期工具
1523	其他债权投资	3202	被套期项目
1524	长期股权投资	四、所有者权益类	
1525	长期股权投资减值准备	4001	实收资本

表1-1(续)

编号	名称	编号	名称
1526	投资性房地产	4002	资本公积
1531	长期应收款	4101	盈余公积
1541	未实现融资收益	4103	本年利润
1601	固定资产	4104	利润分配
1602	累计折旧	五、成本类	
1603	固定资产减值准备	5001	生产成本
1604	在建工程	5101	制造费用
1605	工程物资	5201	劳务成本
1606	固定资产清理	5301	研发支出
1701	无形资产	六、损益类	
1702	累计摊销	6001	主营业务收入
1703	无形资产减值准备	6051	其他业务收入
1711	商誉	6101	公允价值变动损益
1801	长期待摊费用	6111	投资损益
1811	递延所得税资产	6301	营业外收入
1901	待处理财产损溢	6401	主营业务成本
		6402	其他业务成本
		6405	税金及附加
		6601	销售费用
		6602	管理费用
		6603	财务费用
		6701	资产减值损失
		6711	营业外支出
		6801	所得税费用
		6901	以前年度损益调整

在会计科目表中，每个会计科目应有固定编号，以便于编制会计凭证、登记账簿、查阅账目以及实行会计电算化，不能随意改变或打乱重编。某些会计科目之间留有空号，供增设会计科目之用。我国常用的会计科目的编号一般为四位数字，其中第一位数字代表该科目的类别，如“1”代表资产类科目，“2”代表负债类科目，“4”代表所有者权益类科目，“5”代表成本类科目，“6”代表损益类科目。

②按提供核算指标的详细程度分类——适应经济管理需要。会计科目按其提供核算指标的详细程度，可以分为总分类科目和明细分类科目两种。

总分类科目（也称总账科目、一级科目）是对会计要素的具体内容进行总括分类的科目。前述常用会计科目表（见表1-1）中所列的会计科目均为总分类科目。

明细分类科目（也称明细科目、细目）是对总分类科目进一步分类的科目，详细反映总分类科目所包含的内容。明细分类科目的设置，除会计准则另有规定外，可以根据经济管理的实际需要，由各单位自行规定。在会计实务中，除少数总分类科目外，如“累计折旧”科目，不必设置明细分类科目外，大多要设置明细分类科目。例如，“库存商品”总分类科目下面应按商品的种类、品种和规格设置明细分类科目。

如果某一总分类科目下面设置的明细分类科目较多，可以设置二级科目（子目），三级科目（细目）甚至更多的级次。例如，“原材料”总分类科目下按材料的类别设置的“原料及主要材料”“辅助材料”“燃料”等科目，就是二级科目。

现以“原材料”科目为例，进一步说明总分类科目与明细分类科目之间的关系（见表 1-2）。

表 1-2 总分类科目与明细分类科目之间的关系表

总分类科目（一级科目）	明细分类科目	
	二级科目（子目）	三级科目（细目）
原材料	原料及主要材料	圆钢
		角钢
	辅助材料	油漆
		润滑油
	燃料	汽油
		烟煤

（四）会计账户

（1）账户的概念。会计账户简称账户，是根据会计科目设置的、具有一定的格式和结构、用于分类反映会计要素增减变化情况及其结果的一种工具。设置和登记账户是会计核算的重要方法。

通过设置会计科目，虽然按照经济内容对会计要素做了进一步的分类，但是会计科目只是对会计对象具体内容进行分类的项目或名称，还不能反映企业发生的各项经济业务引起有关会计要素增减变动的数额及变动后的结果，还不能进行具体的会计核算。为了对所发生的经济业务进行全面、连续、系统地反映和控制，提供各种有用的会计信息，企业必须根据规定的会计科目在账簿中开设账户。

由于账户具有一定的名称和格式，企业通过设置和登记账户，有利于分类、连续地记录和反映各项经济业务以及由此而引起的有关会计要素的增减变动及结果。账户使原始数据转换为初始的会计信息，通过账户可以对大量复杂的经济业务进行分类核算，从而提供不同性质和内容的会计信息。由于账户以会计科目为依据，因此某一账户的核算内容具有独立性和排他性，并在设置上要服从于会计报表对会计信息的要求。

（2）账户的基本结构。账户的结构就是账户的格式，账户表现在账页上，而且有一定的名称，账户的名称规定了账户所要记录的经济内容。其基本结构设计一般包括如下内容：

①账户的名称（会计科目）。

②日期和摘要（记录经济业务的日期和概括说明经济业务的内容）。

③增加和减少的金额及余额。

④会计凭证号数（说明账户记录的依据）。

账户的一般格式如表 1-3 所示。

表 1-3　账户的一般格式

年		凭证		摘要	增加	减少	余额
月	日	字	号				

上述账户的结构，在教学中通常使用的是简化的“T”形账户（或叫做“丁”字账户）。因为它像大写字母“T”，字母中的竖线将账户分为左右两边，账户名称即会计科目写在横线上，增加的金额列于一边，减少的金额列于另一边，如图 1-3 所示。

左方　　账户名称（会计科目）	右方
增加（减少）	减少（增加）

图 1-3　“T”形账户

账户中登记的经济业务内容涉及和影响的会计要素的金额有：期初余额、本期增加发生额、本期减少发生额和期末余额。其中，本期增加发生额和本期减少发生额是指在一定的会计期间内，账户在左右两方分别登记的增加金额和减少金额的合计数。本期增加发生额和本期减少发生额相抵后的差额叫本期净发生额，加上期初的余额，就是本期的期末余额。本期的期末余额转入下一期就是下一期的期初余额。上述四项金额之间的关系可用以下公式表示：

期末余额=期初余额+本期增加发生额-本期减少发生额

例如，某企业“银行存款”账户的期初余额为 150 000 元，本期增加了 20 000 元，减少了 35 000 元，“银行存款”账户的期末余额为 135 000 元（150 000+20 000-35 000）。

账户的左方和右方是按相反的方向来记录增加额和减少额的，即一方登记增加，另一方登记减少。具体哪一方登记增加，哪一方登记减少，需要由账户本身的性质、经济业务的内容及所采用的记账方法来决定。

（3）会计科目与账户的关系。会计账户与会计科目是两个不同的概念，两者之间既有联系又有区别。

①两者的联系。会计科目与账户都是对会计要素的具体内容进行的科学分类，两者口径一致、性质相同。会计科目的名称是账户的名称，也是设置账户的依据，没有会计科目，账户便失去了设置的依据。账户是会计科目的具体应用，没有账户，就无法发挥会计科目的作用。

②两者的区别。会计科目仅仅是账户的名称，其本身没有任何结构、格式，而账户具有一定的格式和结构。会计科目仅仅说明经济内容是什么，而账户不仅说明经济内容是什么，而且能反映其增减变化及结余，具有反映内容所需要的形式。

（4）账户的分类。账户可以按照所提供会计信息的详细程度分类和按照用途和结构分类。

①账户按所提供会计信息的详细程度可以分为总分类账户和明细分类账户。

总分类账户也称“总账账户”或“一级账户”，是根据总分类科目设置的用来提供总括核算信息的账户，如“原材料”“固定资产”等账户均属于总分类账户。明细分类账户也称“明细账户”或“二级账户”“三级账户”，是根据明细分类科目设置的用来提供详细核算信息的账户。例如，“固定资产”一级账户之下，按照大类设置“生产用固定资产”和“管理用固定资产”等二级账户，并在“生产用固定资产”二级账户下设置“生产厂房”“机器设备”“工具器具”等三级账户。极少数总分类账户的核算内容比较单一，也可以不设置明细分类账户，如“本年利润”账户等。

②账户按用途和结构可以分为盘存账户、资本账户、结算账户、调整账户、集合分配账户、成本计算账户、跨期摊销账户、汇转账户、财务成果账户、计价对比账户和暂记账户十一类。

盘存账户是指用来核算与控制企业各项财产物资和货币资金增减变动及其结存情况的账户。

资本账户是指用来核算与控制企业投资者投入资本及资本发生增减变动及其结存情况的账户。

结算账户是指用来核算与控制企业同其他单位或个人以及内部各单位之间债权或债务结算关系的账户。按照企业结算业务性质不同，结算账户又可以划分为债权结算账户、债务结算账户和债权债务结算账户三类。

调整账户是指用来对特定账户的余额进行调整，以使该特定账户调整后的余额具有一定经济含义并能满足管理需要的账户。按其调整的方式的不同，调整账户可以具体划分为备抵调整账户、附加调整账户和备抵附加调整账户三类。备抵调整账户是指用来抵减有关资产或权益的账户。任何备抵调整账户与其被调整账户的性质相同但结构相反，两者余额相减即可求得调整后的数额。例如，“累计折旧”账户是“固定资产”账户的备抵调整账户，两者的经济内容或性质都是固定资产，但是账户结构相反。两者的余额为固定资产净值，也称折余价值，反映固定资产的成新率。附加调整账户是指用来增加有关资产或权益的账户。任何附加调整账户都与其被调整账户的性质相同且结构也相同，两者余额相加即可求得调整后的余额。在我国目前的会计实务中，企业通常并不开设纯粹的附加调整账户。备抵附加调整账户是指用来抵减或增加有关资产或权益的账户。备抵附加调整账户与其被调整账户“同向相加，反向相减”。例如，“材料成本差异”账户是“原材料”账户的备抵附加调整账户。

集合分配账户是指先用以归集企业在一定会计时期发生的各项间接生产费用，待会计期末再按一定标准将所归集的费用分配计入有关成本计算对象的账户。其结构为借方反映相关费用的归集额，贷方反映相关费用的分配额，期末通常无余额。

成本计算账户是指用来核算与控制企业在一定时期发生的全部生产费用，并确定各成本计算对象实际成本的账户。

跨期摊销账户是指用来核算与控制企业已经发生但应由若干期间共同负担的相关耗费的账户。

汇转账户是指用来汇集一定会计期间发生的各项损益并于期末予以结转的账户。

财务成果账户是指用来核算与控制企业在一定会计期间最终经营成果的账户。

计价对比账户是指用来核算与控制企业对某项资产采用两种不同计价标准进行对比并确定其业务结果的账户。

暂记账户又称临时过渡性账户，是指用来核算与控制企业在清查财产等事项中发现的盘盈、盘亏和毁损在查明原因之前暂时运用以保证账实相符的账户。

综上所述，账户按用途和结构的分类情况可以概括为表 1-4。

表 1-4　账户按用途和结构分类情况

序号	账户类别		账户举例
1	盘存账户		库存现金、银行存款、原材料、库存商品、固定资产、投资性房地产等账户
2	资本账户		实收资本、资本公积、盈余公积等账户
3	结算账户	债权结算账户	应收账款、应收票据、预付账款、其他应收款、持有至到期投资等账户
		债务结算账户	短期借款、应付账款、应付票据、预收账款、应付职工薪酬、应交税费、应付利息、应付股利、其他应付款、长期借款、应付债券等账户
		债权债务结算账户	其他往来等账户
4	调整账户	备抵调整账户	坏账准备、存货跌价准备、累计折旧、累计摊销、固定资产减值准备、无形资产减值准备、未实现融资收益、未确认融资费用、利润分配等账户
		附加调整账户	会计实务中极少设置此类账户
		备抵附加调整账户	材料成本差异等账户
5	集合分配账户		制造费用等账户
6	成本计算账户		生产成本、在建工程、研发支出
7	跨期摊销账户		长期待摊费用等账户
8	汇转账户	收入汇转账户	主营业务收入、其他业务收入、投资收益、营业外收入等账户
		费用汇转账户	主营业务成本、其他业务成本、税金及附加、销售费用、财务费用、管理费用、资产减值损失、营业外支出、所得税费用等账户

表1-4(续)

序号	账户类别	账户举例
9	财务成果账户	本年利润等账户
10	计价对比账户	材料采购等账户
11	暂记账户	待处理财产损溢等账户

课后小结

主要术语中英文对照

1. 会计确认	Accounting Recognition	2. 资产	Asset
3. 收付实现制	Cash Basis	4. 负债	Liability
5. 权责发生制	Accrual Basis	6. 所有者权益	Owner's Equity
7. 会计对象	Accounting Object	8. 收入	Revenue
9. 会计要素	Accounting Factors	10. 费用	Expense
11. 会计科目	Account Title	12. 利润	Profit
13. 账户	Account	14. 收益	Income
15. 总分类账户	General Ledger	16. 明细分类账户	Detailed Ledger
17. 利得	Gain	18. 损失	Lost
19. 流动资产	Current Asset	20. 流动负债	Current Liability
21. 非流动资产	Non-current Asset	22. 非流动负债	Non-current Liability

复习思考题

1. 什么是会计确认？简述两种不同的会计确认时间标准。

2. 什么是会计对象？什么是资金运动？制造企业的生产经营过程及其资金运动是如何构成的？

3. 什么是会计要素？企业会计要素有哪些？各有何特征？

4. 什么是会计科目？什么是会计账户？会计科目与会计账户两者之间有何联系和区别？

练习题

一、单选题

1. 企业在日常活动中形成的、会导致所有者权益增加的、与所有者投入资本无关的经济利益的总流入称为（　　）。

A. 利润　　B. 资产

C. 利得　　D. 收入

2. 下列说法中，正确的是（　　）。

A. 收入是指企业销售商品、提供劳务及让渡资产使用权等活动中形成的经济利益的总流入

B. 所有者权益增加一定表明企业获得了收入

C. 狭义的收入包括营业外收入

D. 收入按照性质不同，分为销售收入、劳务收入和让渡资产使用权收入

3. 下列选项中，不属于收入要素内容的是（　　）。

A. 营业外收入　　B. 出租固定资产取得的收入

C. 提供劳务取得的收入　　D. 销售商品取得的收入

4. 下列说法中，不正确的是（　　）。

A. 所有者权益反映了所有者对企业资产的剩余索取权

B. 所有者权益的金额等于资产减去负债后的余额

C. 所有者权益也称股东权益

D. 所有者权益包括实收资本（或股本）、资本公积、盈余公积和留存收益等

5.（　　）原则不是设置会计科目的原则。

A. 实用性　　B. 相关性

C. 权责发生制　　D. 合法性

6. 下列选项中，不属于企业资产的是（　　）。

A. 预收账款　　B. 预付账款

C. 应收账款　　D. 应收票据

7. 下列选项中，属于资产类账户的是（　　）。

A. 利润分配　　B. 实收资本

C. 累计折旧　　D. 营业成本

8. 202×年5月31日，A公司银行存款账户结存金额为13万元，5月份增加25万元，减少17万元，202×年5月1日A公司银行存款账户的结存金额应是（　　）万元。

A. 21　　B. −29

C. 5　　D. 0

9. 二级科目是介于（　　）之间的科目。

A. 总分类科目与明细分类科目　　B. 总账与明细账
C. 总分类科目　　D. 明细分类科目

10. 下列项目中，与“制造费用”科目属于同一类科目的是（　　）。
A. “固定资产”　　B. “其他业务成本”
C. “生产成本”　　D. “主营业务成本”

11. 下列会计科目中，最能体现制造企业经济活动特点的为（　　）。
A. “原材料”　　B. “固定资产”
C. “实收资本”　　D. “应付职工薪酬”

12. 下列资产账户中，不属于盘存账户的为（　　）。
A. “库存现金”　　B. “其他应收款”
C. “库存商品”　　D. “固定资产”

13. 某制造企业202×年12月31日固定资产账户余额为5 000 000元，累计折旧账户余额为1 500 000元，没有固定资产减值准备。该固定资产的账面价值为（　　）元。
A. 1 500 000　　B. 3 500 000
C. 5 000 000　　D. 6 500 000

14. 某制造企业为了核算向购货方预收的购货订金，专门开设了预收账款账户。202×年12月31日，预收账款总分类账户有贷方余额600 000元，所属三个明细分类账户分别有借方余额100 000元、借方余额200 000元和贷方余额900 000元。该企业年末债权债务的正确表述为（　　）。
A. 只有债权600 000元　　B. 债权300 000元以及债务600 000元
C. 只有债务900 000元　　D. 债权300 000元以及债务900 000元

15. 某股份有限公司于202×年1月1日成立，至当年年末实现净利润800 000元。该公司按净利润10%计提法定盈余公积，并向股东宣告分派现金股利300 000元。202×年12月31日，该公司的未分配利润为（　　）元。
A. 80 000　　B. 300 000
C. 420 000　　D. 500 000

二、多选题

1. 下列选项中，属于按照会计科目归属的会计要素不同进行的分类有（　　）。
A. 明细分类科目　　B. 总分类科目
C. 损益类科目　　D. 成本类科目

2. 下列选项中，属于费用要素的特征的有（　　）。
A. 由企业过去的交易或事项形成的
B. 应当是企业在日常活动中发生的
C. 应当会导致经济利益的流出，该流出不包括向所有者分配的利润
D. 应当最终会导致所有者权益的减少

3. 下列选项中，属于资产的特征的有（　　）。

A. 资产是由过去或现在的交易或事项形成的

B. 资产应为企业所拥有或控制的资源

C. 资产预期会给企业带来未来经济利益

D. 资产一定具有具体的实物形态

4. 下列选项中，属于负债的特征的有（　　）。

A. 负债是由现在的交易或事项引起的偿债义务

B. 负债是由企业过去的交易或事项形成的

C. 负债是由将来的交易或事项引起的偿债义务

D. 负债的清偿预期会导致经济利益流出企业

5. （　　）统称为留存收益。

A. 利润　　B. 未分配利润

C. 资本公积　　D. 盈余公积

6. 下列选项中，属于所有者权益来源的有（　　）。

A. 所有者投入的资本　　B. 直接计入所有者权益的利得或损失

C. 留存收益　　D. 收入

7. 下列各项收到的款项中，属于收入的有（　　）。

A. 出租固定资产收到的租金　　B. 销售商品收到的增值税

C. 出售原材料收到的价款　　D. 出售无形资产收到的价款

8. 账户按用途和结构分类时，下列账户中，属于费用汇转账户的有（　　）。

A. “制造费用”　　B. “管理费用”

C. “销售费用”　　D. “财务费用”

9. 下列账户中，期末余额通常应当在贷方的有（　　）。

A. “资本公积”　　B. “在途物资”

C. “应付票据”　　D. “短期借款”

10. 下列有关备抵调整账户与其被调整账户关系的说法中，正确的有（　　）。

A. 两者的结构相同　　B. 两者的性质相反

C. 两者的结构相反　　D. 两者的性质相同

E. 两者的余额方向相同或相反

11. 账户按用途和结构分类时，下列各类账户中，期末一般没有余额的账户有（　　）。

A. 结算账户　　B. 跨期摊配账户

C. 收入汇转账户　　D. 费用汇转账户

E. 集合分配账户

三、判断题

1. 在我国目前的会计实务中，企业总账科目的名称和内容通常由会计相关法规或规章统一确定，这主要是为了会计核算指标的逐级汇总和相互可比。（　　）

2. 债权债务结算账户的贷方余额，表示债权款项大于债务款项的数额。（　　）

3. 所有者权益是企业投资者对企业资产的所有权。（　）

4. 资产按实物形态可分为流动资产和非流动资产。（　）

5. 坏账准备是损益类账户。（　）

6. 总分类科目对所属的明细分类科目起着统驭和控制的作用，明细分类账户是对其总分类科目的详细和具体说明。（　）

7. 某企业某工序上有甲、乙两台机床，其中甲机床型号较老，自乙机床投入使用后，一直未再使用且已不具备转让价值。乙机床是甲机床的替代品，目前承担该工序的全部生产任务。那么，甲机床不应该确认为企业的固定资产。（　）

8. 只要是由过去的交易或事项形成的并由企业拥有或控制的资源，均应确认为企业的一项资产。（　）

9. 企业处置固定资产发生的净损失，应该确认为企业的费用。（　）

10. 所有者权益与企业特定的、具体的资产并无直接关系，它并不与企业任何具体的资产项目发生对应关系。所有者权益只是在整体上、在抽象的意义上与企业的资产保持数量关系。（　）

11. 只要企业拥有某项财产物资的所有权就能将其确认为资产。（　）

12. 企业只能使用国家统一会计准则规定的会计科目，不可以自行制定会计科目。（　）

13. 某些将来可能发生的、偶然事项形成的债务责任也是企业的负债。（　）

14. 就账户的经济内容而言，"本年利润"账户与"利润分配"账户均属于所有者权益类账户。因此，两者的用途和结构完全相同。（　）

15. 任何总分类账户都应当具有两个或两个以上的明细分类账户，以全面反映经济业务的来龙去脉。（　）

四、业务题

【业务题一】

目的：练习权责发生制会计确认基础下的收入、费用和利润的核算。

资料：某公司202×年12月份的有关经济业务如下：

（1）支付上月份的水电费56 000元；

（2）收到上月销售产品的货款65 000元；

（3）预付明年一季度的房屋租金18 000元；

（4）支付本季度借款利息33 000元；

（5）预收销货款800 000元；

（6）销售产品一批，售价为560 000元，已收回货款360 000元，其余尚未收回；

（7）本月分摊财产保险费20 000元；

（8）计算本月应付职工薪酬120 000元。

要求：利用表格形式分别按收付实现制和权责发生制计算本月的收入、费用和利润。

【业务题二】

目的：熟悉资产、负债和所有者权益的内容及其划分。

资料：某有限责任公司有关资产、负债和所有者权益的内容如下（假定不考虑金额）：

（1）由出纳员负责的库存现金；

（2）存放在开户银行的存款；

（3）销售商品时客户暂欠的货款；

（4）暂欠供应商的材料款；

（5）拥有并出租的房屋；

（6）预付的购料款；

（7）行政管理部门的办公大楼；

（8）生产产品使用的各种机器设备；

（9）生产车间使用的运输车辆；

（10）从银行取得为期6个月的借款；

（11）投资者投入的资本；

（12）已完工入库的产品；

（13）正在生产的产品；

（14）尚未缴纳的所得税和增值税；

（15）预借给职工的差旅费；

（16）行政管理部门使用的电脑；

（17）融资租入的机器设备；

（18）拥有并使用的非专利技术；

（19）应付职工工资；

（20）发行的3年期债券。

要求：根据上述资料，逐项指出应当归属的会计要素及其具体项目。若属于资产，需进一步分析是否属于流动资产；若属于负债，需进一步分析是否属于流动负债。

【业务题三】

目的：熟悉收入、费用和利润的内容及其划分。

资料：某制造企业有关收入、费用和利润的资料如下（假定不考虑金额）：

（1）销售产品的收入；

（2）销售多余材料的收入；

（3）出售固定资产的净收入；

（4）出售无形资产的净收入；

（5）出租固定资产的收入；

（6）转让无形资产使用权的收入；

（7）赔款收入；

（8）罚款收入；

（9）销售产品的成本；

（10）销售材料的成本；

（11）支付的广告费；

（12）职工报销的差旅费；

（13）发生的业务招待费；

（14）短期借款利息；

（15）行政管理部门固定资产的修理费；

（16）行政管理部门固定资产的折旧费；

（17）支付的赔款；

（18）发生的罚款支出。

要求：

（1）根据上述资料，分别说明应当属于收入要素和费用要素的项目（仅写出序号）；

（2）根据上述资料，分别说明应当直接计入当期利润的利得和损失的项目（仅写出序号）。

【业务题四】

目的：练习账户的分类。

资料：某制造企业开设有关账户的名称如下：

库存现金、银行存款、原材料、生产成本、制造费用、应收账款、固定资产、累计折旧、短期借款、应付利息、应付职工薪酬、实收资本、本年利润、利润分配、主营业务收入、主营业务成本、管理费用、财务费用。

要求：将上述账户既按用途和结构分类，又按经济内容分类，并将分类结果直接填入“账户分类表”（见表1-5）的相应栏内。

表1-5　账户分类表

账户类别	资产类账户	负债类账户	所有者权益账户	成本类账户	损益类账户
盘存账户					
资本账户					
结算账户					
跨期摊销账户					
调整账户					
集合分配账户					
成本计算账户					
汇转账户					
财务成果账户					

参考答案

一、单选题

1. D	2. D	3. A	4. D	5. C	6. A
7. C	8. C	9. A	10. C	11. A	12. B
13. B	14. D	15. C			

二、多选题

1. CD	2. ABCD	3. ABC	4. BD	5. BD	6. ABC
7. AC	8. BCD	9. ACD	10. CD	11. CDE	

三、判断题

1. √	2. ×	3. ×	4. ×	5. ×	6. √
7. √	8. ×	9. ×	10. √	11. ×	12. ×
13. ×	14. ×	15. ×			

四、业务题

（略）

第四节　会计计量

会计计量是指为了将符合确认条件的会计要素登记入账，并列报于会计报表而确定其金额的过程。会计计量由计量单位和计量属性两个方面组成。计量单位是会计进行计量时所采用的尺度，计量属性是指被计量的对象所具有的某方面的特征。

一、计量单位

计量单位的选择必然面临三方面的问题：一是以何种度、量、衡为计量单位；二是在以货币为计量单位既定的前提下，应选择哪国或哪种货币作为会计计量单位；三是在选定某种货币作为会计计量单位的情况下，为使会计信息具有可比性，应如何确定单位货币所具有的标准购买力。

（一）实物计量单位与货币计量单位

人类早期计量经济活动所采用的计量单位是实物计量单位，随着商品经济的不断发展，货币计量单位产生。由于货币计量单位能够对不同类型或不同计量特征的经济活动进行统一计量，从而使货币逐步取代实物计量单位成为计量经济活动的主要单位，进而产生了一种专门以货币为计量单位的记录行为，这种记录行为就是会计。因此，可以说，会计之所以能够被称为会计，就是因为它选择了货币这种特殊的计量单位，从而使其既可以对经济活动进行“零星计之”，也可以对经济活动进行“综合计之”。据考证，我国在春秋战国时期，就已出现了以货币为计量单位的记录行为。到秦代，随着度量衡在全国范围内的统一，货币单位已取代实物单位在会计记录中占据主导地位。在西方，2 000 多年前的计量是以实物计量为主的，中世纪的庄园主会计已混用了实物计量单位与货币计量单位，到 12～13 世纪，意大利地中海沿岸地区银行业极为繁荣，复式簿记逐渐萌生，货币逐步成为主要计量单位。货币计量单位的广泛应用为以复式簿记为代表的现代会计的产生奠定了重要基础。

（二）统一计量单位与记账本位币

在西方，分布在地中海沿岸的国家规模较小且数量较多，不同的国家往往使用不同的货币，国与国之间的贸易异常发达。在这种特殊环境下，企业的经济活动往往会涉及多种货币，这给会计计量带来了许多不便。因此，人们开始有意识地选择一种统一的货币作为会计的计量单位。卢卡·帕乔利多次提及要使用统一计量单位，如在日记账簿和分类账簿中要求有统一的货币计量单位，在计算总数时，只能采用同一种货币计量单位，因为不同种类的货币不适于汇总。总体来说，当货币计量单位在会计计量中的地位确定以后，由于国际贸易及跨国经营情况的存在，一个企业的经营活动有可能会涉及多种货币。在多种货币并存的情况下，为保证会计统一计量的需要必须选择其中一种货币作为统一货币计量单位，这种被选为统一计量单位的货币就是记账本位币。我国规定，会计核算以人民币为记账本位币。

（三）名义货币与不变币值

在货币计量单位选定之后，会随之出现一个问题，即同一货币单位在不同时间往往会有不同的购买力。货币购买力的变化可能是物价变动造成的，也可能是货币本身的价格变动，即通货膨胀或通货紧缩造成的。币值不断变化带来的一个问题就是在不同时间取得的同一资产、负债项目的价值信息不具有可比性。为解决这一问题，人们通常会在以下两种计量单位中做出选择，即名义货币计量单位和不变币值计量单位。

名义货币计量单位，即一般意义上的货币计量单位。这种货币计量单位仅仅是一种名义上的单位或标尺，不特指具体的购买力，在具体使用时也不考虑货币购买力的变化。这种货币计量单位可以在币值相对稳定或虽有变化但变化幅度不大的环境下使用。现行会计实务中选用的计量单位通常都采用名义货币计量单位。

不变币值计量单位又称一般购买力单位，是指具有特定购买力的货币单位。一般来讲，在物价相对稳定时期，也就是说在币值不变假设基本成立时期，通常以名义货币单位作为货币计量单位，而在物价变动较为频繁或波动幅度较大时期，则可以选择具有特定购买力的货币单位作为计量单位，即所谓不变币值计量单位。从理论上讲，企业可以选用任一时点具有特定购买力的货币单位作为不变币值，如在确定 2020 年 12 月 31 日资产项目的金额时，可以选用 2015 年 12 月 31 日的人民币货币单位作为不变币值，也可以选用 2018 年 12 月 31 日的人民币货币单位作为不变币值。在会计实务中，企业通常选用报告期末的价格作为不变币值，对于其他时点的货币金额，可以先通过对比该时点的货币购买力与报告期末货币购买力之比确定物价指数，然后通过物价指数将该时点的货币金额换算为按不变币值表示的金额。不变币值计量单位通常在物价变动或通货膨胀较为严重的环境下采用。

二、计量属性

（一）会计计量属性的含义

在计量单位既定的情况下，会计计量必须解决的一个重要问题就是计量属性的问题。计量属性是指计量客体能够用特定计量单位测定或计量的某一特性或某一方面。任何事物都可以从不同方面，针对其某一特性进行量化，如对一物体而言，可以用其空间特性，如长度、宽度、高度、体积来反映其特征；也可以用其物理特性，如密度、比重、温度等反映其特征；还可以用其时间特性，如物体过去、现在或将来的形状、温度等反映其特征。到底选取哪一方面或哪一特性作为其基础计量属性，取决于这一方面或这一特性是否能体现该物体的本质特征。可见，计量属性是计量客体本身的某一可测量或度量的特性或外在表现，它是一种不以人的意志为转移的客观存在。

会计计量是以货币计量单位实施的价值计量，这就决定了会计计量属性必须是计量客体能够用货币单位测定或计量的方面。计量客体的价值量可以从多个方面来计量，从而表现为不同的计量属性。从时间特性来看，计量客体的价值量可以是某个特定时点的价值量，具有典型意义的时点包括计量客体形成时的价值量、现时持有的价值量以及将来脱手时的价值量，即所谓的历史价值、现行价值以及未来价值。从不同的价值测定角度来看，计量客体的价值量又可以分为基于买方视角的价值量和基于卖方视角的价值量，前者又称为投入价值量或成本，后者又称为产出价值量或市价。我们将以上两种角度相结合可以得到六种基本计量属性。常见计量属性如表 1-6 所示。

表 1-6　常见计量属性

计量角度	计量时间		
	过去	现在	未来
付现（买方视角）	历史成本	现行成本	未来成本
变现（卖方视角）	历史市价	现行市价	未来市价

在以上六种基本计量属性中，未来成本和未来市价一般只在财务预测、财务分析或管理会计中使用。在会计计量过程中使用未来成本或未来市价时，必须通过折现的方法将其与现行价格置于同一可比的基础之上，即将未来成本或未来市价表现的未来现金流出量或现金流入量折合成当前成本或当前市价。因此，在会计计量过程中的未来成本或未来市价，通常表现为未来现金流量的现值。历史市价是在过去的交易中因资产变现而形成的价格，从现时来看，已售出的资产已不存在于企业，因此历史市价对资产计价而言已失去现实意义。现行市价作为一种通用的计量属性，在实际使用时往往根据使用目的的不同存在多种变形或扩展形式，如在对存货计价时，通常使用“可变现净值”概念、在理想交易环境下的现行市价往往被称为“公允价值”等。鉴于此，目前在财务会计中使用的计量属性通常包括历史成本、重置成本、可变现净值、现值和公允价值等。

（二）常用会计计量属性

（1）历史成本。历史成本又称实际成本，是取得或制造某一财产物资时实际支付的现金或其他等价物。在历史成本计量下，资产按照购置时支付的现金或现金等价物的金额，或者按照购置资产时付出的对价的公允价值计量。负债按照因承担现时义务而实际收到的款项或资产的金额，或者按照承担现时义务的合同金额，或者按照日常活动中为偿还负债预期需要支付的现金或现金等价物的金额计量。历史成本是目前我国会计计量的基本方法，它贯穿财务会计的始终。在采用历史成本的情况下，要求对企业的资产、负债、所有者权益等项目的计量应当基于经济业务的实际交易成本，而不考虑随后市场价格变化的影响。例如，企业购入一台设备作为固定资产使用，在取得该固定资产时以实际支付的价款作为其入账价值，确定该固定资产的入账价值就是其历史成本。

（2）重置成本。重置成本又称现行成本，是指按照当前的市场条件，重新取得同样的一项资产所需要支付的现金或现金等价物。在重置成本计量下，资产按照现在购买相同或相似资产所需支付的现金或现金等价物金额计量。负债按照现在偿付该项债务所需支付的现金或现金等价物的金额计量。重置成本是现在时点的成本，在会计实务中一般在盘盈固定资产时使用。

（3）可变现净值。可变现净值是指在正常生产经营过程中，以资产预计售价减去进一步加工成本和预计销售费用以及相关税费后的净值。在可变现净值计量下，资产按照其正常对外销售所能收到现金或现金等价物的金额扣减该资产至完工时估计将要发生的成本、估计的销售费用以及相关税费后的金额计量。我国会计准则规定，企业会计期末对存货按成本与可变现净值孰低法计量。

（4）现值。现值是指对某一资产的未来现金流量以恰当的折现率进行折现后的价值，是考虑货币时间价值的一种计量属性。在现值计量下，资产按照预计从其持续使用和最终处置中产生的未来净现金流入量的折现金额计量。负债按照预计期限内需要偿还的未来净现金流出量的折现金额计量。现值通常应用于非流动资产可收回金额和以摊余成本计量的金融资产价值的确定等方面。相对于可变现净值，现值计量考虑了货币时间价值因素的影响。

（5）公允价值。公允价值是指在公平交易中，熟悉情况的交易双方自愿进行资产交换或债务清偿的金额计量。在公允价值计量下，资产和负债按照在公平交易中，熟悉情况的交易双方自愿进行资产交换或债务清偿的金额计量。公允价值计量主要应用于交易性金融资产、其他债权投资的计量等方面。相对于历史成本计量，公允价值计量所提供的会计信息具有更高的相关性。

根据我国会计准则的规定，企业在对会计要素进行计量时，一般应采用历史成本，采用重置成本、可变现净值、现值、公允价值计量的，应当保证所确定的会计要素金额能够取得并可靠计量。

课后小结

主要术语中英文对照

1.	会计计量	Accounting Measurement	2.	重置成本	Replacement Cost
3.	计量单位	Unit of Measure	4.	可变现净值	Net Reliable Value
5.	计量属性	Measurement Attributes	6.	现值	Present Value
7.	历史成本	Historical Cost	8.	公允价值	Fair Value
9.	记账本位币	Recording Currency			

复习思考题

什么是计量属性？会计采用哪几种计量属性？

练习题

一、单选题

1. 下列计量属性中，由真实交易形成的是（　　）。

A. 历史成本　　B. 重置成本

C. 可变现净值　　D. 公允价值

2. 某企业甲材料账面成本为 80 元，加工成 A 产品对外销售估计价格为 200 元，将甲材料加工为 A 产品估计发生的生产成本为 60 元，A 产品的销售费用和销售税费分别为 30 元和 20 元，甲材料的可变现净值为（　　）元。

A. 90　　B. 80

C. 150　　D. 200

3. “除法律、行政法规和国家统一的会计准则另有规定者外，企业不得自行调整其账面价值。”上述规定所遵守的会计计量属性是（　　）。

A. 公允价值　　B. 重置成本

C. 可变现净值　　D. 历史成本

4. 在（　　）计量下，资产按照现在购买相同或相似资产所需支付的现金或现金等价物的金额计量。

A. 历史成本　　B. 重置成本

C. 可变现净值　　D. 现值

5. 企业在对会计要素进行计量时，一般应当采用（　　）。

A. 历史成本　　B. 重置成本

C. 可变现净值　　D. 现值

二、多选题

1. 对历史成本的评价，下列说法中正确的有（　　）。

A. 数据容易取得，方便操作　　B. 相关性强

C. 能够被核实和验证

D. 不同时期的会计信息可能缺少可比性

E. 资产的账面价值可能会脱离实际价值

2. 对公允价值计量的评价，下列说法中正确的有（　　）。

A. 可以提高会计信息的相关性　　B. 可能会提高会计信息的可靠性

C. 容易操纵，可能会被滥用　　D. 可能会降低会计信息的可靠性

E. 绝大多数情况下，一个项目的公允价值能够很容易地确定

3. 下列选项中，属于计量属性的有（　　）。

A. 历史成本　　B. 可变现净值

C. 公允价值　　D. 现值

三、判断题

1. 实物计量单位早于货币计量单位产生。（　　）
2. 我国规定，会计核算以人民币为记账本位币。（　　）
3. 现行会计实务中选用的计量单位通常都采用不变币值计量单位。（　　）

参考答案

一、单选题

1. A　　2. A　　3. D　　4. B　　5. A

二、多选题

1. ACDE　　2. ACD　　3. ABCD

三、判断题

1. √　　2. √　　3. ×

第五节　会计记录

会计记录是指对经过会计确认、会计计量的经济业务，采用一定方法记录下来的过程。在会计记录中，对于经过确认而可以进入会计信息系统处理的每项数据，要运用预先设计的账户和有关文字及金额，按复式记账规则的要求，在账簿上加以登记。会计记录是会计核算中的一个重要环节，成为会计核算的一个子系统——复式簿记系统。会计通过复式记账方法在描述资金变动来龙去脉和因果关系的同时，也建立起了一种相关账户间的平衡关系，这种平衡关系是检查经济业务记录是否正确的重要依据。资金平衡、复式记账是复式簿记系统会计记录必须遵循的基本规律。

一、资金平衡原理

（一）资金平衡关系

资金运动是会计确认、计量、记录和报告的对象。当资金运动处于相对静止状态时，表现为资金的占用和资金的来源两个方面，这两个方面有着相互依存、互为转化的关系，有一定的资金占用，必定有一定的资金来源，这是同一资金的两个侧面，表现为资金从哪里来，又用到哪里去，而且两者的数额必定是相等的，完整地反映了资金的来龙去脉。

例如，某公司成立初期资金来源于两个方面：一方面是所有者投入的资金 500 000 元，另一方面是向银行借入的资金 100 000 元。这些资金的占用情况如下：购置商品 200 000 元，购置设备 300 000 元，还剩 100 000 元存放于银行，即银行存款占用的资金为 100 000 元。那么，资金总额为 600 000 元，即资金来源是 600 000 元，资金占用也是600 000元，两者总额是相等的。一笔资金，从其来源情况看是 600 000 元，从其占用情况看也是 600 000 元。来源和占用是同一笔资金的两个不同侧面，其金额相等。资金占用与资金来源金额相等的内在数量关系就是资金平衡关系（如图 1-4 所示）。

资金占用=资金总额600 000元=资金来源

资金占用		资金来源	
银行存款	100 000元	银行借入	100 000元
商品	200 000元	所有者投入	500 000元
设备	300 000元		

图 1-4　资金平衡关系

（二）会计等式

会计等式又称会计方程式或会计恒等式，是指会计要素之间的基本数量关系的表达式。会计等式是对会计要素的性质及其相互之间的内在经济关系所做的概括和科学的表达，是设置账户、复式记账、试算平衡和编制会计报告对会计对象进行正式确认、计量、记录和报告的重要理论依据。

资金占用形态即企业资金的存在方式，如银行存款、库存商品、固定资产等，可以合称为资产。资金来源有两个方面：一方面是企业所有者提供，另一方面是债权人提供。企业资产中属于所有者的部分称为所有者权益，属于债权人的部分称为债权人权益，债权人权益也称为企业的负债。企业资产中扣除负债的部分则为企业的净资产。综上所述，资金占用等于资产，资金来源等于债权人权益和所有者权益之和。我们可用下列公式反映企业资产、负责、所有者权益之间的平衡关系：

资产=权益

资产=债权人权益+所有者权益

资产=负债+所有者权益　　（1）

资产-负债=净资产

净资产=所有者权益

上述公式为静态会计等式，其中公式（1）反映了资产的归属关系，是会计对象的公式化，其他会计等式均以该会计等式为基础。因此，会计上又称“资产=负债+所有者权益”为基本会计等式。

资金在动态情况下，其循环周转过程中发生的收入、费用和利润也存在着平衡关系。其平衡公式如下：

收入-费用=利润　　（2）

会计等式（2）为动态会计等式。由于收入和费用的发生将使资产流入和流出，利润则是资产流入和流出的结果，最终带来净资产的增加。上述会计等式（1）和会计等式（2）之间存在着有机的联系。在会计期间的任一时刻，两个会计等式可以合并为：

资产=负债+所有者权益+利润

资产=负债+所有者权益+收入-费用

资产+费用=负债+所有者权益+收入　　（3）

会计等式（3）为静动结合的会计等式，是对会计六要素之间的内在经济关系所做的全面综合表达，表示了企业在生产经营过程中的增值情况，只在会计期间内而不在会计期末存在。这个等式表明，利润在分配前是归企业的。通过利润分配，一部分向投资者分配，另一部分则作为盈余公积或未分配利润留在企业（留存收益），最后并入所有者权益。该会计等式在利润分配后又恢复到“资产=负债+所有者权益”。

（三）经济业务的发生对会计等式各个会计要素的影响

会计事项是指企业在生产经营过程中发生的，能够用货币计量的，并能引起和影响会计要素发生增减变动的经济业务。会计事项是会计处理的具体对象。因此，不是会计事项的经济业务，不必进行会计处理。例如，企业编制财务成本计划、与外单位签订供销合同等。而属于会计事项的经济业务，必须进行会计处理。但是，一般所说的经济业务习惯上指的就是会计事项。

任何一项经济业务的发生，必然会引起“资产=负债+所有者权益”等式中各项会计要素的增减变动，归纳起来，共有四大类型、九种具体业务。

四大类型描述如下：

第一，资产、负债和所有者权益双方项目同时增加，增加的金额相等，变动后的算式仍保持平衡。

第二，资产、负债和所有者权益双方项目同时减少，减少的金额相等，变动后的算式仍保持平衡。

第三，资产内部项目有增有减，增减的金额相等，变动后的资产总额不变，算式仍保持平衡。

第四，负债和所有者权益内部项目有增有减，增减的金额相等，变动后的负债和所有者权益总额不变，算式仍保持平衡。

以上四类情况在基本会计等式中可以体现资金变动的九种可能性，构成了企业九种基本经济业务。现就这九种经济业务的发生对会计等式各会计要素的影响举例说明如下：

某公司202×年1月初资产总额为600 000元，负债总额为100 000元，所有者权益总额为500 000元。该公司202×年1月份发生如下经济业务（部分）。

（1）采购一批生产用原材料，价值40 000元，货款未付。

	资产	=	负债	+	所有者权益
原会计等式：	600 000	=	100 000	+	500 000
经济业务类型：	+40 000		+40 000		
新会计等式：	640 000	=	140 000	+	500 000

该项经济业务引起资产要素中的“原材料”项目增加40 000元，同时引起负债要素中的“应付账款”项目增加40 000元，不涉及所有者权益要素，不影响会计基本等式的平衡关系，但使等式两边的资产和负债同时增加了40 000元。

该项经济业务类型为：一项资产增加，一项负债增加。

（2）某投资人向公司投入一台价值80 000元的设备。

	资产	=	负债	+	所有者权益
原会计等式：	600 000	=	100 000	+	500 000
经济业务类型：	+80 000				+80 000
新会计等式：	680 000	=	100 000	+	580 000

该项经济业务引起资产要素中的“固定资产”项目增加80 000元，同时引起所有者权益要素中的“实收资本”项目增加80 000元，不涉及负债要素，不影响会计基本等式的平衡关系，但使等式两边的资产和所有者权益同时增加了80 000元。

该项经济业务类型为：一项资产增加，一项所有者权益增加。

（3）用银行存款7 000元，偿还一笔购货时的欠款。

	资产	=	负债	+	所有者权益
原会计等式：	600 000	=	100 000	+	500 000
经济业务类型：	−7 000		−7 000		
新会计等式：	593 000	=	93 000	+	500 000

该项经济业务引起资产要素中的“银行存款”项目减少 7 000 元，同时引起负债要素中的“应付账款”项目减少 7 000 元，不涉及所有者权益要素，不影响会计基本等式的平衡关系，但使等式两边的资产和负债同时减少了 7 000 元。

该项经济业务类型为：一项资产减少，一项负债减少。

（4）用银行存款 80 000 元，归还某投资人投资。

	资产	=	负债	+	所有者权益
原会计等式：	600 000	=	100 000	+	500 000
经济业务类型：	−80 000				−80 000
新会计等式：	520 000	=	100 000	+	420 000

该项经济业务引起资产要素中的“银行存款”项目减少 80 000 元，同时引起所有者权益要素中的“实收资本”项目减少 80 000 元，不涉及负债要素，不影响会计基本等式的平衡关系，但使等式两边的资产和所有者权益同时减少了 80 000 元。

该项经济业务类型为：一项资产减少，一项所有者权益减少。

（5）从开户银行取出现金 1 000 元。

	资产	=	负债	+	所有者权益
原会计等式：	600 000	=	100 000	+	500 000
经济业务类型：	±1 000				
新会计等式：	600 000	=	100 000	+	500 000

该项经济业务引起资产要素中的“库存现金”项目增加 1 000 元，同时引起资产要素中的“银行存款”项目减少 1 000 元，不涉及负债要素和所有者权益要素，不影响会计基本等式的平衡关系，但使等式左边的资产项目先增加了 1 000 元，又减少了 1 000元。

该项经济业务类型为：一项资产增加，另一项资产减少。

（6）从银行借入 1 年期借款 30 000 元，直接偿还前欠货款。

	资产	=	负债	+	所有者权益
原会计等式：	600 000	=	100 000	+	500 000
经济业务类型：			±30 000		
新会计等式：	600 000	=	100 000	+	500 000

该项经济业务引起负债要素中的“短期借款”项目增加 30 000 元，同时引起负债要素中的“应付账款”项目减少 30 000 元，不涉及资产要素和所有者权益要素，不影响会计基本等式的平衡关系，但使等式右边的负债项目先增加了 30 000 元，又减少了 30 000 元。

该项经济业务类型为：一项负债增加，另一项负债减少。

（7）为扩大经营规模，企业将盈余公积 100 000 元转增资本。

	资产	=	负债	+	所有者权益
原会计等式：	600 000	=	100 000	+	500 000
经济业务类型：					±100 000
新会计等式：	600 000	=	100 000	+	500 000

该项经济业务引起所有者权益要素中的“实收资本”项目增加 100 000 元，同时引起所有者权益要素中的“盈余公积”项目减少 100 000 元，不涉及资产要素和负债要素，不影响会计基本等式的平衡关系，但使等式右边的所有者权益项目先增加了 100 000元，又减少了 100 000 元。

该项经济业务类型为：一项所有者权益增加，另一项所有者权益减少。

（8）根据有关决议，决定向投资人分配利润 80 000 元，红利尚未实际发放。

	资产	=	负债	+	所有者权益
原会计等式：	600 000	=	100 000	+	500 000
经济业务类型：			+80 000		−80 000
新会计等式：	600 000	=	180 000	+	420 000

该项经济业务引起负债要素中的“应付股利”项目增加 80 000 元，同时引起所有者权益要素中的“未分配利润”项目减少 80 000 元，不涉及资产要素，不影响会计基本等式的平衡关系，但使等式右边的负债项目增加了 80 000 元，所有者权益项目减少了 80 000 元。

该项经济业务类型为：一项负债增加，一项所有者权益减少。

（9）某投资人代公司偿还到期的 40 000 元短期借款，并协商同意作为对公司的追加投资。

	资产	=	负债	+	所有者权益
原会计等式：	600 000	=	100 000	+	500 000
经济业务类型：			−40 000	+	40 000
新会计等式：	600 000	=	60 000	+	540 000

该项经济业务引起所有者权益要素中的“实收资本”项目增加 40 000 元，同时引起负债要素中的“短期借款”项目减少 40 000 元，不涉及资产要素，不影响会计基本等式的平衡关系，但使等式右边的所有者权益项目增加了 40 000 元，负债项目减少了 40 000 元。

该项经济业务类型为：一项所有者权益增加，一项负债减少。

以上例子说明，虽然企业经济业务活动带来的资金运动变幻莫测，但归根到底只有四类、九种基本情形。每一笔经济业务的发生，都会对会计要素产生一定影响。一项会计要素发生增减变动，其他有关要素也必然随之发生等额变动；或者是在同一会计要素中某一具体项目发生增减变动，其他有关项目也会随之等额变动。但不管如何变动，资产总量与负债和所有者权益总量始终保持相等，没有破坏会计等式的平衡关系，这就是资金平衡原理。因此，企业的资金运动具有一定的规律性，当我们找到了规律，就可以根据规律去分析经济业务活动并进行正确的会计核算。

二、复式记账原理

（一）记账方法概述

记账是会计核算的基本工作，是指在账户中登记经济业务的方法。从历史上看，记账方法有单式记账法和复式记账法之分，复式记账法是由单式记账法发展而来的。

单式记账法是最早出现的一种记账方法。它是指对发生的每一项经济业务，一般只用一个账户做出单方面记录，而对与此相联系的另一方面不予反映的一种记账方法。采用这种方法，除了对有关人欠、欠人的库存现金收付业务要在两个或两个以上有关账户中登记外，对于其他经济业务，只在一个账户中登记或不予登记。由于单式记账法的账户设置不完整，没有形成完整的账户体系，也不便于检查账户是否正确。因此，这种方法已经在 15 世纪中叶被复式记账法取而代之。

复式记账法是对每项交易或事项所引起的资金运动都要用相等的金额同时在两个或两个以上相互联系的账户中进行全面登记的一种记账方法。这种复式记账的要求是与资金运动规律密切相关的。每一项经济业务的发生都是资金运动的一个具体过程，这个过程有起点和终点两个方面，只有将这两个方面所表现的资金从何处来又到何处去进行双重记录，才能完整地反映出每一具体资金运动过程的来龙去脉。

复式记账法以基本会计等式“资产=负债+所有者权益”为理论依据。每一项经济业务的发生，都会引起会计要素各有关项目的增减变化，由于双重记录所登记的是同一资金运动的两个方面，其金额必然相等。会计平衡等式是复式记账的理论基础，复式记账是会计平衡等式不断实现新平衡的方法保证。

西方国家历史上只有一种复式记账法，就是“借贷记账法”，因此一般不特别强调“借贷记账法”。我国先后出现过“借贷记账法”“增减记账法”和“收付记账法”。目前，我国采用“借贷记账法”。记账方法的分类如图 1-5 所示。

- 记账方法
  - 单式记账法
  - 复式记账法
    - 借贷记账法
    - 增减记账法
    - 收付记账法
      - 库存现金收付记账法
      - 资金收付记账法
      - 钱物收付记账法

图 1-5 记账方法的分类

当前，我国企业、机关、事业单位和其他组织均采用复式记账法。我国《企业会计准则》规定，所有企业一律采用借贷记账法记账。借贷记账法起源于 13 世纪的意大利，在清朝末年从日本传入中国。在各种复式记账法中，借贷记账法是产生最早并在当今世界各国应用最广泛、最科学的记账方法。

（二）复式记账法的基本内容

复式记账法一般由记账符号、账户设置、记账规则和试算平衡四个相互联系的基本内容组成。各种复式记账法之间的区别也主要表现在这四个方面。

（1）记账符号。记账符号是指反映各种经济业务数量的增加和减少，表示记账方向的记号。记账符号是区分各种复式记账法的最重要的标志，如以“借”“贷”作为记账符号的复式记账法称为借贷记账法，以“增”“减”作为记账符号的复式记账法称为增减记账法，以“收”“付”作为记账符号的复式记账法称为收付记账法。

（2）账户设置。把用到的会计科目设置在账本里，就叫设置账户。设置账户是一种对会计对象具体内容进行分类核算的专门方法。在借贷记账法下，账户的设置基本上可分为资产（包括费用）类和负债及所有者权益（包括收入）类两大类别。在增减记账法下，全部账户固定地分为资金来源和资金占用两大类，不能设置双重性账户。如不能把“其他应收款”账户和“其他应付款”账户合并设置“其他往来”账户，不能把“应付账款”账户和“预付账款”账户合并设置“应付账款”账户，不能把“应收账款”账户和“预收账款”账户合并设置“应收账款”账户等。在收付记账法下账户设置按具体经济内容分为收入、付出和结存三大类。结存类账户又称主体账户，收入类账户和付出类账户统称分类账户。收入类账户反映各种收入来源，付出类账户反映各种付出的去向，结存类账户反映钱物的收入、付出及其结存情况。

（3）记账规则。记账规则是指运用记账方法正确记录会计事项时必须遵循的规律。借贷记账法的记账规则是：有借必有贷，借贷必相等。增减记账法的记账规则是：在同类科目中有增必有减，增减必相等；在不同类科目中同增同减，增减相等。收付记账法的记账规则是：同收、同付、有收有付，即资金来源类或资金运用类账户和资金结存类账户发生对应关系，引起资金结存增加或减少时，要同时记收和记付，同收或同付金额相等；资金来源类账户和资金运用类账户或同类各账户之间发生对应关系，不涉及资金结存增减变化时，要分别记收和记付，收付金额相等。

（4）试算平衡。试算平衡是指在某一时日（如会计期末），为了保证本期会计处理的正确性，依据会计等式或复式记账原理，对本期各账户的全部记录进行汇总、测试，以检验其正确性的一种专门方法。由于复式记账法要求每笔经济业务都要以相等的金额在两个或两个以上相互联系的账户中进行登记，这样就保证了会计记录的平衡关系。如果发生不平衡现象，就表明记账出现了差错。不同的复式记账方法适用的试算平衡公式不一样。通过试算平衡可以检查会计记录的正确性，并可查明出现不正确会计记录的原因，进行调整，从而为会计报表的编制提供准确的资料。

（三）借贷记账法

借贷记账法是以“借”和“贷”作为记账符号，在两个或两个以上相互联系的账户中，对每一项经济业务以相等的金额全面进行记录的一种复式记账方法。其特点有四个方面：以“借”和“贷”作为记账符号，以“有借必有贷、借贷必相等”作为记账规则，按基本会计等式及记账规则进行试算平衡，可以设置和运用双重性质的账户。

（1）记账符号。借贷记账法是以“借”和“贷”作为记账符号，用以指明记账的增减方向、账户之间的对应关系和账户余额的性质等，而与这两个文字的字义及其在会计史上的最初含义无关，不可望文生义。“借”和“贷”是会计的专门术语，并已经成为通用的国际商业语言。“借”和“贷”作为记账符号，都具有增加和减少的双重含义。“借”和“贷”何时为增加、何时为减少，必须结合账户的具体性质才能准确说明。资产类、费用类账户是“借”增“贷”减，负债类、所有者权益类、收入类账户是“借”减“贷”增。根据会计等式“资产+费用=负债+所有者权益+收入”可知，“借”和“贷”这两个记账符号对会计等式两方的会计要素规定了增减相反的含义（见图1-6）。

	资产	费用	负债	所有者权益	收入
借：	+	+	−	−	−
贷：	−	−	+	+	+

资产+费用−负债−所有者权益−收入=0

图1-6　借贷记账符号的增减含义

为使等式为零，“资产”“费用”与“负债”“所有者权益”“收入”的符号含义必须相反。“借”表示“资产、费用”的“增加”以及“负债”“所有者权益、收入”的“减少”；“贷”表示“资产”“费用”的“减少”以及“负债”“所有者权益”“收入”的“增加”。用“借”表示资产的增加只是历史传统的习惯用法，其他会计要素的借与贷的含义则可以类推。

（2）账户设置。根据借贷记账符号的含义，借贷记账法下可设置两大类别的账户：一类是用借方表示增加、用贷方表示减少的，如资产类、成本费用类；另一类是用贷方表示增加、用借方表示减少的，如负债类、所有者权益类、收入类。按所记录的经济业务内容不同，账户可分为资产类、负债类、共同类、所有者权益类、成本类、损益类六大类。各类账户的结构及期末余额的计算公式如下：

①资产类。

借方　　　　资产类账户	贷方
期初余额： 本期增加额（+）	本期减少额（−）
本期借方发生额合计： 期末余额：	本期贷方发生额合计：

期末借方余额=期初借方余额+本期借方发生额−本期贷方发生额

②负债类。

借方　　　　负债类账户	贷方
本期减少额（−）	期初余额： 本期增加额（+）
本期借方发生额合计：	本期贷方发生额合计： 期末余额：

期末贷方余额=期初贷方余额+本期贷方发生额−本期借方发生额

③共同类。

借方	共同类账户　　贷方
期初余额： 本期增加或减少额（+-）	期初余额 本期减少或增加额（-+）
本期借方发生额合计： 期末余额：	本期贷方发生额合计： 期末余额：

共同类账户即双重性质账户，应根据它们的期末余额方向来确定其性质，如果是借方余额，就是资产类账户；相反，如果是贷方余额，则是负债类账户。例如，“待处理财产损溢”“清算资金往来”等账户。

④所有者权益类。

借方	所有者权益类账户　　贷方
本期减少额（-）	期初余额： 本期减少额（+）
本期借方发生额合计：	本期贷方发生额合计： 期末余额：

期末贷方余额=期初贷方余额+本期贷方发生额-本期借方发生额

⑤成本类。

借方	成本类账户　　贷方
期初余额： 本期增加额（+）	本期减少额（-）
本期借方发生额合计： 期末余额：	本期贷方发生额合计：

期末借方余额=期初借方余额+本期借方发生额-本期贷方发生额

⑥损益类。

借方	收入类账户　　贷方
本期结转额（-）	本期增加额（+）
本期借方发生额合计：	本期贷方发生额合计：

收入类账户一般期末没有余额，如有，则在贷方。期末余额计算公式同负债类、所有者权益类账户计算公式。

借方	费用类账户　　贷方
本期增加额（+）	本期结转额（-）
本期借方发生额合计：	本期贷方发生额合计：

费用类账户一般期末没有余额，如有，则在借方。期末余额计算公式同资产类账户计算公式。

根据以上对各类账户结构的说明，账户借方和贷方所记录的经济内容增减含义及账户余额方向可以进行归纳。账户结构如表 1-7 所示，余额与表示增加的同方向。

表 1-7　账户结构

账户类别	借方	贷方	余额方向
资产类	+	-	借方
负债类	-	+	贷方
所有者权益类	-	+	贷方
成本类	+	-	借方
收入类	-	+	无
费用类	+	-	无

（3）记账规则。如前所述，企业经济业务从会计等式所表达的关系来归纳，共有四类、九种。如果将其中的增减变动用“借”“贷”符号表示，不难总结出为记录经济业务活动所引起的资金数量变化必须遵循的记账规则——“有借必有贷，借贷必相等”（见表 1-8）。

表 1-8　借贷记账法的记账规则

经济业务类型		资产		=	负债		+	所有者权益	
		借	贷		借	贷		借	贷
第一类	(1)	+				+			
	(2)	+							+
第二类	(3)		-		-				
	(4)		-					-	
第三类	(5)	+	-						
第四类	(6)				-	+			
	(7)							-	+
	(8)					+		-	
	(9)				-				+

由表 1-8 可知，对每一会计事项都要以相等的金额，在两个或两个以上相互关联的账户中进行登记，而且必须同时涉及有关账户的借方和贷方，其借方和贷方记录的金额一定相等。

（4）会计分录。会计分录简称分录，是指按照资金平衡原理和复式记账原理分析经济业务，指明每项经济业务应借应贷账户的名称、记账方向和金额的一种记录形式。会计分录中临时发生的应借应贷关系称为账户的对应关系。存在对应关系的账户，称为对应账户。一笔会计分录主要包括三个要素：会计科目、记账符号和变动金额。

会计分录按其反映经济业务的复杂程度，可分为简单会计分录和复合会计分录两种。简单会计分录是指一项交易或事项发生以后，只在两个账户中记录其相互联系的两个经济因素的数量变化情况的会计分录。这种分录，其科目的对应关系一目了然。复合会计分录也称“复合分录”，是指交易或者事项发生后，需要应用三个或三个以上的账户，记录其相互联系的多种经济因素的数量变化情况的会计分录。

一个复合会计分录可以分解为几个简单的会计分录。复合会计分录，有利于集中反映整个交易或者事项的全貌，简化记账工作，提高会计工作效率。在借贷记账法下，企业既可以编制“一借一贷”“一借多贷”或“多借一贷”的会计分录，也可以编制“多借多贷”的会计分录。

若不考虑相关税费，前面举例论述四类、九种经济业务发生时可编制会计分录如下：

①借：原材料	40 000	
贷：应付账款		40 000
②借：固定资产	80 000	
贷：实收资本		80 000
③借：应付账款	7 000	
贷：银行存款		7 000
④借：实收资本	80 000	
贷：银行存款		80 000
⑤借：库存现金	1 000	
贷：银行存款		1 000
⑥借：应付账款	30 000	
贷：短期借款		30 000
⑦借：盈余公积	100 000	
贷：实收资本		100 000
⑧借：利润分配	80 000	
贷：应付股利		80 000
⑨借：短期借款	40 000	
贷：实收资本		40 000

在记账以前，及时、准确地编制会计分录，填制记账凭证，可以保证账户的准确性，也便于归档备查。企业在书写会计分录时应注意以下事项：

①会计科目应书写完整，一级会计科目必须规范；

②先借后贷，借贷分上下行书写；

③借贷错开，借贷符号、会计科目、应记金额应错格写；

④同方向的会计科目、金额要对齐；

⑤会计分录中除了“:”“——”外，不能标明其他标点符号和单位。

（5）试算平衡。在借贷记账法下，根据复式记账的基本原理，试算平衡的方法主要有两种：发生额试算平衡法和余额试算平衡法。

发生额试算平衡法是指将全部账户的本期借方发生额和贷方发生额分别加总后，利用“有借必有贷、借贷必相等”的记账规则来检验本期发生额正确性的一种试算平衡方法。其试算平衡公式如下：

全部账户本期借方发生额合计=全部账户本期贷方发生额合计

余额试算平衡法是指本期所有账户借方余额和所有账户贷方余额分别加总后，利用“资产=负债+所有者权益”的平衡原理来检验会计处理正确性的一种试算平衡方法。根据余额的时间不同，余额试算平衡又分为期初余额平衡和期末余额平衡。其试算平衡公式如下：

全部账户期初借方余额合计=全部账户期初贷方余额合计

全部账户期末借方余额合计=全部账户期末贷方余额合计

如果试算不平衡，说明账户的记录肯定有错；但试算平衡，也不能肯定记录完全正确。这是因为有些错误并不影响借贷双方的平衡，如果发生某项经济业务在有关账户中被重记、漏记或记错了账户等错误，并不能通过试算平衡来发现。但试算平衡仍是检查账户记录是否正确的一种有效方法。

在会计实务中，试算平衡工作通常是通过编制试算平衡表来完成的。该表可以按一定时期（旬或月等）编制，在结算出各账户的本期发生额和期初、期末余额后将各项金额填入表中。试算平衡表如表1-9所示。

表1-9　试算平衡表

年　月

账户名称	期初余额		本期发生额		期末余额	
	借方	贷方	借方	贷方	借方	贷方
合计						

（6）借贷记账法简化账务处理程序的应用。为了简化账务处理，简明介绍借贷记账法的应用，通常在理论学习时对记账程序的各步骤进行以下适当处理：

①用文字介绍经济业务代替原始凭证。

②用会计分录代替记账凭证。

③用简化的账页格式（如“T”形账户等）代替真实账页。

④用简化的报表代替真实报表。

下面举例说明全套简化账务处理程序的应用。

某工厂202×年6月初全部账户余额如下（单位：元）：

库存现金	1 000	短期借款	70 000
银行存款	60 000	应付账款	41 000
固定资产	400 000	实收资本	350 000
资产合计	461 000	负债及所有者权益合计	461 000

步骤一：根据期初账户余额资料开设账户，并登记期初余额，如后面各“T”形账户期初余额栏所示。

该企业6月份发生的全部经济业务如下：

①3日，企业购入一台机器设备30 000元，款项用银行存款支付。

②15日，企业向银行借入半年期流动资金50 000元，存入银行。

③22日，企业以银行存款20 000元偿还前欠货款。

④26日，企业接受投资转入的厂房一栋，价值500 000元。

⑤28日，企业从银行提取库存现金5 000元备用。

⑥29日，企业所欠北方工厂货款10 000元转做对本企业的投入资本。

步骤二：根据以上资料编制会计分录。

①借：固定资产　　30 000
　　贷：银行存款　　30 000

②借：银行存款　　50 000
　　贷：短期借款　　50 000

③借：应付账款　　20 000
　　贷：银行存款　　20 000

④借：固定资产　　500 000
　　贷：实收资本　　500 000

⑤借：库存现金　　5 000
　　贷：银行存款　　5 000

⑥借：应付账款　　10 000
　　贷：实收资本　　10 000

步骤三：根据以上会计分录登记步骤一所开设的“T”形账户，并逐个结出各账户的本期借贷方发生额和期末余额。

库存现金

借方		贷方	
期初余额：	1 000		
⑤	5 000		
本期发生额：	5 000	本期发生额：	0
期末余额：	6 000		

银行存款

借方		贷方	
期初余额：	60 000		
		①	30 000
②	50 000		
		③	20 000
		⑤	5 000
本期发生额：	50 000	本期发生额：	55 000
期末余额：	55 000		

固定资产

期初余额：	400 000		
①	30 000		
④	500 000		
本期发生额：	530 000	本期发生额：	0
期末余额：	930 000		

短期借款

		期初余额：	70 000
		②	50 000
本期发生额：	0	本期发生额：	50 000
		期末余额：	120 000

应付账款

		期初余额：	41 000
③	20 000		
⑥	10 000		
本期发生额：	30 000	本期发生额：	0
		期末余额：	11 000

实收资本

		期初余额：	350 000
		④	500 000
		⑥	10 000
本期发生额：	0	本期发生额：	510 000
		期末余额：	860 000

步骤四：编制试算平衡表（如表 1-10 所示）。

表 1-10　试算平衡表

202×年 6 月 30 日　　单位：元

账户名称	期初余额		本期发生额		期末余额	
	借方	贷方	借方	贷方	借方	贷方
库存现金	1 000		5 000		6 000	
银行存款	60 000		50 000	55 000	55 000	
固定资产	400 000		530 000		930 000	
短期借款		70 000		50 000		120 000
应付账款		41 000	30 000			11 000
实收资本		350 000		510 000		860 000
合计	461 000	461 000	615 000	615 000	991 000	991 000

课后小结

主要术语中英文对照

1. 会计记录　Accounting Records
2. 账户对应关系　Debit-credit Relationship
3. 记账方法　Account Method
4. 记账规则　Bookkeeping Rule
5. 单式记账法　Single-entry Bookkeeping System
6. 会计分录　Accounting Entry
7. 复式记账法　Double-entry Bookkeeping System
8. 简单分录　Simple Journal Entry

9. 借贷记账法	Debit-credit Bookkeeping System	10. 复合分录	Compound Journal Entry
11. 借方发生额	Debit Amount	12. 会计等式	Accounting Identity
13. 贷方发生额	Credit Amount	14. 会计等式	Accounting Formula
15. 期初余额	Beginning Balance	16. 试算平衡表	Trial Balance
17. 期末余额	Closing Balance	18. 余额试算表	Trial Balance of Balances
19. 借记	Debit	20. 贷记	Credit

复习思考题

1. 什么是会计等式？会计等式有何意义？静态会计等式与动态会计等式有何区别？

2. 简述经济业务的类型及其对会计等式的影响。

3. 在借贷记账法下如何编制会计分录？其主要内容和书写要求有哪些？

4. 什么是账户对应关系？账户对应关系有何意义？

5. 什么是账户的期初余额、本期借方发生额、本期贷方发生额和期末余额？其相互之间的关系如何？

练习题

一、单选题

1. 下列会计分录中，属于简单会计分录的是（　　）。

A. 一借一贷　　B. 一借多贷

C. 一贷多借　　D. 多借多贷

2. 甲公司202×年10月1日资产总额为300万元，本月共发生以下三笔业务：①赊购材料10万元；②用银行存款偿还短期借款20万元；③收到购货单位偿还的欠款15万元存入银行。甲公司10月末资产总额为（　　）万元。

A. 310　　B. 290　　C. 295　　D. 305

3. “应付账款”账户的期初贷方余额为8 000元，本期借方发生额为12 000元，期末贷方余额为6 000元，则本期贷方发生额为（　　）元。

A. 10 000　　B. 4 000　　C. 2 000　　D. 14 000

4. 如果某总分类账户的期末余额在借方，其所属明细账户的期末余额（　　）。

A. 可能在借方，也可能在贷方　　B. 必定在借方

C. 必定在贷方　　D. 既不在借方，也不在贷方

5. 复式记账要求对每一交易或事项都以（　　）。

A. 相等的金额同时在一个或一个以上相互联系的账户中进行登记

B. 相等的金额同时在两个或两个以上相互联系的账户中进行登记

C. 不等的金额同时在一个或一个以上相互联系的账户中进行登记

D. 相等的金额同时在总分类账和两个以上明细分类账户中进行登记

6. 对某项交易或事项表明其应借、应贷账户及其金额纪录称为（　　）。

A. 会计记录　　B. 会计分录

C. 会计账簿　　D. 会计报表

7. 关于余额试算平衡表，下列表述中不正确的是（　　）。

A. 全部账户的期初余额合计等于全部账户的期末余额合计

B. 全部账户的借方期初余额合计等于全部账户的贷方期初余额合计

C. 全部账户的借方发生额合计等于全部账户的贷方发生额合计

D. 全部账户的借方期末余额合计等于全部账户的贷方期末余额合计

8. 某企业试算平衡表中，期初余额借方、贷方合计均为 9 800 元，本期发生额借、贷方合计均为 53 000 元，下列表述中正确的是（　　）。

A. 借方和贷方期末余额合计均为 98 000 元

B. 借方和贷方期末余额合计均为 53 000 元

C. 借方和贷方期末余额合计均为 0 元

D. 根据上述资料无法计算借方和贷方期末余额合计数

9. 能够通过试算平衡查找的错误是（　　）。

A. 重复登记某项经济业务

B. 漏记某项经济业务

C. 应借应贷账户的借贷方向颠倒

D. 应借应贷账户的借贷方金额不符

10. F 公司“盈余公积”科目年初余额为 100 万元，本年提取法定盈余公积 135 万元，用盈余公积转增实收资本 80 万元。假定不考虑其他因素，则下列表述中不正确的是（　　）。

A. 所有者权益总额维持不变

B. 所有者权益总额增加 55 万元

C. “盈余公积”科目年末余额为 155 万元

D. “实收资本”科目增加 80 万元

11. 在借贷记账法下，账户的基本结构分为借贷两方，但哪方记增加、哪方记减少取决于（　　）。

A. 记账规则　　B. 记账方法

C. 账户提供信息的详细程度　　D. 账户核算的经济内容

12. 下列关于借贷记账法中，不正确的表述为（　　）。

A. 其理论在 15 世纪时得到比较完善的发展

B. 由意大利数学家卢卡·帕乔利进行系统论述

C. 其记账规则为“一借必一贷，借贷必相等”

D. 是一种以“借”“贷”为记账符号的复式记账法

13. “应收账款”期末余额等于（　　）。

A. 期初余额+本期借方发生额-本期贷方发生额

B. 期初余额-本期借方发生额-本期贷方发生额

C. 期初余额+本期借方发生额+本期贷方发生额

D. 期初余额-本期借方发生额+本期贷方发生额

14. 下列经济业务中，借记资产类账户，贷记负债类账户的是（　　）。

A. 赊购原材料　　B. 收到其他企业的欠款

C. 从银行提取现金备用　　D. 以银行存款偿还债务

15. 某企业202×年10月1日，“本年利润”账户的期初贷方余额为20万元，表明（　　）。

A. 该企业202×年12月的净利润为20万元

B. 该企业202×年9月的净利润为20万元

C. 该企业202×年1~9月的净利润为20万元

D. 该企业202×年全年的净利润为20万元

16. 甲公司月末编制的试算平衡表中，全部账户的本月借方发生额合计为136万元，除“实收资本”账户以外的本月贷方发生额合计120万元，则实收资本账户（　　）。

A. 本月贷方发生额为16万元　　B. 本月借方发生额为16万元

C. 本月借方余额为16万元　　D. 本月贷方余额为16万元

17. 一项资产增加，一项负债增加的经济业务发生后会引起资产与权益原来的金额（　　）。

A. 发生不等额变动　　B. 发生同减的变动

C. 发生同增的变动　　D. 不会变动

18. 某账户的期初余额为900元，期末余额为5 000元，本期减少发生额为600元，则本期增加发生额为（　　）元。

A. 3 500　　B. 300　　C. 4 700　　D. 5 300

19. 一个账户的增加发生额与该账户的期末余额一般都应在该账户的（　　）。

A. 借方　　B. 贷方　　C. 相同方向　　D. 相反方向

20. 下列账户中，期末一般无余额的是（　　）账户。

A. 库存商品　　B. 生产成本

C. 本年利润　　D. 利润分配

二、多选题

1. 经济业务发生后，一般可以编制的会计分录有（　　）。

A. 多借多贷　　B. 一借多贷

C. 一贷多借　　D. 一借一贷

2. 下列会计等式中，正确的有（　　）。

A. 资产=负债+所有者权益

B. 资产=负债+所有者权益+（收入-费用）

C. 资产=负债+所有者权益+利润

D. 资产-负债=所有者权益+利润

3. 下列各项经济业务中，会引起企业资产总额和负债总额同时发生减少变化的有（　　）。

A. 用现金支付职工薪酬

B. 从某企业购买材料一批，货款未付

C. 将资本公积转增资本

D. 用银行存款偿还所欠货款

4. 企业的收入可能会导致（　　）。

A. 库存现金的增加　　B. 银行存款的增加

C. 企业其他资产的增加　　D. 企业负债的减少

5. 根据会计等式可知，下列经济业务中，不会发生的有（　　）。

A. 资产增加，负债减少，所有者权益不变

B. 资产不变，负债增加，所有者权益增加

C. 资产有增有减，权益不变

D. 债权人权益增加，所有者权益减少，资产不变

6. 不会影响借贷双方平衡关系的记账错误有（　　）。

A. 从开户银行提取现金 500 元，记账时重复登记一次

B. 收到现金 100 元，但没有登记入账

C. 收到某公司偿还欠款的转账支票 5 000 元，但会计分录的借方科目错记为“库存现金”

D. 到开户银行存入现金 1 000 元，但编制记账凭证时误记为“借记库存现金”“贷记银行存款”

7. 某企业 202×年 5 月 1 日资产总额为 300 万元，负债总额为 200 万元。202×年 5 月资产增加 50 万元，资产减少 40 万元；所有者权益增加 60 万元，所有者权益减少 30 万元。关于 202×年 5 月 31 日几个指标的表述，正确的有（　　）。

A. 资产总额 310 万元　　B. 权益总额 310 万元

C. 负债总额 180 万元　　D. 所有者权益总额 130 万元

8. 下列经济业务中，属于资产内部要素增减变动的有（　　）。

A. 购买一批材料，款项尚未支付

B. 购买一批材料，以银行存款支付货款

C. 从银行提取现金备用

D. 接受现金捐赠，款项存入银行

9. 企业向银行借款，存入银行，这项业务会引起（　　）要素同时增加。

A. 资产　　B. 负债

C. 所有者权益　　D. 收入

10. 收到投资者投入的固定资产 20 万元，正确的说法有（　　）。

A. 借记“固定资产”科目 20 万元

B. 贷记“实收资本”科目 20 万元

C. 贷记“固定资产”科目 20 万元

D. 借记“实收资本”科目 20 万元

三、判断题

1. 收入−费用=利润，反映了企业一定期间的经营成果，它是编制资产负债表的基础。（　）

2. 余额试算平衡是由“资产=负债+所有者权益”的恒等关系决定的。（　）

3. 在借贷记账法下，借方表示增加，贷方表示减少。（　）

4. 账户的对应关系是指总账与明细账之间的关系。（　）

5. 企业可以将不同的经济业务合并在一起，这样可以形成复合会计分录。（　）

6. 发生额试算平衡是根据借贷记账规则检验本期发生额记录是否正确的方法。（　）

7. 无论发生什么经济业务，会计等式始终都保持平衡关系。（　）

8. 如果某一账户的期初余额为 20 000 元，本期增加发生额为 10 000 元，本期减少发生额为 4 000 元，则期末余额为 6 000 元。（　）

9. 企业如果在一定期间内发生了亏损，则期末所有者权益必定减少。（　）

10. 复合会计分录是指多借多贷的会计分录。（　）

四、业务题

【业务题一】

目的：熟悉借贷记账法下资产、负债和所有者权益类账户的结构。

资料：某公司部分资产、负债和所有者权益类账户 202×年 3 月的资料如表 1-11 所示。

表 1-11　某公司账户资料　　单位：元

账户名称	期初余额	本期借方发生额	本期贷方发生额	期末余额
银行存款	5 000	60 000	A	38 500
应收账款	B	30 000	25 000	12 800
预收账款	4 000	8 000	C	6 200
其他应收款	3 600	D	300	9 300
原材料	9 600	12 000	18 500	E
固定资产	165 000	4 500	F	156 000
应付职工薪酬	2 800	G	2 800	5 200
短期借款	H	3 000	0	27 000
实收资本	1 000 000	0	I	1 200 000
盈余公积	5 600	J	90 000	15 600

要求：根据借贷记账法下各类账户的结构，计算表 1-11 中 A 至 J 的金额。

【业务题二】

目的：练习账户设置与借贷记账法下简单会计分录的编制。

资料：B公司202×年3月发生的部分经济业务如下：

（1）从开户银行提取现金200 000元，备发职工薪酬；

（2）从某供应商处购入材料一批并已验收入库，计35 000元，货款用银行存款支付；

（3）某投资者按出资协议的规定投入资本200 000元，直接存入银行；

（4）公司员工张明出差，向公司预借差旅费5 000元，以现金支付；

（5）购入一辆价值为250 000元的货运汽车，款项当即以银行存款支付；

（6）以银行存款9 400元偿还前欠甲公司的货款。

要求：

（1）分析上述各经济业务应设置的账户及其所属的经济性质；

（2）根据上述资料，编制简单会计分录。

【业务题三】

目的：练习借贷记账法下复合会计分录的编制。

资料：某公司202×年4月发生的经济业务如下：

（1）销售员出差回来报销差旅费5 120元，原借款5 000元，不足部分以现金向其支付；

（2）接受某投资者投入资本800 000元，其中固定资产为400 000元，无形资产为100 000元，其余为货币资金，已存入银行；

（3）购入原材料一批，价款30 000元，其中20 000元以银行存款支付，其余款项尚未支付；

（4）销售商品一批，出售价款为500 000元，其中300 000元以转账方式收到并存入银行，其余款项尚未收回。

要求：根据上述经济业务，编制复合会计分录。

【业务题四】

目的：练习借贷记账法下会计分录的编制与账户的登记。

资料：某公司202×年4月30日有关账户余额如表1-12所示。

表1-12 某公司有关账户余额

202×年4月30日　　单位：元

账户	金额	账户	金额
库存现金	22 780	短期借款	660 000
银行存款	191 200	应付账款	42 280
应收账款	233 800	应付职工薪酬	20 000
原材料	401 500	实收资本	600 000
固定资产	694 000	资本公积	85 000
无形资产	100 000	本年利润	236 000

该公司202×年5月发生的经济业务如下：

（1）购买原材料85 000元，材料已验收入库，款项尚未支付；

（2）以银行存款购买不需要安装的生产设备一套，价值100 000元；

（3）收到上月销货款86 000元，已存入银行；

（4）销售商品一批，款项400 000元已全部收存银行；

（5）以银行存款支付短期借款的当期利息32 000元；

（6）以银行存款向相关媒体支付广告费15 600元；

（7）以现金支付职工薪酬20 000元；

（8）发出原材料392 000元，用于制造产品。

要求：

（1）根据上述资料开设相关"T"形账户并登记5月1日的余额；

（2）根据上述资料，编制各项经济业务的会计分录；

（3）将所编制的会计分录过入相关账户；

（4）计算各账户的本期借方发生额、本期贷方发生额和期末余额；

（5）编制期初余额、本期发生额及期末余额试算平衡表进行试算平衡。

参考答案

一、单选题

1. A	2. B	3. A	4. A	5. B	6. B
7. A	8. D	9. D	10. B	11. D	12. C
13. A	14. A	15. C	16. A	17. C	18. C
19. C	20. C				

二、多选题

1. ABCD	2. ABCD	3. AD	4. ABCD	5. AB	6. ABCD
7. ABCD	8. BC	9. AB	10. AB		

三、判断题

1. ×	2. √	3. ×	4. ×	5. ×	6. √
7. √	8. ×	9. ×	10. ×		

四、业务题

（略）

第六节　会计报告

一、会计报告概述

（一）会计报告的含义

会计报告即财务会计报告，是指企业向会计报告使用者提供与企业财务状况、经营成果和现金流量等有关会计信息，反映企业管理层受托责任履行情况的书面文件，包括会计报表及其附注和其他应当在会计报告中披露的相关信息和资料，如会计报表、会计报表附注和财务情况说明书等。会计报表主要包括资产负债表、利润表、现金流量表、所有者权益变动表及相关附表。会计报表附注是为了便于会计报表使用者理解会计报表的内容而做的解释。财务情况说明书是对企业生产、经营、财务等重要情况做进一步解释的文字说明。会计报表是会计报告的核心内容。

（二）会计报表的构成

会计报表是以企业的会计凭证、会计账簿和其他会计资料为依据，按照规定的格式、内容和填报要求定期编制并对外报送的，以货币作为计量单位，总括反映企业一定时点财务状况和一定时期经营成果及现金流量的书面报告文件。由于它一般以表格的形式体现，因而称为会计报表，也称财务报表。《企业会计准则第 30 号——财务报表列报》规定：财务报表至少应当包括资产负债表、利润表、现金流量表、所有者权益变动表（或股东权益变动表）及其附注。

（1）资产负债表是指反映企业某一特定日期财务状况的会计报表。

（2）利润表是指反映企业一定会计期间经营成果的会计报表。

（3）现金流量表是指反映企业一定会计期间现金及现金等价物流入和流出情况的会计报表。

（4）所有者权益变动表是指反映企业一定会计期间所有者（股东）权益各项目增减变动情况的会计报表。

（5）附注是指为了便于会计报表使用者理解会计报表的内容，对会计报表项目或表外事项所做的进一步说明，内容主要包括企业的一般情况说明，企业会计政策的调整与变更说明，会计报表主要项目附注，分行业资料数据，对承诺事项、或有事项、资产负债表日后事项和关联方交易等重要事项的揭示等。

（三）会计报告的作用

会计报告能够为会计报告使用者提供与企业财务状况、经营成果和现金流量等有关的会计信息，反映企业管理层受托责任履行情况，有助于会计报告使用者做出经济决策。会计报告所提供的会计信息具有重要作用，主要体现在以下几个方面：

（1）为企业本身提供信息。会计报告所提供的资料，可以反映企业管理层受托责任履行情况，帮助企业领导和管理人员分析、检查企业的经营活动是否符合制度规定；

考核企业资金、成本、利润等计划指标完成程度；分析、评价经营管理中的成绩和不足，采取措施，提高经济效益；运用会计报告和其他资料进行分析，为编制计划进行经济预测和决策提供重要依据。企业职工群众最关注的是企业为其所提供的就业机会及其稳定性、劳动报酬高低和职工福利好坏等方面的资料，上述情况又与企业的盈利能力和资本结构等情况密切相关，会计报告可以提供职工需要的相关信息。

（2）为主管部门提供信息。会计报告能够为上级主管部门和政府管理部门进行宏观调控提供参考资料。企业的上级主管部门根据会计报告资料，可以了解企业整体的经济运行情况，检查企业各项指标的完成情况，查找并解决企业管理中存在的问题；政府管理部门可以通过会计报告，了解国有资产的使用、变动情况，了解各部门、各地区的经济发展情况，有利于其进行国民经济的宏观调控和制订科学的国民经济发展计划，促进整个国民经济的稳定、持续、健康发展。

（3）为资金提供者提供信息。企业资金主要来源于投资者、债权人和社会公众。企业的投资者可以是国家、法人、职工个人、其他经济单位和外商等。投资者主要关心投资报酬和投资风险。会计报告可以为其提供盈利能力、资本结构等方面的信息。企业的债权人主要包括银行和其他金融机构。其重点关注的是所提供的资金是否能按期如数收回。会计报告可以为其提供有关偿债能力方面的信息。社会公众是企业潜在的投资者，其通过会计报告提供的信息能够正确地进行投资贷款判断决策。

（4）为监督部门提供信息。会计报告可以为财政、税收、工商、审计等监督部门提供信息，便于这些部门监督企业生产经营活动，检查国家财经法规的贯彻执行情况，尤其是检查应交税费的缴纳、应付利润的支付等情况以保证国家财政收入的及时完整；验证企业资本金的实缴情况以保证国家经济秩序的健康发展；鉴证企业财政财务收支情况以保证企业经济活动的合法有效。

二、会计信息质量特征

会计信息质量特征又称会计信息质量要求，是用来衡量会计信息是否有用的具体标准，即会计系统为达到会计目标而对会计信息质量高低的约束。会计信息的质量特征如不能满足与其目标相一致的质量要求，则会计信息也不能实现其既定的目标。会计信息的质量越高，对信息使用者进行经济决策的影响就越大，会计信息的使用者也就越多，会计报告的目标也能更好地实现。

我国的会计信息质量特征包括首要质量要求和次级质量要求两个层次。首要质量要求即基本的质量特征，包括可靠性、相关性、可理解性和可比性。次级质量要求即对首要质量要求的补充和完善，包括实质重于形式、重要性、谨慎性和及时性。

（一）可靠性

可靠性要求企业应当以实际发生的交易或事项为依据进行确认、计量、记录和报告，如实反映符合确认和计量要求的各项会计要素及其他相关信息，保证会计信息真实可靠、内容完整。

（二）相关性

相关性要求企业提供的会计信息应当与投资者等会计报告使用者的经济决策需要相关，有助于会计报告使用者对企业的过去、现在或未来的情况做出评价或者预测。

（三）可理解性

可理解性要求企业提供的会计信息清晰明了，便于会计报告使用者理解和使用。根据可理解性要求，企业的会计记录和财务会计报告必须明了清晰，具体表现在会计核算方法简明易懂、会计核算程序简单明了、会计报表信息勾稽关系清楚、财务会计报告数据简洁无误。

（四）可比性

可比性要求企业提供的会计信息应当在时间上和空间上相互可比，主要包括两层含义：第一，同一企业不同时期可比，要求同一企业不同时期发生的相同或者相似的交易或事项，应当采用一致的会计政策，不得随意变更；第二，不同企业相同会计期间可比，要求不同企业同一会计期间发生的相同或相似的交易或事项，应当采用规定的会计政策，确保会计信息口径的一致性、相互可比，以使不同企业按照一致的确认、计量、记录和报告要求提供有关会计信息。

（五）实质重于形式

实质重于形式要求企业应当按照交易或事项的经济实质进行会计确认、计量、记录和报告，不仅仅以交易或事项的法律形式为依据。例如，以融资租赁方式租入的资产，虽然从法律形式来说承租企业并不拥有其所有权，但是由于租赁合同中规定的租赁期相当长，租赁期结束时承租企业有优先购买该资产的选择权，在租赁期内承租企业有权支配资产并从中受益，因此从其经济实质来看，承租企业能够控制并拥有其创造的未来经济利益，承租企业也就将以融资租赁方式租入的资产视同自有资产进行核算。

（六）重要性

重要性要求企业提供的会计信息应当反映与企业财务状况、经营成果和现金流量有关的所有重要交易或事项。按照重要性要求，会计提供的信息的繁简程度取决于信息的重要程度，对于信息使用者的决策产生重大影响的会计信息必须详尽揭示，而对信息使用者的决策影响不大的次要会计信息，可以做适当的简化。

（七）谨慎性

谨慎性要求企业对交易或事项进行会计确认、计量、记录和报告应当保持应有的谨慎，不应高估资产或者收益、低估负债或费用。企业的生产经营活动充满着风险和不确定性，强调会计信息的谨慎性，不高估资产或收益，不低估负债或费用，使所提供的会计信息不存在“水分”。对固定资产进行加速折旧、定期对存在的可能发生减值迹象的资产计提减值损失等，是谨慎性要求在会计处理中最典型的体现。

（八）及时性

及时性要求企业对于已经发生的交易或事项，应当及时进行确认、计量、记录和报告，不得提前或延后，从而可以使会计信息的使用者及时获得相关的信息并据以做出决策。为了保证会计信息的及时性，企业要及时收集各种会计信息，即在经济业务发生后，及时收集整理各种原始单据；要及时处理会计信息，即在规定的时限内编制出财务会计报告；要及时传递会计信息，即在规定的时限内将编制好的财务会计报告传递给会计信息的使用者。

课后小结

主要术语中英文对照

1. 会计报告	Accounting Report	2. 可比性	Comparability
3. 会计报表	Accounting Statement	4. 实质重于形式	Substance Over Form
5. 可靠性	Reliability	6. 重要性	Materiality
7. 相关性	Relevance	8. 谨慎性	Prudence
9. 可理解性	Understandability	10. 及时性	Timeliness

复习思考题

1. 什么是会计报告？什么是会计报表？两者有何区别？
2. 为什么要提出会计信息质量特征？会计信息质量特征有哪些？

练习题

一、单选题

1. 企业以实际发生的交易或事项为依据进行会计确认、计量和报告，反映了会计信息质量的（　　）。

A. 可靠性要求　　B. 谨慎性要求
C. 可比性要求　　D. 实质重于形式要求

2. 企业提供的会计信息应当清晰明了，反映了会计信息质量的（　　）。

A. 可靠性要求　　B. 可理解性要求
C. 可比性要求　　D. 实质重于形式要求

3. 对于同一企业不同时期发生的相同或相似的交易或事项，应当采用一致的会计政策，不得随意变更，这反映了会计信息质量的（　　）。

A. 可靠性要求　　B. 重要性要求
C. 可比性要求　　D. 实质重于形式要求

4. 企业对交易或事项进行会计确认、计量和报告，不应高估资产或收益、低估负债或费用，这反映了会计信息质量的（　　）。

A. 谨慎性要求　　B. 重要性要求
C. 可比性要求　　D. 实质重于形式要求

5. 企业定期对存在可能发生减值迹象的资产计提减值损失，体现了会计信息质量的（　　）。

A. 谨慎性要求　　B. 重要性要求
C. 相关性要求　　D. 实质重于形式要求

6. 对企业已经发生的交易或事项，不得提前或延后进行会计确认、计量和报告时会计信息质量（　　）原则的要求。

A. 可比性　　B. 重要性
C. 谨慎性　　D. 及时性

7. 企业按照销售合同销售商品但又签订了售后回购协议，不确认收入遵循的是（　　）。

A. 重要性原则　　B. 谨慎性原则
C. 实质重于形式原则　　D. 相关性原则

8. 下列选项中，不属于会计信息质量要求的是（　　）。

A. 实质重于形式　　B. 可靠性
C. 权责发生制　　D. 相关性

9. 除法律、行政法规和国家统一的会计准则另有规定者外，企业不得自行调整资产的账面价值，这一规定符合（　　）。

A. 重要性原则　　B. 实质重于形式原则
C. 客观性原则　　D. 历史成本原则

二、多选题

1. 下列选项中，有助于提高会计信息可比性的有（　　）。

A. 同一企业前后各期采用相同的会计政策
B. 在财务会计报告中提供以前期间的对比数据
C. 各企业根据自身的需要灵活选择会计政策
D. 各企业都遵循会计准则的统一规定

2. 下列选项中，属于会计信息质量要求的有（　　）。

A. 权责发生制　　B. 及时性
C. 历史成本　　D. 可靠性

3. 会计信息质量的可比性要求强调的一致是指（　　）。

A. 会计处理方法一致　　B. 收入和费用应一致
C. 会计指标口径一致　　D. 企业前后各期一致

4. 在评价某些事项的重要性时，很大程度上取决于会计人员的职业判断，一般来说，（　　）属于重要事项。

A. 当某一项目可以可靠计量时　　B. 当某一项目可以确认时

C. 当某一项目数量达到一定规模时　　D. 当某一项目可以可靠估计时

E. 当某一项目有可能对决策生产一定影响时

5. 为了保证会计信息的及时性，企业要（　　）。

A. 及时收集整理原始单据　　B. 及时进行经济交易

C. 及时编制财务会计报告　　D. 及时编制会计预算

E. 及时将财务会计报告传递给会计信息的使用者

三、判断题

1. 会计信息质量的可靠性要求企业提供的会计信息应当与财务会计报告使用者的经济决策需要相关，有助于财务会计报告使用者对企业过去、现在或未来的情况做出评价或预测。（　　）

2. 强调会计信息的可比性要求，就意味着企业对会计政策的确定没有选择权，所有的企业采用绝对一致的会计处理程序和方法。（　　）

3. 实质重于形式要求企业应当按照交易或事项的法律形式进行会计确认、计量和报告。（　　）

4. 会计信息质量的谨慎性要求会计人员在会计核算中应尽量低估资产和可能发生的损失、费用。（　　）

参考答案

一、单选题

1. A　2. B　3. C　4. A　5. A　6. D

7. C　8. C　9. D

二、多选题

1. ABD　2. BD　3. ACD　4. CE　5. ACE

三、判断题

1. ×　2. ×　3. ×　4. ×

第二章　会计基本方法

第一节　设置账户

一、会计账簿启用

（一）会计账簿基本内容

会计账簿通常由封面、扉页、账页和封底构成。

1. 封面和封底

封面主要用于表明账簿名称，如××日记账、总分类账、××明细账等。封面和封底起到保护账页的作用。

2. 扉页

扉页上主要载明“账簿启用及交接表”和“账户目录”。账簿启用及交接表主要填列单位名称、账簿名称、账簿页数、启用日期、记账人员、会计主管人员、会计机构负责人、移交人和移交日期、接管人和接管日期等。账户目录注明各个账户所在页次。账簿启用及交接表的格式如表 2-1 所示，账户目录的格式如表 2-2 所示。

3. 账页

账页是会计账簿构成的主体。账页的格式虽因记录的经济业务的内容不同而有所不同，但应具备的基本要素是相同的。账页的基本要素包括：

（1）账户的名称，包括总账科目、明细分类科目。

（2）登账日期栏。

（3）凭证种类和编号栏。

（4）摘要栏，用于记录经济业务内容的简要说明。

（5）金额栏，用于记录账户的增减变动及其结余情况。

（6）总页次和分户页次。

表 2-1 账簿启用及交接表

<table>
<tr><td>单位名称</td><td colspan="6"></td><td colspan="4">印鉴</td></tr>
<tr><td>账簿名称</td><td colspan="6">（第 册）</td><td colspan="4" rowspan="4"></td></tr>
<tr><td>账簿编号</td><td colspan="6"></td></tr>
<tr><td>账簿页数</td><td colspan="3">本账簿共计 页</td><td colspan="3">本账簿页数
检点人盖章</td></tr>
<tr><td>启用日期</td><td colspan="6">公元 年 月 日</td></tr>
<tr><td rowspan="3">经管人员</td><td colspan="2">负责人</td><td colspan="2">主办会计</td><td colspan="3">复核</td><td colspan="3">记账</td></tr>
<tr><td>姓名</td><td>盖章</td><td>姓名</td><td>盖章</td><td>姓 名</td><td colspan="2">盖章</td><td>姓名</td><td colspan="2">盖章</td></tr>
<tr><td></td><td></td><td></td><td></td><td></td><td colspan="2"></td><td></td><td colspan="2"></td></tr>
<tr><td rowspan="4">交接记录</td><td colspan="2">经管人员</td><td colspan="4">接管</td><td colspan="4">交出</td></tr>
<tr><td></td><td></td><td>年</td><td>月</td><td>日</td><td>盖章</td><td>年</td><td>月</td><td>日</td><td>盖章</td></tr>
<tr><td></td><td></td><td></td><td></td><td></td><td></td><td></td><td></td><td></td><td></td></tr>
<tr><td></td><td></td><td></td><td></td><td></td><td></td><td></td><td></td><td></td><td></td></tr>
<tr><td>备注</td><td colspan="10"></td></tr>
</table>

表 2-2 账户目录

编号	科目	页码	编号	科目	页码	编号	科目	页码

（二）会计账簿启用规则

为了保证账簿记录的合规和完整，明确记账责任和便于日后查核，企业在启用新账簿时必须做好有关启用记录。

（1）在账簿的封面上填写单位名称和账簿名称，在账簿的扉页上填写“账簿启用及交接表”的有关内容，加盖单位公章和有关个人名章。

（2）启用订本式会计账簿，一般页码预先已经印好，不需再填；对于未预先印制顺序号的会计账簿，则应从第一页开始到最后一页为止按顺序编定页码，不得跳页、缺码。启用活页式账簿、账页应当按账户顺序编号，页码可以等到装订成册时按实际使用的账页顺序编定，并在账户目录中，记明每个账户的名称和页次。

（3）在账页上开设账户，即填明会计科目的名称。

（4）“账簿启用及交接表”的有关内容填写完毕后，将印花税票粘贴在账簿扉页的右上角，并划线注销，表明该会计账簿启用的合法性。对于使用交款书缴纳印花税票的，则在扉页的右上角注明“印花税”已交及交款金额。

记账人员、会计部门负责人或会计主管人员工作变动时，应先办妥账簿移交手续，在“账簿启用及交接表”的交接记录栏内填明交接人员姓名、职别、交接日期和监交人员姓名，由交接双方签字并盖章，以分清责任。一般会计人员办理交接手续，由会计部门负责人监交，会计部门负责人办理交接手续，由单位负责人监交。

二、会计账簿更换

会计账簿更换是指在会计年度终了进行年度结账后，必须按规定更换新账。库存现金日记账、银行存款日记账、总分类账和大部分明细账每年都应更换一次新账。在年度内业务发生量较少、账簿变动不大的部分明细账，如固定资产明细账，可以跨年度连续使用，各种备查账也可跨年度连续使用，不必每年更换新账。

更换新账时，企业应将各账户的年末余额转入下一年度新账簿。余额转记到新账簿时不需要编制记账凭证而只要在新账簿有关账户新账页的第一行“日期”栏内填写1月1日，在摘要栏内填写“上年结转”字样，在“余额”栏内填上该账户上年度的余额，并在“借或贷”栏内注明余额的方向。年度结账（总账）格式如表2-3所示。

表2-3　总账

会计科目：应收账款　　　　　　　　　　　　　　　　　　　　单位：元

202×年		凭证		摘要	借方	贷方	借或贷	余额
月	日	种类	编号					
1	1			上年结转			借	65 000
				（略）				
				（略）				
12	31			本月合计	35 000	20 000	借	225 000
	31			本季累计	90 000	75 000	借	225 000
	31			本年累计	285 000	215 000	借	225 000
				结转下年		225 000	平	0

注：月结、季结在账簿上轧蓝线划一条通栏红线，年结划两条通栏红线。

三、会计账簿设置

（一）日记账的设置

日记账又称序时账。日记账按时间顺序，根据原始凭证，依次记录每一交易与事项，因此又被称为日记簿。记录时，日记账要为每一交易与事项指出应借账户、应贷账户和金额。

日记账可分为普通日记账和特种日记账。

1. 普通日记账

普通日记账是用来登记全部经济业务发生情况的日记账，具有格式统一、使用方便等特点。普通日记账既适用于设置特种日记账的企业，也适用于未设置特种日记账的企业。普通日记账通常把每天发生的经济业务按业务发生的先后顺序记入账簿中，依次作为登记分类账的依据，故又称分录日记账。由于普通日记账只有“借方”和“贷方”两个金额栏，因此也称为两栏式日记账。中西会计的会计分录载体不同，我国会计采用记账凭证，而西方会计则采用普通日记账，如表 2-4 所示。

表 2-4　普通日记账

年		凭证		摘　要	对方科目	借方金额											贷方金额											过账
月	日	种类	号数			亿	千	百	十	万	千	百	十	元	角	分	亿	千	百	十	万	千	百	十	元	角	分	

2. 特种日记账

特种日记账是用于记录某一类经济业务发生情况的日记账，这类业务通常属于重复发生的大量的特定交易类型，如现金的收付、原材料的采购、产品销售等。特种日记账的设置取决于企业的业务性质以及这类业务发生的频繁程度。企业通常设置的特种日记账主要包括库存现金日记账和银行存款日记账。极少数单位还设置销货日记账和购货日记账。会计准则规定，企业必须设置现金日记账和银行存款日记账，有外币业务的单位还需要按币种不同分别设置外币现金日记账和银行存款日记账。日记账一般采用订本账，常见的格式有三栏式和多栏式两种。

（1）库存现金日记账。实际工作中，库存现金日记账多采用三栏式，如表 2-5 所示。库存现金日记账设置时，在同一张账页上设置“收入”“支出”和“结余”三个基本的金额栏目，并在金额栏与摘要栏之间插入“对方科目”，以便记账时标明现金收入的来源科目和现金支出的用途科目。

表 2-5　库存现金日记账

年		凭证		摘　要	对方科目	收入金额（借方）											✓	支出金额（贷方）											✓	借或贷	结存金额（余额）											核对
月	日	种类	号数			亿	千	百	十	万	千	百	十	元	角	分		亿	千	百	十	万	千	百	十	元	角	分			亿	千	百	十	万	千	百	十	元	角	分	

（2）银行存款日记账。银行存款日记账应按企业在银行开立的账户和币种分别设置，每个银行账户设置一本日记账。银行存款日记账的格式与现金日记账基本相同，如表 2-6 所示。

表 2-6 银行存款日记账

年		凭证		摘要	对方科目	现金支票号码	转账支票号码	借方											核对	贷方											核对	借或贷	余额										
月	日	种类	号数					亿	千	百	十	万	千	百	十	元	角	分		亿	千	百	十	万	千	百	十	元	角	分			亿	千	百	十	万	千	百	十	元	角	分
				过次页																																						

（二）明细分类账的设置

明细分类账简称明细账，是按照明细科目开设的用来分类登记某一类经济业务，提供明细核算资料的分类账户。明细分类账提供的有关经济活动的详细资料，是对总分类账提供的总括核算资料的必要补充，同时也是编制会计报表的依据。明细分类账的格式应根据各单位经营业务的特点和管理需要来确定，可供选择的格式主要有三栏式、数量金额式、多栏式和横线登记式。

1. 三栏式明细分类账

三栏式明细分类账的账户格式同总分类账的格式基本相同，它只设“借方”“贷方”和“余额”三个金额栏，如表 2-7 所示。它适用于只要求提供价值指标的账户，如应收账款、应付账款、实收资本等账户的明细分类账。

表 2-7　三栏式明细分类账

账户名称__________

年		凭证编号	摘　要	借方											✓	贷方											✓	借或贷	余额											核对
月	日			亿	千	百	十	万	千	百	十	元	角	分		亿	千	百	十	万	千	百	十	元	角	分			亿	千	百	十	万	千	百	十	元	角	分	

2. 数量金额式明细分类账

数量金额式明细分类账的基本结构为“收入”“发出”和“结存”三栏，在这些栏内再分别设有“数量”“单价”“金额”等项目，以分别登记实物的数量和金额，如表 2-8 所示。

表 2-8　数量金额式明细分类账

最高存量：
最低存量：

账号	总页数
页数	

编号：__________类别：__________规格：__________单位：__________存放地点：__________计划单价：__________

年		凭证号数	摘要	收入													发出													结余													核对号
				数量	单价	金额											数量	单价	金额											数量	均价	金额											
月	日					亿	千	百	十	万	千	百	十	元	角	分			亿	千	百	十	万	千	百	十	元	角	分			亿	千	百	十	万	千	百	十	元	角	分	

这种格式的明细账适用于既要进行金额明细核算，又要进行数量明细核算的财产

物资项目，如“原材料”“库存商品”“周转材料”等账户的明细核算。它能提供各种财产物资收入、发出、结存等的数量和金额资料，便于满足开展业务和加强管理的需要。

3. 多栏式明细账

多栏式明细账的格式视管理需要而呈现多种多样的形式。在同一账户中，多栏式明细账在借方栏或贷方栏下按照明细科目分设若干专栏，集中反映有关明细项目的核算资料，如表 2-9 所示。多栏式明细账一般适用于成本费用类、收入成果类的明细账，如管理费用、生产成本、制造费用、营业外收入、利润分配等账户的明细分类账。

表 2-9 多栏式明细账

账号________

________明细账（多栏式） 总第________页

分第________页

年		凭证		摘要	合计																																																																						
月	日	字	号		百	十	万	千	百	十	元	角	分	十	万	千	百	十	元	角	分	十	万	千	百	十	元	角	分	十	万	千	百	十	元	角	分	十	万	千	百	十	元	角	分	十	万	千	百	十	元	角	分	十	万	千	百	十	元	角	分	十	万	千	百	十	元	角	分	十	万	千	百	十	元	角	分

4. 横线登记式明细分类账

横线登记式明细账也称平行式明细分类账，是将前后密切相关的经济业务在同一横线内进行详细登记。当经济业务发生时的一方进行登记后，与之相应的业务则不管什么时候再发生，均在同一行次的另一方平行登记，以便检查每笔业务的完成和变动情况。横线登记式明细分类账适用于材料采购的付款和收料、备用金业务的支出和报销收回、应收票据的发生与转销等业务。其格式如表 2-10 和表 2-11 所示。

表 2-10　横线登记式明细分类账

其他应收款——备用金明细账

年		凭证		摘要	借方			年		凭证		摘要	贷方			余额
月	日	字	号		原借	补付	合计	月	日	字	号		报销	退	合计	

表 2-11　横线登记式明细分类账

在途物资明细账

年		凭证号数	摘要	计量单位	发票数量	实收数量	借方																								贷方								余额							
月	日						发票价格								运杂费等								合计																							
							十	万	千	百	十	元	角	分	十	万	千	百	十	元	角	分	十	万	千	百	十	元	角	分	十	万	千	百	十	元	角	分	十	万	千	百	十	元	角	分

（三）总分类账的设置

总分类账是指按照总分类科目设置，按照货币计量单位进行登记，用来提供总括核算资料的账户，简称总账。总分类账所提供的核算资料，是编制会计报表的主要依据，任何单位都必须设置总分类账。总分类账的账户格式，一般采用订本式三栏账，如表 2-12 所示。

表 2-12 总分类账

账户名称__________

年		记账凭证		摘要	借方													贷方													借或贷	余额												
月	日	种类	号数		十	亿	千	百	十	万	千	百	十	元	角	分	✓	十	亿	千	百	十	万	千	百	十	元	角	分	✓		十	亿	千	百	十	万	千	百	十	元	角	分	✓

设置账户的具体操作方法详见第四章第二节的介绍与示范。

课后小结

主要术语中英文对照

1. 设置账户 Setting Up Accounts
2. 多栏账 Tabular Ledger
3. 日记账 Journal Ledger
4. 数量金额式 Amount-sum Ledger
5. 总账 General Ledger
6. 多栏式 Columnar System
7. 明细账 Subsidiary Ledger
8. 账簿 Book
9. 三栏账 Three-column Ledger
10. 普通日记账 General Journal
11. 平行登记式 Parallel Registration Ledger
12. 特种日记账 Special Journal

复习思考题

什么是设置账簿？为什么要设置账簿？如何设置账簿？

练习题

一、单选题

1. 下列账簿中，与其他账簿之间不存在相互依存和勾稽关系的是（　　）。
   A. 银行存款日记账　　B. 租入固定资产登记簿
   C. 各种备查账　　D. 短期借款总账
2. 下列账簿中，可以采用多栏账格式的是（　　）。
   A. 资产类　　B. 负债类
   C. 成本类　　D. 所有者权益类
3. 下列账簿中，适合采用平行式明细分类账的是（　　）。
   A. 应收账款明细账　　B. 生产成本明细账
   C. 其他应收款明细账　　D. 原材料明细账
4. 下列选项中，应采用三栏式明细账的是（　　）。
   A. 应付账款明细账　　B. 生产成本明细账
   C. 主营业务收入明细账　　D. 在途物资明细账
5. 年末结账时，应在"本年累计"行下划（　　）。
   A. 通栏单红线　　B. 通栏双红线
   C. 半栏单红线　　D. 半栏双红线

二、多选题

1. 账簿启用和经管人员一览表的基本内容包括（　　）。
   A. 启用日期　　B. 账簿页数
   C. 账簿编号　　D. 移交日期
2. 可以跨年度使用的账簿有（　　）。
   A. 总分类账　　B. 固定资产明细账
   C. 各种备查账　　D. 银行存款日记账
3. 账簿组成的基本内容包括（　　）。
   A. 单位名称　　B. 账簿封面
   C. 账簿扉页　　D. 账页
4. 下列账簿中，属于任何会计主体都必须设置的有（　　）。
   A. 库存现金日记账　　B. 银行存款日记账
   C. 总分类账　　D. 所有账户的明细分类账
   E. 备查账

5. 下列选项中，可以采用多栏式明细账的有（　　）。

A. 原材料明细账　　B. 制造费用明细账

C. 管理费用明细账　　D. 主营业务收入明细账

E. 应付账款明细账

三、判断题

1. 账簿中上期的期末余额转入本期即为本期的期初余额。（　　）

2. 目前，企业的总分类账户一般是根据国家有关会计准则规定的会计科目设置的。（　　）

3. 在借贷记账法下，负债类账户与成本类账户的结构截然相反。（　　）

4. 库存现金日记账与银行存款日记账均属于特种日记账，当今各企业设置的主要目的是加强对库存现金和银行存款的管理。（　　）

参考答案

一、单选题

1. B　　2. C　　3. C　　4. A　　5. B

二、多选题

1. ABCD　　2. BC　　3. BCD　　4. ABC　　5. BCD

三、判断题

1. √　　2. √　　3. √　　4. √

第二节 复式记账

一、复式记账的内容

复式记账的经济内容是会计要素，它们是相互联系、相互依存的，各自具有独立的含义，又以不同的具体形式存在着。企业发生的经济业务，都会引起每一种具体形式的价值数量变化，因而设置相应的账户进行登记，就使复式记账组成一个完整、系统的记账组织体系。有了这样一个记账组织体系，不仅反映了资产、负债和所有者权益的增减变化和结存情况，而且反映了收入、费用和利润的数额及其形成原因。这是复式记账能够全面核算和监督企业经济活动的根本原因。因此，复式记账是会计描述经济业务的一种专门手段。经济业务就是复式记账的对象。就工业企业而言，其具体经济业务内容包括资金筹集业务、供应业务、生产业务、销售业务和财务成果分配业务。商业企业与工业企业不同，经济业务比较简单，没有复杂生产过程的核算。

二、资金筹集业务的核算

资金筹集是企业生产经营活动的首要条件，是资金运动全过程的起点。从企业资金来源来看，不同的企业可以有不同的筹资渠道，但归纳起来主要包括两个方面：一方面是投资者投入资本金，即实收资本；另一方面是借入资金，如银行的长短期贷款等。在企业的筹资策略中，合理确定不同的筹资比例，可以有效地降低经营风险，提高权益资本的报酬率，达到资本保值增值的目的。

（一）投入资本的核算

投入资本是所有者权益的基本组成部分，是投资者按照企业章程，或者合同、协议的约定，实际投入企业的资本。拥有一定数量的资本金是企业设立开业的基本条件之一，企业的资本金按照投资主体的不同，可分为国家投入资本金、法人资本金、个人资本金和外商资本金；按照投入资本的物资形态的不同，可分为货币投资、实物投资、证券投资和无形资产投资等。

投入资本应按实际确认的投资数额入账，以货币资金投入的资本，应当以实际收到或存入企业的款项作为实收资本入账；投资者以非货币性资产投入的资本，应按投资各方确认的价值作为实收资本入账。投资者按照出资比例或合同、章程的规定，分享企业的利润和分担企业风险及亏损。投资者投入企业的资本应当保全，除法律、行政法规另有规定外，在企业存续过程中不得随意抽回，企业在经营过程中所取得的收入、发生的费用和财产的盘盈与盘亏等，不得直接增减投入资本。

1. 账户设置

（1）“实收资本”账户。该账户用来核算投资者按照企业章程规定投入的资本。该账户属于所有者权益类账户，贷方反映企业实际收到的投入资本；借方反映投入资本的减少；期末余额在贷方，表示期末投入资本的实有数额。该账户应按投资者设置明细分类账户进行明细分类核算。

（2）“银行存款”“库存现金”“固定资产”“无形资产”“原材料”“库存商品”等账户。按照复式记账原理要求，为核算投资者实际投入企业经营活动的各项财产物资，企业要设置“银行存款”“库存现金”“固定资产”“无形资产”“原材料”“库存商品”等账户，用于核算企业按照不同投资方式取得资金来源时，同一笔资金在企业的存在方式，即投入资金的去向和具体占用情况。这些账户都属于资产类账户，借方反映投入资产的增加；贷方反映资产的减少；期末余额在借方，分别表示期末资产的实有数。“固定资产”“无形资产”“原材料”“库存商品”账户分别按照其类别开设明细账户进行明细分类核算。

2. 复式记账

企业在吸收投入资本金时，一方面资产总额增加，另一方面所有者权益总额增加，因此企业核算收到投资转入的资本金时，要在有关资产类账户的借方记资产的增加，同时在有关所有者权益类账户的贷方记资本金的增加。

企业收到的货币资产投资，应按实际收到的款项借记“库存现金”“银行存款”等科目，贷记“实收资本”科目。企业收到的非货币性资产投资，应按投资各方确认的价值借记“固定资产”“无形资产”“原材料”“库存商品”等科目，贷记“实收资本”科目。

（二）借入资金的核算

1. 账户设置

企业在生产经营过程中，为了补充自有资金的不足，可以举债借入资金。按照企业借入资金的来源不同，借入资金可分为从银行等金融机构取得的银行借款和通过发行债券筹集的资金。企业从银行取得的借款按其偿还期限长短不同可分为长期借款和短期借款，偿还期限在一年以上的称为长期借款，偿还期在一年及以下的称为短期借款。企业借入的款项必须按照规定用途使用，定期支付利息，并按期归还。

（1）“短期借款”账户。该账户用来核算企业向银行或其他金融机构借入的期限在一年及以下的各种借款。该账户属于负债类账户，贷方反映借入的各种借款；借方反映归还的各项借款；期末余额在贷方，表示期末尚未偿还的短期借款的本金。该账户应按债权人设置明细账户，并按债务种类进行明细分类核算。

（2）“长期借款”账户。该账户用来核算企业向银行或其他金融机构借入的期限在一年以上的各种借款。该账户属于负债类账户，贷方反映借入的各种长期借款或到期应付利息；借方反映归还的借款本金或利息；期末余额在贷方，表示期末尚未偿还的长期借款本金或到期一次还本付息的借款利息。该账户应按贷款单位设置明细账户，并按贷款种类进行明细分类核算。

（3）“应付债券”账户。该账户用来核算企业为筹集资金而实际发行的债券及应付的利息。该账户属于负债类账户，贷方反映发行债券筹集的资金或应付利息；借方反映归还的债券本金或利息；期末余额在贷方，表示企业尚未偿还的债券本金或到期一次还本付息的债券利息。该账户应按债券种类设置明细账户，进行明细分类核算。

(4)“财务费用”账户。该账户核算在筹资过程中发生的各项理财费用，如利息支出（减利息收入）以及支付给金融机构的手续费等。该账户属于损益支出类账户，借方反映发生的各项理财费用；贷方反映冲减的各项理财费用（如利息收入）；期末该账户的余额全部转入“本年利润”账户，结转后“财务费用”账户无余额。该账户应按费用项目设置明细账户，进行明细分类核算。

(5)“应付利息”账户。在会计实务中，短期借款利息实行按月结算、按季支付的方法，长期借款和应付债券在一次还本、分期付息的情况下，为了反映利息的支付和结算情况，按照权责发生制原则，应设置“应付利息”账户。该账户属于负债类账户，贷方反映按规定提取计入本期成本费用的利息支出；借方反映实际支出数；期末余额在贷方，表示企业已预先计提但尚未实际支付的利息费用。该账户应按费用种类设置明细账户，进行明细分类核算。

2. 复式记账

企业取得借入资金时，一方面企业的负债增加，另一方面企业的资产增加，因此这类业务涉及企业资产和负债要素之间的增减变动。

(1) 短期借款的核算。企业收到借入的短期借款时，应按收到借款金额借记“银行存款”科目，贷记“短期借款”科目。企业按权责发生制原则计提每月的借款利息时，借记“财务费用”科目，贷记“应付利息”科目；季末支付利息时，借记“应付利息”科目，贷记“银行存款”科目。企业归还借款本金时，借记“短期借款”科目，贷记“银行存款”科目。

(2) 长期借款的核算。企业收到长期借款存入银行时，应按收到的款项借记“银行存款”科目，贷记“长期借款”科目。长期借款的利息支出按资本化标准，可以资本化的利息计入长期资产成本，不能资本化的利息应计入当期损益。企业计入当期损益时，一次还本付息的，借记“财务费用”科目，贷记“长期借款”科目；一次还本、分期计息的，借记“财务费用”科目，贷记“应付利息”科目。企业偿还长期借款本息时，借记“长期借款”科目或同时借记“应付利息”科目，贷记“银行存款”科目。

(3) 应付债券的核算。企业发行债券时，按筹集的资金数额借记“银行存款”科目，贷记“应付债券”科目。企业计提债券应付利息时，一次还本付息的，借记“财务费用”科目，贷记“应付债券”科目；一次还本、分期计息的，借记“财务费用”科目，贷记“应付利息”科目。企业偿还到期债券本息时，借记“应付债券”科目或同时借记“应付利息”科目，贷记“银行存款”科目。

(三) 资金筹集业务复式记账示例

【例 2-1】企业吸收 A 企业投资转入银行存款 3 000 000 元。

该项业务的发生，引起资产和所有者权益两个要素发生变化。一方面，企业吸收的资本金增加 3 000 000 元，记入“实收资本”账户的贷方；另一方面，企业的银行存款增加 3 000 000 元，记入“银行存款”账户的借方。企业应编制如下会计分录：

借：银行存款	3 000 000	
贷：实收资本		3 000 000

【例2-2】企业吸收B企业投资转入厂房一栋，双方评估确认价值为2 000 000元。

该项业务的发生，引起资产和所有权益两个要素发生变化。一方面，企业厂房增加2 000 000元，记入“固定资产”账户的借方；另一方面，企业吸收的资本金增加，记入“实收资本”账户和贷方。企业应编制如下会计分录：

借：固定资产　　2 000 000

　贷：实收资本　　2 000 000

【例2-3】1月1日，企业从银行取得为期两年、年利率为4%、到期一次还本付息的借款300 000元，存入银行。

该项业务的发生，引起企业资产和负债两个要素发生变化。一方面，企业取得了偿还期在一年以上借款，长期借款增加300 000元，记入“长期借款”账户的贷方；另一方面，企业资产增加300 000元，记入“银行存款”账户的借方。企业应编制如下会计分录：

借：银行存款　　300 000

　贷：长期借款　　300 000

【例2-4】12月末，企业计提上述长期借款利息1 000元，计入当期损益。

该项业务的发生，引起企业费用和负债两个要素发生变化。一方面，企业利息费用增加，记入“财务费用”账户的借方；另一方面，企业应付利息增加，记入“长期借款”账户的贷方。企业应编制如下会计分录：

借：财务费用　　1 000

　贷：长期借款　　1 000

【例2-5】4月1日，企业由于生产经营周转的需要，从银行借入为期3个月、年利率为6%的借款40 000元，并存入银行。

该项业务的发生，引起企业资产和负债两个要素发生变化。一方面，企业取得偿还期在一年以内的借款，记入“短期借款”账户的贷方；另一方面，企业资产增加，记入“银行存款”账户的借方。企业应编制如下会计分录：

借：银行存款　　40 000

　贷：短期借款　　40 000

【例2-6】4月末，企业预提本月负担的借款利息200元（40 000×6%÷12）。

该项业务是根据权责发生制原则确认利息费用而引起的经济业务。一方面，企业利息费用增加200元，记入“财务费用”账户的借方；另一方面，企业已确认为当期费用但实际尚未支付的利息增加200元，记入“应付利息”账户的贷方。企业应编制如下会计分录：

借：财务费用　　200

　贷：应付利息　　200

5月末、6月末企业编制同样的会计分录。

【例2-7】6月30日，企业以银行存款归还短期借款本金40 000元并支付全部利息600元（200×3），共计40 600元。

该项业务发生，引起资产和负债两个要素发生变化。一方面，企业用资产偿债使银行存款减少40 600元，记入“银行存款”账户的贷方；另一方面，企业偿还借款本金40 000元和利息600元使负债减少，分别记入“短期借款”账户和“应付利息”账户的借方。企业应编制如下会计分录：

借：短期借款　　40 000
　　应付利息　　600
　贷：银行存款　　40 600

【例2-8】企业发行债券筹集资金600 000元，存入银行。

该项业务的发生，引起企业资产和负债两个要素变化。一方面，企业发行债券使负债增加600 000元，记入“应付债券”账户的贷方；另一方面，企业通过筹资使资产增加600 000元，记入“银行存款”账户的借方。企业应编制如下会计分录：

借：银行存款　　600 000
　贷：应付债券　　600 000

三、供应过程的核算

企业供应过程的主要经济业务包括固定资产购置业务和材料储备业务。固定资产作为劳动资料，是构成生产力的主要因素，企业购置一定数量的固定资产，是保证产品生产顺利进行的必要条件。另外，企业要通过市场购进材料物资，从而验收入库以形成生产储备，为产品生产提供劳动对象。

（一）固定资产购置业务的核算

1. 账户设置

“固定资产”账户是用来核算固定资产的增加和减少的账户。该账户属于资产类账户，借方反映增加的固定资产的原始价值；贷方反映减少的固定资产的原始价值；余额在借方，反映企业拥有的固定资产的原始价值。

2. 复式记账

固定资产的购入，一方面使企业资产总额增加，另一方面由于为取得固定资产而支付款项又使企业资产总额减少，因此应按固定资产的原始价值记入“固定资产”账户的借方，同时记入“银行存款”账户的贷方。

（二）材料储备业务的核算

材料储备业务主要是指以货币资金购买材料，与供应单位发生货款的结算及各种材料采购费用的支付。采购费用是指企业在采购材料过程中支付的各项费用，包括材料的运输费、装卸费、保险费、包装费、仓储费以及运输途中的合理损耗和入库前的整理挑选费等。

在实际业务发生时还有一些其他的费用，按道理也应该属于材料的采购费用。例如，采购人员的差旅费、市内采购材料的运杂费、专设采购机构的经费等。但是为了简化会计的核算，这些费用就不计入物资采购成本了，而是直接列为管理费用。支出材料的买价加采购费用，构成材料的采购成本。因此，材料货款的结算、采购费用的支付、材料采购成本的计算，是材料储备业务核算的主要内容。

几种材料共同的采购费用必须进行分配。分配标准可以是材料的重量、体积和价值等。其计算公式如下：

$$采购费用分配率=\frac{实际发生的采购费用}{材料的买价或重量}$$

某种材料应分担的采购费用=该材料的重量或买价×采购费用分配率

1. 账户设置

（1）“材料采购”账户。该账户属于资产类账户，在企业采用计划成本法时用来核算企业购入材料的买价和采购费用，计算确定材料的采购成本。其借方反映购入材料的买价和采购费用；贷方反映入库材料的采购成本；期末若有余额在借方，反映企业已购入，但尚未验收入库或尚未到达企业的在途材料的实际成本。该账户应按材料类别或品种设置明细分类账户，以供应单位名称进行辅助分类核算。

（2）“在途物资”账户。该账户属于资产类账户，在企业采用实际成本法时用来核算企业购入材料的买价和采购费用，计算确定材料的采购成本。其借方反映购入材料的买价和采购费用；贷方反映入库材料的采购成本；期末若有余额在借方，反映企业已购入，但尚未验收入库或尚未到达企业的在途材料的实际成本。该账户应按材料类别或品种设置明细分类账户，以供应单位名称进行辅助分类核算。

（3）“原材料”账户。该账户属于资产类账户，用来核算企业库存材料的增减变动情况。其借方反映入库材料的成本；贷方反映发出材料的成本；余额在借方，反映期末库存材料的成本。该账户应按材料类别或品种开设明细账户。

（4）“材料成本差异”账户。该账户用于核算企业各种材料的实际成本与计划成本的差异。企业在材料日常收发按计划价格计价时，需要设置“材料成本差异”账户，作为“原材料”账户的调整账户。该账户借方登记材料实际成本大于计划价格成本的超支额，贷方登记材料实际成本小于计划价格成本的节约额。发出耗用材料所应负担的成本差异，应从该账户的贷方转入各有关生产费用账户；超支额用蓝字结转，节约额用红字结转。

（5）“应交税费——应交增值税”账户。该账户属于负债类账户，下设“进项税额”“销项税额”等专栏。其中，借方“进项税额”专栏，反映企业购入货物或接受应税劳务而支付的、准予从销项税额中抵扣的增值税税额；贷方“销项税额”专栏，反映企业销售货物或提供应税劳务应向购货方收取的增值税税额。月末该账户若有借方余额，表示本月多交的或留待抵扣增值税税额，应从贷方转出。月末该账户若为贷方余额，表示本月未交增值税，应从借方转出。月末结转后该账户无余额。

（6）“应付账款”账户。该账户属于负债类账户，用来核算材料采购发生的债务及债务的偿还情况。其贷方反映应付未付的购货款及进项税额；借方反映已偿还给供货方的供货款及进项税额；余额在贷方，表示尚未偿还的供货款及进项税额。该账户应按供应单位名称设置明细账户。

（7）“应付票据”账户。该账户属于负债类账户，用来核算企业购买材料、商品和接受劳务等而开出、承兑的商业汇票。该账户借方反映到期兑付的应付票据本息；贷方反映开出并承兑的应付票据的面值和利息；余额在贷方，表示尚未兑付的应付票据本息。

2. 复式记账

企业从外购入材料时，一方面材料采购成本增加，另一方面在支付材料货款或形成应付货款时，企业货币资产减少或负债增加。企业在支付的总价款中，除了材料的买价和采购费用外，还包括支付的增值税税额。增值税是价外税，不能计入材料采购成本中，而应视同企业购入货物时预付的税金计入增值税的“进项税额”。因此，企业购入材料时应按材料的买价和采购费用，借记“材料采购”或“在途物资”科目，按增值税进项税额借记“应交税费——应交增值税（进项税额）”科目，同时按实际支付的款项贷记“银行存款”科目，若材料款项尚未支付，则记入“应付账款”或“应付票据”科目的贷方。

企业购入的材料验收入库时，应结转入库材料的实际采购成本，按“材料采购”或“在途物资”账户借方归集的材料采购成本，从“材料采购”或“在途物资”账户的贷方转出，记入“原材料”账户的借方。

材料储备业务核算的基本程序可用图 2-1 表示。

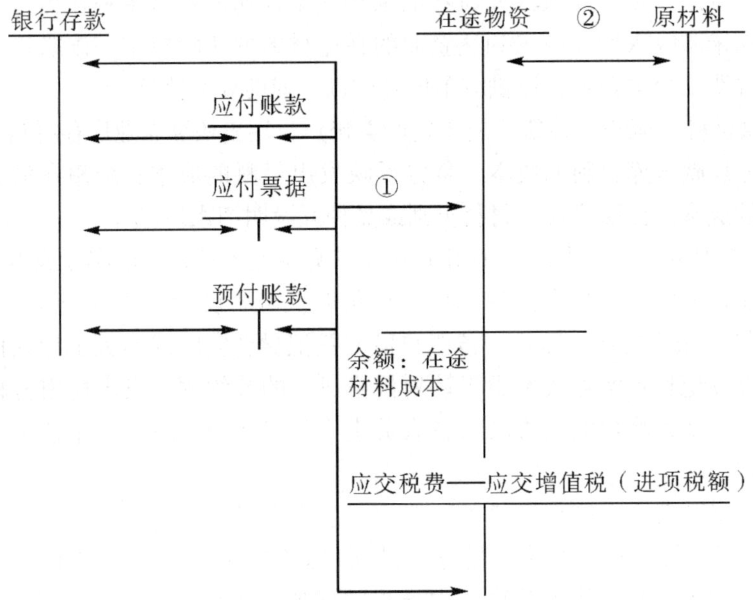

图 2-1　材料储备业务核算的基本程序

（三）供应过程复式记账示例

【例 2-9】某公司从外购入生产设备一台，设备价款为 1 600 000 元，用银行存款支付设备价款，设备不需安装直接投入使用。

若不考虑增值税，该业务发生引起资产内部两个因素变化：一方面，购入设备使得企业固定资产增加 1 600 000 元，记入“固定资产”账户的借方。另一方面，支付设备价款使得企业流动资产减少 1 600 000 元，记入“银行存款”账户的贷方。企业应编制如下会计分录：

借：固定资产　　1 600 000
　贷：银行存款　　1 600 000

若考虑增值税，2009 年前购置固定资产的进项税额不可抵扣，应计入固定资产的成本，企业应编制如下会计分录（假设增值税税率为 17%）：

借：固定资产　　1 872 000
　贷：银行存款　　1 872 000

2009 年后购置固定资产的增值税可以抵扣，2018 年 5 月，营业税改增值税后，进项税在多数情况下可抵扣。上例业务购入生产设备的专用增值税发票经过网上扫描认证后可在当期抵扣，企业应编制如下会计分录（假设增值税税率为 13%）：

借：固定资产　　1 600 000
　　应交税费——应交增值税（进项税额）　　208 000
　贷：银行存款　　1 808 000

【例 2-10】某公司购进甲材料 400 千克，单价为 150 元，总计 60 000 元，增值税进项税额为 7 800 元，款项用银行存款支付（假设增值税税率为 13%）。

这项业务的发生，一方面，甲材料采购成本增加了 60 000 元，记入"在途物资"账户的借方，进项税额增加了 7 800 元，记入"应交税费——应交增值税（进项税额）"账户的借方；另一方面，企业银行存款减少 67 800 元，记入"银行存款"账户的贷方。企业应编制如下会计分录：

借：在途物资——甲材料　　60 000
　　应交税费——应交增值税（进项税额）　　7 800
　贷：银行存款　　67 800

【例 2-11】某公司以库存现金支付上述甲材料的运输费用 500 元。

这项业务的发生，一方面，甲材料采购成本增加 500 元；另一方面，企业库存现金减少 500 元。企业应编制如下会计分录：

借：在途物资　　500
　贷：库存现金　　500

【例 2-12】某公司购进甲材料 200 千克，单价为 150 元，总计 30 000 元；购进乙材料 100 千克，单价为 200 元，总计 20 000 元。增值税进项税额为 6 500 元，款项总额为56 500元尚未支付。

这项业务的发生，一方面，甲材料采购成本增加 30 000 元，乙材料采购成本增加 20 000元，增值税进项税额增加 6 500 元；另一方面，企业负债增加 56 500 元。企业应编制如下会计分录：

借：在途物资——甲材料　　30 000
　　　　　　——乙材料　　20 000
　　应交税费——应交增值税（进项税额）　　6 500
　贷：应付账款　　56 500

【例 2-13】某公司以银行存款支付上述甲、乙材料的运杂费 1 500 元。

这项业务的发生，甲、乙材料采购成本增加 1 500 元，但这 1 500 元的采购费用是甲、乙两种材料共同发生的，为了正确计算各种材料的采购成本，企业应对所发生的共同性采购费用选择一定的分配标准，在各种材料之间进行合理分配。其分配的计算过程如下：

$$采购费用分配率=\frac{1\ 500}{200+100}=5$$

甲材料应分配的运杂费＝200×5＝1 000（元）

乙材料应分配的运杂费＝100×5＝500（元）

根据上述结果得知，甲材料采购费用增加 1 000 元，乙材料采购费用增加 500 元，企业应编制如下会计分录：

借：在途物资——甲材料　　1 000
　　　　　　——乙材料　　500
　贷：银行存款　　1 500

【例 2-14】某公司购入的甲、乙材料均已收到并验收入库，结转其实际采购成本。

这项业务的发生，材料采购成本应从“在途物资”账户转入“原材料”账户，库存材料成本增加。甲、乙材料的采购成本的计算可通过“材料采购成本计算表”来确定，如表 2-13 所示。

表 2-13　材料采购成本计算表　　单位：元

成本项目	甲材料（200 千克）		乙材料（100 千克）		合计
	总成本	单位成本	总成本	单位成本	
买价 运杂费	30 000 1 000	150 5	20 000 500	200 5	50 000 1 500
采购成本	31 000	155	20 500	205	51 500

根据上述结果，企业应编制如下会计分录：

借：原材料——甲材料　　31 000
　　　　——乙材料　　20 500
　贷：在途物资——甲材料　　31 000
　　　　　　——乙材料　　20 500

以上各例原材料验收入库采用实际成本法核算。若企业采用计划成本法核算，且假设材料计划成本与实际成本相等，则以上各例中的“在途物资”科目可用“材料采购”科目代替。若材料计划成本与实际成本不相等，同时要计算确定计划成本与实际成本之间的差异，计入“材料成本差异”科目的借方或贷方。

四、生产过程的核算

生产过程是工业企业的中心环节，是人们利用劳动资料对劳动对象进行加工形成劳动产品的过程，既是产品的制造过程，也是物化劳动和活劳动的消耗过程。

生产过程中发生的各项耗费叫生产费用，主要包括各种材料费用、人工费用、动力费用、固定资产折旧费用以及其他费用。因此，生产费用是指企业在一定时期内为生产产品而发生的物化劳动和活劳动的耗费。生产费用按其补偿方式可分为计入产品成本的费用和期间费用。计入产品成本的费用是指与产品生产相关联而发生的费用，其最终构成产品成本，按其与产品的关系，又可分为直接费用和间接费用。直接费用是指与产品生产有直接关系的费用，包括直接材料、直接人工费用等。间接费用是指企业生产单位如生产车间为组织和管理生产而发生的共同费用，也称制造费用，包括间接材料、间接人工和其他间接费用。企业发生的直接费用可按受益对象即生产的产品直接计入各产品成本中，而间接费用则要通过归集汇总后，再分配到各种产品成本中，最后各种产品归集到的直接材料、直接人工和制造费用才构成该产品成本。期间费用是指企业行政管理部门为组织和管理生产，在一定会计期间发生的各种费用，包括销售费用、管理费用、财务费用和所得税费用。期间费用不计入产品成本，直接计入当期损益。

（一）账户设置

为了核算和监督企业生产费用的发生情况，归集、分配企业在一定时期内为生产产品所发生的生产费用，计算产品成本，企业要设置和运用以下几个主要账户：

1. “生产成本”账户

“生产成本”账户属于成本类账户，用来核算和监督企业生产各种产品所发生的各项生产费用。该账户借方反映发生的直接材料、直接人工等各项直接费用以及分配转入的制造费用；贷方反映结转到“库存商品”账户中的完工产品的实际成本。该账户月末如有余额应在借方，表示尚未完工的在产品成本。该账户应按产品品种的成本项目开设明细账户。

2. “制造费用”账户

“制造费用”账户属于成本类账户，用来核算和监督企业为生产产品和提供劳务而发生的各项间接费用。该账户借方反映企业为生产产品和提供劳务而发生的间接费用，包括车间管理人员的工资和福利费、折旧费、修理费、办公费、水电费、机物料消耗、劳动保护费以及季节性和修理期间的停工损失等；贷方反映应转入“生产成本”账户的由各种产品负担的制造费用；结转后月末无余额。该账户按车间分费用项目设置明细账。

3. “管理费用”账户

“管理费用”账户属于损益类账户，用来核算和监督企业为组织和管理企业生产经营所发生的各项管理费用。该账户借方反映各项管理费用的发生额，包括企业的董事会和行政管理部门在企业的经营管理中所发生的，或者应由企业统一负担的公司经费、工会经费、失业保险、董事会费、诉讼费、业务招待费、房产税、车船税、城镇土地使用税、印花税、技术转让费、排污费、存货盘亏或盘盈、计提的坏账准备和存货跌价准备等。该账户借方发生额应于月末全部从贷方转入“本年利润”账户，月末结转后无余额。为了分析考核管理费用预算的执行情况，该账户应按费用项目设置明细账。

4. “累计折旧”账户

“累计折旧”账户属于资产类账户，用来核算企业固定资产因磨损而减少的价值。该账户贷方反映固定资产折旧的增加数；借方反映固定资产折旧的减少或转销数；其余额在贷方，表示现有固定资产已提折旧的累计数。其中，生产车间使用的固定资产折旧计入“制造费用”账户，行政管理部门固定资产折旧计入“管理费用”账户，专设销售机构固定资产折旧计入“销售费用”账户。“累计折旧”账户不进行明细分类核算。“累计折旧”账户是“固定资产”账户的备抵账户，期末“固定资产”账户原值余额减去“累计折旧”账户余额的差额，反映企业期末固定资产的净值。固定资产净值减去固定资产减值准备后为固定资产净额，资产负债表固定资产项目的期末数应以固定资产净额列示。

5. “应付职工薪酬”账户

“应付职工薪酬”账户用于核算企业按照规定应付给职工的各种薪酬。对企业来说，活劳动消耗表现为企业支付给职工的各种薪酬。其中，生产部门人员的薪酬属于直接生产费用，应计入产品生产成本；车间管理人员的薪酬属于间接生产费用，应计入产品制造费用；管理部门人员的薪酬属于期间费用，应计入管理费用；专设销售机构人员的薪酬属于期间费用，应计入销售费用。“应付职工薪酬”账户属于负债类账户，其贷方核算按照规定应支付给职工的薪酬，其借方登记实际支付给职工的薪酬，期末贷方余额反映企业应付未付的职工薪酬。“应付职工薪酬”账户可按“职工工资”“职工福利”等项目设置明细账户，进行明细核算。

6. “库存商品”账户

“库存商品”账户属于资产类账户，用来核算企业库存的各种商品的增减变动及结存情况。该账户借方反映已经完工验收入库等原因而增加的各种商品的实际成本；贷方反映由于各种原因（如销售等）而减少的各种商品的实际成本；其余额在借方，表示库存商品的实际成本。该账户应按库存商品的种类、品种和规格设置明细账。

（二）复式记账

生产过程既是生产费用的耗费过程，又是产品的形成和产品成本的计算过程。会计对这一过程的核算和监督，既要反映生产费用的发生情况，又要按照权责发生制、受益原则等将费用在各种产品之间进行分配，归集计算各种产品的成本，确定计入各期损益的期间费用，以正确计算当期损益的补偿尺度。这一过程核算的基本程序可分为以下几项：

1. 将本期发生的生产费用计入成本费用类账户和期间费用账户

（1）为产品生产而发生的费用，按照产品品种计入各种产品成本，并按成本项目进行归集。其中，直接为产品生产而发生的材料费用，计入产品成本的直接材料成本项目，借记“生产成本”科目，贷记“原材料”等科目；直接为产品生产而发生的人工费用，计入产品成本的直接人工项目，借记“生产成本”科目，贷记“应付职工薪酬”等科目；生产车间为组织和管理产品生产而发生的费用，构成产品成本的制造费用项目，属于间接生产费用，为了归集制造费用，在发生时借记“制造费用”科目，贷记“银行存款”“应付职工薪酬”等科目，待月末汇总后再分配转入各产品成本。

（2）企业行政管理部门为组织和管理生产经营活动而发生的费用属于期间费用，在发生时借记“管理费用”科目，贷记“银行存款”等科目。

2. 按照权责发生制原则进行有关账项调整

为了正确计算各期产品成本和期间费用，企业应按权责发生制原则进行有关账项调整，将未在当期支付但应由当期负担的费用计入本期产品成本和期间费用，如固定资产折旧的计提，按照费用的归属对象借记“制造费用”等科目，贷记“累计折旧”等科目；应付利息的计算，借记“财务费用”等科目，贷记“应付利息”等科目。

3. 分配结转制造费用

企业在月末要将“制造费用”账户借方归集的制造费用总额按照产品品种进行分配。如果企业只生产一种产品则不需要分配，直接将归集的制造费用总额计入该产品成本；如果企业生产两种或两种以上的产品，则需要按一定的标准进行分配计入各种产品成本。一般可选择的分配标准包括生产工人工资总额、生产工时、产品生产数量等。以生产工时为分配标准时，相关计算公式如下：

$$制造费用分配率=\frac{制造费用总额}{各产品生产工时总额}$$

某种产品应负担的制造费用=该产品生产工时×制造费用分配率

企业按照分配结果，借记“生产成本”科目，贷记“制造费用”科目。

4. 计算结转完工产品成本

制造费用结转后，“生产成本”账户借方汇总归集了计入产品成本的本月生产费用，企业要按照产品的完工情况，在完工产品和在产品之间进行分配，计算完工产品成本和月末在产品成本。其平衡公式如下：

月初在产品成本+本月生产费用=完工产品成本+月末在产品成本

根据以上平衡公式，企业分配计算完工产品成本和月末在产品成本，结转完工产品成本时，借记“库存商品”科目，贷记“生产成本”科目。期末“生产成本”账户的余额即为月末在产品成本。

“管理费用”等账户归集的期间费用，在月末全部从贷方转入“本年利润”账户。

生产过程核算的基本程序可用图 2-2 表示。

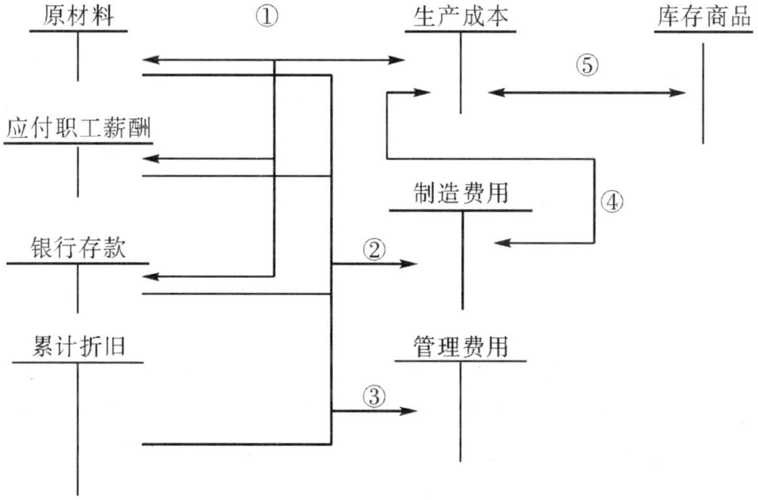

图 2-2 生产过程核算的基本程序

图 2-2 中，程序①为归集各种直接生产成本，程序②为归集生产车间发生的各种间接生产成本，程序③为归集管理部门组织管理生产经营过程中发生的各种耗费，程序④为分配制造费用，程序⑤为结转完工产品成本。

（三）生产过程复式记账示例

某公司生产 A、B 两种产品，12 月均无月初在产品。本月生产费用发生情况如下：

【例 2-15】某公司为生产 A 产品领用甲材料 10 000 元，为生产 B 产品领用乙材料 20 000元。

该项业务发生，为生产 A 产品而发生的直接费用增加了 10 000 元，为生产 B 产品而发生的直接材料增加了 20 000 元。企业应编制如下会计分录：

借：生产成本——A 产品　　10 000

　　　　　　——B 产品　　20 000

　贷：原材料——甲材料　　　10 000

　　　　　　——乙材料　　　20 000

【例 2-16】某公司为生产 A、B 两种产品共同耗用丙材料 600 元，按 A、B 产品所耗用的甲、乙材料比例分配。

该项业务发生，为 A、B 两种产品生产而发生的材料费用共增加了 600 元。为了正确计算各种产品成本，企业应将这 600 元的材料费用在 A、B 两种产品之间分配。企业采用按 A、B 产品所直接耗用的材料比例分配。

$$材料费用分配率=\frac{600}{10\ 000+20\ 000}=0.02$$

A 产品应负担的材料费用 = 10 000×0.02 = 200（元）

B 产品应负担的材料费用 = 20 000×0.02 = 400（元）

根据分配结果，企业应编制如下会计分录：

借：生产成本——A 产品　　200

　　　　　　——B 产品　　400

　贷：原材料——丙材料　　　600

【例 2-17】生产车间一般耗用材料 500 元，行政管理部门耗用材料 300 元。

该项业务发生，生产车间为组织和管理生产发生了间接材料费用 500 元，应计入“制造费用”账户，行政管理部门为组织和管理生产经营发生了费用 300 元，应计入“管理费用”账户。企业应编制如下会计分录：

借：制造费用　　500

　　管理费用　　300

　贷：原材料　　　800

【例 2-18】某公司从银行提取现金 30 000 元，以备发放工资。

该项业务发生不涉及生产成本的增减变化，只是资产要素内部的增减变动。企业应编制如下会计分录：

借：库存现金　　30 000

　贷：银行存款　　30 000

【例 2-19】某公司用现金发放职工工资 30 000 元。

该项业务发生，企业资产项目“库存现金”减少 30 000 元，同时应付给职工的工资负债项目“应付职工薪酬”减少 30 000 元。企业应编制如下会计分录：

借：应付职工薪酬　　30 000

　贷：库存现金　　30 000

【例 2-20】月末，某公司分配本月工资费用 30 000 元，其中 A 产品生产工人工资为 8 000元，B 产品生产工人工资为 12 000 元，车间管理人员工资为 3 000 元，行政管理人员工资为 7 000 元。

该项业务发生，为生产 A、B 产品而发生的直接人工费用、生产车间的间接人工费用和企业行政管理部门所发生的管理费用分别增加 8 000 元、12 000 元、3 000 元和 7 000元，应按归属对象记入有关账户的借方，同时企业应付工资增加 30 000 元，记入“应付职工薪酬”账户的借方。企业应编制如下会计分录：

借：生产成本——A 产品　　8 000

　　　　　　——B 产品　　12 000

　　制造费用　　3 000

　　管理费用　　7 000

　贷：应付职工薪酬　　30 000

【例 2-21】某公司按工资总额的 14%计提职工福利费 4 200 元，其中按 A 产品生产工人工资计提的福利费为 1 120 元，按 B 产品生产工人工资计提的福利费为 1 680 元，按生产车间管理人员工资计提的福利费为 420 元，按行政管理部门人员工资计提的福利费为 980 元。

该项业务发生，一方面，企业有关成本费用增加，应按其归属对象记入“生产成本”“制造费用”“管理费用”等账户的借方；另一方面，企业负债增加，应记入“应付职工薪酬”账户的贷方。企业应编制如下会计分录：

借：生产成本——A 产品　　1 120

　　　　　　——B 产品　　1 680

　　制造费用　　420

　　管理费用　　980

　贷：应付职工薪酬　　4 200

在实际工作中，企业可以不用计提职工福利费，职工福利费实报实销，直接计入有关的成本费用科目，在进行纳税调整时应计算实际发生的职工福利费不得超过职工工资总额的 14%。

【例 2-22】某公司用银行存款支付车间办公费 500 元、行政管理部门办公费 1 000元。

该项业务发生，企业制造费用和管理费用分别增加 500 元和 1 000 元。企业应编制如下会计分录：

借：制造费用　　　　500
　　管理费用　　　　1 000
　贷：银行存款　　　　1 500

【例 2-23】某公司计提固定资产折旧 3 600 元，其中计提生产车间固定资产折旧 1 600元，计提行政管理部门固定资产折旧 2 000 元。

该项业务发生，一方面，企业固定资产折旧费用增加，应按固定资产的用途分别借记“制造费用”“管理费用”等科目；另一方面，企业固定资产损耗价值增加，应贷记“累计折旧”科目。企业应编制如下会计分录：

借：制造费用　　　　1 600
　　管理费用　　　　2 000
　贷：累计折旧　　　　3 600

【例 2-24】月末，某公司摊销生产设备修理费 250 元。

该项业务发生，生产车间的设备修理费在前期已支付但应由本月负担的数额为 250 元，按其用途进行摊销。企业应编制如下会计分录：

借：制造费用　　　　250
　贷：预付账款　　　　250

【例 2-25】月末，某公司汇总本月制造费用，总额为 6 270 元，按 A、B 产品生产工时比例进行分配。A 产品生产工时为 1 000 小时，B 产品生产工时为 1 500 小时。制造费用汇总见图 2-3。

制造费用

(3)	500	
(6)	3 000	
(7)	420	
(8)	500	
(9)	1 600	
(10)	250	
本期发生额：	6 270	

图 2-3　制造费用汇总

该项业务首先应根据制造费用总额按生产工时比例进行分配。

$$制造费用分配率=\frac{6\ 270}{1\ 000+1\ 500}=2.508\ （元/小时）$$

A 产品应负担的制造费用 = 1 000×2.508 = 2 508（元）

B 产品应负担的制造费用 = 1 500×2.508 = 3 762（元）

根据分配结果编制如下会计分录：

借：生产成本——A 产品　　　　2 508
　　　　　　——B 产品　　　　3 762
　贷：制造费用　　　　6 270

【例2-26】A产品本月全部完工，B产品本月投产月末均未完工，某公司结转完工产品成本。

该项业务中，A产品本月全部完工，则其在“生产成本”账户借方所归集的费用即为完工产品成本（其费用发生情况见图2-4），应从“生产成本”账户贷方转出。企业应编制如下会计分录：

借：库存商品——A产品　　21 828

　贷：生产成本——A产品　　21 828

生产成本——A产品

(1)	10 000	(12)	21 828
(2)	200		
(6)	8 000		
(7)	1 120		
(11)	2 508		
本期发生额：	21 828	本月发生额	21 828
月末余额	0		

图2-4　A产品费用发生情况

B产品月末全部未完工，则不需结转成本，月末借方余额即为月末在产品成本（其费用发生情况见图2-5）。

生产成本——B产品

(1)	20 000	
(2)	400	
(6)	12 000	
(7)	1 680	
(11)	3 762	
本月合计：	37 842	
月末余额	37 842	

图2-5　B产品费用发生情况

五、销售过程的核算

销售过程是企业生产经营过程的最后阶段，也是产品价值的实现阶段。在这一过程中，企业要将制造完工的产成品及时销售给购买单位，让渡商品所有权，同时收取销售货款，获得与产品销售相关的经济利益流入，即取得销售收入，一方面满足社会需要，另一方面实现自己的经营目标，保证再生产的正常进行。取得的销售收入与产品的销售成本相比较，若收入大于成本，其差额则为销售毛利，小于成本则为销售亏损。销售过程中在取得销售收入的同时还要发生各项销售费用，如产品运输费、广告费等，并要按一定比例计算缴纳销售税费，如城市维护建设税等。因此，销售过程的业务内容包括产品销售收入、销售成本、销售费用、销售税费的确认、计量、取得和补偿。

（一）账户设置

根据销售过程的业务内容，企业应设置以下几个主要账户：

1. “主营业务收入”账户

“主营业务收入”账户属于所有者权益类账户，用来核算企业在销售商品、提供劳务或让渡资产使用权等日常活动中所产生的收入。该账户贷方反映企业取得的销售收入额；借方反映销售收入的减少和转销额；月末应将贷方余额全部从借方转入“本年利润”账户，结转后应无余额。该账户应按主营业务收入的种类设置明细账。

2. “主营业务成本”账户

“主营业务成本”账户属于损益类账户，用来核算企业因销售商品、提供劳务或让渡资产使用权等日常活动而发生的实际成本。该账户借方反映企业本月已销售产品的成本；贷方反映结转到“本年利润”账户的销售成本数额；结转后月末无余额。该账户应按主营业务成本的种类设置明细账。

3. “税金及附加”账户

“税金及附加”账户属于损益类账户，用来核算企业日常活动应负担的销售税金及附加，包括消费税、城市维护建设税、资源税和教育费附加等。该账户借方反映企业按照规定计算应由主营业务负担的税金及附加；贷方反映期末结转到“本年利润”账户的税金数额；结转后该账户月末无余额。

4. “销售费用”账户

“销售费用”账户属于损益类账户，用来核算企业在销售商品过程中发生的各项费用，包括运输费、装卸费、包装费、保险费、展览费和广告费以及为销售本企业的商品而专设的销售机构的职工工资及福利费、类似工资性质的费用、业务费等经营费用。该账户借方反映本月营业费用的发生额；贷方反映结转到“本年利润”账户的营业费用数额；结转后该账户月末无余额。该账户应按费用种类设置明细账。

5. “应收账款”账户

“应收账款”账户属于资产类账户，用来核算企业因销售商品、产品、提供劳务等，应向购货单位或接受劳务单位收取的款项。该账户借方反映应收未收的款项；贷方反映收回的应收款项；期末余额一般在借方表示尚未收回的应收款项。该账户应按购货单位设置明细账。

6. “应收票据”账户

“应收票据”账户属资产类账户，用来核算企业因销售商品、产品、提供劳务等而收到的商业汇票。该账户借方反映企业收到开出、承兑的应收票据面值和利息；贷方反映到期收回或转销的应收票据额；月末借方余额表示企业持有的商业汇票票面价值和应计利息。

此外还要设置“应交税费——应交增值税”等账户，其结构在“三、供应过程的核算”中已做介绍。

（二）复式记账

根据销售过程的业务内容，企业会计对销售过程的核算，应反映销售收入的取得、销售成本的结转、销售税金的计提和销售费用的发生情况。

1. 销售收入的核算

企业由于商品、产品等的销售而获得的经济利益的流入，一方面使得企业收入增加，并且按照我国税法规定，企业销售货物要缴纳增值税，在销售时应按不含税售价的一定比例计算增值税的销项税额，企业应交增值税增加；另一方面由于获得货币资金或形成收款的权力使企业资产增加。企业应按收入的确认原则和确定的金额借记“银行存款”“应收账款”“应收票据”等科目，贷记“主营业务收入”“应交税费——应交增值税（销项税额）”科目。若发生销售退回，企业编制相反的会计分录，借记“主营业务收入”“应交税费——应交增值税”科目，贷记“银行存款”“应收账款”等科目。

2. 销售成本的核算

为了正确确定各会计期间的损益，企业应按照收入与费用配比的原则结转各期产品销售成本。企业应于月末根据本月销售各种商品、产品的实际成本，计算应结转的主营业务成本，借记“主营业务成本”科目，贷记“库存商品”等科目。

3. 销售税金及附加的核算

为了正确核算企业日常活动中应负担的税金及附加，企业应于月末按照规定计算应由主营业务负担的税金，借记“税金及附加”科目，贷记“应交税费”科目。

4. 销售费用的核算

企业在销售过程中发生的费用均通过“销售费用”账户来归集，发生的运输费、装卸费、包装费、保险费、展览费和广告费，借记“销售费用”科目，贷记“库存现金”“银行存款”等科目；企业发生的为销售本企业商品而专设的销售机构的职工工资、福利费、业务费等，借记“销售费用”科目，贷记“应付职工薪酬”“银行存款”等科目。

（三）销售过程复式记账示例

某公司12月销售了A、B两种产品，具体业务发生情况如下：

【例2-27】12月3日，某公司销售A产品397件，每件售价为500元，增值税税率为13%，价税合计共224 305元，款项已通过银行收讫。

该项业务发生，企业收到销售货款，资产项目“银行存款”增加224 305元，同时由于产品销售的实现，主营业务收入增加198 500元、应交的增值税增加25 805元。企业应编制如下会计分录：

借：银行存款　224 305

　贷：主营业务收入　198 500

　　应交税费——应交增值税（销项税额）　25 805

【例2-28】12月10日，某公司销售B产品40件，每件售价为650元，增值税为3 380元，价税合计29 380元，产品已售出，但款项尚未收到。

该项业务发生，企业实现销售而使主营业务收入和应交增值税增加，同时由于尚未收到货款而使企业债权“应收账款”项目增加。企业应编制如下会计分录：

借：应收账款　　29 380

　贷：主营业务收入　　26 000

　　　应交税费——应交增值税（销项税额）　　3 380

【例 2-29】12 月 22 日，某公司销售 A 产品 20 件、B 产品 10 件，A 产品每件售价为 500 元，B 产品每件售价为 650 元，增值税税额共计 2 145 元，价税合计 18 645 元，产品已售出，收到对方付来的货款 16 645 元存入银行，同时收到对方开出、承兑的商业汇票一张，面值2 000元。

该项业务发生，企业实现销售使其主营业务收入增加 16 500 元，同时应交增值税增加 2 145 元；企业收到货款 16 645 元存入银行，使银行存款增加；另外，企业收到一张面值为 2 000 元的商业汇票，企业债权增加。企业应编制如下会计分录：

借：银行存款　　16 645

　　应收票据　　2 000

　贷：主营业务收入　　16 500

　　　应交税费——应交增值税（销项税额）　　2 145

【例 2-30】12 月 28 日，某公司用银行存款支付广告费 30 000 元，按 10 个月分期摊销。

该项业务发生，企业发生广告费 30 000 元，按其归属应计入“销售费用”科目，但按权责发生制原则，该项广告费不能全部计入当期销售费用，而应由本月及以后共 10 个月的期间分摊，因此本月计入销售费用的广告费只有 3 000 元（30 000÷10 =3 000）。企业用银行存款支付广告费时应编制如下会计分录：

借：预付账款　　30 000

　贷：银行存款　　30 000

【例 2-31】12 月 31 日，某公司摊销应由本月负担的广告费 3 000 元。企业应编制如下会计分录：

借：销售费用　　3 000

　贷：预付账款　　3 000

【例 2-32】12 月 31 日，某公司用现金支付产品搬运费 800 元。

该项业务发生，企业发生的销售费用增加 800 元，同时现金减少800元。企业应编制如下会计分录：

借：销售费用　　800

　贷：库存现金　　800

【例 2-33】12 月 31 日，某公司按本月销售的 A、B 产品结转已销产品成本。某公司本月共销售 A 产品 417 件，实际成本为 25 200 元；销售 B 产品 50 件，实际成本为 17 400 元。

该项业务引起企业资产和费用两个要素发生变化：一方面，销售发生使企业的资产项目“库存商品”减少；另一方面，费用项目“主营业务成本”增加。企业应编制如下会计分录：

借：主营业务成本——A 产品　　25 200
　　　　　　　　——B 产品　　17 400
　贷：库存商品——A 产品　　25 200
　　　　　　　——B 产品　　17 400

【例 2-34】12 月 31 日，某公司按规定计算本月应交城市维护建设税 2 193. 10 元，应交教育费附加 939. 90 元。

该项业务的发生，使企业应由主营业务负担的销售税金及附加增加，同时企业应交而未交的税金增加。企业应编制如下会计分录：

借：税金及附加　　3 133
　贷：应交税费——应交城市维护建设税　　2 193. 10
　　　　　　　——应交教育费附加　　939. 90

六、财务成果的核算

企业在销售过程中收回的资金首先要用于补偿生产过程中的资金耗费，这是维持再生产的基本需要，当所获得的收入大于费用支出时才形成利润，企业才可不断扩张地发展下去。按照会计分期的核算前提，企业有必要定期确定财务成果。财务成果的核算内容主要包括利润形成与利润分配业务的核算。

（一）利润的构成和分配

1. 利润的构成

利润是指企业在一定会计期间的经营成果，包括营业利润、利润总额和净利润。企业利润的具体形成可用下列公式分阶段进行计算。

营业利润=营业收入-营业成本-税金及附加-销售费用-管理费用-财务费用-资产减值损失±公允价值变动损益±投资收益

营业收入=主营业务收入+其他业务收入

营业成本=主营业务成本+其他业务成本

利润总额=营业利润+营业外收入-营业外支出

净利润=利润总额-所得税费用

所得税费用=应纳税所得额×所得税税率

应纳税所得额=利润总额±纳税调整项目

2. 利润的分配

企业实现的净利润，要按照国家规定和公司章程的规定进行分配，一般分配程序如下：

（1）支付各种税收的罚款和滞纳金。

（2）弥补以前年度的亏损。

（3）提取法定盈余公积金。

（4）支付优先股股利。

（5）提取任意盈余公积金。

（6）支付普通股股利。

（二）账户设置

企业为了反映企业利润的形成和分配情况，除了要设置“主营业务收入”“主营业务成本”“税金及附加”“销售费用”“管理费用”“财务费用”等账户外，还要设置以下账户：

1.“其他业务收入”账户

“其他业务收入”账户属于所有者权益类账户，用来核算企业除主营业务以外的其他销售或其他业务的收入，如材料销售、代购代销、包装物出租等。该账户贷方反映企业本月实现的其他业务收入；借方反映期末转入“本年利润”账户的其他业务收入总额；月末结转后该账户无余额。该账户应按其他业务的种类设置明细账户。

2.“其他业务成本”账户

“其他业务成本”账户属于损益类账户，用来核算企业除主营业务成本以外的其他销售或其他业务所发生的支出，如销售材料、提供劳务等发生的有关成本、费用以及相关税金及附加等。该账户借方反映本月发生其他销售或其他业务所结转的成本、发生的支出以及计算应缴的相关税金；期末应将其借方发生额总额从贷方转入“本年利润”账户，结转后该账户应无余额。该账户应按其他业务的种类设置明细账户。

3.“投资收益”账户

“投资收益”账户属于损益类账户，用来核算企业对外投资取得的收益或发生的损失。该账户贷方反映企业取得的投资收益，如债券利息收入、股票利息收益等；借方反映企业发生的投资损失；其余额应于月末全部转入“本年利润”账户，结转后该账户无余额。该账户应按投资收益种类设置明细账户。

4.“营业外收入”账户

“营业外收入”账户属于损益类账户，用来核算企业发生的与生产经营无直接关系的各项收入，包括固定资产盘盈、处置固定资产净收益、非货币性交易收益、出售无形资产收益、罚款净收入等。该账户贷方反映本月发生的各项营业外收入；月末应将其贷方发生额总额从借方全部转入“本年利润”账户，结转后该账户无余额。该账户应按收入项目设置明细账。

5.“营业外支出”账户

“营业外支出”账户属于损益类账户，用来核算企业发生的与其生产经营无直接关系的各项支出，如固定资产盘亏、处置固定资产净损失、出售无形资产损失、债务重组损失、计提的固定资产减值准备、计提的无形资产减值准备、计提的在建工程减值准备、罚款支出、捐赠支出、非常损失等。该账户借方反映企业本月发生的各项营业外支出；月末应将其借方发生额总额全部从贷方转入“本年利润”账户；结转后该账户无余额。该账户应按支出项目设置明细账。

6.“所得税费用”账户

“所得税费用”该账户属于损益类账户，用来核算企业按规定从本期损益中减去的所得税。该账户借方反映本期发生的所得税费用；贷方反映实际收到的所得税返还；其借方余额应于期末全部转入“本年利润”账户，结转后该账户无余额。

7. “本年利润”账户

“本年利润”账户属于所有者权益类账户，用来核算企业实现的净利润或发生的净亏损。该账户贷方反映期末转入的有关收入项目，如主营业务收入、其他业务收入、投资收益、营业外收入等；借方反映期末转入的各项支出，如主营业务成本、主营业务税金及附加、其他业务支出、营业费用、管理费用、财务费用、营业外支出、所得税等；年度终了应将本年收入和支出相抵后结出的本年实现的净利润或发生的亏损，即该账户的年末余额，全部从该账户转入“利润分配”账户，年终结账后该账户无余额。该账户也需要登记明细账，登记明细账时不必分子目。

8. “利润分配”账户

“利润分配”账户属于所有者权益类账户，用来核算企业利润的分配和历年分配后的积存情况，或者企业亏损的弥补和历年弥补后的积存情况。在企业实现盈利的情况下，该账户贷方反映年终转入的净利润；借方反映企业本年度的利润分配额；年终贷方余额表示企业历年累积的未分配利润。若为发生亏损的企业，则该账户借方反映年终转入的本年度发生的亏损额；贷方反映亏损的弥补数；年终借方余额反映企业历年累积的未弥补亏损。该账户应按利润分配项目设置明细账。

9. “盈余公积”账户

“盈余公积”账户属于所有者权益类账户，用来核算企业从净利润中提取的盈余公积。该账户借方反映盈余公积的减少数，如转增资本、弥补亏损等；贷方反映期末按一定比例计提的盈余公积；期末余额在贷方，表示企业提取的盈余公积余额。该账户应按盈余公积的种类设置明细账。

10. “应付股利”账户

“应付股利”账户属于负债类账户，用来核算企业经董事会、股东大会或类似机构决议确定分配的现金股利或利润。该账户贷方反映应支付的现金股利或利润；借方反映实际支付的现金股利或利润数；其余额在贷方，表示企业尚未支付的现金股利或利润。

（三）复式记账

1. 利润形成的核算

按照企业利润的构成，企业在月末应将所有损益类账户的期末余额全部转入“本年利润”账户，其中“主营业务收入”“其他业务收入”“投资收益”“营业外收入”等收入类账户的贷方余额从其借方转入“本年利润”账户的贷方；“主营业务成本”“税金及附加”“其他业务成本”“销售费用”“管理费用”“财务费用”“营业外支出”等费用支出类账户的借方余额从其贷方转入“本年利润”账户的借方。每月月末“本年利润”账户的期末贷方余额（或借方余额）即为本年至该月为止累计实现的利润总额（或亏损总额）。企业在年末将“所得税费用”账户的借方余额从其贷方转入“本年利润”账户的借方，其年末贷方余额（或借方余额）即为企业本年实现的净利润。利润形成核算的基本程序可用图 2-6 表示。

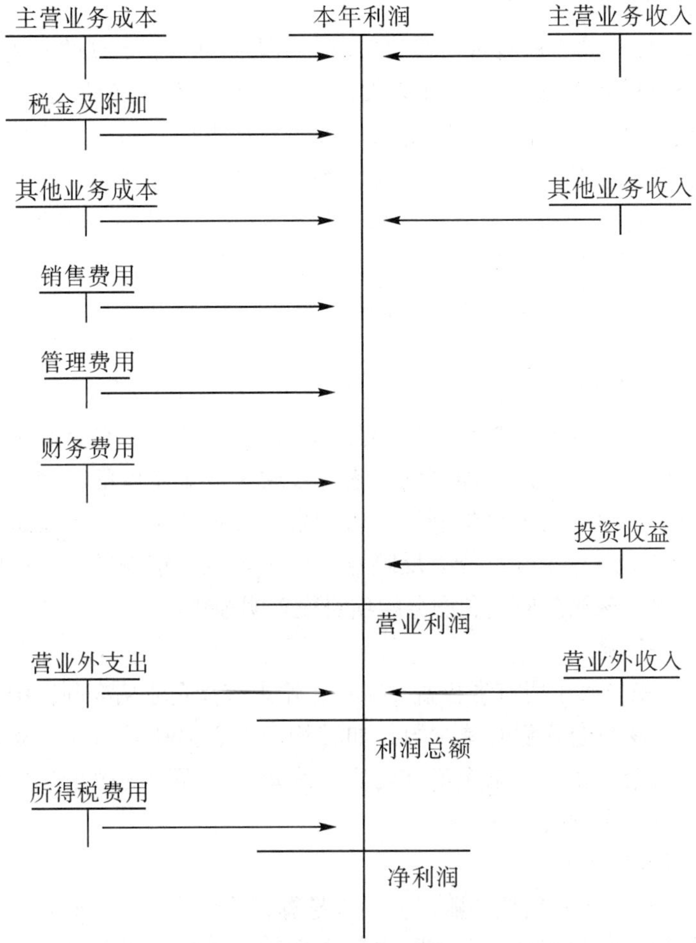

图 2-6　利润形成核算的基本程序

2. 利润分配的核算

企业实现的净利润，要按一定的程序进行分配。其利润分配的核算以"利润分配"账户为中心，年终要将"本年利润"账户的余额转入"利润分配"账户的贷方。同时，按照利润分配的程序计提盈余公积，借记"利润分配"科目，贷记"盈余公积"科目；分配投资者现金股利时借记"利润分配"科目，贷记"应付股利"科目。"利润分配"账户的年终余额为企业历年累积的未分配利润。利润分配核算的基本程序可用图 2-7 表示。

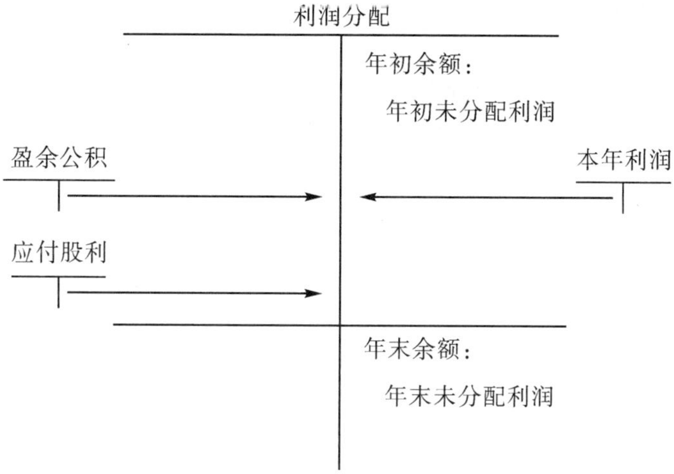

图 2-7　利润分配核算的基本程序

若企业当年发生的是亏损，则要于年终将“本年利润”账户的借方余额从其贷方转入“利润分配”账户的借方。企业根据亏损弥补的方式不同，做相应的会计处理。企业用以前年度实现的利润补亏时，不编制会计分录；用盈余公积补亏时，借记“盈余公积”科目，贷记“利润分配”科目。

（四）利润及利润分配复式记账示例

仍以上述某公司为例，12 月“所得税费用”账户月初借方余额为 528 000 元，“本年利润”账户月初贷方余额为 1 600 000 元，“利润分配”账户月初贷方余额为 268 000 元。某公司本月发生以下经济业务：

【例 2-35】某公司收到国库券利息收入 10 000 元存入银行。

该项业务发生，使企业对外投资收益增加 10 000 元，同时企业资产增加 10 000 元。企业应编制如下会计分录：

借：银行存款　　10 000

　贷：投资收益　　10 000

【例 2-36】某公司将库存多余材料对外销售，销售价格为 5 000 元，增值税税额为 650 元，共计5 650元，货款已收到并存入银行。

该项业务是企业其他业务收入的核算，企业资产增加的同时，其他业务收入及应交税费增加。企业应编制如下会计分录：

借：银行存款　　5 650

　贷：其他业务收入　　5 000

　　　应交税费——应交增值税（销项税额）　　650

【例 2-37】某公司结转已销材料的实际成本 3 000 元。

该项业务的发生，使企业库存材料减少 3 000 元，同时支出项目“其他业务成本”增加 3 000 元。企业应编制如下会计分录：

借：其他业务成本　　3 000

　贷：原材料　　3 000

【例 2-38】某公司用银行存款支付罚款 1 000 元。

该项业务属于与生产经营无直接关系的业务，因此其支出计入“营业外支出”。企业应编制如下会计分录：

借：营业外支出　　1 000

　贷：银行存款　　1 000

【例 2-39】某公司将一项专利权出售，该专利权的账面价值为 60 000 元，转让价格为63 000元，不考虑其他相关税费，款项已收到并存入银行。

该项业务属于企业正常生产经营活动以外的业务，因此该项业务的收支不通过主营业务收支项目核算，其净额计入营业外收支项目。企业应编制如下会计分录：

借：银行存款　　63 000

　贷：无形资产　　60 000

　　营业外收入　　3 000

【例 2-40】某公司支付银行短期借款利息 3 000 元，其中已预提 2 000 元。

该项业务中，银行借款利息是企业的“财务费用”，但其中有 2 000 元的利息已在以前月份预提，因而 3 000 元的利息支出中，2 000 元应冲销已预提数，另外 1 000 元才计入当期财务费用。企业应编制如下会计分录：

借：财务费用　　1 000

　　应付利息　　2 000

　贷：银行存款　　3 000

【例 2-41】某公司汇总本月有关损益类账户余额，转入“本年利润”账户。假设具体数据如表 2-14 所示。

表 2-14　本月有关账户余额　　单位：元

会计科目	借方余额	会计科目	贷方余额
主营业务成本	42 600	主营业务收入	241 000
税金及附加	4 097	其他业务收入	5 000
其他业务成本	3 000	投资收益	10 000
销售费用	3 800	营业外收入	3 000
管理费用	11 280		
财务费用	2 000		
营业外支出	1 000		
合计	67 777	合计	259 000

企业应根据以上账户余额编制如下会计分录：

借：本年利润　　67 777

贷：主营业务成本　　42 600
　　税金及附加　　4 097
　　其他业务成本　　3 000
　　销售费用　　3 800
　　管理费用　　11 280
　　财务费用　　2 000
　　营业外支出　　1 000

借：主营业务收入　　241 000
　　其他业务收入　　5 000
　　投资收益　　10 000
　　营业外收入　　3 000
　贷：本年利润　　259 000

【例 2-42】某公司根据本月利润总额 191 223（259 000-67 777）元，扣除 10 000 元国债利息免税项目，进行纳税调整后的应纳税所得额为 181 223 元，按 25%的税率计提应交所得税 45 305.75 元。

该项业务发生，企业所得税费用增加 45 305.75 元，负债增加45 305.75元。企业应编制如下会计分录：

借：所得税费用　　45 305.75
　贷：应交税费——应交所得税　　45 305.75

【例 2-43】12 月 31 日，某公司结转本年所得税总额 573 305.75 元。

根据利润结算的要求，年终企业应将“所得税费用”账户的期末余额全部转入“本年利润”账户。“所得税费用”账户月初借方余额为 528 000 元，本月发生所得税费用 45 305.75元，因此本年发生所得税总额为 573 305.75 元。企业应编制如下会计分录：

借：本年利润　　573 305.75
　贷：所得税费用　　573 305.75

结转所得税费用后，企业可以根据“本年利润”账户贷方余额计算出本年实现的净利润 1 217 917.25 元（1 600 000+191 223-573 305.75）。

【例 2-44】12 月 31 日，某公司按本年实现净利润的 10%计提法定盈余公积 121 791.73元，按 5%计提任意盈余公积 60 895.86 元。该项业务由于企业利润分配，企业所有者权益项目“利润分配”减少，而所有者权益项目“盈余公积”增加，因此所有者权益总额未变，只是内部结构发生变化。企业应编制如下会计分录：

借：利润分配——提取法定盈余公积　　121 791.73
　　　　　　——提取任意盈余公积　　60 895.86
　贷：盈余公积——法定盈余公积　　121 791.73
　　　　　　　——任意盈余公积　　60 895.86

【例 2-45】12 月 31 日，某公司宣告按本年净利润的 50%分派股利 608 958.63 元。

该项业务发生，企业由于利润分配使所有者权益总额减少，负债增加。企业应编制如下会计分录：

借：利润分配——应付普通股股利　　608 958.63

　贷：应付股利　　608 958.63

【例 2-46】12 月 31 日，某公司年终决算时将本年实现的净利润 1 217 917.25 元转入“利润分配——未分配利润”账户。企业应编制如下会计分录：

借：本年利润　　1 217 917.25

　贷：利润分配——未分配利润　　1 217 917.25

【例 2-47】12 月 31 日，某公司年终决算时将“利润分配”借方科目发生额转入“利润分配——未分配利润”账户。企业应编制如下会计分录：

借：利润分配——未分配利润　　791 646.22

　贷：利润分配——提取法定盈余公积　　121 791.73

　　　　　　——提取任意盈余公积　　60 895.86

　　　　　　——应付普通股股利　　608 958.63

企业进行利润分配后，“利润分配”账户年终余额为 694 271.03 元（268 000+1 217 917.25-121 791.73-60 895.86-608 958.63），表示历年累积的未分配利润。

课后小结

主要会计科目及专业术语中英文对照

1. 库存现金	Cash	2. 预收账款	Advance Received
3. 银行存款	Bank Deposit	4. 应付职工薪酬	Payroll Payable
5. 其他货币资金	Other Monetary Assets	6. 应交税费	Taxes and Dues Payable
7. 交易性金融资产	Held for Trading Financial Assets	8. 应付利息	Interests Payable
9. 应收账款	Accounts Receivable	10. 应付股利	Dividend Payable
11. 应收票据	Notes Receivable	12. 长期借款	Long-term Loan
13. 预付账款	Accounts Prepaid	14. 应付债券	Bonds Payable
15. 应收股利	Dividend Receivable	16. 实收资本	Paid-in Capital
17. 应收利息	Interests Receivable	18. 资本公积	Capital Surplus
19. 材料采购	Materials Purchases	20. 盈余公积	Earned Surplus
21. 在途物资	Supplies in Transit	22. 未分配利润	Undistributed Profit
23. 原材料	Raw Materials	24. 本年利润	Full-year Profit
25. 材料成本差异	Material Cost Variance	26. 利润分配	Profit Distribution
27. 库存商品	Commodity Stocks	28. 生产成本	Production Cost
29. 周转材料	Revolving Materials	30. 制造费用	Manufacturing Expense
31. 长期股权投资	Long-term Investment on Stocks	32. 主营业务收入	Prime Operating Revenue
33. 固定资产	Fixed Assets	34. 其他业务收入	Other Operating Revenue

35. 固定资产清理	Fixed Assets Pending Disposal	36. 投资收益	Investment Income
37. 累计折旧	Accumulated Depreciation	38. 营业外收入	Non-operating Revenue
39. 在建工程	Construction in Progress	40. 主营业务成本	Prime Operating Cost
41. 无形资产	Intangible Assets	42. 其他业务成本	Other Operating Cost
43. 累计摊销	Accumulated Amortization	44. 销售费用	Selling Expense
45. 长期待摊费用	Long-term Deferred Expenses	46. 管理费用	Overhead Expense
47. 短期借款	Short-term Loan	48. 财务费用	Financial Expense
49. 应付账款	Accounts Payable	50. 营业外支出	Non-operating Outlay
51. 应付票据	Notes Payable	52. 所得税费用	Income Tax Expense

53. 坏账准备	Reserve for Bad Debts & Provision for Bad Debts
54. 坏账损失	Loss from Uncollectible Accounts
55. 持有至到期投资	Held-to-Maturity Investment
56. 未确认融资费用	Unacknowledged Financial Charges
57. 融资租入固定资产	Fixed Assets Acquired Under Finance Leases
58. 税金及附加	Taxes and Surcharges
59. 汇兑损益	Foreign Exchange Gains or Losses
60. 留存收益	Retained Earnings
61. 存货	Inventory
62. 备用金	Petty Cash Fund
63. 待处理财产损溢	Profit/Loss on Assets Pending for Disposal

复习思考题

1. 投资者投入资本与向债权人借入资金的账务处理有何不同？为什么？

2. 计算材料采购成本的过程中重点要解决什么问题？会计核算中通过哪个账户核算材料采购成本？计划成本法与实际成本法下所采用的会计科目有何不同？

3. 产品生产成本包括哪些内容？“生产成本”账户借方主要登记什么内容？如何进行制造费用的分配与结转？如何进行完工产品成本的结转？

4. 预收款项销售、现款销售、赊账销售三者的账务处理有何差别？为什么？

5. 企业利润是如何确定的？利润分配的顺序如何？如何进行利润形成与利润分配的账务处理？

练习题

一、单选题

1. 贷记“实收资本”账户表示企业（　　）的资本。

A. 收回　　B. 接受捐赠

C. 借贷　　D. 实际收到

2. 若“应付账款”账户期末为借方余额，表示（　　）供应商的货款。

A. 实际应付　　B. 实际预付

C. 实际应收　　D. 实际预收

3. 下列经济业务中，不会引起资产或权益总额发生变动的经济业务是（　　）。

A. 以银行存款偿还应付供应商货款　　B. 从银行借款存入银行

C. 从某企业赊购材料　　D. 从银行借款用来还清所欠货款

4. 结转完工产品的生产成本，应贷记（　　）科目。

A. “制造费用”　　B. “生产成本”

C. “库存商品”　　D. “材料采购”

5. 下列选项中，不可能与“主营业务收入”账户发生对应关系的是（　　）账户。

A. “银行存款”　　B. “应收账款”

C. “应付账款”　　D. “预收账款”

6. “在途物资”账户不可能同（　　）账户发生对应关系。

A. “生产成本”　　B. “银行存款”

C. “应付账款”　　D. “预付账款”

7. 年终结转后，“利润分配”账户的贷方余额表示（　　）。

A. 本年度实现的利润　　B. 未分配的利润

C. 本年度发生的亏损　　D. 未弥补的亏损

8. 下列选项中，应计入“销售费用”账户的是（　　）。

A. 已销售产品的生产成本　　B. 销售产品获得的收入

C. 为销售产品而发生的广告费　　D. 因销售产品而支付的增值税

9. 销售过程中的会计核算不涉及（　　）。

A. 确认和计量销售收入　　B. 计算和结转销售成本

C. 记录同客户之间的款项结算　　D. 确认和计算营业利润

10. “本年利润”账户的借方不可能同（　　）账户发生对应关系。

A. “主营业务收入”　　B. “投资收益”

C. “公允价值变动损益”　　D. “资产减值损失”

二、多选题

1. “财务费用”账户核算（　　）。

A. 利息支出　　B. 利息收入
C. 销售收入　　D. 销售成本
E. 投资收益

2. 在采购业务中，企业的资金运动形态从货币资金转变为（　　）。
A. 储备资金　　B. 生产资金
C. 商品资金　　D. 固定资金
E. 财产资金

3. 材料采购成本包括（　　）。
A. 材料的买价　　B. 采购过程中发生的采购费用
C. 购入材料应负担的税金　　D. 入库前的挑选整理费
E. 采购材料的保险费

4. 一定时期的生产费用可能计入（　　）。
A. 本期投产并完工的产品成本　　B. 上期投产并完工的产品成本
C. 本期投产下期完工的产品成本　　D. 下期投产并完工的产品成本

5. 固定资产的折旧费贷记“累计折旧”科目，借记（　　）科目。
A. “管理费用”　　B. “原材料”
C. “库存商品”　　D. “制造费用”
E. “财务费用”

6. 下列项目中，应直接计入当期损益而不计入产品成本的有（　　）。
A. 管理费用　　B. 财务费用
C. 销售费用　　D. 制造费用
E. 原材料

7. 下列科目中，期末一般无余额的有（　　）。
A. “管理费用”　　B. “本年利润”
C. “主营业务收入”　　D. “累计折旧”
E. “财务费用”

8. 下列项目中，能构成企业营业利润的有（　　）。
A. 营业收入　　B. 投资收益
C. 营业外收入　　D. 所得税费用
E. 营业外支出

9. 下列选项中，属于备抵科目的有（　　）。
A. “应收账款”　　B. “固定资产”
C. “坏账准备”　　D. “累计折旧”
E. “应付账款”

10. 下列选项中，（　　）属于“利润分配”账户核算的内容。
A. 计提应交所得税　　B. 计提分配给投资者的利润
C. 提取法定盈余公积　　D. 提取任意盈余公积
E. 登记转入年度净损益

三、判断题

1. 债权人投入的资本是企业进行生产经营的必要条件。 （　　）
2. “材料采购”账户的借方可以归集计算采购材料的实际成本。 （　　）
3. 期末“生产成本”账户的借方余额表示期末在产品成本的数额。 （　　）
4. 依据发出存货的计价方法可以确定发出存货的单位成本。 （　　）
5. 实地盘存制下在日常核算中应对各项存货的收入和发出做连续性的记录。（　　）
6. 直接材料和直接人工都是直接计入产品成本，不需要分配计入。 （　　）
7. 结转已销售产品的生产成本时，应贷记“生产成本”账户。 （　　）
8. “材料采购”和“生产成本”都属于成本计算账户。 （　　）
9. 当年度终了时，应将本年收入和支出在“本年利润”账户中相抵结出净利润（或净亏损），并转入“利润分配”账户，结转后“本年利润”账户没有余额。（　　）
10. 在提取盈余公积之前，企业不得向投资者分配利润。 （　　）

四、业务题

【业务题一】

目的：练习筹资业务的会计处理。

资料：某公司202×年发生的部分经济业务如下：

（1）1月1日，某公司从银行借入期限为4个月的短期借款200 000元，年利率为6%，按月计提利息。

（2）2月，某公司支付本年应付的上年现金股利500 000元。

（3）3月，某公司收到某投资者投入资金100万元，款项存入银行。该投资者在公司注册资本中应享有的份额为50万元。

（4）4月，某公司收到某投资者投入的大型机器设备一台，投资各方确认的价值为100万元。

（5）1~4月，某公司按月计提1月1日的200 000元短期借款的利息。

（6）5月1日，某公司年初取得的200 000元短期借款到期，偿还本金及利息。

要求：分析上述经济业务并编制相应的会计分录。

【业务题二】

目的：练习制造企业采购业务的会计处理。

资料：某公司202×年6月发生的部分经济业务如下：

（1）某公司购入不需要安装的机器设备一台，买价为180 000元，运杂费为15 000元，包装费为5 000元，全部款项已用银行存款支付。

（2）某公司从A工厂购入甲材料一批200千克，每千克为975元，材料尚未运达，货款尚未支付。

（3）某公司从B工厂一次性购入甲材料300千克和乙材料200千克，甲材料每千克990元，乙材料每千克500元，运输途中两种材料共发生运杂费5 000元，货款和运杂费均已用银行存款付清，材料尚未验收入库。

（4）某公司向C工厂预付100千克乙材料货款，共计50 000元。
（5）某公司偿还所欠A工厂购料款。
（6）某公司本月从A工厂和B工厂外购的材料全部验收入库。
（7）某公司收到从C工厂外购的乙材料，验收入库。材料的实际成本和预付账款一致。
要求：分析上述经济业务并编制相应的会计分录，假定运杂费按照材料重量进行分配。
【业务题三】
目的：练习制造企业制造业务的会计处理以及产品生产成本的计算。
资料：某公司生产甲、乙两种产品，202×年7月有关产品生产的经济业务如下：
（1）某公司根据当月领料凭证编制领料凭证汇总表如表2-15所示。
（2）某公司结算当月应付职工薪酬57 000元。
其中：生产甲产品人员薪酬　　22 800元
　　　生产乙产品人员薪酬　　22 800元
　　　车间管理人员薪酬　　3 420元
　　　行政管理人员薪酬　　7 980元

表2-15　领料凭证汇总表

用途	A材料			B材料			金额合计/元
	数量/千克	单价/元	金额/元	数量/千克	单价/元	金额/元	
制造产品耗用							
甲产品	2 000	5.00	10 000				10 000
乙产品				6 000	2.00	12 000	12 000
生产车间一般耗用	1 200	5.00	6 000	2 000	2.00	4 000	10 000
管理部门耗用	1 000	5.00	5 000				5 000
合计	4 200	5.00	21 000	8 000	2.00	16 000	37 000

（3）某公司按规定标准计提本月固定资产折旧费5 000元，其中生产用固定资产折旧费为3 000元，行政管理部门固定资产折旧费为2 000元。
（4）某公司从银行提取现金57 000元，并发放当月职工薪酬。
（5）某公司结转当月制造费用，以生产甲、乙产品人员工资为标准分配制造费用。
（6）假设7月初甲产品在产品成本为10 000元，乙产品没有月初在产品，本月末甲、乙两种产品全部完工入库（包括本月初在产品和本月投产的产品），不存在月末在产品，结转完工产品的制造成本。
要求：根据上述经济业务编制会计分录，并计算本月完工的甲、乙两产品的成本。
【业务题四】
目的：练习制造企业销售业务的会计处理。
资料：某公司202×年8月发生的销售业务如下：
（1）某公司向A公司销售甲产品200件，每件售价为400元，货款共计80 000元，产品已经发出，款项已通过银行收讫。

(2) 某公司向A公司销售乙产品150件，每件售价为500元，货款共计75 000元，产品已经发出，款项尚未收到。

(3) 某公司收到A公司支付的货款87 750元，款项已存入银行。

(4) 月末，某公司按产品销售收入的10%计算甲产品应纳消费税，共计8 000元。

(5) 月末，某公司用银行存款支付本月产品广告宣传费10 000元。

(6) 某公司结转本月已售甲产品和乙产品的生产成本。甲产品每件成本为250元，乙产品每件成本为300元。

要求：根据上述经济业务编制会计分录。

【业务题五】

目的：练习制造企业全部经济业务的会计处理。

资料：某制造企业202×年9月的经济业务如下：

(1) 某公司收到A公司投入的最后一笔资金2 270 000元，款项存入银行。

(2) 某公司收到B公司投入设备一台，双方协议确认的价值为650 000元，设备已投入使用。

(3) C公司用商标权向某公司投资，经专家评估确认，价值为80 000元。

(4) 由于季节性储备材料需要，某公司向银行申请借入流动资金300 000元，借款期限3个月，已办妥借款手续，款项已转存银行。

(5) 某公司向银行借入两年期借款1 000 000元，借款暂时存入银行。

(6) 某公司购入办公楼一栋，购买价款3 000 000元。款项已用银行存款支付。

(7) 某公司购入生产设备一批，价值2 400 000元，另购入办公设备一批，价值6 000 000元。某公司通过银行存款支付款项1 100 000元，余款于近期支付。

(8) 某公司从甲公司购入A材料1 000千克，买价为40 000元，增值税为5 200元，对方代垫运费500元，款项尚未支付，材料已验收入库。

(9) 根据合同规定，某公司向本地乙公司预付货款30 000元用于采购B材料。

(10) 某公司购入C材料500千克，买价为30 000元，增值税为3 900元，材料验收入库，某公司开出商业汇票承诺付款。

(11) 某公司根据当期领料凭证编制领料凭证汇总表如表2-16所示。

表2-16 领料凭证汇总表

用途	A材料			B材料			金额合计/元
	数量/千克	单价/元	金额/元	数量/千克	单价/元	金额/元	
制造产品耗用							
X产品	5 000	20.00	100 000				100 000
Y产品				4 000	12.00	48 000	48 000
制造部门一般耗用				100	12.00	1 200	1 200
合计	5 000	20.00	100 000	4 100	12.00	49 200	149 200

(12) 某公司本期根据考勤记录和产量记录计算职工的工资如表2-17所示。

表 2-17　职工工资计算表　　单位：元

生产工人	X 产品工人	36 500
	Y 产品工人	23 500
小计		60 000
车间人员		18 000
行政管理人员		42 000
合计		120 000

（13）某公司开出现金支票一张，支付本期工资 120 000 元。

（14）某公司根据本期职工工资总额计算的职工福利费如表 2-18 所示。

表 2-18　职工福利费计算表　　单位：元

生产工人	X 产品工人	5 110
	Y 产品工人	3 290
小计		8 400
车间人员		2 520
行政管理人员		5 880
合计		16 800

（15）某公司以现金购买车间办公用品 280 元。

（16）某公司以银行存款支付本期车间水电费 5 800 元。

（17）期末，某公司结转本期制造费用。本期发生的制造费用为 27 800 元。根据 X、Y 产品的生产工时比例分配制造费用，X、Y 产品的生产工时分别为 30 000 小时和20 000 小时。

（18）本期完工 X 产品 3 000 件，Y 产品 1 000 件，均已验收入库。其中，期末在产品 X 产品 500 件，Y 产品 200 件。X、Y 产品期初、期末在产品成本资料分别如表 2-19、表 2-20 所示。

表 2-19　期初在产品成本资料　　单位：元

产品名称	直接材料	直接人工	制造费用	合 计
X 产品	26 000	5 000	2 000	33 000
Y 产品	10 000	4 000	1 200	15 200
合计	36 000	9 000	3 200	48 200

表 2-20 期末在产品成本资料 单位：元

产品名称	直接材料	直接人工	制造费用	合计
X 产品	30 000	5 600	2 600	38 200
Y 产品	12 000	4 200	1 800	18 000
合 计	42 000	9 800	4 400	56 200

（19）某公司销售给丙公司 X 产品 500 件，增值税专用发票所列的单价为 200 元，价款为 100 000 元，增值税税额为 13 000 元，款项尚未收到。

（20）某公司销售给丁公司 Y 产品 300 件，增值税专用发票所列的单价为 500 元，价款为 150 000 元，增值税税额为 19 500 元，货款为 169 500 元，对方以商业汇票结算。

（21）某公司预收戊公司货款 50 000 元。

（22）某公司销售一批不需用的材料，共 500 千克，单价为每千克 40 元，价款为 20 000 元，增值税税额为 2 600 元，货款为 22 600 元，款项已经收到。

（23）某公司以银行存款支付销售产品广告费 11 182 元。

（24）期末，某公司结转本期已销产品销售成本。X 产品 500 件的销售成本为 25 515元，Y 产品 300 件的销售成本为 24 933 元。

（25）某公司月末结转已销售材料的成本 12 000 元。

（26）某公司本期应交城市维护建设税 1 820 元，应交教育费附加 780 元。

（27）期末，某公司以银行存款缴纳上述税费。

（28）某公司从下属单位分得投资利润 10 000 元，存入银行。

（29）某公司接受 D 公司现金捐赠 150 000 元，存入银行。

（30）某公司在财产清查中发现，其因火灾原因造成盘亏 A 材料一批，实际成本为 2 100元，经批准计入营业外支出。

（31）某公司开出转账支票 1 800 元支付本期银行借款利息。

（32）期末，某公司结转本年利润。

（33）某公司计算期末利润总额。

（34）假设本期不存在纳税调整项目，某公司按税法规定 25%的税率计算应纳所得税税额。

（35）某公司计算本期净利润，结转可供分配的利润。

（36）某公司按照本期净利润的 10%提取法定盈余公积。

（37）某公司按照本期净利润的 5%提取任意盈余公积。

（38）某公司按照本期剩余利润的 80%向投资者分配现金股利。

（39）某公司结转已经分配的利润。

（40）某公司计算期末企业留存利润。

参考答案

一、单选题

1. D	2. B	3. D	4. B	5. C
6. A	7. B	8. C	9. D	10. A

二、多选题

1. AB	2. AD	3. ABCDE	4. AC	5. AD
6. ABC	7. ABCE	8. AB	9. CD	10. BCDE

三、判断题

1. ×	2. √	3. √	4. √	5. ×
6. ×	7. ×	8. √	9. √	10. √

四、业务题

【业务题一】略。
【业务题二】略。
【业务题三】略。
【业务题四】略。
【业务题五】

(1) 借：银行存款	2 270 000	
贷：实收资本		2 270 000
(2) 借：固定资产	650 000	
贷：实收资本		650 000
(3) 借：无形资产	80 000	
贷：实收资本		80 000
(4) 借：银行存款	300 000	
贷：短期借款		300 000
(5) 借：银行存款	1 000 000	
贷：长期借款		1 000 000
(6) 借：固定资产	3 000 000	
贷：银行存款		3 000 000
(7) 借：固定资产	8 400 000	
贷：银行存款		1 100 000
应付账款		7 300 000

(8) 借：原材料 40 500
应交税费——应交增值税（进项税额） 5 200
贷：应付账款 45 700
(9) 借：预付账款 30 000
贷：银行存款 30 000
(10) 借：原材料 30 000
应交税费——应交增值税（进项税额） 3 900
贷：应付票据 33 900
(11) 借：生产成本——X产品 100 000
——Y产品 48 000
制造费用 1 200
贷：原材料 149 200
(12) 借：生产成本——X产品 36 500
——Y产品 23 500
制造费用 18 000
管理费用 42 000
贷：应付职工薪酬——职工工资 120 000
(13) 借：应付职工薪酬——职工工资 120 000
贷：银行存款 120 000
(14) 借：生产成本——X产品 5 110
——Y产品 3 290
制造费用 2 520
管理费用 5 880
贷：应付职工薪酬——职工福利 16 800
(15) 借：制造费用 280
贷：库存现金 280
(16) 借：制造费用 5 800
贷：银行存款 5 800
(17) 制造费用分配表如表2-21所示。

表2-21 制造费用分配表

分配对象		生产工时/小时	分配率	分配金额/元
生产成本	X产品	30 000	0.556	16 680
	Y产品	20 000	0.556	11 120
合计		50 000		27 800

借：生产成本——X产品 16 680
——Y产品 11 120
贷：制造费用 27 800

（18）X产品、Y产品生产成本明细分类账分别如表2-22、表2-23所示。

表2-22 生产成本明细分类账

名称：X产品　　　　单位：元

202×年		凭证号数	摘要	直接材料	直接人工	制造费用	合计
月	日						
9	1		期初在产品成本	26 000	5 000	2 000	33 000
			本月生产费用	100 000	41 610	16 680	158 290
			生产费用累计	126 000	46 610	18 680	191 290
			本期完工产品成本	96 000	41 010	16 080	153 090
			期末余额	30 000	5 600	2 600	38 200

表2-23 生产成本明细分类账

名称：Y产品　　　　单位：元

202×年		凭证号数	摘要	直接材料	直接人工	制造费用	合计
月	日						
9	1		期初在产品成本	10 000	4 000	1 200	15 200
			本月生产费用	48 000	26 790	11 120	85 910
			生产费用累计	58 000	30 790	12 320	101 110
			本期完工产品成本	46 000	26 590	10 520	83 110
			期末余额	12 000	4 200	1 800	18 000

产品成本计算过程如下：

本期X产品完工产品成本＝33 000+(100 000+36 500+5 110+16 680)－38 200
＝153 090（元）

本期Y产品完工产品成本＝15 200+(48 000+23 500+3 290+11 120)－18 000
＝83 110（元）

会计分录编制如下：

借：库存商品——X产品　　153 090
　　　　　　——Y产品　　83 110
　贷：生产成本——X产品　　153 090
　　　　　　　——Y产品　　83 110

（19）借：应收账款　　113 000
　　　贷：主营业务收入　　100 000
　　　　　应交税费——应交增值税（销项税额）　　13 000

(20) 借：应收票据	169 500	
贷：主营业务收入		150 000
应交税费——应交增值税（销项税额）		19 500
(21) 借：银行存款	50 000	
贷：预收账款		50 000
(22) 借：银行存款	22 600	
贷：其他业务收入		20 000
应交税费——应交增值税（销项税额）		2 600
(23) 借：销售费用	11 182	
贷：银行存款		11 182
(24) 借：主营业务成本——X 产品	25 515	
——Y 产品	24 933	
贷：库存商品——X 产品		25 515
——Y 产品		24 933
(25) 借：其他业务成本	12 000	
贷：原材料		12 000
(26) 借：税金及附加——应交城市维护建设税	1 820	
——应交教育费附加	780	
贷：应交税费——应交城市维护建设税		1 820
——应交教育费附加		780
(27) 借：应交税费——应交城市维护建设税	1 820	
——应交教育费附加	780	
贷：银行存款		2 600
(28) 借：银行存款	10 000	
贷：投资收益		10 000
(29) 接受捐赠时：		
借：库存现金	150 000	
贷：营业外收入		150 000
把现金存入银行时：		
借：银行存款	150 000	
贷：库存现金		150 000
(30) 盘亏时：		
借：待处理财产损溢——待处理流动资产损溢	2 100	
贷：原材料		2 100
结转时：		
借：营业外支出	2 100	
贷：待处理财产损溢——待处理流动资产损溢		2 100

（31）借：财务费用　　1 800

贷：银行存款　　1 800

（32）结转收入至本年利润账户：

借：主营业务收入　　250 000

其他业务收入　　20 000

投资收益　　10 000

营业外收入　　150 000

贷：本年利润　　430 000

结转费用支出至本年利润账户：

借：本年利润　　128 010

贷：主营业务成本　　50 448

其他业务成本　　12 000

税金及附加　　2 600

销售费用　　11 182

管理费用　　47 880

财务费用　　1 800

营业外支出　　2 100

（33）利润总额＝430 000－128 010＝301 990（元）

（34）应纳税额＝301 990×25%＝75 497.50（元）

计算时：

借：所得税费用　　75 497.50

贷：应交税费——应交所得税　　75 497.50

结转本年利润时：

借：本年利润　　75 497.50

贷：所得税费用　　75 497.50

（35）本期净利润（税后利润/可供分配利润）＝301 990－75 497.50＝226 492.50（元）

借：本年利润　　226 492.50

贷：利润分配——未分配利润　　226 492.50

（36）应提取的法定盈余公积＝226 492.50×10%＝22 649.25（元）

借：利润分配——提取法定盈余公积　　22 649.25

贷：盈余公积——法定盈余公积　　22 649.25

（37）应提取的任意盈余公积＝226 492.50×5%＝11 324.63（元）

借：利润分配——提取任意盈余公积　　11 324.63

贷：盈余公积——任意盈余公积　　11 324.63

（38）应向投资者分配的现金股利＝(226 492.50－22 649.25－11 324.63)×80%

＝192 518.62×80%

＝154 014.90（元）

借：利润分配——应付现金股利或利润　　154 014.90

贷：应付股利　　154 014.90

(39) 借：利润分配——未分配利润 187 988.78

贷：利润分配——提取法定盈余公积 22 649.25

——提取任意盈余公积 11 324.63

——应付现金股利或利润 154 014.90

(40) 未分配利润＝可供分配利润－已分配利润

＝226 492.50－187 988.78

＝38 503.72（元）

第三节　填制和审核会计凭证

一、会计凭证概述

（一）会计凭证的概念

会计凭证是记录经济业务、明确经济责任的书面证明，是登记账簿的依据。“会计凭证—会计账簿—会计报表”构成了会计报表的三个基本环节，填制和审核会计凭证是会计核算的专门方法之一，也是会计核算工作的起点和基础，对会计信息质量具有至关重要的影响和作用。

经济业务发生时，首先由经办人员取得表明经济业务发生及其内容的原始凭证，然后将其交由会计人员或相关部门逐项审查认定经济业务发生或完成的情况，会计人员依据审核无误的原始凭证填制记账凭证。会计人员填制的记账凭证是登记账簿的唯一依据。例如，企业从外部购买材料，必须由业务经办人员取得购货发票，并签名或盖章；企业生产中领用材料，应填制领料单等。各种发票、领料单等，都属于会计凭证。

（二）会计凭证的种类

会计凭证的形式多种多样，可以按照不同的标准进行分类。会计凭证按其填制的程序和用途的不同来划分，可以分为原始凭证和记账凭证两类。

1. 原始凭证

原始凭证又称单据，是指在经济业务发生或完成时取得或填制的，用以记录或证明经济业务的发生或完成情况，明确经济责任的原始凭据。原始凭证是进行会计核算的原始资料和重要依据。

各种原始凭证都具备一定的基本内容，这些基本内容通常称为原始凭证的基本要素，主要包括：原始凭证的名称，填制原始凭证的日期，凭证的编号，接受原始凭证的单位名称（抬头人），经济业务内容（含数量、单价、金额等），填制单位签章，有关人员（部门负责人、经办人员）签章，填制凭证单位名称或填制人姓名，凭证附件。

（1）原始凭证按取得的来源不同，分为自制原始凭证和外来原始凭证。

自制原始凭证是指由本单位内部经办业务的部门或个人，在执行或完成某项经济业务时自行填制的、仅供本单位内部使用的原始凭证，如收料单、领料单、限额领料单、产品入库单、产品出库单、借款单、工资发放明细表、折旧计算表等。

外来原始凭证是指在经济业务发生或完成时，从其他单位或个人直接取得的原始凭证，如购买材料时取得的增值税专用发票、银行转来的各种结算凭证、对外支付款项时取得的收据、职工出差时取得的飞机票、车船票等。

（2）原始凭证按填制手续和方法的不同，分为一次凭证、累计凭证、汇总原始凭证和记账编制凭证。

一次凭证是指在一张记账凭证中只反映一项经济业务或同时反映若干项同类经济业务，填制手续是一次完成的原始凭证。外来原始凭证一般都属于一次凭证，自制原始凭证中的收料单、领料单、入库单等也属于一次凭证。

累计凭证是指在一张记账凭证上连续记载一定时期内不断重复发生的同类经济业务，填制手续是随着经济业务发生而分次完成的原始凭证，如限额领料单等。

汇总原始凭证是指将一定时期内若干张反映同类经济业务的原始凭证加以汇总而填制的凭证，也称原始凭证汇总表。汇总原始凭证既可以提供企业经营管理所需要的总量指标，又可以简化记账凭证的编制手续，如企业月末将月份内所填制的领料单、限额领料单进行汇总编制的发料凭证汇总表。

记账编制凭证是指由会计人员根据账簿记录的结果、重新归类整理而编制的自制原始凭证，如“制造费用分配表”“固定资产折旧计算表”等。

（3）原始凭证按格式不同，分为通用凭证和专用凭证。

通用凭证是指由有关部门统一印制、在一定范围内使用的具有统一格式和使用方法的原始凭证。通用凭证的使用范围因制作部门不同而异，可以是某一地区、某一行业通用的，也可以是全国通用的。例如，某省（自治区、直辖市）印制的发货票、收据等在该省（自治区、直辖市）通用；由中国人民银行制作的银行转账结算凭证在全国通用等。

专用凭证是指由单位自行印制、仅在本单位内部使用的原始凭证。例如，领料单、差旅费报销单、折旧计算表、工资费用分配表等。

2. 记账凭证

记账凭证又称记账凭单，是会计人员根据审核无误的原始凭证或汇总原始凭证，按照经济业务的内容加以归类，并据以确定会计分录后所填制的会计凭证，是登记账簿的直接依据。为了概括反映经济业务的基本情况，满足登记账簿的需要，无论是哪一类记账凭证，都应具备七个方面的基本要素：名称、日期、编号、摘要、会计分录、附件张数、责任人签名盖章。

（1）记账凭证按用途和格式，分为专用记账凭证和通用记账凭证。

专用记账凭证是一种专门用于记录某一特定种类经济业务的记账凭证，按其所反映经济业务不同又可以分为收款凭证、付款凭证和转账凭证三种。在“第五章　商业企业记账凭证账务处理程序模拟实训”中我们选用这种格式的记账凭证进行操作练习。

收款凭证是用来反映货币资金收入业务的记账凭证。根据收款内容的不同，收款凭证一般按库存现金和银行存款分别编制，收款凭证的借方科目通常位于凭证的左上方。

付款凭证是用来反映货币资金支出业务的记账凭证，付款凭证一般也按库存现金和银行存款分别编制，付款凭证的贷方科目通常位于凭证的左上方。

转账凭证是用来反映不涉及货币资金收付业务（转账业务）的记账凭证。

通用记账凭证是指适用于所有经济业务的记账凭证，无论是收款业务、付款业务还是转账业务，其记账凭证的格式都相同。通用记账凭证也称为标准凭证。在“第四章　工业企业科目汇总表全套账务处理”中我们选用这种格式的记账凭证进行实际演示。

（2）记账凭证按是否需要经过汇总，分为汇总记账凭证和非汇总记账凭证。

汇总记账凭证是根据一定时期内单一的记账凭证按一定的方法加以汇总而重新填制的凭证，目的是简化登记总账的工作。汇总记账凭证包括分类汇总记账凭证和全部汇总记账凭证。

分类汇总记账凭证是按照收款、付款和转账凭证分别加以汇总编制的，包括汇总收款凭证、汇总付款凭证和汇总转账凭证三种。汇总收款凭证是按“库存现金”和“银行存款”科目的借方分别设置的一种汇总记账凭证，它汇总一定时期内库存现金和银行存款的收款业务；汇总付款凭证是按“库存现金”和“银行存款”科目贷方分别设置的一种汇总记账凭证，它汇总一定时期内库存现金和银行存款的付款业务；汇总转账凭证是按照转账凭证中每一贷方科目分别设置的，用来汇总一定时期内转账业务的一种汇总记账凭证。

全部汇总记账凭证是根据平时编制的所有记账凭证按照相同科目归类汇总其借方、贷方发生额而编制的，一般称为科目汇总表。在科目汇总表中，企业分别计算出每一个总账科目的借方发生额合计数和贷方发生额合计数。由于借贷记账法的记账规则是“有借必有贷，借贷必相等”，因此在编制科目汇总表时，全部总账科目的借方发生额合计数与贷方发生额合计数相等。科目汇总表可以根据单位业务量，既可以每月汇总一次、编制一张，也可以每旬汇总一次或每半个月汇总一次。

非汇总记账凭证是根据原始凭证编制的只反映某项经济业务即只有一笔会计分录的记账凭证。前面介绍的收款凭证、付款凭证、转账凭证以及通用记账凭证都属于非汇总记账凭证。

（3）记账凭证按填制方式不同，分为复式记账凭证和单式记账凭证。

复式记账凭证是将一项经济业务所涉及的全部会计科目集中填制在一张记账凭证上，为此也称多科目记账凭证，前述各种专用记账凭证和通用记账凭证都属于复式记账凭证。复式记账凭证的优点是可在一张记账凭证上完整反映一项经济业务，便于了解该项经济业务的全貌以及会计科目的对应关系，便于对凭证的分析和审核；缺点是不便于同时汇总每一账户的发生额，也不利于会计人员分工记账。

单式记账凭证是将一项经济业务所涉及的每一个会计科目单独填制记账凭证，为此也称单科目记账凭证。单式记账凭证填列的对应科目只作为参考不作为记账依据。填列借方科目的凭证称为借项记账凭证，填列贷方科目的凭证称为贷项记账凭证。单式记账凭证主要适用于科目汇总表的编制，根据单式记账凭证，将每一账户的借项凭证和贷项凭证归类在一起，加计总数，就能很快地得出每一账户的本期借、贷方发生额，以简化会计核算工作。单式记账凭证的优点是便于同时汇总计算每一会计科目的发生额，便于会计人员分工记账；缺点是不便于从一张记账凭证中集中反映经济业务的全貌以及会计科目之间的对应关系，同时由于凭证张数较多，填制工作量较大。

3. 原始凭证和记账凭证的区别

原始凭证和记账凭证都称为会计凭证，但就其性质来讲截然不同。原始凭证记录的是经济信息，它是编制记账凭证的依据，是会计核算的基础；而记账凭证记录的是会计信息，它是会计核算的起点。原始凭证和记账凭证的主要区别如下：

（1）原始凭证由经办人员填制，而记账凭证一律由会计人员填制。

（2）原始凭证是根据发生或完成的经济业务填制的，而记账凭证则是根据审核后的原始凭证填制的。

（3）原始凭证仅用于记录、证明经济业务已经发生或完成，而记账凭证则要根据会计科目对已经发生或完成的经济业务进行归类、整理编制。

（4）原始凭证是记账凭证的附件和填制记账凭证的依据，而记账凭证则是登记账簿的依据。

由于原始凭证的内容不同、格式各异、种类繁多、对应关系不直观，如果直接根据原始凭证记账，容易发生差错，也不便于查账。因此，会计人员应先根据原始凭证或汇总原始凭证编制记账凭证，在记账凭证摘要中说明经济业务的内容，确定应借、应贷的账户名称和金额，并将原始凭证作为附件，然后根据记账凭证登记账簿。这样可以减少记账错误，便于核对和查账，保障记账工作的质量。

会计凭证的分类可以归纳如图 2-8 所示。

- 会计凭证
  - 原始凭证
    - 按来源分
      - 外来原始凭证
      - 自制原始凭证
    - 按填制手续和方法分
      - 一次凭证
      - 累计凭证
      - 汇总原始凭证
      - 记账编制凭证
    - 按格式不同分
      - 通用凭证
      - 专用凭证
  - 记账凭证
    - 按用途和格式分
      - 通用记账凭证
      - 专用记账凭证
        - 收款凭证
        - 付款凭证
        - 转账凭证
    - 按是否经过汇总分
      - 汇总记账凭证
      - 非汇总记账凭证
    - 按填制方式分
      - 复式记账凭证
      - 单式记账凭证

图 2-8　会计凭证的分类

（三）会计凭证的作用

会计凭证的作用是提供会计信息，会计人员可以根据会计凭证，对日常大量、分散的各种经济业务，进行整理、分类、汇总、并经过会计处理，为经济管理提供有用的会计信息。会计凭证的作用主要体现在以下几个方面：

1. 记录经济业务，提供记账依据

会计凭证是记账的依据，会计人员通过会计凭证的填制、复核，按一定方法对会计凭证进行整理、分类、汇总，为会计记账提供真实、可靠的依据，并通过会计凭证的及时传递，对经济业务及时地进行记录。

2. 明确经济责任，强化内部控制

经济业务发生后，会计人员要取得或填制适当的会计凭证，证明经济业务已经发生或完成；同时要由有关的经办人员，在凭证上签字、盖章，明确业务责任人。会计人员通过会计凭证的填制和审核，使有关责任人在其职权范围内各司其职、各负其责。

3. 监督经济活动，控制经济运行

会计人员通过会计凭证的审核，可以检查经济业务的发生是否符合有关的法规、制度，是否符合业务经营、财务收支的方针、计划和预算的规定，以确保经济业务的合理、合法和有效性。监督经济业务的发生、发展，控制经济业务的有效实施，是发挥会计管理职能的重要内容。

二、原始凭证的填制和审核

（一）原始凭证的填制

1. 填制要求

（1）记录真实。原始凭证的填制，必须符合真实性要求，其记载的内容必须与实际情况一致，不得弄虚作假。凭证上的日期、经济业务内容、数量金额等都要由填制人或经办人根据经济业务的实际执行和完成情况如实填写并签字盖章。填制人或经办人对凭证的真实性和正确性负责，不得伪造、变造。从外单位取得的原始凭证如有遗失，应取得原签发单位盖有财务章的证明，并注明原始凭证的号码、金额和内容等，经单位负责人批准后，可代作原始凭证。对于确实无法取得证明的，如飞机票、火车票等凭证，应由当事人写明详细情况，由经办单位负责人批准后，可代作原始凭证。

（2）内容完整。原始凭证中规定的基本内容和补充资料都要按照规定的格式、内容逐项填写齐全，不得遗漏或省略。凡是填有大小写金额的原始凭证，大写与小写金额必须相符。几联的发票和收据，必须用双面复写纸（发票和收据本身具有复写功能的除外）套写，并连续编号，注明各联用途，只能将其中一联作为登记账簿的依据。原始凭证作废时应当加盖“作废”戳记，连同存根一起保存，不得撕毁。经办业务的有关部门和人员要认真审查原始凭证，签名或盖章。各种签名或盖章必须齐全、清晰，不得模糊不清。对外出具的原始凭证，应当加盖本单位的财务专用章，自制原始凭证必须由经办单位的主管或其他指定人员签名或盖章。

（3）手续完备。原始凭证的各种填制手续必须完备，符合内部控制的要求，防止错误或舞弊的发生。具体需要注意以下五点：①购买实物的原始凭证，必须有验收证明。②支付款项的原始凭证，必须有收款单位和收款人的收款证明。③发生销货退回时，除填制退货发票外，还必须有退货验收证明。退款时必须取得对方的收款收据或汇款银行的汇出凭证，不得以退货发票代替收据。④职工公出借款收据，必须附在记账凭证后面，收回借款时，应另开收据或退还借据副本，不得退还原借款收据。⑤经有关部门办理的某些特殊业务，应将批准的文件作为原始凭证的附件。如果批准文件需要单独归档的，应在凭证上注明批准机关名称、日期和文件字号。

（4）书写规范。原始凭证要用蓝色或黑色笔书写，填写支票必须使用碳素墨水笔。属于需要套写的凭证，必须一次套写清楚。原始凭证上的文字、数字的填写应遵循《会计基础工作规范》的要求，字迹清晰，易于辨认，具体包括以下七个方面：①阿拉伯数字应当一个一个书写，不得连笔书写。阿拉伯金额数字前面应当书写货币币种符号或货币名称简写。币种符号与阿拉伯金额数字之间不得留有空白。凡阿拉伯数字前写有币种符号的，数字后面不再写货币单位。②所有以元为单位（其他货币种类为货币基本单位，下同）的阿拉伯数字，除表示单价等情况外，一律填写到角分；无角分的，角位和分位可写“00”，或者符号“—”，有角无分的，分位应当写“0”，不得用符号“—”代替。③汉字大写数字金额如零、壹、贰、叁、肆、伍、陆、柒、捌、玖、拾、佰、仟、万、亿等，一律用正楷或行书体书写，不得用0、一、二、三、四、五、六、七、八、九、十等简化字代替，不得任意自造简化字。大写金额数字到元或角为止的，在“元”或“角”字之后应当写“整”字或“正”字；大写金额数字有分的，分字后面不写“整”字或“正”字。例如，小写金额“￥10 078.30”，大写金额为“人民币壹万零柒拾捌元叁角整”。④大写金额数字前未印有货币名称的，应当加填货币名称，货币名称与金额数字之间不得留有空白。⑤阿拉伯数字中间有“0”时，汉字大写金额要写“零”字；阿拉伯金额数字中间连续有几个“0”时，汉字大写金额中可以只写一个“零”字；阿拉伯金额数字元位是“0”，或者数字中间连续有几个“0”、元位也是“0”，但角位不是“0”时，汉字大写金额可以只写一个“零”字，也可以不写“零”字。⑥票据如现金支票、银行转账支票的出票日期，必须使用中文大写。为防止变造票据的出票日期，月为壹、贰、壹拾的，应在其前加“零”，日为壹至玖，壹拾、贰拾、叁拾的，应在其前加“零”。例如，2023年2月10日应写成“贰零贰叁年零贰月零壹拾日”。⑦各种原始凭证不得随意涂改、刮擦、挖补，如果填写错误，应当由出具单位重开或按照规定的方法予以更正，更正处应当加盖出具单位的公章。对于重要的原始凭证，如支票以及各种结算凭证等，一律不得更改。

（5）填制及时。经办人员应当根据经济业务的执行和完成情况及时填制原始凭证，并按规定的程序或手续及时送交会计部门，不得拖延或积压，经过会计部门审核之后，据以编制记账凭证。

2. 填制方法

（1）一次凭证的填制。一次凭证是经办人员在经济业务发生或完成时根据经济业务的具体内容一次填制完成的。外来原始凭证通常是由外单位经办人员一次填制完成的，其填制方法和要求与自制一次凭证基本相同。这里以领料单、增值税专用发票和支票为例，介绍一次凭证的填制方法。①领料单的填制。领料单是用料部门向仓库领出材料时填制的原始凭证。领料人应如实填写领料日期、用途、材料名称、规格、计量单位、请领数量等内容，经领料部门负责人批准后，向发料人（仓库保管员）领料，发料人审核用途后，发放材料，填写实发数量。领料单一般一式三联，一联由领料部门留存，一联留仓库据以登记材料物资明细账，一联交会计部门记账，填写时应用双面复写纸一次套写。为明确经济责任，领料单需经领料部门负责人、领料人、发料人签字盖章。②增值税专用发票的填制。增值税专用发票是一般纳税人销售增值税应税商品或提供应税劳务时开具的一种特殊发票，应通过增值税防伪税控系统使用。增值税专用发票的基本联次统一规定为四联，各联次必须按规定用途使用。第一联为存根联，由销货方留存备查；第二联为发票联，由购货方作为付款的记账凭证；第三联为税款抵扣联，购货方作为扣税凭证；第四联为记账联，销货方作为销售的记账凭证。③支票的填制。支票是企业因购买商品、接受劳务或其他事项，委托开户银行在见票时无条件支付确定金额给收款人或持票人的票据。支票由出纳人员负责填写，按编号顺序使用。支票的基本联次为两联，即存根联和正联。签发支票应当按照规定逐项填写，并加盖预留在银行的印鉴。支票分为现金支票和转账支票。填写现金支票时，使用碳素墨水书写，正面需要填写收款人和开户银行的名称、支票号码、签发日期（大写）、签发人银行账号、大小写金额、用途等项目。反面需要填写提款人的姓名、身份证号码和发证机关名称。现金支票的用途有一定的限制，一般填写"备用金""差旅费""职工薪酬""劳务费"等。支票上的大小写金额和收款人不得更改，其他内容如有更改，必须加盖预留银行印鉴加以证明。未按规定填写支票，被涂改冒领的，由签发人负责。转账支票的填制方法与现金支票基本相同，当企业需要向开户银行送交支票，办理银行存款收入业务时，还应当填写进账单。进账单填写的内容包括进账单的日期，出票人的全称、开户银行和账号，进账的大小写金额，进账的事由。以上三种一次凭证的具体填制方法详见第四章第三节。

（2）累计凭证的填制。累计凭证是一次开设、多次使用的原始凭证。以限额领料单为例，采用限额领料单的企业，月初由生产计划部门根据下达的生产任务和材料消耗定额，为材料领用部门规定月份内领用某种材料的最高额度，材料使用部门在月份内根据需要分次领取。限额领料单一般为一料一单，领料部门每次领料时，在该单内填写请领数量，经领料部门负责人签章批准后，去仓库领料。仓库发料时，发料人应填写实发数量及限额结余数量，领发料双方同时在单内签章。月末累计出全月实际领用总量和金额，交由会计部门据以记账。限额领料单如表 2-24 所示。

表 2-24 限额领料单

领料单位：基本生产车间　　　　编号：100401

用途：生产乙产品　　　　202×年 4 月 30 日　　　　仓库：1 号仓库

材料类别	材料编号	材料名称及规格	计量单位	领用限额	实际领用	单价/元	金额/元	备注
型钢	0462	10 毫米圆钢	千克	300	295	40	11 800	
日期	请领		实发			限额结余	退库	
	数量	领料单位负责人	数量	发料人	领料人		数量	退库单编号
4 月 1 日	100	孙星	100	李明	王林	200		
4 月 11 日	100	孙星	100	李明	王林	100		
4 月 21 日	95	孙星	95	李明	王林	5		
合计	295		295			5		

供应部门负责人：杨帆　　　　生产计划部门负责人：刘立　　　　仓库负责人：贺丰

(3)汇总原始凭证的填制。汇总原始凭证是指将一定时期内若干张反映同类经济业务的一次凭证、累计凭证，按照一定标准汇总填制在一张凭证上。例如，发料凭证汇总表是将月份内所填制的若干张领料单、限额领料单按照领料部门和材料用途分类汇总编制的，编制的时间间隔可根据业务量的大小确定；薪酬结算汇总表是将企业各部门编制的薪酬结算单按人员所在部门和工作岗位分类汇总编制的。发料凭证汇总表和薪酬结算汇总表详见第四章第三节。

(4)记账编制凭证的填制。记账编制凭证是会计人员根据有关账簿资料按照经济业务的要求进行归类、整理、计算后重新编制的。例如，月末依据明细账中的会计数据编制的制造费用分配表、固定资产折旧计算表等。这些表格的格式与内容详见"第四章第三节"。

(二) 原始凭证的审核

1. 真实性

原始凭证作为会计信息的基本信息源，其真实性对会计信息的质量具有至关重要的影响。其真实性审核包括凭证日期是否真实、业务内容是否真实、数据是否真实等内容的审查。外来原始凭证必须有填制单位公章和填制人员签章；自制原始凭证必须有经办人员的签名或盖章。此外，对通用原始凭证，会计人员还应审核本身的真实性，以防假冒。

2. 合法性

审核原始凭证所记录经济业务是否有违反国家法律法规的情况，是否履行了规定的凭证传递和审核程序，是否有贪污腐化等行为。

3. 合理性

审核原始凭证所记录的经济业务是否符合企业生产经营活动的需要，是否符合有关的计划和预算等。

4. 完整性

审核原始凭证各项基本要素是否齐全，是否有漏项情况，日期是否完整，数字是否清晰，文字是否工整，有关人员签章是否齐全，凭证联次是否正确等。

5. 正确性

审核原始凭证各项金额的计算及填写是否正确，包括阿拉伯数字分位填写，不得连写；小写金额前要标明"￥"字样，中间不能留有空位；大写金额前要加"人民币"字样，大写金额与小写金额要相符；凭证中有书写错误的，应采用正确的方法更正，不能采用涂改、刮擦、挖补等不正确方法。

6. 及时性

原始凭证的及时性是保证会计信息及时性的基础。为此，财经法规要求企业在经济业务发生或完成时及时填制有关原始凭证，及时进行凭证的传递。会计人员审核时应注意审查凭证的填制日期，尤其是支票、银行汇票、银行本票等失效性较强的原始凭证，更应仔细验证其签发日期。

经审核的原始凭证应根据不同情况进行处理：第一，对于完全符合要求的原始凭证，会计人员应及时据以编制记账凭证入账；第二，对于真实、合法、合理但内容不够完整、填写有错误的原始凭证，会计人员应退回给有关经办人员，由其负责将有关凭证补充完整、更正错误或重开后，再办理正式会计手续；第三，对于不真实、不合法的原始凭证，会计机构、会计人员有权不予接受，并向单位负责人报告。

原始凭证的审核是一项严肃、细致的重要工作，会计人员必须熟悉国家有关法规和制度以及本单位的有关规定，这样才能掌握审核和判断是非的标准，确定经济业务是否合理、合法，从而做好原始凭证的审核工作，实现正确有效的会计监督。另外，审核人员还必须做好宣传解释工作，因为原始凭证所证明的经济业务需要由有关领导和职工经办。只有对他们做好宣传解释工作，才能避免发生违法违规的经济业务。

三、记账凭证的填制和审核

（一）记账凭证的填制

1. 填制要求

（1）依据真实可靠。记账凭证必须以审核无误的原始凭证为依据，记账凭证可以根据每一张原始凭证单独填制，也可以根据若干张同类原始凭证汇总填制，还可以根据原始凭证汇总表编制，但不得将不同内容和类别的原始凭证汇总编制在一张记账凭证上。

（2）摘要简明扼要。在记账凭证的摘要栏内，会计人员要简明扼要地概括出经济业务的主要内容，不可不填或错填，既要防止简而不明，又要避免过于繁琐。会计人员在填写时要针对不同性质经济业务的特点，同时还要满足登记账簿的需要。例如，对于反映实物资产的账户，摘要中应注明品种、数量及单价；对于反映货币资金的账户，摘要中应注明结算凭证的号码等内容。

（3）日期填写正确。记账凭证的日期一般应为会计人员填制记账凭证当天的日期，也可以根据需要填写经济业务发生当天的日期或月末日期。其中收、付款凭证一般应按库存现金、银行存款的收、付款日期填写；转账凭证原则上应按收到原始凭证的日期，填写，月末转账业务，应按月末日期填写。

（4）分录编制正确。对于每一项经济业务，会计人员都必须按照会计准则进行职业判断，运用统一规定的会计科目正确编制会计分录，不得任意更改会计科目的名称和核算的内容，以确保科目使用的正确性和核算口径的一致性。会计人员必须按规定的会计科目填写一级会计科目，不得任意简化或改动，不得只写科目编号，不写科目名称。有关的二级或明细科目要填写齐全。记账凭证上的金额登记方向、数字必须正确，符合数字书写规定，角分位不留空格。记账凭证应按行次逐项填写，不能跳行。记账凭证编制完成后，如有空行，应当从金额栏最后一笔金额下的空行处至合计数上面的空行处划一条斜线或“S”形线注销。合计金额栏的第一位数字前要填写人民币（¥）等货币符号。

（5）附件数量完整。除期末结账和更正错误的记账凭证可以不附原始凭证以外，其余的记账凭证都应附有原始凭证，并注明所附原始凭证的张数，以便日后查阅。附件张数的计算，一般以原始凭证的自然张数为准。记账凭证若附有原始凭证汇总表，应将其一并计入附件的张数之内。但报销差旅费的零散票券，可以粘贴在一张纸上，作为一张原始凭证。如果一张原始凭证同时涉及几张记账凭证，可以把原始凭证附在一张主要的记账凭证后面，并在其他记账凭证上注明附有该原始凭证的记账凭证的编号或附上该原始凭证的复印件。

(6) 编号连续科学。编号的目的是分清记账凭证的先后顺序，便于登记账簿以及日后记账凭证与会计账簿之间的核对，并防止散失。记账凭证应按经济业务发生顺序，按不同种类的记账凭证连续编号。使用通用记账凭证的企业可以采用顺序编号法，即按经济业务发生的先后顺序，将所有记账凭证分月按自然数 1、2、3……顺序连续编号。使用专用记账凭证的企业可以采用分类编号法，即按收款凭证、付款凭证和转账凭证分收、付、转三类进行编号。例如，“收字第×号”“付字第×号”“转字第×号”。或者再细分现收、现付、银收、银付、转账五类进行编号。例如，“现收字第×号”“现付字第×号”“银收字第×号”“银付字第×号”“转字第×号”。此外，企业还可以采用按凭证总字号顺序编号与按类别顺序编号相结合的双重编号法。例如，某银行收款凭证为“总字第×号，银收字第×号”。对于一笔经济业务需要编制多张记账凭证的，会计人员可以采用分数编号法。例如，一笔经济业务需要编制两张记账凭证，凭证的顺序号为 20 时，其编号为×字第 20 1/2、×字第 20 2/2，前面的整数为总顺序号，后面的分数为该项业务的分号，分母表示该项业务的记账凭证总张数，分子表示该项业务的顺序号。不论采用哪种凭证编号方法，每月月末最后一张记账凭证编号的旁边要加注“全”字，以免凭证散失。

(7) 错误更正规范。在填制时如果发现记账凭证有错误，会计人员应当重新填制正确的记账凭证。对于已经登记入账的记账凭证，在当年内发现填写错误时，会计人员可以用红字填写一张与原内容相同的记账凭证，在“摘要”栏注明“注销某月某日某号凭证”字样，同时再用蓝字重新编制一张正确的记账凭证，在“摘要”栏中注明“订正某月某日某号凭证”字样。如果会计科目没有错误，只是金额错误，会计人员可以按照正确数字与错误数字之间的差额，另编一张调整的记账凭证，调增金额用蓝字，调减金额用红字。会计人员发现以前年度记账凭证有错误的，应当区分资产负债表日后事项或非日后事项进行会计处理。

2. 填制方法

(1) 专用记账凭证的填制。收款凭证应根据有关库存现金或银行存款收款业务的原始凭证填制。收款凭证的设置科目是借方科目，在收款凭证左上方所填列的是“借方科目”，按收款的性质填写“库存现金”或“银行存款”科目，凭证内反映的是贷方科目，应填写与库存现金或银行存款相对应的总账科目及所属的明细科目；在“摘要”栏内填写经济业务的简要说明；在“金额”栏填写经济业务实际发生的数额；同时，在收款凭证上填写所附原始凭证的张数，相关经手人员还要签名或盖章。在实际工作中，出纳人员根据会计主管人员或指定人员审核批准的收款凭证收款时，要加盖“收讫”戳记，以避免差错，审核无误的收款凭证可据以登记库存现金和银行存款日记账、相关的总账及明细账，登记入账后，在“记账”栏打上“√”，表示已入账，以免漏记、重记。

付款凭证应根据有关库存现金或银行存款付款业务的原始凭证填制。与收款凭证不同的是，付款凭证的设置科目是贷方科目，在付款凭证左上方所填列的是“贷方科目”；在凭证内反映的是借方科目，应填写与库存现金或银行存款相对应的总账科目及所属的明细科目，其余栏目的填列方法与收款凭证均相同。出纳人员根据付款凭证付款时，要在凭证上加盖“付讫”戳记，以避免重复付款。值得注意的是，对于库存现金与银行存款之间相互划转的业务，记账凭证的填制有两种方法：一种方法是只编制付款凭证，而不编制收款凭证，以免重复记账。例如，将库存现金送存银行的业务，只编制库存现金付款凭证；从银行提取库存现金的业务，只编制银行存款付款凭证。另一种方法是同时填制收款凭证和付款凭证，并在两张凭证的对方账户过账栏中事先用“√”销号，在记账时，收款凭证只记借方账户，付款凭证只记贷方账户。

转账凭证应根据库存现金和银行存款以外的原始凭证填制。与收款、付款凭证格式不同的是，转账凭证不设主体科目栏，将经济业务所涉及的总账科目及明细科目全部填列在凭证内，借方科目在先，贷方科目在后，将各会计科目所记应借应贷的金额填列在“借方金额”或“贷方金额”栏内，借、贷方金额合计应该相等。制单人应在填制凭证后签名或盖章，并在转账凭证上填写所附原始凭证的张数。

（2）通用记账凭证的填制。通用记账凭证的填制方法与转账凭证的填制方法基本相同，只是在凭证的编号上，采用按照经济业务的先后顺序编号的方法，往往编为记字第×号。通用记账凭证的填制详见第四章第四节。

（3）单式记账凭证的填制。单式记账凭证是将某项经济业务涉及的每个借方科目和贷方科目分别编制借项凭证和贷项凭证，在一张记账凭证上只填列一个会计科目。一项经济业务的会计分录涉及几个会计科目，就填几张记账凭证。为了保持会计科目间的对应关系，便于核对，单式记账凭证的编号采用分数编号法，在填制一套会计分录时编一个总号，再按凭证张数编几个分号，如第35笔经济业务涉及两个会计科目，编号则为35 1/2和35 2/2，如表2-25、表2-26所示。

表2-25　借项记账凭证

对应科目：银行存款　　　　202×年4月30日　　　　凭证编号　35 1/2

摘要	一级科目	二级或明细科目	金额/元	记账
从光明公司购入M材料	材料采购	M材料	1 090 000	
合计			￥1 090 000	

附件贰张

会计主管：王欣　　记账：黄欢　　出纳：李梅　　审核：周平　　制单：王晓

表2-26　贷项记账凭证

对应科目：材料采购　　　　202×年4月30日　　　　凭证编号　35 2/2

摘要	一级科目	二级或明细科目	金额/元	记账
从光明公司购入M材料	银行存款	工商银行	1 090 000	
合计			￥1 090 000	

附件贰张

会计主管：王欣　　记账：黄欢　　出纳：李梅　　审核：周平　　制单：王晓

（4）复式记账凭证的填制。复式记账凭证是将某项经济业务涉及的全部会计科目集中填制在一张记账凭证上，如上述的专用记账凭证和通用记账凭证都属于复式记账凭证。其编制方法详见第四章第四节与第五章第三节。

汇总记账凭证包括分类汇总记账凭证和全部汇总记账凭证，其填制方法在第三章介绍。全部汇总记账凭证，即科目汇总表的编制详见第四章第七节。

（二）记账凭证的审核

1. 内容是否真实

审核记账凭证是否有原始凭证为依据，所附原始凭证的内容与记账凭证的内容是否一致，记账凭证汇总表的内容与其所依据的记账凭证的内容是否一致等。

2. 项目是否齐全

审核记账凭证各项目的填写是否齐全，如日期、凭证编号、摘要、会计科目、金额、所附原始凭证张数及有关人员签章等。

3. 科目是否合规

审核记账凭证的应借、应贷科目是否正确，是否有明确的账户对应关系，所使用的会计科目是否符合国家统一的会计准则的规定等。

4. 金额是否精确

审核记账凭证所记录的金额与原始凭证的有关金额是否一致、计算是否正确，记账凭证汇总表的金额与记账凭证的金额合计是否相等。

5. 书写是否正确

审核记账凭证中的记录是否文字工整、数字清晰，是否按规定进行更正等。

此外，出纳人员在办理收款或付款业务后，应在凭证上加盖“收讫”或“付讫”的戳记，以避免重收重付。

四、会计凭证的传递与保管

（一）会计凭证的传递

会计凭证的传递是指从会计凭证的取得或填制时起至归档保管过程中，在单位内部有关部门和人员之间的传送程序。

会计凭证的传递要求能够满足内部控制制度的要求，使传递程序合理有效，同时尽量节约传递时间，减少传递的工作量。单位应根据具体情况制定每一种凭证的传递程序和方法。

会计凭证的传递一般包括传递程序和传递时间两个方面。

各种会计凭证所记载的经济业务不同，涉及的部门和人员不同，据以办理的业务手续也不同。因此，企业应当为各种会计凭证规定一个合理的传递程序，即一张会计凭证，填制后应交到哪个部门、哪个岗位、由谁办理业务手续，直至归档保管为止。如果凭证有一式数联的，企业还应规定每一联传递到哪几个部门、具有什么用途等。

各种会计凭证还应根据其办理业务手续所需的时间，规定它的传递时间。其目的是使各个工作环节环环相扣，相互督促，以提高工作效率。

正确组织会计凭证的传递，对及时处理业务和加强会计监督具有重要作用。在制定合理的凭证传递程序和时间时，企业通常考虑以下几点：

第一，要根据经济业务的特点、企业内部的机构设置和人员分工情况以及管理上的要求等，具体规定各种凭证的联数和传递程序，使有关部门既能按规定手续处理业务，又能利用凭证资料掌握情况，提供数据，协调一致；同时，还要注意流程合理，避免不必要的环节，以加快传递速度。

第二，要根据有关部门和人员办理业务的必要手续时间，确定凭证的传递时间，时间过紧会影响业务手续的完成，时间过松会影响工作效率。

第三，要通过调查研究和协商来制定会计凭证的传递程序和传递时间。原始凭证大多涉及本单位内部各个部门和经办人员，因此会计部门应会同有关部门和人员协商其传递程序和时间。记账凭证是会计部门的内部凭证，可由会计主管会同制证、出纳、记账等有关人员商定其传递程序和时间。

会计凭证的传递程序和传递时间确定后，可分别为若干主要业务绘制流程图或流程表，通知有关人员遵守执行。执行中如有不合理的地方，企业可以随时根据实际情况加以修改。

（二）会计凭证的保管

会计凭证的保管是指会计凭证记账后的整理、装订、归档和存查工作。

会计凭证作为记账的依据是重要的会计档案和经济资料。本单位以及有关部门、单位，可能因各种需要查阅会计凭证，特别是发生贪污、盗窃、违法乱纪行为时，会计凭证还是依法处理的有效证据。因此，任何单位在完成经济业务手续和记账之后，必须将会计凭证按规定的立卷归档制度形成会计档案资料，妥善保管，防止丢失，不得任意销毁，以便于日后随时查阅。

会计凭证的保管工作既要做到完整无缺，又要便于翻阅查找。其主要要求如下：

第一，会计凭证应定期装订成册，防止散失。会计部门在依据会计凭证记账以后，应定期（每天、每旬或每月）对各种会计凭证进行分类整理，将各种记账凭证按照编号顺序，连同所附的原始凭证一起加具封面、封底，装订成册，并在装订线上加贴封签，由装订人员在装订线封签处签名或盖章。

第二，会计凭证封面应注明单位名称、凭证种类、凭证张数、起止号数、年度、月份、会计主管人员、装订人员等有关事项，会计主管人员和保管人员应在封面上签章。

第三，会计凭证应加贴封条，防止抽换凭证。原始凭证不得外借，其他单位如有特殊原因确实需要使用时，经本单位会计机构负责人、会计主管人员批准，可以复制。向外单位提供的原始凭证复制件，应在专设的登记簿上登记，并由提供人员和收取人员共同签名或盖章。

第四，原始凭证较多时，可以单独装订，但应在凭证封面注明所属记账凭证的日期、编号和种类，同时在所属的记账凭证上应注明“附件另订”及原始凭证的名称和编号，以便查阅。对各种重要的原始凭证，如押金收据、提货单以及各种需要随时查阅和退回的单据，应另编目录，单独保管，并在有关的记账凭证和原始凭证上分别注明日期和编号。

每年装订成册的会计凭证，在年度终了时可暂由单位会计机构保管一年，期满后应当移交本单位档案机构统一保管；未设立档案机构的，应当在会计机构内部指定专人保管。出纳人员不得兼管会计档案。

第五，严格遵守会计凭证的保管期限要求，期满前不得任意销毁。有关会计凭证保管期限要求详见第三章第三节。

课后小结

主要术语中英文对照

1. 会计凭证	Accounting Document	2. 记账编制凭证	Compilation Document
3. 原始凭证	Source Document	4. 收款凭证	Receipt Voucher
5. 记账凭证	Bookkeeping Document	6. 付款凭证	Payment Voucher
7. 外来原始凭证	Original Voucher Come from Outside	8. 转账凭证	Transfer Voucher
9. 自制原始凭证	Self-made Original Voucher	10. 汇总记账凭证	Summary Bookkeeping Voucher
11. 一次凭证	Onetime Document	12. 科目汇总表	Chart of Accounts
13. 累计凭证	Accumulated Document	14. 单式记账凭证	Single-entry Voucher
15. 汇总原始凭证	Assembly Source Document	16. 复式记账凭证	Double-entry Voucher
17. 通用凭证	General Voucher	18. 专用凭证	Special Voucher

复习思考题

1. 什么是会计凭证？会计凭证如何分类？

2. 原始凭证和记账凭证有何区别？原始凭证应具备哪些基本要素？填制原始凭证应遵循哪些要求？记账凭证应包括哪些基本要素？填制记账凭证应注意哪些问题？

3. 为什么要对会计凭证进行审核？如何审核？

4. 会计凭证的传递和保管有哪些要求？

练习题

一、单选题

1. 会计凭证分为原始凭证和记账凭证的依据是（　　）。

A. 填制方式　　B. 反映经济业务的方法

C. 填制程序和用途　　D. 取得的来源

2. 下列选项中，属于外来原始凭证的是（　　）。

A. 银行收账通知单　　B. 订货单

C. 领料单　　D. 发料凭证汇总表

3. 原始凭证和记账凭证的相同点是（　　）。

A. 反映经济业务的内容相同　　B. 编制时间相同

C. 所起的作用相同　　D. 所包含的要素相同

4. 下列关于一次凭证的叙述中，不正确的是（　　）。

A. 一次凭证是原始凭证的一种

B. 一次凭证其经济业务填制手续一次完成，已填列的凭证不能重复使用

C. 一次凭证是会计人员根据原始凭证填制的记账凭证

D. 一次凭证是用于记录一项或若干项同类性质经济业务的原始凭证

5. 下列经济业务需要编制转账凭证的是（　　）。

A. 收到销售产品的货款　　B. 结转完工产品生产成本

C. 从银行提取现金　　D. 支付购买材料的货款

6. 下列项目中，不属于原始凭证基本要素的是（　　）。

A. 会计科目名称和记账方向　　B. 接受凭证单位的名称

C. 经办人员签名或盖章　　D. 经济业务的数量、单价和金额

7. 原始凭证不得外借，其他单位如因特殊原因需要使用原始凭证时，经本单位领导批准后方可（　　）。

A. 购买　　B. 赠阅　　C. 复制　　D. 外借

8. 对于采购员报销差旅费并交回多余现金的业务，应编制的专用记账凭证是（　　）。

A. 库存现金收款凭证　　B. 库存现金付款凭证

C. 转账凭证　　D. 库存现金收款凭证和转账凭证

9. 对于填写手续不完备的原始凭证，会计人员按规定应（　　）。

A. 拒绝受理　　B. 退回出具单位，要求限期补办手续

C. 扣留原始凭证，向本单位领导报告　　D. 向本单位财务负责人报告

10. 下列科目中，可能是收款凭证贷方科目的是（　　）。

A. “主营业务收入”　　B. “主营业务成本”

C. “制造费用”　　D. “生产成本”

二、多选题

1. 填制和审核会计凭证的作用有（　　）。
   A. 反映经济业务的完成情况　B. 提供会计信息
   C. 作为登记账簿的依据　D. 明确经济责任
   E. 监督企业经济业务的合理性、合法性
2. 下列关于记账凭证的叙述中，正确的有（　　）。
   A. 收款凭证是以会计分录的形式记录库存现金、银行存款收入有关的经济业务
   B. 付款凭证是以会计分录的形式记录库存现金、银行存款付出有关的经济业务
   C. 转账凭证是以会计分录的形式记录库存现金、银行存款收付无关的经济业务
   D. 收款、付款、转账三种记账凭证都属于通用记账凭证
   E. 通用凭证是不分经济业务的类型，统一使用格式相同的记账凭证记录各种经济业务
3. 记账凭证是（　　）。
   A. 由经办业务人员填制的　B. 由会计人员填制的
   C. 在经济业务发生时填制的　D. 必须附有原始凭证
4. 下列选项中，属于原始凭证的有（　　）。
   A. 汇总收款凭证　B. 制造费用分配表
   C. 发料凭证汇总表　D. 科目汇总表
   E. 购货合同
5. 下列选项中，不属于原始凭证的有（　　）。
   A. 领料单与收料单　B. 银行存款余额调节表
   C. 销货发票　D. 本期发生额试算平衡表
   E. 材料请购单
6. 各种原始凭证必须具备的内容包括（　　）。
   A. 凭证名称、填制日期和编号　B. 经济业务的基本内容
   C. 填制和接受凭证的单位名称　D. 应借应贷会计科目名称
   E. 有关人员的签名、盖章
7. 可以作为记账凭证编制依据的有（　　）。
   A. 一次凭证　B. 累计凭证
   C. 外来原始凭证　D. 汇总原始凭证
   E. 汇总记账凭证
8. 原始凭证审核的主要内容有（　　）。
   A. 审核原始凭证所记录经济业务内容的合法性
   B. 审核原始凭证所记录经济业务是否符合预算
   C. 审核原始凭证填写内容是否符合规定
   D. 审核原始凭证会计分录是否正确
   E. 审核原始凭证所记录的经济业务是否符合实际情况

9. 记账凭证审核的主要内容有（　　）。

A. 是否附有原始凭证，所记录内容与原始凭证是否一致

B. 应借、应贷会计科目与金额是否正确

C. 是否有经手人签名盖章

D. 摘要、项目、日期是否填列齐全、清楚

E. 审核原始凭证所记录经济业务的合法性

10. 企业在制定会计凭证传递程序时，应考虑的问题有（　　）。

A. 经济业务的特点、内部机构设置和人员分工情况

B. 有关部门和人员对经济业务办理必要手续需要的时间

C. 建立凭证交接的签收制度

D. 凭证的数量和账簿登记的工作量

E. 方便错漏账的查找

三、判断题

1. 外来原始凭证一般都是一次凭证。（　　）

2. 一次凭证，如领料单是指只反映一项经济业务的原始凭证，其填制手续是一次完成的。（　　）

3. 累计凭证，如限额领料单是指在一定时期内连续记载若干项同类经济业务，其填制手续是随经济业务发生而分次完成的凭证。（　　）

4. 对于不真实、不合法的原始凭证，会计人员应当退还给有关经办人员更正后，再办理正式手续。（　　）

5. 记账凭证的填制日期与原始凭证的填制日期应当相同。（　　）

6. 各种会计凭证不得随意涂改、刮擦、挖补，如填写发生错误，应采用划线更正法予以更正。（　　）

7. 科目汇总表也是会计凭证，属于汇总原始凭证。（　　）

8. 为简化核算，企业可以在月末根据领料单、限额领料单，汇总编制发料凭证汇总表，据以编制记账凭证，登记有关账簿。（　　）

9. 出纳员赵强 2020 年 3 月 9 日开出一张转账支票，在出票日期一栏填写“二〇二〇年三月九日”。（　　）

10. 采用专用记账凭证的企业，银行存款付款凭证是登记库存现金日记账的记账依据。（　　）

四、业务题

【业务题一】

目的：练习原始凭证的编制与经济业务的分析。

资料：详见第四章第二节　分析原始凭证。

【业务题二】

目的：练习记账凭证的编制。

资料：详见第四章第三节　编制记账凭证。

参考答案

一、单选题

1. C	2. A	3. A	4. C	5. B
6. A	7. C	8. D	9. B	10. A

二、多选题

1. ABCDE	2. ABCE	3. BD	4. BC	5. BDE
6. ABCE	7. ABCD	8. ABCE	9. ABD	10. ABC

三、判断题

1. √	2. ×	3. √	4. ×	5. ×
6. ×	7. ×	8. √	9. ×	10. √

四、业务题

略。

第四节 登记会计账簿

一、会计账簿概述

（一）会计账簿的概念

会计账簿简称账簿，是由专门格式并以一定形式联结在一起的账页所组成的，以会计凭证为依据，对全部经济业务进行全面、系统、连续、分类地记录和核算的簿籍，是储存会计数据资料的重要工具。

设置账户是会计核算方法的第一步，填制和审核会计凭证是第二步，登记账簿则是第三步。在实际工作中，设置账户是指在会计账簿上选择具体账页写上对应会计科目名称及期初余额，以指定账页用途，明确账户核算功能的过程。

登记账簿是指将会计凭证中涉及的具体科目日期、凭证编号、摘要、发生额等信息过到对应科目账页上，包括记账、对账和结账三个环节在内的具体会计工作过程。账簿和账户既有联系又有区别。账簿和账户反映的经济业务内容是一致的，账户只是在账簿中按规定的会计科目设置的户头，而账簿是连续、系统、全面地进行分类记录、积累和贮存会计信息的载体。簿籍是账簿的外表形式，账户记录才是账簿的内容。

（二）会计账簿的作用

（1）及时提供系统、完整的会计核算资料。会计账簿与会计凭证不同，会计凭证数量多，资料分散，每张凭证只能记载个别经济业务，所提供的资料是零星的。为了全面、系统、连续地反映企事业单位的经济活动和财务收支情况，需要把会计凭证所记载的大量分散的资料加以分类、整理。这一任务可以通过设置和登记会计账簿来实现。

（2）全面反映财产物资的增减变化。账簿记录能够连续、系统地反映各项财产物资的增减变化及结存情况；通过账实核对，可以检查账实是否相符，从而有利于保证各项财产物资的安全完整，促进资金的合理使用，促使企业改善经营管理。

（3）为考核经营成果和进行经济活动分析提供依据。企业根据账簿记录的费用、成本和收入、成果资料，可以计算一定时期的财务成果，检查费用、成本、利润计划的完成情况。企业通过账簿资料的检查、分析，可以了解贯彻有关方针、政策、制度的情况，可以考核各项计划的完成情况，分析资金使用是否合理、费用开支是否符合标准、经济效益有无提高、利润的形成与分配是否符合规定等，从而找出差距，挖掘潜力，提出改进措施。

（4）为编制会计账簿提供依据。账簿记录既能对经济活动进行序时核算，又能进行分类核算；既可提供各项总括的核算资料，又可提供明细核算资料。核对无误的账簿记录是编制会计报表的直接依据。

（三）会计账簿的种类

（1）按外表形式分类，会计账簿可以分为订本式账簿、活页式账簿、卡片式账簿三类。

订本式账簿是将印有顺序编号的若干账页固定装订成册的账簿。其优点是可以防止账页散失和账页被抽换，比较安全；缺点是由于账页已被固定装订，并有编号，不能随实际业务的增减变动需要而增减。因此，有一些账簿（如总账、往来账等）必须为每一账户预留若干空白账页，如预留账页不够用，则会影响账户的连续记录，预留账页过多又会造成浪费。同一本账在同一时间只能由同一人登记，因而不便于分工记账。订本式账簿一般用于具有统驭性的重要账簿，如总分类账、库存现金日记账和银行存款日记账等。

活页式账簿是将若干零散账页暂时装订在活页账夹内的账簿。其优点是可以根据实际业务的需要适当增减账页，使用灵活，并便于分工记账；缺点是账页容易散失和被抽换。因此，企业在采用活页式账簿时，必须将空白账页连续编写分号；在会计期末，加写目录并按实际使用的账页连续编写总号，固定装订成册后归档保管。活页式账簿一般适用于一些明细账，如原材料明细账、库存商品明细账。

卡片式账簿是由具有不同于一般账页格式的卡线表格式账页所组成的账簿，它一般由分散的卡片所组成，每一卡片用正面和背面两种不同的格式来记录同一项财产物资的使用等情况。卡片式账簿在使用中可不加装订，存放在卡片盒或卡片夹中，使用时可以随时取放，实际上它是一种特殊的活页式账簿。卡片式账簿除了具有一般活页式账簿的特点外，还可以跨年度使用，不需要每年更换新账。卡片式账簿多用于记录内容比较复杂的财产明细账，如固定资产卡片账。

（2）按账页格式分类，会计账簿主要分为三栏式账簿、数量金额式账簿、多栏式账簿、横线登记式账簿四类。

三栏式账簿是由设置“借方、贷方、余额”三个金额栏的账页组成的账簿。三栏式账簿的账页格式是最基本的账页格式，其他账页格式都是据此增减栏目演变而来的。这种账簿适用于采用金额核算的“应收账款”“应付账款”等账户的明细核算。

数量金额式账簿是指由在“借方、贷方、余额”三栏内分别设置“数量、单价、金额”三栏的账页组成的账簿。数量金额式账簿也称大三栏式账簿。这种账簿适用于既要进行金额明细核算，又要进行数量明细核算的财产物资项目，如“原材料”“库存商品”等账户的明细核算。

多栏式账簿是由在借方金额栏、贷方金额栏或借贷双方金额栏内再设置多个明细金额栏的账页组成的账簿。这类账簿多适用于费用、成本、收入、成果类科目的明细核算。

横线登记式账簿，也称平行式账簿，是指在账页的同一横行内登记同一项经济业务完成及变动情况的账簿。这种账簿一般适用于“材料采购”“在途物资”“应收票据”“其他应收款”等明细分类核算。

（3）按用途分类，会计账簿可以分为序时账簿、分类账簿、备查账簿三类。

序时账簿也称日记账，是对各项经济业务按其发生时间的先后顺序，逐日逐笔进行及时登记的账簿。序时账簿按其所记录的内容不同，分为普通日记账和特种日记账。普通日记账是根据各种经济业务取得的原始凭证，直接以会计分录的格式进行序时登记的账簿。它具有会计凭证的作用，是过入分类账的依据。因此，普通日记账也称分录簿。

又由于其只有“借方”和“贷方”两个金额栏，因此又称为两栏式日记账。中西方会计的会计分录载体不同，我国会计采用记账凭证，而西方会计则采用普通日记账。特种日记账是在普通日记账的基础发展而来的，它是专门登记某一类经济业务的日记账，如库存现金日记账、银行存款日记账、购货日记账、销货日记账等。在会计实务中，企业通常只对库存现金和银行存款设置日记账，进行序时核算，以加强对货币资金的管理。

分类账簿是对各项经济业务进行分类登记的账簿。分类账簿按其反映内容的详细程度不同，又分为总分类账簿和明细分类账簿。总分类账簿，简称总账，是根据总分类科目开设的账户，用来分类登记全部经济业务，提供总括核算资料的分类账簿。明细分类账簿，简称明细账，是根据明细分类科目开设的账户，用来登记某一类经济业务，提供明细核算资料的分类账簿。在实务中，经济业务比较简单、总分类科目为数不多的单位，为了简化记账工作，可以设置兼有序时账簿和分类账簿作用的联合账簿。日记总账就是典型的联合账簿。

备查账簿又称辅助账簿，是对序时账簿和分类账簿等主要账簿进行补充登记，提供备查资料的账簿，如应收票据备查账簿、应付票据备查账簿、租入固定资产登记簿、受托加工材料登记簿、代销商品登记簿、经济合同执行情况登记簿等。备查账簿的内容千差万别，其账页没有固定格式，可根据实际需要灵活确定。备查账簿与主要账簿之间不存在严密的依存、勾稽关系，每个单位可根据实际需要确定是否设置备查账簿。

会计账簿的分类如图 2-9 所示。

- 会计账簿
  - 按外形分
    - 订本式账簿
    - 活页式账簿
    - 卡片式账簿
  - 按账页格式分
    - 三栏式账簿
    - 数量金额式账簿
    - 多栏式账簿
    - 横线登记式账簿
  - 按用途分
    - 序时账簿
      - 普通日记账
      - 特种日记账
    - 分类账簿
      - 总分类账
      - 明细分类账
    - 备查账簿（辅助账簿）

图 2-9　会计账簿的分类

二、登记账簿的规范性要求

（1）根据会计凭证登记账簿。为了保证账簿记录的准确性，会计人员必须根据审核无误的会计凭证，及时登记各种账簿。会计人员登记账簿时应将会计凭证的日期、编号、摘要、金额等逐项登记入账，做到数字准确、摘要简明清楚、登记及时。日记账可以根据收款凭证、付款凭证登记，明细账可以根据原始凭证、原始凭证汇总表或记账凭证登记，总账可以根据记账凭证、科目汇总表、汇总记账凭证、多栏式日记账或日记总账登记。具体登记方法的运用详见第四章第五节　登记日记账、第六节　登记明细账、第八节　登记总账。

（2）账簿登记完毕，会计人员应在记账凭证“过账”栏内注明账簿的页数或做“√”符号，表示已登记入账，以免重登、漏登，也便于查阅、核对，并在记账凭证上签名或盖章。

（3）为了使账簿记录清晰，防止涂改，会计人员在记账时必须用钢笔和蓝、黑墨水或规定使用的圆珠笔书写，不能使用铅笔或不符合规定的圆珠笔登账，红色墨水只能在以下情况使用：采用红字更正法冲销错账记录；使用红线划线注销或划线结账；在不设借方栏或贷方栏的多栏式明细账中，采用红字登记法，用红字登记减少发生额；在没有注明余额方向的三栏式明细账中，登记负数余额；会计制度中规定使用红字登记的其他记录。

（4）各种账簿必须按事先编写的页码，逐页、逐行顺序连续登记，不得隔页、缺号、跳行，如不慎发生此种情况，会计人员应在空页或空行处用红色墨水对角划线注销，并注明“作废”字样，同时由经手人员和会计机构负责人（会计主管人员）在更正处盖章。各种账簿的账页不得任意抽换和撕毁，以防舞弊。

（5）“日期”栏内登记记账凭证的填制日期。年栏，可填写两位数字；月栏，只在每页第一行、办理月结和变更月份时填写；日栏，在每页第一行、变更日期和办理月结时填写，日期与上行相同时可以不予填写。

（6）“凭证号”栏一般登记记账凭证的分号，如“收×、付×、转×”等。如果采用通用记账凭证，会计人员可以直接登记凭证号；如果采用汇总方式登记总账，会计人员可以写“科汇×”或“汇收×、汇付×、汇转×”。

（7）“摘要”栏内的说明应简明扼要，文字要规范，红字居中书写（或使用红色专用章）的有“上年结转”“承前页”“本月合计”“累计”“本年合计”“过次页”“结转下年”等；摘要文字可紧靠左线、紧贴底线工整书写，字高约占行高的1/2；摘要内容并不是一律照抄记账凭证的摘要写法，要根据不同的账簿，不同的记账依据，填写简明清楚的业务摘要。

（8）“对方科目”栏填写该笔会计分录中所登记科目的反向科目名称。例如，“借：银行存款”和“贷：应收账款”，则“银行存款”的对方科目是“应收账款”，而“应收账款”的对方科目是“银行存款”。

（9）“金额”栏的数字应与账页上标明的位数对准，“借贷发生额”栏根据记账凭证的方向正确登记，各账户结出余额后，应在“借或贷”栏内写明“借”或“贷”。没有余额的账户在“借或贷”栏内写“平”字，在“余额”栏内写“0”。

（10）每一账页登记完毕，会计人员应在账页的最末一行加计本页发生额及余额，并在“摘要”栏内注明“过次页”，同时在新账页的首行记入上页加计的发生额和余额，并在“摘要”栏内注明“承前页”，以便对账和结账。

（11）账簿记录发生错误时，不得刮、擦、挖、补，随意涂改或用褪色药水更改字迹，应根据错误的情况，按规定的方法进行更正。更正错账的方法有划线更正法、红字更正法和补充登记法。

三、账簿平行登记原理

平行登记是指对发生的每一笔经济业务，都要根据相同的会计凭证，一方面记入总分类账，另一方面还要记入总分类账户所属的明细分类账户的一种登账方法。

（一）平行登记的要点

（1）依据相同。依据相同是指对发生的经济业务，都要以相关的会计凭证为依据，既登记有关总分类账户，又登记其所属的明细分类账户。

账簿登记是根据审核无误的凭证进行的，无论是登记总账还是登记明细分类账，都必须以凭证为依据，而不能在登记了明细账后根据明细账的记录汇总登记总账，也不能在登记了总账后根据情况分解总账上的金额；否则，到了期末，总账和明细账的核对工作就失去了实际意义。“依据相同”为平行登记后几个要点奠定了基础，使后面的操作有了价值。

（2）方向相同。方向相同是指将经济业务记入总分类账户和明细分类账户时，记账方向必须相同，即总分类账户记入借方，明细分类账户也应记入借方；总分类账户记入贷方，明细分类账户也应记入贷方。

（3）期间相同。期间相同是指对每项经济业务在记入总分类账户和明细分类账户的过程中，可以有先有后，但必须在同一会计期间（如同一个月）全部登记入账。

（4）金额相等。金额相等是指记入总分类账户的金额必须与记入其所属的明细分类账户的金额之和相等。通过平行登记，总分类账户与明细分类账户之间在登记金额上就形成了如下关系：

总分类账户期初（期末）余额=所属明细分类账户期初（期末）余额之和

总分类账借方发生额=所属明细分类账户借方发生额之和

总分类账贷方发生额=所属明细分类账户贷方发生额之和

（二）平行登记的应用

（1）某工厂202×年6月初“原材料”和“应付账款”账户期初余额如表2-27所示。

表2-27　“原材料”和“应付账款”账户期初余额

账户名称		数量	单价/元	金额/元	
总账	明细账			总账	明细账
原材料				136 000（借）	
	A材料	10 000千克	4.60		46 000（借）
	B材料	20千克	2 000.00		40 000（借）
	C材料	2 500件	20.00		50 000（借）
应付账款				80 000（贷）	
	中瑞工厂				50 000（贷）
	祥通工厂				20 000（贷）
	宏达工厂				10 000（贷）

（2）某工厂6月发生的部分经济业务如下：

①6月3日，某工厂用银行存款偿还上个月欠中瑞工厂货款50 000元，欠祥通工厂货款20 000元。某工厂编制如下会计分录：

借：应付账款——中瑞工厂　　50 000
　　　　　　——祥通工厂　　20 000
　贷：银行存款　　70 000

②6月5日，某工厂向中瑞工厂购入A材料10 000千克，每千克4.6元，总计46 000元；购入B材料60千克，每千克2 000元，总计120 000元（暂不考虑增值税，下同）。材料验收入库，货款以银行存款付讫。某工厂编制如下会计分录：

借：原材料——A材料　　46 000
　　　　　——B材料　　120 000
　贷：银行存款　　166 000

③6月12日，某工厂用银行存款归还前欠宏达工厂货款10 000元。某工厂编制如下会计分录：

借：应付账款——宏达工厂　　10 000
　贷：银行存款　　10 000

④6月20日，某工厂向中瑞工厂购入A材料10 000千克，每千克4.6元，总计46 000元。材料验收入库，货款尚未支付。某工厂编制如下会计分录：

借：原材料——A材料　　46 000
　贷：应付账款——中瑞工厂　　46 000

⑤6月26日，某工厂向宏达工厂购入C材料45 000件，每件20元，总计900 000元。材料验收入库，货款尚未支付。某工厂编制如下会计分录：

借：原材料——C材料　　900 000
　贷：应付账款——宏达工厂　　900 000

⑥6月30日，某工厂生产领用A材料6 000千克，单价为4.6元，总计27 600元；B材料70千克，单价为2 000元，总计140 000元；C材料30 000件，每件20元，总计600 000元。某工厂编制如下会计分录：

借：生产成本　　767 600
　贷：原材料——A材料　　27 600
　　　　　　——B材料　　140 000
　　　　　　——C材料　　600 000

（3）根据上述资料，进行平行登记。

①原材料总分类账户与所属明细分类账户的平行登记如表2-28至表2-31所示。

表 2-28 原材料总分类账户

账户名称：原材料　　单位：元

202×年		凭证		摘要	借方	贷方	借或贷	余额
月	日	字	号					
6	1	略	略	期初余额			借	136 000
	5			购进原材料	166 000		借	302 000
	20			购进原材料	46 000		借	348 000
	26			购进原材料	900 000		借	1 248 000
	30			生产领用		767 600	借	480 400
	30			本月合计	1 112 000	767 600	借	480 400

表 2-29 原材料明细分类账户

原材料名称：A 材料　　数量：千克　　单位：元

202×年		凭证		摘要	收入			发出			结存		
月	日	字	号		数量	单价	金额	数量	单价	金额	数量	单价	金额
6	1	略	略	期初余额							10 000	4.6	46 000
	5			购入	10 000	4.6	46 000				20 000	4.6	92 000
	20			购入	10 000	4.6	46 000				30 000	4.6	138 000
	30			发出				6 000	4.6	27 600	24 000	4.6	110 400
	30			月结	20 000	4.6	92 000	6 000	4.6	27 600	24 000	4.6	110 400

表 2-30 原材料明细分类账户

原材料名称：B 材料　　数量：千克　　单位：元

202×年		凭证		摘要	收入			发出			结存		
月	日	字	号		数量	单价	金额	数量	单价	金额	数量	单价	金额
6	1	略	略	期初余额							20	2 000	40 000
	5			购入	60	2 000	120 000				80	2 000	160 000
	30			发出				70	2 000	140 000	10	2 000	20 000
	30			月结	60	2 000	120 000	70	2 000	140 000	10	2 000	20 000

表 2-31 原材料明细分类账户

原材料名称：C 材料　　数量：件　　单位：元

202×年		凭证		摘要	收入			发出			结存		
月	日	字	号		数量	单价	金额	数量	单价	金额	数量	单价	金额
6	1	略	略	期初余额							2 500	20	50 000
	26			购入	45 000	20	900 000				47 500	20	950 000
	30			发出				30 000	20	600 000	17 500	20	350 000
	30			月结	45 000	20	900 000	30 000	20	600 000	17 500	20	350 000

②“应付账款”总分类账户与明细分类账户的平行登记如表 2-32 至表 2-35 所示。

表 2-32　应付账款总分类账户

账户名称：应付账款　　单位：元

202×年		凭证		摘要	借方	贷方	借或贷	余额
月	日	字	号					
6	1	略	略	期初余额			贷	80 000
	3			还款	70 000		贷	10 000
	12			还款	10 000		平	0
	20			购料		46 000	贷	46 000
	26			购料		900 000	贷	946 000
	30			本月合计	80 000	946 000	贷	946 000

表 2-33　应付账款明细分类账户

账户名称：中瑞工厂　　单位：元

202×年		凭证		摘要	借方	贷方	借或贷	余额
月	日	字	号					
6	1	略	略	期初余额			贷	50 000
	3			还款	50 000		平	0
	20			购料		46 000	贷	46 000
	30			月结	50 000	46 000	贷	46 000

表 2-34　应付账款明细分类账户

账户名称：祥通工厂　　单位：元

202×年		凭证		摘要	借方	贷方	借或贷	余额
月	日	字	号					
6	1	略	略	期初余额			贷	20 000
	3			还款	20 000		平	0
	30			月结	20 000		平	0

表 2-35　应付账款明细分类账户

账户名称：宏达工厂　　单位：元

202×年		凭证		摘要	借方	贷方	借或贷	余额
月	日	字	号					
6	1	略	略	期初余额			贷	10 000
	12			还款	10 000		平	0
	26			购料		900 000	贷	900 000
	30			月结	10 000	900 000	贷	900 000

四、错账查找与更正方法

（一）错账的种类

（1）影响借贷平衡的错账。这类错误产生的原因通常有错位、移位、记反方向以及漏记。①错位指的是相邻数字的颠倒，如 47 错记为 74。②移位指的是小数点向左移或向右移，如 200.00，小数点向左移动一位，把 200.00 记成 20.00；小数点向右移一位，把 200.00 记成 2 000.00。③记反方向，就是记错借贷方向，如将借方发生额记到贷方，出现一方重记，而另一方未记；④漏记，就是借贷两方一方记账，另一方漏记。以上错账在试算平衡时能够发现。

（2）不影响借贷平衡的错账。这类错误主要有：①重记整笔业务；②漏记整笔业务；③串户，即把一个账户发生额错记入另一个账户中；④整笔业务中借贷方向刚好相反；⑤几种错误交织，差数相互抵销。以上错账在试算平衡时不易被发现。

（二）错账查找方法

（1）全面查找法。全面查找法按照查账的顺序可以分为顺查法和逆查法。

顺查法是指按照记账程序，从原始凭证开始，逐笔查到试算平衡表的一种查账方法。首先，检查记账凭证和所附原始凭证记录的各项内容是否相符、计算上有无差错等；其次，将记账凭证和所附原始凭证同有关总账、日记账、明细账逐笔查找核对；最后，检查试算平衡表是否抄错。

逆查法是指从试算平衡表追溯到原始凭证，其检查顺序与记账顺序相反。第一，检查本期发生额及余额的计算有无差错；第二，逐笔核对账簿记录是否与记账凭证相符。

（2）个别抽查法。个别抽查法包括余额试查法、二除法和九除法。

余额试查法适用于查找总账与所属明细账之间产生的漏记或重记错误。总账与所属明细账试算出现差额，可能是因为漏记或重记产生的。如果是漏记，则哪方数额小，漏记就在哪方；如果是重记，则哪方数额大，重记就在哪方。

二除法适用于查找记反方向的错误。记账如果出现记反方向错误，即一笔业务借贷发生额记入同一方向，使得一方的合计数增大，而另一方的合计数减少，其差额正好是应记正确数字的 2 倍。将差额除以 2，所得商数可能就是记错的数字。例如，差数为 60 元，则 $60\div2=30$，可以查找是否有一笔 30 元的业务，借贷金额记在同一方向了。但需注意，如果是单方面漏记账，则差数即为漏记的金额，这也是有可能的。

九除法适用于查找错位和移位的错账，因数字错位或移位造成的正误差数都是 9 的倍数。例如，原数字是 12 580，错位成 12 850，则差额为 $12\ 850-12\ 580=270$，用 $270\div9=30$，商数 30 最高位数是十位数，错位的位数一般是商数所在的位数与高一位位数的错位，即十位与百位的错位，而且两位的差数为 3，查找的时候可以将十位与百位两数差是“3”的数字作为重点查找对象，如本例中原数 12 580 的十位数数字 8 与百位数数字 5 的差即为 3，应该作为被查找的对象。而移位的错误，即小数点向左移或向右移，发生缩小或扩大的错误时，也可以用九除法进行试查。发生移位错误，查找时可将正误的差数除以 9 或 9 的倍数，即可得到正确数或错误数。为此，应注意两点：

一是如果错移一位，则差数除以9；如果错移两位，则差数除以99，以此类推。二是当小数错位成大数时，其商数是正确数；当大数错位成小数时，其商数是错误数。例如，将300.00错记成3 000.00，造成不平衡的错误，两数的差为2 700.00，用2 700.00÷9=300.00，则可以用300.00直接去查找，300.00是正确数。又如，将8 900错记成89时，两数的差为8 811，用8 811÷99=89，89就是错误数，因为99是两位数，所以可以将89扩大100倍或缩小至1/100后去查找，这里用8 900去试查。如果经济业务发生额中没有8 900的，则可以用0.89去试查。显然，这里0.89不是我们要查找的对象。

查找错账时，对于已经查过的数字，分别标上正确或错误记号，并把错账的账页号码、记账日期、凭证字号、业务内容以及差错情况进行详细记录，在查清错账后，要及时更正错账。错账更正方法有划线更正法、红字更正法和补充登记法。

（三）错账更正方法

（1）划线更正法。记账凭证正确，在记账或结账过程中发现账簿记录中文字或数字有错误，应采用划线更正法。更正时，会计人员先在错误的文字或数字上划一红线注销，并使原来的字迹仍可辨认，然后在红线上方空白处用蓝字填上正确的文字或数字，并在更正处由记账人员盖章。文字错误可以只注销错字，但数字错误必须将整个数字全部注销。

【例2-48】会计人员王欣对账时发现有一笔经济业务的发生额为9 800元，过账时误记为8 900元，而记账凭证正确，则划红线更正如下：

9 800

~~8 900~~ 王　欣

（2）红字更正法。红字更正法也称赤字冲账法、红字冲销法或红笔订正法。这种方法适用于记账凭证上的应记方向、科目或金额多记的错误，并已登记入账。更正时，会计人员先填制一张与错误记账凭证内容相同的红字金额记账凭证，并据以入账，冲销错误记录。会计人员在红字金额记账凭证的摘要栏注明“注销×月×日第×号凭证”，再用蓝字填制一张正确的记账凭证并据以入账，更正错账记录。会计人员在蓝字金额记账凭证的“摘要”栏注明“更正×月×日第×号凭证”。

【例2-49】车间领用原材料650元。记账凭证中将其借方科目记为“管理费用”，并已登记入账。其错误分录如下：

借：管理费用　　650
　贷：原材料　　650

会计人员更正上述错误，应用红字金额填制一张内容与原来一样的记账凭证：

借：管理费用　　[650]
　贷：原材料　　[650]

然后，会计人员重新填制一张正确的记账凭证：

借：制造费用　　650
　贷：原材料　　650

会计人员将上述两张记账凭证登记入账后，账簿记录的错误得以更正。

另外，会计人员有时在记账后发现记账凭证中应借、应贷的账户没有错，只是所填金额大于应填金额，可填制一张红字金额记账凭证，在“金额”栏中填列多计的数额，在“摘要”栏内注明“冲转第×号凭证多计数”，并据以入账，以冲销原来多计的金额。

【例2-50】某单位提取现金5 000元，填制记账凭证时，将金额记为50 000元。其错误分录如下：

借：库存现金　　50 000

　贷：银行存款　　50 000

为更正上述账户中多记的45 000元，会计人员应填制一张红字金额的记账凭证：

借：库存现金　　[45 000]

　贷：银行存款　　[45 000]

会计人员将上述更正错误的记账凭证记入有关账户后，原账簿中的错误记录便得到了更正。

（3）补充登记法。补充登记法适用于记账后发现记账凭证中应借、应贷的会计账户正确，但所填的金额小于正确金额的情况。对于这种错误，会计人员可以采用红字更正法，也可以采用补充登记法。

会计人员采用补充登记法时，将少填的金额用蓝字填制一张记账凭证，在“摘要”栏内注明“补记第×号凭证少计数”，并据以登记入账。这样便将少记的金额补充登记入账。

【例2-51】某仓库收到材料一批，计10 000元，已验收入库，货款未付。会计人员填制记账凭证时，将金额误记为1 000元，并已登记入账。其错误分录如下：

借：在途物资　　1 000

　贷：应付账款　　1 000

为了更正错误的记录，会计人员可以将少记的9 000元用蓝字填制一张记账凭证：

借：在途物资　　9 000

　贷：应付账款　　9 000

会计人员将上述更正错误的记账凭证登记入账后，原账簿记录中的错误记录就得到了更正。

这笔错误分录也可以先用红字冲销原1 000元，再用蓝字重填一份10 000元的记账凭证进行更正。

会计人员在用红字更正法和补充登记法更正错误时，在更正错误的记账凭证上，应注明被更正记账凭证的日期和编号，以便核对查考。

表2-36总结了错账类型及相应的更正方法与步骤。

表 2-36　错账类型及相应的更正方法与步骤

<table>
<tr><th colspan="3">错账类型</th><th>更正方法</th><th colspan="2">更正步骤</th></tr>
<tr><td colspan="3">记账凭证正确，过账发生错误</td><td>划线更正法</td><td colspan="2">①划线注销错误记录；
②更正人盖章；
③在注销错误记录之上登记正确记录</td></tr>
<tr><td rowspan="3">记账凭证错误并据以过账</td><td colspan="2">科目等错误</td><td rowspan="2">红字更正法</td><td>全部冲销</td><td>①填制红字金额凭证冲销错误凭证；
②填制正确记账凭证登记入账</td></tr>
<tr><td rowspan="2">金额错误</td><td>多记</td><td>部分冲销</td><td>填制红字金额凭证冲销多记金额</td></tr>
<tr><td>少记</td><td>补充登记法</td><td colspan="2">填制蓝字金额凭证补记少记金额</td></tr>
</table>

五、对账与结账

（一）对账

登记账簿包括记账、对账、结账三个环节。对账是登记账簿的第二个环节，是指为了保证账簿记录的真实可靠，对账簿和账户所记录的有关数据加以检查和核对的工作过程，包括账证核对、账账核对和账实核对。账实核对又包括账物核对和账款核对。作为会计核算的一项重要内容，对账时应做到账证相符、账账相符、账实相符（账物相符和账款相符）。

（1）账证核对是指将账簿记录与会计凭证相核对，这是保证账账相符、账实相符的基础。

（2）账账核对是指各种账簿之间有关数字应核对相符，主要有：在总分类账中，全部账户的借方余额合计数应同全部账户的贷方余额合计数相符；在总分类账中，“库存现金”“银行存款”账户的余额数应同相对应的日记账余额数核对相符；在总分类账中，各账户的月末余额，与所属明细分类账户月末余额之和核对相符；会计部门有关财产物资的明细分类账的余额，与财产物资保管部门或使用部门相应的明细账（卡）核对相符。以上核对，可以直接进行核对，内容多的可以通过编表进行核对。

（3）账物核对是指有关财产物资明细账的结存量应定期同实存量核对相符。

（4）账款核对是指各种货币资金和结算款项的账面余额与实存数核对相符，主要有库存现金日记账的账面余额应同库存现金的实际库存数每日核对相符；银行存款日记账的账面余额应同银行对账单核对相符，每月至少核对一次；各种应收、应付款项等明细分类账各账户的余额，应定期与有关单位或个人核对相符；已上交的税费及其他预交款项应按规定时间与有关监交部门核对相符。

以上（3）和（4）又称为账实核对。其中，账物核对一般通过财产清查进行核对；账款核对一般利用对账单进行核对。

（二）结账

结账是指在一定会计期间经济业务全部登记入账的基础上，计算各账户本期发生额和余额，结束该期账簿记录的方法，包括月结、季结和年结。

（1）结账的内容和程序如下：

第一步，检查账簿记录的完整性和正确性。会计人员在结账前应检查本期日常经济业务是否全部入账，不能为赶编会计报表而提前结账，也不能先编会计报表后结账，如发现漏账、错账，应及时补记、更正。

第二步，按照权责发生制的要求，编制期末账项调整分录。会计人员在结账前应检查本期应当记入的收入和应调整的费用是否进行登记和调整，编制调整的记账凭证，并据以登记入账。

第三步，按照配比原则的要求，计算结转损益类账户，编制各种结账分录，确定企业本期经营成果。例如，编制已售产品成本等记账凭证，并据以入账；结转各收入类账户和费用类账户，编制结账分录并据以入账；计算所得税并结转；年末结转“本年利润”和“利润分配”账户等。

第四步，在账簿上完成结账划线手续。期末，会计人员完成账目核对，保证账证相符、账账相符和账实相符；在本期全部经济业务登记入账并核对相符的基础上，分别按规定计算各种日记账、明细分类账、总分类账的本期发生额和期末余额，并在账簿上划红线结账。

（2）结账具体操作方法如下：

月度结账时，会计人员在各账户的最后一笔数字下，结出本月借方发生额、贷方发生额和期末余额，在“摘要”栏内注明“本月合计”字样，并在该行下端轧蓝线划一条通栏红线；对需要逐月结转累计发生额的账户，在计算本月发生额及期末余额后，应在下一行“摘要”栏增加“本月累计”字样，计算累计发生额及余额，并在该行下端划通栏单红线。

季度结账时，会计人员应在每季末月份月结后，分别计算出本季度发生额和期末余额，在“摘要”栏内注明“本季度累计”字样，并在该行下端轧蓝线划通栏单红线。季结一般是为了减少年终总账结账工作量而使用的一种结账方法。

年度结账时，会计人员应将全年发生额合计数填制于 12 月份结账记录“本月合计”的下面，在“摘要”栏内注明“本年合计”，并在该行下端轧蓝线划两条紧挨着的通栏红线。有余额的账户，要在“摘要”栏加盖“结转下年”戳记，并把余额在本年账簿发生额栏目上反方向登记，使本年账簿“借或贷”列示为“平”，余额清零，表示年末封账。而下年新开账簿，要在“摘要”栏加盖“上年结转”戳记，余额方向和金额大小与上年实际结存情况相同。上年年末是借方余额，下年年初结转数也是借方余额；上年年末是贷方余额，下年年初结转数仍是贷方余额。

六、账簿的更换与保管

（一）账簿的更换

为了保持账簿资料的连续性，每年年末都要更换新账。总账、日记账和大部分明细账，每年更换一次。年初，会计人员应将旧账各账户年末余额转记到新账簿各账户的第一行中，并在“摘要”栏内加盖“上年结转”戳记。旧账余额过入新账时，无须编制记账凭证。数额变动较小、内容格式特殊的明细账，如固定资产明细账和备查账，可以连续使用多年，不必每年更换新账。

（二）账簿的保管

会计凭证、会计账簿的会计报表都是企业的会计档案和历史资料，必须妥善保管，不得销毁和丢失。正在使用的账簿，应由经管账簿的会计人员负责保管。年末结账后，会计人员应将活页账簿的空白账页抽出，并在填写齐全的“账簿启用及经管人员一览表”和“账户目录”前加上封面，固定装订成册，经统一编号后，与各种订本账一起归档保管。各种账簿的保管年限和销毁的审批程序，应按会计制度的规定严格执行。有关会计账簿保管要求详见第三章。

课后小结

主要术语中英文对照

1. 会计账簿 Accounts Book
2. 活页账 Unbound Ledger
3. 序时账 Chronological Books
4. 卡片账 Card Ledger
5. 分类账 Ledger
6. 平行登记 Parallel Registration
7. 备查账 Registers
8. 对账 Checking the Accounts
9. 订本账 Binding Ledger
10. 结账 Closing the Accounts
11. 划线更正法 Correction by Drawing a Straight Line
12. 红字更正法 Correction by Using Red Ink
13. 补充登记法 Correction by Extra Recording

复习思考题

1. 什么是会计账簿？会计账簿有哪些种类？

2. 库存现金日记账和银行存款日记账的账页格式有哪几种？其记账依据是什么？是怎样登记的？

3. 总分类账与明细分类账的记账依据是否有区别？明细分类账的账页格式有哪几种？各种账页格式的明细分类账的适用性如何？举例说明。

4. 登记账簿有哪些规范性要求？

5. 简述总分类账与明细分类的平行登记原理。

6. 登记账簿发生错误时有哪几种错账更正方法？试说明各种方法的适用条件。

7. 什么是对账与结账？各有何意义？对账包括哪些内容？结账包括哪些程序与方法？

练习题

一、单选题

1. 下列账簿中，可以采用卡片式账簿的是（　　）。

A. 库存商品总账　　B. 银行存款日记账

C. 固定资产明细账　　D. 原材料明细账

2. 错账的更正方法不包括（　　）。

A. 划线更正法　　B. 蓝字更正法

C. 红字更正法　　D. 补充登记法

3. B公司用转账支票归还原欠A公司的货款50 000元，会计人员所编记账凭证的会计分录为借记“应收账款”50 000元，贷记“银行存款”50 000元，审核完毕并已登记入账。该记账凭证（　　）。

A. 没有错误

B. 有错误，使用划线更正法更正

C. 有错误，使用红字更正法更正

D. 有错误，使用补充登记法更正

4. 账簿中书写的文字和数字应占格距的（　　）。

A. 1/2　　B. 2/3　　C. 1/3　　D. 1/4

5. 不需要采用订本账的是（　　）。

A. 总分类账　　B. 原材料明细分类账

C. 库存现金日记账　　D. 银行存款日记账

6. “代管商品物资登记簿”属于（　　）。

A. 流水账　　B. 序时账

C. 分类账　　D. 备查账

7. 某企业结账日为月末，202×年6月20日会计人员发现应收账款明细账中将3 800元误记为3 600元，但记账凭证正确无误。正确的更正方法是（　　）。

A. 补充登记法　　B. 划线更正法

C. 红字更正法　　D. 重新登记法

8. 下列有关账项核对中，不属于账账核对内容的是（　　）。

A. 应收账款总账借方余额与所属明细分类账余额合计数的核对

B. 应收账款明细分类账的账面余额与有关债务人的相关账面余额核对

C. 应收账款总账借方发生额与所属明细分类账发生额合计数的核对

D. 所有总账的借方余额合计数与所有总账贷方余额合计数的核对

9. 对同一项经济业务，应当在同一会计期间内，既登记相应的总分类科目，又登记所属的有关明细分类科目的方法称为（　　）。

A. 借贷记账法　　B. 试算平衡

C. 复式记账法　　D. 平行登记

二、多选题

1. 下列选项中，属于账实核对的有（　　）。

A. 库存现金日记账账面余额与实存数的核对

B. 银行存款日记账账面余额与银行对账单的核对

C. 各种应收、应付款项明细账余额与有关债务人、债权人相关账面余额的核对

D. 各种财产物资明细账账面余额与实存数的核对

2. 下列会计账簿中，属于按外表形式分类的有（　　）。

A. 总分类账簿　　B. 卡片式账簿

C. 活页式账簿　　D. 订本式账簿

E. 序时账簿

3. 下列选项中，属于企业对账内容的有（　　）。

A. 账证核对　　B. 账单核对

C. 账账核对　　D. 账实核对

E. 账表核对

4. 下列选项中，属于总分类账与所属明细分类账户平行登记的内容有（　　）。

A. 记账依据相同　　B. 记账时期相同

C. 记账方向相同　　D. 记账日期相同

E. 记账金额相等

三、判断题

1. 平行登记时，总分类账户登记在借方，其所属明细分类账户可以登记在贷方。（　　）

2. 企业在登记账簿时，如果发生了跳行、隔页，必须进行补充登记。这是因为账簿不能留有空白行和空白页。（　　）

3. 总分类账必须根据记账凭证逐笔登记，明细分类账应根据原始凭证汇总登记。（　　）

4. 每一页账页登记完毕，应在账页的最末一行加计本页发生额及余额，并在“摘要”栏内注明“过次页”，同时在新账页的首行记入上页加计的发生额及余额，并在“摘要”栏内注明“承上页”。（　　）

5. 对于期末没有余额的账户，结账后在“借或贷”栏及余额栏均不需做任何标示。（　　）

6. 采用划线更正法时，应仅仅划去错误的文字或数字并更正为正确的文字或数字。（　　）

7. 设置和登记会计账簿是编制财务会计报告的基础，也是连接会计凭证和财务会计报告的中间环节。（　　）

8. 会计账簿是重要的经济档案和历史资料，应当在会计部门内部指定专人保管，出纳也可以兼管。 （ ）

四、业务题

【业务题一】

目的：练习银行存款日记账的登记。

资料：某公司202×年6月30日银行存款日记账余额为450 000元，该公司7月发生的货币资金收付业务如下（所有业务均不考虑增值税）：

（1）7月2日，某公司以银行存款归还短期借款60 000元。（银付701号）

（2）7月5日，某公司以银行存款缴纳上月所欠所得税30 000元。（银付702号）

（3）7月6日，某公司通过银行向大华公司预付购料款70 000元。（银付703号）

（4）7月6日，某公司用库存现金暂付职工预借的差旅费2 000元。（现付701号）

（5）7月10日，某公司收到甲公司预付货款100 000元，存入银行。（银收701号）

（6）7月10日，某公司收到投资者追加的投入资金80 000元，存入银行。（银收702号）

（7）7月12日，某公司以银行存款偿还原欠乙公司货款55 000元。（银付704号）

（8）7月15日，某公司将库存现金3 000元存入银行。（现付702号）

（9）7月18日，某公司以银行存款支付本月公司应付供电公司电费3 800元。（银付705号）

（10）7月20日，某公司从银行提取现金20 000元备用。（银付706号）

（11）7月26日，某公司本月发出销售丙产品的售价80 000元，该产品的货款上月已预收30 000元，余款于本日收到支票并将其存入银行。（银收703号）

（12）7月29日，某公司以银行存款支付广告费9 500元。（银付707号）

要求：

（1）根据上述经济业务，登记银行存款日记账（三栏式）并结出7月末银行存款余额。

（2）根据上述经济业务，登记银行存款日记账（多栏式）并结出7月末银行存款余额。

【业务题二】

目的：练习总分类账和明细分类账的平行登记。

资料：某公司生产甲、乙两种产品，202×年5月31日“库存商品”总分类账户借方余额200 000元，明细分类账户余额如表2-37所示。

表2-37 某公司202×年5月31日“库存商品”明细分类账户余额

库存商品名称	计量单位	数量	单位成本/元	金额/元
甲	件	1 000	80	80 000
乙	件	4 000	30	120 000

"生产成本"总分类账户借方余额50 000元，明细分类账户中甲产品的生产成本明细账有余额50 000元，其中直接材料20 000元，直接人工18 000元，制造费用12 000元；乙产品的生产成本明细账无余额。

某公司202×年6月发生有关经济业务如下：

（1）6月10日，某公司向A公司销售甲产品200件，单价为170元；销售乙产品800件，单价为60元。货已发出，款项已通过银行转账收讫。

（2）月末，生产车间领用材料及用途汇总如表2-38所示。

表2-38　生产车间领用材料及用途汇总　　单位：元

项目	A材料	B材料	合计
生产产品耗用	38 860	30 000	68 860
其中：甲产品	18 860	16 000	34 860
乙产品	20 000	14 000	34 000
车间一般耗用	1 000	—	1 000
合计	39 860	30 000	69 860

（3）月末某公司结算应付本月生产工人薪酬80 000元（按甲、乙产品的生产工时比例分配，其中甲产品的生产工时为1 800小时，乙产品的生产工时为2 200小时），车间管理人员薪酬为15 000元，行政管理人员薪酬为25 000元。

（4）月末某公司计提本月生产车间固定资产折旧2 000元，行政管理部门固定资产折旧1 000元。

（5）月末某公司分配结转本月发生的制造费用（按甲、乙产品的生产工时比例分配，甲产品生产工时为1 800小时，乙产品生产工时为2 200小时）。

（6）月末甲产品1 600件全部完工，结转其实际生产成本；乙产品全部未完工。

（7）月末某公司结转A公司销售甲产品单位成本为80元，乙产品单位成本为30元。

要求：

（1）根据以上经济业务编制专用记账凭证（用会计分录代替，并列出"库存商品"和"生产成本"的明细科目）。

（2）开设并登记"生产成本"总分类账（三栏式）和明细分类账（多栏式）。

（3）开设并登记"库存商品"总分类账（三栏式）和明细分类账（数量金额式）。

【业务题三】

目的：练习错账更正方法。

资料：某公司202×年3月31日对账时发现下列错误：

（1）3月2日，某公司开出转账支票预付公司下季度报纸杂志订阅费600元，原编制的记账凭证中记录为：

借：管理费用　　600

　贷：银行存款　　600

（2）某公司计提本月生产车间固定资产折旧 2 300 元，原编制的记账凭证中记录为：

借：制造费用　　2 300

　贷：累计折旧　　2 300

会计人员在登账时“累计折旧”总分类账户贷方登记为 3 200 元。

（3）3 月 25 日，某公司以银行存款支付本月短期借款利息 1 000 元，原编制的记账凭证中记录为：

借：财务费用　　10 000

　贷：银行存款　　10 000

（4）3 月 31 日，某公司开出转账支票购买公司行政管理部门用电脑一台 4 500 元，原编制的记账凭证中记录为：

借：管理费用　　5 400

　贷：银行存款　　5 400

（5）3 月 31 日，某公司结转本月完工甲产品的生产成本 65 000 元，原编制的记账凭证中记录为：

借：库存商品　　56 000

　贷：生产成本　　56 000

要求：

（1）指出上述错误所在与应采用的错账更正方法，并更正上述错误记录。

（2）计算上述错误对公司 3 月营业利润的影响数额。

参考答案

一、单选题

1. C　2. B　3. C　4. A　5. B　6. D
7. B　8. B　9. D

二、多选题

1. ABCD　2. BCD　3. ACD　4. ABCE

三、判断题

1. ×　2. ×　3. ×　4. √　5. ×　6. ×
7. √　8. ×

四、业务题

略。

第五节　成本计算

一、成本计算概述

（一）成本计算的概念

企业在生产经营过程中会发生各种耗费，这些耗费在会计上被称为费用。企业将生产经营过程中所发生的各项费用归集到一定的对象上去，即为各对象的成本。

成本计算是指对生产经营过程中所发生的各项费用，按照一定的对象和标准进行归集和分配，以计算确定各对象的总成本和单位成本的一种会计核算方法。

企业的生产经营过程可以划分为供应过程、生产过程和销售过程三个阶段。为了完成各个阶段的任务，企业在各个阶段都会发生一定的耗费，因此都存在成本计算问题，会计应分别计算各个阶段的有关成本。供应过程计算材料采购成本，生产过程计算产品生产成本，销售过程计算产品销售成本。

（二）成本计算的作用

通过成本计算，企业可以确定产品的实际生产成本，便于收入与费用相配比，正确计算企业损益。成本计算作为会计核算的一种专门方法，通过产品成本的确定，为登记账簿和编制会计报表等其他会计核算方法提供成本依据。成本是一项重要的经济指标。通过成本计算，企业可以为成本计划、成本控制和成本预测等工作提供成本资料，使企业能够努力挖掘潜力，节约费用开支，强化成本管理。另外，成本计算还可以为企业提供制定产品价格的基础数据。在会计核算方法体系中，成本计算无疑是非常重要的一个环节，几乎所有费用的确定，都离不开成本计算。成本计算的正确与否，直接关系到企业经营成果即利润的确定是否正确的问题。

二、成本计算的一般程序

不同的成本计算对象，需要采用不同的成本计算方法，但不论哪种成本计算方法，它们在计算的基本程序方面，一般还是相同的。概括而言，成本计算应包括以下几个基本步骤：

（一）确定成本计算对象

成本计算对象是指为计算产品成本而确定的生产费用的归集和分配的范围。它是计算成本的客体，是生产费用的归集对象和生产耗费的承担者。一般而言，劳动耗费的受益者应当作为成本归属的对象。例如，制造业在供应过程中，为采购各种材料发生的各种费用，应当以生产的各种产品为成本计算对象来归集，并及时计算出各种产品的生产成本。在销售过程中，为销售产品所发生的各种费用，应当以销售的各种产品为成本计算对象来归集，并计算各种产品的销售成本。

（二）确定成本计算期

成本计算期就是指两次成本计算之间的间隔期。由于费用和成本是随经营过程的各个阶段的发生和逐步积累形成的，因此从理论上讲，成本计算应同生产日期一致，但在实际确定成本计算时还必须考虑企业生产技术和生产组织的特点。在大量大批生产的企业里，成本计算期与会计期间一致，每月计算一次成本，导致成本计算期与生产周期不一致。而在小批生产、单件生产的情况下，成本计算期与生产周期一致，但产品完工之时不一定是月末，这样成本计算期与会计期间又不一致。

（三）确定成本项目

成本项目是指将计入产品成本的各种费用按其经济用途进行的分类。成本是由生产经营过程中发生的各种费用组成的。企业在生产经营过程中，发生的各种费用有不同的用途，有的直接用于产品的生产，有的用来管理和组织生产，将计入产品成本的费用按经济用途进行分类而划分为若干个成本项目，即为产品成本项目。至于具体到某个企业或生产经营的某个阶段，究竟应设置哪些成本项目较为恰当，这要根据不同企业的生产特点和成本管理的要求来确定。通常，对于那些在成本中占的比重较大，又制定有定额或费用预算、在管理上要求单独予以反映和监督的费用，应单独确定成本项目。反之，企业可以将费用合并确定一个成本项目予以反映和监督，以简化核算工作。

（四）归集和分配各种费用

正确地归集和分配各种费用是正确地进行成本计算的前提。它一方面要求根据真实的原始数据，按照权责发生制和配比原则的要求，正确地确定各种费用的收益期限及其因果关系，从而正确地归集和分配各种费用；另一方面在费用的归集和分配过程中要遵循相关性的要求，遵守国家的相关法律及规章制度的要求。

（五）设置和登记有关账户

在成本计算过程中，为系统地归集、分配各种应计入成本计算对象的费用，企业应按成本计算对象和成本项目分别设置和登记费用、成本明细分类账户，对不同成本计算对象发生的各种费用进行登记，以便于为进行成本计算提供相关的数据资料。

（六）编制成本计算表

各个成本计算对象所归集的各种费用支出，都要在相应的账户中进行归集和分配。这样，就可以在事先设定的成本计算期，依据账户记录等有关资料编制成本计算表，借以计算确定各成本计算对象的总成本和单位成本，以全面、系统地反映各种成本指标的经济构成和形成情况。

三、企业经营过程中的成本计算

制造业企业的经营过程一般要经过供应、生产和销售三个阶段。不同的阶段要计算不同对象的成本，即供应过程要计算存货（以原材料采购成本的计算最具代表性）采购成本，生产过程要计算产品生产成本，销售过程要计算产品销售成本，生产过程和销售过程要计算存货发出的成本等。关于企业经营过程中成本计算的详细方法，将在后续课程成本会计中专门进行介绍。这里简要说明原材料采购成本、产品生产成本、产品销售成本和存货发出成本的基本计算方法。

（一）原材料采购成本的计算

计算原材料采购成本，首先应按材料的品种或类别设置成本计算对象，按材料的品种或类别分别设置明细分类账户，用以归集和分配应计入原材料采购成本的各种费用；然后根据这些账户资料，编制各种原材料采购成本计算表，借以计算确定各种原材料的总成本和单位成本。

1. 原材料采购成本的构成

原材料的采购成本一般由买价和其他采购费用两个成本项目构成。其计算公式表示如下：

原材料采购成本=买价+采购费用

为了进行材料采购成本的计算，企业需要加强对材料在采购环节发生的各种费用支出的核算，按照材料采购成本项目收集和整理成本核算资料，包括购入材料的发票、运费单据以及入库单等。企业应按照材料的种类或类别在月末进行成本计算。

2. 材料采购成本的计算

原材料的买价一般属于直接费用，应直接计入相应原材料的采购成本；在采购费用中，凡是能直接分清受益对象的，也应直接计入相应原材料的采购成本；凡是不能直接分清受益对象，且费用金额较大，会导致原材料采购成本不实的采购费用，应按原材料的重量、买价、体积等作为分配标准，采用一定的分配方法，间接计入相应原材料的采购成本。

但企业供应部门或原材料仓库所发生的经常性费用、采购人员的差旅费、采购机构经费以及市内小额的运杂费等，一般不易分清具体的受益对象，且费用金额较小，对原材料采购成本升降水平的影响不大，按重要性原则，这些费用不计入原材料的采购成本，而是作为期间费用处理，列入管理费用。

现举例说明原材料采购成本的计算方法如下：

【例2-52】江海公司202×年10月20日向天龙公司购进下列材料，共发生采购费用140元，采购费用和税款均以银行存款支付。

甲材料	100千克	单价 50元	计5 000元	增值税	650元
乙材料	20千克	单价 100元	计2 000元	增值税	260元
合计			7 000元	增值税	910元

这项业务的发生，一方面甲、乙材料的买价可以直接计入甲、乙两种材料的采购成本账户中，另一方面支付的采购费用140元，则需要采用一定的标准在两种材料之间进行分配。假定本例按材料买价比例进行分配。

采购费用分配率=140÷(5 000+2 000)=0.02（元/千克）

甲材料应分摊的采购费用= 5 000×0.02=100（元）

乙材料应分摊的采购费用=2 000×0.02=40（元）

甲材料的采购成本＝5 000+100＝5 100（元）

乙材料的采购成本＝2 000+40＝2 040（元）

甲材料的单位采购成本＝5 100÷100＝51（元/千克）

乙材料的单位采购成本＝2 040÷20＝102（元/千克）

甲、乙两种材料的采购成本计算表如表 2-39 所示。

表 2-39　甲、乙两种材料的采购成本计算表

材料名称	单位	数量	买价/元	采购费用/元	总成本/元	单位成本/元
甲	千克	100	5 000	100	5 100	51
乙	千克	20	2 000	40	2 040	102
合计			7 000	140	7 140	

（二）产品生产成本的计算

1. 产品生产成本的构成

产品生产成本的计算就是将生产过程中发生的直接费用如直接材料、直接人工通过归集，直接计入产品成本之中，再加上分配计入的制造费用就构成了产品的生产成本。产品成本计算的成本项目，一般包括以下几项：

（1）直接材料。这是指为直接生产产品而耗费的原材料、辅助材料、备品备件、外购半成品、燃料、动力、包装物、低值易耗品以及其他直接材料等。

（2）直接人工。这是指直接从事产品生产的工人工资、福利费、奖金、津贴和补贴等。

（3）制造费用。这是指企业各生产单位为组织和管理生产活动所发生的各项间接费用，包括车间管理人员工资和福利费、固定资产折旧费和修理费、机物料消耗费、办公费、差旅费、水电费、劳动保护费等。

2. 产品生产成本的计算

计算产品生产成本应分清直接费用和间接费用。各种直接费用应直接计入有关成本计算对象，间接费用则要采用一定的标准进行分配后再计入有关成本计算对象。合理分配制造费用的关键在于正确选择分配标准，常用的分配标准有生产工人工时、生产工人工资、机器工时、有关消耗定额等。

现举例说明产品生产成本的计算方法如下：

【例 2-53】江河工厂 202×年 10 月生产了 A、B 两种产品，均为完工产品。资料如下：

A 产品 200 件，耗用材料价值 16 000 元，耗用工时 500 小时，计入人工费用 5 415 元；B 产品 400 件，耗用材料价值 200 000 元，耗用工时 3 500 小时，计入人工费用 37 905元；全厂制造费用为 16 000 元。假定本例按人工工时为制造费用的分配标准。

制造费用分配率＝16 000÷(500+3 500)＝4（元/小时）

A 产品分配的制造费用＝500×4＝2 000（元）

B 产品分配的制造费用 = 3 500×4 = 14 000（元）

根据上述计算资料，登记 A、B 两种产品的生产明细分类账及成本计算表。

A、B 产品生产成本计算表如表 2-40 所示。

表 2-40 A、B 产品生产成本计算表 单位：元

成本项目	A 产品（200 件）		B 产品（400 件）	
	总成本	单位成本	总成本	单位成本
直接材料	16 000	80	200 000	500
直接人工	5 415	27.08	37 905	94.76
制造费用	2 000	10	14 000	35
合计	23 415	117.08	251 905	629.76

（三）产品销售成本的计算

在销售过程中，企业将生产出的产品对外销售，取得销售收入，收回货币资金。为了按照配比原则，将本期实现的销售收入与销售成本相比较，以便正确计算当期损益，企业应正确地计算并结转产品的销售成本。

产品销售成本的计算，应当以已售产品的品种为计算对象。

由于产品销售成本是已售产品的生产成本，因此产品销售成本的计算实际上就是已售产品的生产成本的结转。至于在销售过程中发生的各项销售费用，属于期间费用，列入当期损益，不计入产品的销售成本。

现举例说明产品销售成本的计算方法如下：

【例 2-54】续【例 2-53】，江河工厂月末结转已售 A 产品的产品成本。本月共销售 A 产品 100 件、B 产品 200 件。

已知 A 产品的单位成本为 117.08 元、B 产品的单位成本为 629.76 元（如表 2-40 所示），因此 A 产品和 B 产品的销售成本计算结果如下：

A 产品销售成本 = 117.08×100 = 11 708（元）

B 产品销售成本 = 629.76×200 = 125 952（元）

（四）存货发出成本的计算

存货是指企业在日常活动中持有以备出售的产成品或商品、处在生产过程中的在产品、在生产过程或提供劳务过程中耗用的原材料等。相同的存货可能是不同时间、不同批次购进或生产的，其单位成本不尽相同。大多数制造企业存货种类繁多，购进和生产批次频繁，因此在领用和销售过程中，很难准确判断每次发出存货的单位成本。在实务中，一般根据不同的存货流转假设来确定发出存货的成本。存货流转假设主要有先取得的存货先发出、存货均匀发出等。在不同的存货流转假设基础上，生产了不同的存货发出计价方法，如先进先出法和加权平均法等。具体采用何种方法，由企业依据相关法规和自身情况确定。

现举例说明存货发出成本的计算方法如下。

【例 2-54】某企业 202×年 7 月某项存货的期初及本期购进情况如表 2-41 所示。

表 2-41　某企业存货资料表

日期	数量/件	单位成本/元	总成本/元
7 月 1 日	1 000	17	17 000
7 月 7 日	2 000	15	30 000
7 月 16 日	1 000	16	16 000
7 月 22 日	2 000	16. 5	33 000

假设某企业 7 月发出存货 3 000 件，按照先进先出法，即先购进的存货先发出，则 3 000件存货的成本计算如下：

17×1 000+15×2 000＝47 000（元）

按照加权平均法，先计算月初及本月购进存货的加权平均成本，再计算确定本月发出存货成本。计算如下：

(17×1 000+15×2 000+16×1 000+16. 5×2 000)÷(1 000+2 000+1 000+2 000)＝16（元/件）

本月发出存货成本＝16×3 000＝48 000（元）

课后小结

主要术语中英文对照

1. 成本计算	Cost calculation	2. 销售成本	Selling Cost
3. 采购成本	Purchase Cost	4. 先进先出法	First In First Out
5. 生产成本	Production Cost	6. 加权平均法	Weighted Average Method

复习思考题

1. 什么是成本计算？成本计算的一般程序有哪些？
2. 如何确定材料采购成本、产品生产成本以及产品销售成本？
3. 存货发出的先进先出法与加权平均法有何不同？

练习题

【业务题一】

目的：练习材料采购成本的计算。

资料：某公司 2 月 28 日从 A 工厂购入甲、乙两种材料各 1 000 千克，两种材料尚未运达。有关资料显示：甲材料单价为11元，乙材料单价为15元，运输费为4 000元，由A工厂垫付，货款尚未支付。

要求：

（1）根据上述资料进行采购费用的分配。

（2）计算确定甲、乙两种材料的采购成本并进行会计处理。

【业务题二】

目的：练习产品生产成本的计算。

资料：某企业某月基本生产车间生产甲产品耗用原材料8 000元，生产乙产品耗用原材料40 000元，车间发生机物料消耗4 500元，劳动保护费为3 500元，生产工人薪酬为122 000元，管理人员薪酬为20 000元。当月基本生产车间固定资产折旧费为16 500元，办公费为5 500元。基本生产车间工人薪酬和制造费用均按产品的实际工时比例分配，本月实际发生的甲产品工时为6 000小时、乙产品工时为4 000小时。

要求：

（1）将制造费用在甲、乙两种产品之间进行分配。

（2）计算确定甲、乙两种产品的生产成本。

【业务题三】

目的：练习存货发出成本的计算。

资料：某公司8月向A公司销售甲产品200件、销售乙产品150件，本月甲、乙两种产品期初及完工入库情况如表2-42所示。

表2-42　8月完工产品成本情况表

项目	甲产品			乙产品		
	数量/件	单位成本/元	总成本/元	数量/件	单位成本/元	总成本/元
期初结存	50	180	9 000	100	380	38 000
8月5日完工入库	50	200	10 000			
8月10日完工入库				50	400	20 000
8月20日完工入库	150	220	33 000			
8月25日完工入库				100	420	42 000

要求：

（1）按照先进先出法计算确定甲、乙两种产品的销售成本。

（2）按照加权平均法计算确定甲、乙两种产品的销售成本。

参考答案

略。

第六节　财产清查

一、财产清查概述

（一）财产清查的概念及意义

财产清查是指通过实物资产、库存现金的实地盘点和对银行存款、往来款项的核对，来查明各项财产物资、货币资金、往来款项的实有数和账面数是否相符的一种会计核算的专门方法。

财产清查是核算和监督企业经济活动的重要方法。会计核算的一个最基本的要求就是要保证各项财产的账面记录和实际存在完全相符。只有这样，才能保证会计核算资料的真实性和相关性，才能发挥会计加强企业经济管理，提高企业经济效益的重要作用。从理论上讲，尽管会计核算采用了凭证审核、复式记账、试算平衡和对账等一系列严密的会计核算方法来保证会计记录的正确性，但是在实际工作中，由于财产物资自然属性造成的自然损耗、自然灾害造成的资产损失、收发过程控制不力发生的资产破损、变质和短缺、会计记录或计算可能出现的差错以及不法分子贪污盗窃和营私舞弊造成的人为损失等，都可能会导致财产物资的账簿记录与实际情况时有不符。为了保证会计信息的真实可靠、保证财产物资的安全完整、提高资产的使用效率，《中华人民共和国会计法》规定企业必须建立健全财产清查制度，对各项财产物资进行定期或不定期的盘点和核对，确保账实相符。财产清查的意义主要如下：

1. 通过财产清查，保证会计信息的真实可靠

企业通过财产清查，可以确定各项资产的实有数额，并通过实存数与账存数之间的相互核对，揭示财产物资的溢缺情况，便于及时查明发生盘亏的原因及责任，并根据不同的原因调整账簿记录，以做到账实相符，保证会计核算资料的真实可靠，提高会计信息的相关性。

2. 通过财产清查，保证财产物资的安全完整

企业通过财产清查，发现贪污盗窃等犯罪行为，及时进行调查，追究责任，加以处理。防止人为原因造成财产物资损失浪费、霉烂变质、损坏丢失或被非法挪用等情况，可以确保企业财产物资的安全完整。企业通过财产清查，建立健全财产物资保管的岗位责任制，保证各项财产物资的安全完整；促使经办人员自觉遵守结算纪律和国家财政、信贷的有关规定，及时结清债权债务，避免发生坏账损失。

3. 通过财产清查，提高库存物资的管理效益

企业通过财产清查，可以查明各项财产物资盘盈、盘亏的原因和责任，从而找出财产物资管理过程中存在的问题，以便改善经营管理。企业在财产清查过程中可以查明各项财产物资的储备、保管和使用情况，查明各项财产物资占用资金的合理程度，以便挖掘各项财产物资的潜力，加速资金周转，提高资金使用效率。

（二）财产清查的种类

1. 按财产清查的对象和范围划分，财产清查可分为全面清查和局部清查

（1）全面清查是指对全部财产物资进行全面清查、盘点和核对。全面清查范围广，参加的部门、人员多。一般来说，在以下几种情况下，需进行全面清查：年终决算前，为了确保年终决算会计资料真实、正确，需进行全面清查；单位撤销、合并或改变隶属关系，需进行全面清查；中外合资、国内联营，需进行全面清查；开展清产核资，需进行全面清查；单位主要负责人调离工作，需进行全面清查。

（2）局部清查是指根据需要对一部分财产物资进行的清查、盘点和核对。其清查的主要对象是流动性较大的财产，如库存现金、原材料、在产品、库存商品、包装物和低值易耗品等。局部清查范围小、内容少、涉及的人也少，但专业性较强。局部清查一般有：库存现金应由出纳员在每天业务终了时清查，做到日清月结；银行存款和银行借款应由出纳员每月同银行核对一次；原材料、在产品、库存商品除年度清查外，应每月有计划地重点抽查；贵重的财产物资应每月清查盘点一次；往来款项应在年度内至少核对 1~2 次，有问题应及时核对，及时解决。

2. 按财产清查的时间划分，财产清查可分为定期清查和不定期清查

（1）定期清查是指根据管理制度的规定或预先计划安排的时间对财产进行的清查，这种清查的对象不确定，既可以是全面清查也可以是局部清查。其清查的目的在于保证会计核算资料的真实正确，一般是在年末、半年末、季末或月末结账时进行。

（2）不定期清查是指根据需要进行的临时清查。其清查对象是局部清查，如更换出纳员时对现金、银行存款进行的清查；更换仓库保管员时对其保管的财产物资进行的清查等。其目的在于分清责任，查明情况。

（三）财产清查前的准备工作

财产清查是一项极为复杂、极为细致的重要工作。在进行财产清查以前要做好各项准备工作，包括组织准备和部门准备。

1. 组织准备

企业应抽调专职人员组成清查小组。清查小组主要拟订财产清查工作的详细步骤，确定财产清查对象和范围；安排财产清查工作的具体步骤，配备财产清查人员；在财产清查过程中，及时掌握工作进度，检查和监督工作，研究和解决财产清查工作中出现的问题；在财产清查工作结束后，写出财产清查工作的书面报告，对发生的盘盈、盘亏提出处理意见。

2. 部门准备

（1）财会部门。财会部门应在财产清查之前将所有的经济业务登记入账，将有关的账簿登记齐全并结出余额。总分类账中反映货币资金、财产物资和往来款项的有关科目应与所属明细分类账核对清楚，做到账账相符，账证相符，为财产清查提供可靠依据。

（2）财产物资保管部门。财产物资保管部门应将截至财产清查时点之前的各项财产物资的出入办好凭证手续，全部登记入账，结出各账户余额，并与会计部门的有关

总分类账核对相符，将各种财产物资堆放整齐，挂上标签，标明品种、规格和结存数量，以便进行实物盘点。

（3）其他部门。其他部门应准备好计量器具，印制好各种登记表册等。

二、财产物资的盘存制度

财产物资的盘存制度是指规定各种财产物资收入、发出、结存在账簿中的记录和确定方法、有关数字之间的联系以及财产清查要求的相关制度。一般说来，财产物资的盘存制度有两种，即实地盘存制和永续盘存制。各单位可以根据经营管理的需要和财产物资品种的不同，分别采用不同的方法，以达到弄清账实、查明原因、提高经营管理水平的目的。

（一）实地盘存制

1. 实地盘存制的概念和应用

实地盘存制就是在日常会计核算中，在账簿上只登记财产物资的增加数，不登记其减少数，期末根据实地盘点资料，弄清各种财产物资的实有数，然后再倒算出本期的减少数的一种制度。其计算公式为：期初结存数+本期增加数-期末实存数=本期减少数。

2. 实地盘存制的优缺点和适用范围

实地盘存制的优点是核算简单。其缺点是财产物资的收、发手续不严密；不能通过账簿记录随时反映各项财产物资的收、发、结存情况；对财产物资管理不善造成的不合理的短缺、霉烂变质、超定额损耗、贪污盗窃的损失全部都算入本期发出数中，反映的数字不够准确，不利于加强企业财产物资的保管。

大部分商品零售企业和建筑行业采用实地盘存制来确定发出存货的成本。

（二）永续盘存制

1. 永续盘存制的概念和应用

永续盘存制又称账面盘存制，是指在日常会计核算中，在账簿上既登记财产物资的增加数，又登记其减少数，并随时计出结存数并与财产物资的实地盘点数相核对的一种制度。采用永续盘存制，因为要适应账面资料与实地盘点数相核对的需要，所以库存财产物资明细账要按每一财产物资的品种、规格设置。在各种财产物资明细账中，都有登记收、发、结存数量和金额，以便随时计出各种财产物资的结存数量和金额。其计算公式为：期初结存数+本期增加额-本期减少额=期末实存数。

2. 永续盘存制的优缺点和适用范围

永续盘存制的优点是核算手续严密，能及时反映各项财产物资的收、发、结存情况。在永续盘存制下，企业要定期进行实物盘点，以查明各项财产物资的账面数与实有数是否相等，有利于加强企业对各项财产物资的管理。永续盘存制的缺点是库存财产物资明细分类核算的工作量较大，表现在明细账设置种类多、登记工作量大、计算和结转销售成本工作量大等几个方面。

永续盘存制和实地盘存制比较，在控制和保护财产物资安全方面有明显的优越性。

因此，在实际工作中，多数企业都采用永续盘存制。

三、财产清查的方法

财产清查复杂细致、涉及面广，是一项非常重要的工作。财产清查工作进行得如何，直接关系到会计信息的准确与否。因此，针对不同财产物资的清查，应采取相应的方法有的放矢地进行，以保证清查结果及时、准确地得到。常用的财产清查方法有实地盘点法、技术推算盘点法、抽样盘点法、核对法和查询法。下面就实物资产、库存现金、银行存款、往来款项等，说明各自在清查时所采用的方法。

（一）实物资产的清查

实物资产主要包括存货和固定资产两类资产。实物资产的清查是财产清查的重要环节。由于各项实物资产的实物形态、体积重量、堆放方式等不尽相同，因此采用的清查方法也不同。实物数量的清查方法主要有以下三种：

1. 实地盘点法

实地盘点法适用范围较广，大多数实物资产一般可以采用这种方法。具体方法是通过逐一清点或用计量器具来确定其实存数量，如库存商品数量的清点、燃料油的称量等。

2. 技术推算盘点法

对于那些大量成堆、难以逐一清点的实物资产，企业也可以采用技术推算盘点法，如量方、计尺等来确定其实存数量。

3. 抽样盘点法

对于那些单位价值较小，但数量多，并且重量比较均匀特别是已经包装好的实物资产，企业一般不便于逐一点数，可以通过抽样的方法检查单位实物资产的质量与数量，以确定该实物资产的质量与数量。

在财产物资清查过程中，实物保管人员与盘点人员必须同时在场清查，以明确经济责任。清查盘点的结果，应及时登记在盘存单（如表 2-43 所示）上，由盘点人和实物保管人签字或盖章。实物资产盘存单是记录实物盘点结果的书面文件，也是反映财产物资实有数的原始凭证。为了进一步查明盘点结果同账簿余额是否一致，企业还应根据盘存单和账簿记录编制实存账存对比表（如表 2-44 所示）。

表 2-43　盘存单

<table>
<tr><td colspan="7">（单位名称）　　　　编号：
盘点时间：　　　　财产类别：　　　　存放地点：</td></tr>
<tr><td>编号</td><td>名称</td><td>计量单位</td><td>数量</td><td>单价</td><td>金额</td><td>备注</td></tr>
<tr><td></td><td></td><td></td><td></td><td></td><td></td><td></td></tr>
<tr><td colspan="7">盘点人签字或盖章：　　　　实物保管人签字或盖章：</td></tr>
</table>

表 2-44 实存账存对比表

年 月 日

编号	类别及名称	计量单位	单价	实存		账存		对比结果			
								盘盈		盘亏	
				数量	金额	数量	金额	数量	金额	数量	金额

实存账存对比表是根据盘存单和有关账簿的记录资料编制的原始凭证，其反映的实存账存之间的差异，是调整账簿记录的依据，也是分析差异原因和明确经济责任的依据。

(二) 库存现金的清查

库存现金的清查采用实地盘点法，通过对库存现金的实地盘点确定库存现金的实有数，然后与现金日记账的账面结存数余额相核对，以查明账实是否相符。

盘点工作由清查人员和出纳员共同负责。盘点之前，出纳员应将库存现金及付款凭证全部登记入账，并结出余额。盘点时，清查人员逐一清点，出纳员监督。如果发生盘盈或盘亏，盘点人员和出纳员应共同核实。库存现金盘点可以定期进行，也可以不定期进行。一般每月月末必须进行盘点，平时应做 1~2 次突然性的临时盘点，盘点中同时要关注出纳员有无违反现金管理规定的行为，特别注意是否有短缺，或者以借条、白条抵充现金的现象，是否超过库存限额等。盘点结束后，盘点人员应根据盘点结果及时填写现金盘点表（如表 2-45 所示），对库存现金的长款、短款的原因认真调查，提出意见，并由清查人员和出纳员共同签章认可。现金盘点表是明确经济责任的依据，也是调整账实不符的原始凭证。

表 2-45 现金盘点表

单位名称　　　　　　　　年 月 日

实存金额	账存金额	对比结果		备注
		盘盈	盘亏	

盘点人签章：　　　　　　　　出纳员签章：

(三) 银行存款的清查

1. 银行存款的清查方法

银行存款的清查与实物和库存现金的清查方法不同，是采用与银行核对账目的方法来进行的，即将企业的银行存款日记账与从银行取得的对账单逐笔核对，以查明银行存款的收入、付出和结余的记录是否正确。开户银行送来的银行对账单是银行在收付企业单位存款时复写的账页，它完整地记录了企业单位存放在银行款项的增减变动情况及结存余额，是进行银行存款清查的重要依据。

在实际工作中，企业银行存款日记账余额与银行对账单余额往往不一致，其主要原因如下：一是双方账目发生错账、漏账。因此，企业在与银行核对账目之前，应先仔细检查企业银行存款日记账的正确性和完整性，然后再将其与银行送来的对账单逐笔进行核对。二是正常的“未达账项”。所谓“未达账项”，是指由于双方记账时间不一致而发生的一方已经入账，而另一方尚未入账的款项。

2. 银行存款余额调节表的编制

企业与银行之间的未达账项有以下四种情况：

（1）企业已收款入账，而银行尚未收款入账。例如，企业将销售产品收到的支票送存银行，根据银行盖章退回的“进账单”回单联登记收款入账；而银行则不能马上记增加，要等款项收妥后才能记账。如果此时对账，则形成企业已收，银行尚未收款入账的未达账款。

（2）企业已付款入账，而银行尚未付款入账。例如，企业开出一张现金支票购办公用品，企业根据现金支票存根、发货票及入库单等凭证，登记付款入账；而持票人此时尚未到银行兑现，银行因尚未收到付款凭证，没有付款入账。如果此时对账，则形成企业已付，银行尚未付款入账的未达账款。

（3）银行已收款入账，而企业尚未收款入账。例如，外地某单位给企业汇来货款，银行收到汇款后登记入账，而企业由于尚未收到汇款凭证而未登记入账。如果此时对账，则形成银行已收，企业尚未收款入账的未达账款。

（4）银行已付款入账，而企业尚未付款入账。例如，银行在季末已将短期借款利息划出，并已付款入账，而企业尚未接到付款通知，而未付款入账。如果此时对账，则形成银行已付，企业尚未付款入账的未达账款。

上述任何一种情况发生，都会使企业和银行的账簿记录出现不一致。因此，企业在核对账目时必须注意有无未达账项。如果发现有未达账项，应编制银行存款余额调节表，对未达账项进行调整，再确定企业与银行双方记账是否一致、双方的账面余额是否相符。

现举例说明银行存款余额调节表的具体编制方法。

【例 2-55】假设某企业 202×年 3 月 31 日银行存款日记账的月末余额为 50 000 元，银行对账单余额为 61 000 元，经逐笔核对，发现有下列未达账项：

（1）企业将转账支票 3 000 元送存银行，企业已记存款增加，银行尚未记账。

（2）企业开出现金支票 6 000 元，企业已记存款减少，银行尚未记账。

（3）企业委托银行托收的货款 10 000 元已经收到，银行已记存款增加，企业尚未记账。

（4）银行为企业支付的电费 2 000 元，银行已记存款减少，企业尚未记账。

根据上述未达账项，企业编制银行存款余额调节表如表 2-46 所示。

表 2-46 银行存款余额调节表

企业名称： 202×年 3 月 31 日 单位：元

项目	金额	项目	金额
企业日记账余额 加：银行已收企业未收 减：银行已付企业未付	50 000 10 000 2 000	银行对账单余额 加：企业已收银行未收 减：企业已付银行未付	61 000 3 000 6 000
调节后余额	58 000	调节后余额	58 000

主管会计： 填表人：

如果调节后双方余额相等，则一般说明双方记账没有差错；若不相等，则表明企业方或银行方或双方记账有差错，应进一步核对，查明原因予以更正。调节后余额是企业真正可以动用的银行存款实有数。

需要注意的是，银行存款余额调节表只是为核对银行存款余额而编制的，不能作为记账的原始凭证，也不做任何账务处理。当然，如果企业在银行存款清查过程中发现了错账或漏账，应及时进行必要的账务处理。

（四）往来款项的清查

往来款项的清查主要包括应收款、应付款、暂收款等款项的清查。其清查与银行存款的清查一样，仍采用同对方单位核对账目的方法。企业应将本单位往来账目核对清楚，确认准确无误后，再向对方填发对账单，对账单位应按明细账逐笔抄写一式两联。其中，一联作为回单，对方单位如核对相符，应盖章后退回；如核对不符，应将不符情况在回单上注明。企业收到回单后，应填制往来款项对账单。通过往来款项的清查，企业要及时催收该收回的账款，偿还该偿付的账款，对呆账和悬账也应及时研究处理。

四、财产清查结果的处理

（一）财产清查结果的处理步骤

财产清查的结果可能是账实相符即实存数等于账存数，也可能是账实不符，如果实存数大于账存数则称为盘盈，如果实存数小于账存数则称为盘亏。

财产清查结果的处理一般指的是对账实不符的处理。其具体步骤如下：

1. 核准数字，分析差异，查明原因

企业核准货币资金、财产物资以及债权债务的盘亏数字，对各项差异产生的原因进行分析，明确经济责任，提出处理意见，按照规定的程序报经有关部门批准后，认真严肃地处理。

2. 调整账目，账实相符

财会部门对财产清查中发现的差异及对差异的处理，必须及时地进行账簿记录的调整。具体应分两步进行：第一步，财会部门应将已经查明的财产盘盈、盘亏和损失等，根据有关原始凭证（如财产物资盘存单等）编制记账凭证，据以记入有关账户，使各项财产的账存数同实存数完全一致；第二步，财会部门应按照差异发生的原因及报经批准的结果，根据有关批文编制记账凭证，据以登记入账。

对于财产物资盘盈、盘亏和毁损及其处理情况，企业应设置“待处理财产损溢”账户（“T”形账户结构如图2-10所示）进行反映。该账户可以按资产的类别和项目，分别设置“待处理流动资产损溢”和“待处理固定资产损溢”两个明细账户进行明细核算。企业清查的各种财产的损溢，应于期末前查明原因，并根据企业的管理权限，报经批准后，在期末结账前处理完毕，因此该账户期末通常无余额。

（二）财产清查结果的账务处理

1. 财产物资盘盈的核算

造成财产物资盘盈的原因主要有：在保管过程可能发生的自然增量；记录时可能发生的错记、漏记或计算上的错误；在收发领退过程中发生的计量、检验不准确等。一旦发生财产盘盈，在一定程度上将引起企业单位的资产增加，有关费用（成本）减少，最终导致盈利的增加。企业对盘盈的财产除要查明原因，分清责任外，还要按规定的程序进行处理。盘盈的流动资产，经批准后通常冲减“管理费用”账户；盘盈的固定资产应作为前期差错记入“以前年度损益调整”账户，不通过“待处理财产损溢”账户核算。

借方　　　　待处理财产损溢	贷方
期初余额：期初尚未批准处理的财产盘亏数	期初余额：期初尚未批准处理的财产盘盈数
发生额：本期发生待处理财产的盘亏数及经批准后的已处理财产盘盈的转销数和毁损数	发生额：本期发生待处理财产的盘盈数及经批准后的已处理财产盘亏、毁损的转销数
期末余额：期末尚未批准处理的财产盘亏数	期末余额：期末尚未批准处理的财产盘盈数

图2-10　“待处理财产损溢”账户结构

现举例说明财产物资盘盈的账务处理如下：

【例2-56】四达公司在财产清查中，盘盈钢材1吨，价值3 000元。在批准之前，四达公司编制如下会计分录：

借：原材料——钢材　　3 000

　贷：待处理财产损溢——待处理流动资产损溢　　3 000

经查明，盘盈的钢材系计量仪器不准造成溢余，批准冲减管理费用。四达公司根据批准意见，编制如下会计分录：

借：待处理财产损溢——待处理流动资产损溢　　3 000

　贷：管理费用　　3 000

2. 财产物资盘亏或毁损的核算

造成财产盘亏、毁损的原因很多，如在保管过程发生的自然损耗，记录过程发生的错记、重记、漏记或计算上错误，在收、发、领、退中发生计量或检验不准确，管理不善或工作人员失职而造成的损失、变质、霉烂或短缺，不法分子贪污盗窃、营私舞弊，自然灾害，等等。一旦发生盘亏、毁损，在一定程度上引起企业资产减少，有关费用（成本）增加，最终导致盈利减少。对于盘亏、毁损除要查明原因，分清责任外，企业要按规定的程序进行处理。流动资产一般处理办法是：属于管理不善、收发计量不准确以及因自然损耗而产生的定额内的损耗，转销记入“管理费用”账户；由于责任人过失而产生的损耗，记入“其他应收款”账户，由过失人赔偿；因非常损失造成的短缺、毁损，在扣除保险公司的赔偿和残料价值后的净损失，列入营业外支出。固定资产的处理是按其账面净值转入“营业外支出”账户。

现举例说明财产物资盘亏的账务处理如下：

【例 2-57】某公司在清查过程中发现盘亏机器一台，账面原值 60 000 元，已提折旧34 000元。盘点材料过程发现盘亏材料 80 千克，每千克成本为 100 元，其中 10 千克为计量差错导致，其余 70 千克由仓库管理员王刚失职造成。

对于固定资产，批准前会计分录如下：

借：待处理财产损溢——待处理固定资产损溢	26 000	
累计折旧	34 000	
贷：固定资产		60 000

批准后会计分录如下：

借：营业外支出	26 000	
贷：待处理财产损溢——待处理固定资产损溢		26 000

对于原材料，批准前会计分录如下：

借：待处理财产损溢——待处理流动资产损溢	8 000	
贷：原材料		8 000

批准后会计分录如下：

借：管理费用	1 000	
其他应收款	7 000	
贷：待处理财产损溢——待处理流动资产损溢		8 000

除财产物资外，现金清查也通过“待处理财产损溢”账户进行批准前和批准后的账务处理。一般来说，现金长款属于应付其他单位或个人的，记入“其他应付款”账户，属于无法查明原因的，记入“营业外收入”账户；现金短款属于责任人或保险公司赔偿的，记入“其他应收款”账户，属于管理责任或无法查明原因的，应增加企业的管理费用。

同时，对于往来款项清查结果的账务处理，在财产清查过程中发现的确实无法收回的应收款项，不通过“待处理财产损溢”账户核算，按我国会计准则规定采用备抵法核算，直接借记“坏账准备”科目，贷记“应收账款”等科目。如果采用直接转销法，企业借记“资产减值损失”科目，贷记“应收账款”等科目。对于无法支付的应付款项，企业也不通过“待处理财产损溢”账户核算，直接转入当期损益，借记“应付账款”等科目，贷记“营业外收入”科目。

课后小结

主要术语中英文对照

1. 财产清查	Property Check	2. 银行对账单	Bank Statement
3. 实地盘存制	Physical Inventory System	4. 不定期清查	Non-periodic Checking Method
5. 永续盘存制	Perpetual Inventory System	6. 定期清查	Periodic Checking Method
7. 银行存款余额调节表	Bank Reconciliation	8. 未达账项	Outstanding Items
9. 全面清查	Complete Check	10. 局部清查	Partial Check

复习思考题

1. 实物资产、库存现金、银行存款与往来款项的清查方法有什么不同？
2. 对于清查结果应如何进行处理？

练习题

一、单选题

1. 对于现金的清查，应将其结果及时填列（　　）。
   A. 盘存单　　B. 实存账存对比表
   C. 现金盘点报告表　　D. 对账单
2. 银行存款的清查方法是（　　）。
   A. 日记账与总账核对　　B. 日记账与收付款凭证核对
   C. 日记账与银行对账单核对　　D. 银行明细账与总账核对
3. 采用实地盘存制，平时账簿记录中没有反映（　　）。
   A. 财产物资的增加数　　B. 财产物资的减少数
   C. 财产物资的增加数和减少数　　D. 财产物资的盘盈数
4. 对债权债务的清查应采用的方法是（　　）。
   A. 询证核对法　　B. 实地盘点法
   C. 技术推算盘点法　　D. 抽样盘点法
5. 年终结转后，“利润分配”账户的贷方余额表示（　　）。
   A. 本年度实现的利润　　B. 未分配的利润
   C. 本年度发生的亏损　　D. 未弥补的亏损

二、多选题

1. 财产物资的盘存制度有（ ）。
A. 收付实现制　B. 权责发生制
C. 永续盘存制　D. 实地盘存制
E. 岗位责任制

2. 可以采用实地盘存制进行清查的项目有（ ）。
A. 固定资产　B. 库存商品
C. 银行存款　D. 往来款项
E. 库存现金

3. 财产清查结果的处理步骤有（ ）。
A. 核准数字，查明原因　B. 调整凭证，使账实相符
C. 调整账簿，使账实相符　D. 进行批准后的账务处理

4. 下列选项中，（ ）属于“利润分配”账户核算的内容。
A. 计提应交所得税　B. 计提分配给投资者的利润
C. 提取法定盈余公积　D. 提取任意盈余公积
E. 支付现金股利

5. 对于盘亏的财产物资，经批准后进行账务处理，可能涉及的借方账户有（ ）。
A. “管理费用”　B. “营业外支出”
C. “营业外收入”　D. “其他应收款”
E. “待处理财产损溢”

三、判断题

1. 为了反映和监督各单位在财产清查过程中查明的各种资产的盈亏或毁损及报废的转销数额，企业应设置“待处理财产损溢”账户。该账户属于资产类性质的账户。（ ）

2. 不论采用何种盘存制度，账面上都应反映存货的增减变动及其结存情况。（ ）

3. 不论采用何种盘存制度，期末都需要对财产物资进行清查。（ ）

4. 当年度终了时，应将本年收入和支出在“本年利润”账户中相抵结出净利润（或净亏损），并转入“利润分配”账户，结转后“本年利润”账户没有余额。（ ）

5. 登记账户完成之后，从期末各账户的记录中可以全面系统地了解企业当期经济业务的总体情况。（ ）

6. 试算平衡工作可以确保会计处理工作的准确无误。（ ）

四、业务题

【业务题一】

目的：练习银行存款余额调节表的编制。

资料：某企业银行存款日记账月末余额为 124 950 元，银行对账单的余额为

129 885元，经核对，发现有下列未达账项：

（1）企业已入账，银行尚未入账的销货款转账支票11 200元。

（2）企业购材料开出转账支票9 100元，银行尚未入账。

（3）银行已入账，企业未入账的银行代收销售款6 790元。

（4）银行已入账，企业未入账的银行存款利息245元。

要求：根据以上未达账项，编制银行存款余额调节表。

【业务题二】

目的：练习未达账项的查找与调节。

资料：202×年6月25~30日银行存款日记账和银行对账单内容如银行存款日记账（见表2-47）与中国工商银行××分行对账单（见表2-48）所示。

表2-47　银行存款日记账　　单位：元

202×年		凭证号数	摘要	结算凭证		对方科目	借方	贷方	余额
月	日			种类	号数				
6	25	（略）	余额			（略）			200 000
	26		收东风厂货款	转支	762 114		13 960		213 960
	27		支付购货款	转支	8 064			16 920	197 040
	27		支付购货款	转支	8 065			75 000	122 040
	28		收大明厂货款	转支	30 236		22 800		144 840
	28		收恒运公司货款	转支	21 425		10 000		154 840
	29		支付水费					8 300	146 540
	30		支付购货款	转支	8 067			24 000	122 540

表2-48　中国工商银行××分行对账单

户名：某企业　　账号：2 711 421—25　单位：元

202×年		凭证号数	摘要	结算凭证		对方科目	借方	贷方	余额
月	日			种类	号数				
6	25	（略）	余额			（略）			200 000
	26		存入销货款	转支	762 114			13 960	213 960
	27		收到海通公司货款	委收	7 621			118 000	331 960
	28		代付电话费				12 900		319 060
	29		支付货款	转支	8 064		16 920		302 140
	29		支付水费				8 300		293 840
	30		存款利息					3 500	297 340
	30		支付货款	转支	8 067		24 000		273 340

要求：根据上述资料确定未达账项，编制6月30日银行存款余额调节表。

【业务题三】

目的：练习库存材料清查结果的账务处理。

资料：202×年 12 月进行材料清查，发现有四种材料与账面数量不符。

（1）甲材料账面余额为 4 800 千克，单价为 5 元，共计 24 000 元；实存为 4 790 千克，盘亏 10 千克。经查系材料定额内损耗，批准后转入期间费用。

（2）乙材料账面余额为 6 500 千克，单价为 6 元，共计 39 000 元；实存为 6 590 千克，盘盈 90 千克。经查系材料收发过程中计量误差累计所致，批准后冲减期间费用。

（3）丙材料账面余额为 398 千克，单价为 45 元，共计 17 910 元，清查时发现全部毁损，废料估价 148 元已验收入库。经查是由于暴风雨袭击仓库所致，批准后将净损失作为营业外支出处理。

（4）丁材料账面余额为 365 千克，单价为 16 元，共计 5 840 元，实存为 360 千克，盘亏 5 千克。经查系保管人员责任心不强造成的损失，批准后责令其赔偿，赔款尚未收到。

（5）戊材料账面余额为 400 千克，单价为 14 元，共计 5 600 元；实存为 410 千克，盘盈 10 千克。经查系材料自然升溢造成，批准后冲减管理费用。

要求：根据以上经济业务，编制会计分录。

【业务题四】

目的：练习固定资产清查的核算。

资料：某企业 202×年 8 月对固定资产进行清查，发现以下账实不符。

（1）盘盈机器设备一台，重置价值为 9 700 元，经鉴定为七成新，经批准按其净值转作以前年度损益调整。

（2）盘亏机器设备一台，账面原值为 65 000 元，已提取折旧为 4 000 元，经批准按其净值转作营业外支出。

要求：根据以上经济业务编制会计分录。

【业务题五】

目的：练习应收、应付款项清查的核算。

资料：某工业企业 202×年 12 月清查往来账项时，发现以下业务长期挂账。

（1）长期挂账的应付甲厂货款的尾数 32 元，由于对方机构撤销无法支付，经批准作为企业营业外收入处理。

（2）没收逾期未退回的包装物押金 480 元，经批准作为企业营业外收入处理。

（3）职工张某暂借款 45 元，由于该职工调出企业无法收回，经批准作为期间费用处理。

（4）由于对方单位撤销，应收而无法收回的企业销货款 400 元，经批准作为期间费用处理。

要求：根据上述经济业务编制会计分录（该企业采用直接转销法核算坏账）。

参考答案

一、单选题

1. C　2. C　3. B　4. A　5. B

二、多选题

1. CD　2. ABE　3. ACD　4. BCD　5. ABD

三、判断题

1. ×　2. ×　3. √　4. √　5. √　6. ×

四、业务题

略。

第七节 编制会计报告

一、会计报表概述

（一）会计报表的概念

企业在一定时期内所发生的各种经济业务，通过日常会计记录、期末账项调整，虽然全面、系统地在账簿中进行了记录，但它们比较分散，不能集中、概括地说明企业经济活动的全貌。因此，有必要根据信息使用者的共同需要，将企业账簿中的资料进行归集、加工和汇总，使之成为简明、综合、系统的指标体系，并以表格的方式予以反映，这项工作就是编制会计报表。编制会计报表是会计核算的专门方法之一。

会计报表是综合反映企业某一特定日期的财务状况和某一特定时期的经营成果及现金流动情况的书面文件。会计报表体系由会计报表和会计报表附注两大部分构成。企业对外提供的会计报表包括资产负债表、利润表、现金流量表和所有者权益变动表四张报表。会计报表附注是对会计报表的补充说明，也是会计报表体系的重要组成部分。

会计报表所提供的指标，比其他会计资料提供的信息更为综合、系统和全面地反映企业经济活动的情况和结果。因此，会计报表对企业本身及其主管部门，对企业的债权人和投资者以及财税、银行、审计等部门来说，都是一种十分重要的经济资料。

（二）会计报表的分类

不同性质的经济单位由于会计核算的内容不一样，经济管理的要求及其所编制会计报表的种类也不尽相同。就企业而言，其所编制的会计报表也可按不同的标志划分为不同的类别。

会计报表分类情况见表 2-49 所示。

表 2-49 会计报表分类情况

分类标志	分类结果	基本内容
经济内容	反映财务状况报表	综合反映资产、负债和所有者权益的会计报表，如资产负债表
	反映经营成果报表	反映一定时期内收入和费用的报表，如利润表
	反映现金流量报表	反映一定时期内现金流量的报表，如现金流量表
资金运动形态	静态报表	综合反映资产、负债和所有者权益的会计报表
	动态报表	反映一定时期内资金耗费和资金收回的报表，如现金流量表等
层次	主表	反映企业经营活动及其成果的主要情况的报表
	附表	对主要报表中某一项目或某些项目的经济内容进行具体补充说明的报表

表2-49(续)

分类标志	分类结果		基本内容
时间	年报		全面反映企业全年的经营成果、年末的财务状况以及年内现金流量的报告，是年度经营活动的总结性报表，每年年度终了编制一次，所有会计报表都必须报送年审
	中报	半年报	反映企业半年的经营成果和财务状况的报表
		季报	反映企业一个季度的经营成果与季末财务状况的报表，每季度终了编制一次
		月报	反映企业本月份经营成果与月末财务状况的报表，每月终了时编制一次，所有者权益变动表可不编制月报表
编制单位	单位会计报表		由企业在自身会计核算的基础上，对账簿记录进行加工而编制的财务报表，只反映个别单位的经营活动情况
	汇总会计报表		由企业主管部门或上级机关，根据所属单位报送的财务报表，连同本单位财务报表汇总编制的综合性会计报表
会计主体	个别会计报表		以单个的独立法人作为会计主体的财务报表，是编制合并报表的基础
	合并会计报表		以母公司及其子公司组成会计主体，以控股公司和子公司单独编制的个别财务报表为基础，由控股公司编制的反映抵销集团内部往来账项后的集团合并财务状况和经营成果的财务报表

（三）会计报表的编制要求

为了使会计报表能够最大限度地满足有关方面的需要，实现编制会计报表的基本目的，充分发挥会计报表的作用，企业编制的会计报表应当真实可靠、全面完整、编报及时、便于理解。

1. 真实可靠

会计报表各项目的数据必须建立在真实可靠的基础之上，使企业会计报表能够如实地反映企业的财务状况、经营成果和现金流动情况。因此，会计报表必须根据核实无误的账簿及相关资料编制，不得以任何方式弄虚作假。如果会计报表所提供的资料不真实或者可靠性很差，则不仅不能发挥会计报表的应有作用，而且还会由于错误的信息，导致会计报表使用者对企业的财务状况、经营成果和现金流动情况做出错误的评价与判断，致使报表使用者做出错误的决策。

2. 全面完整

企业会计报表应当全面地披露企业的财务状况、经营成果和现金流动情况，完整地反映企业财务活动的过程和结果，以满足各有关方面对财务会计信息资料的需要。为了保证会计报表的全面完整，企业在编制会计报表时，应当按照《企业会计准则》规定的格式和内容填报，特别对某些重要事项，应当按照要求在会计报表附注中进行说明，不得漏编漏报。

3. 编报及时

企业会计报表所提供的信息资料，应当具有很强的时效性。只有及时编制和报送会计报表，才能为使用者提供决策所需的信息资料。否则，即使会计报表的编制非常真实可靠、全面完整且具有可比性，但由于编报不及时，也可能失去其应有的价值。随着市场经济和信息技术的迅速发展，会计报表的及时性要求将变得日益重要。

4. 便于理解

便于理解是指会计报表提供的信息可以为使用者所理解。企业对外提供的会计报表是为广大会计报表使用者提供企业过去、现在和未来的有关资料，为企业目前或潜在的投资者和债权人提供决策所需的会计信息。因此，编制的会计报表应清晰明了。如果提供的会计报表晦涩难懂，不可理解，使用者就不能据以做出准确的判断，所提供的会计报表的作用也会大大减少。当然，会计报表的这一要求是建立在会计报表使用者具有一定会计报表阅读能力的基础上的。

此外，会计报表应当由单位负责人和主管会计工作的负责人、会计机构负责人签名并盖章（设置总会计师的单位还必须由总会计师签名并盖章），分别对会计报表的真实性、合法性负责。单位负责人是本单位会计行为的第一责任人，对本单位的会计报表的真实性、合法性负责；有关会计负责人员也应承担相应的责任。

以上要求必须同时做到，才能发挥会计报表应有的作用。

二、资产负债表的编制

（一）资产负债表的概念

资产负债表是指总括反映企业在某一特定日期（如月末、季末、半年末、年末等）的各项资产、负债和所有者权益情况的会计报表。由于资产负债表综合反映了企业的财务状况，因此又称为财务状况表。

资产负债表是一张静态报表，是根据“资产 = 负债 + 所有者权益”这一会计等式反映的资产、负债和所有者权益三个会计要素的相互关系，依据一定的分类标准和顺序，把企业在一定日期的资产、负债和所有者权益项目予以适当排列，并根据账簿记录编制而成的。作为反映企业财务状况的基本报表，资产负债表可以反映以下信息：

（1）企业在某一时日所掌握的资源以及这些资源的分布与结构。这是衡量、分析企业生产经营能力及抵御风险能力的重要资料。

（2）企业资金来源的构成。企业的资金来源有两个：一个是债权人，另一个是所有者。某一特定日期企业究竟有多少负债及所有者权益，具体构成如何，资产负债表反映得一清二楚。

（3）企业的偿债能力。资产负债表有关项目的对比与分析可以反映企业的偿债能力。例如，将流动资产与流动负债对比，可以反映企业短期偿债能力；将负债总额与所有者权益对比，可以反映企业的资本结构是否合理，了解企业所面临的财务风险。

（4）企业财务状况的变动趋势。财务状况由财务实力及变现能力构成，前者是指企业运用资源适应经济环境的能力，后者是指资产转换成现金或负债到期清偿所需的时间。在实际工作中，利用资产负债表数据计算相应指标，可以衡量特定日期企业财务状况的好坏；将不同时点上企业的财务状况进行比较，就可看出其变动的趋势。

（二）资产负债表的格式

资产负债表由表头、表身和表尾等部分组成。表头部分应列明报表名称、编制单位名称、编制日期和金额计量单位；表身部分反映资产、负债和所有者权益的内容；表尾部分为补充说明。其中，表身部分是资产负债表的主体和核心。

资产负债表的格式主要有账户式和报告式两种。根据我国《企业会计准则》的规定，我国企业的资产负债表采用账户式结构。

账户式资产负债表分左右两方，左方为资产项目，按资产的流动性大小排列；流动性大的资产如“货币资金”“交易性金融资产”等排在前面，流动性小的资产如“持有至到期投资”“固定资产”等排在后面。右方为负债及所有者权益项目，一般按要求清偿时间的先后顺序排列；“短期借款”“交易性金融负债”等需要在一年以内或者超过一年的一个经营周期内偿还的流动负债排在前面，“长期借款”“应付债券”等在一年以上或者长于一年的一个营业周期以上才需偿还的长期负债排在中间，在企业清算之前不需要偿还的所有者权益项目排在后面。账户式资产负债表中的资产各项目的合计等于负债和所有者权益各项目的合计，即资产负债表左方和右方平衡。因此，账户式资产负债表可以反映资产、负债、所有者权益之间的内在关系，即“资产=负债+所有者权益”。

一般企业资产负债表的基本格式参见表2-51。

（三）资产负债表的编制方法

1. 资产负债表编制的基本方法

资产负债表的各项目均需填列“年初余额”和“期末余额”两栏。

在我国，资产负债表的“年初余额”栏各项目数字，应根据上年年末资产负债表“期末余额”栏内所列数字填列。如果本年度资产负债表规定的各个项目的名称和内容同上年度不相一致，应对上年年末资产负债表各项目的名称和数字按照本年度的规定进行调整，填入报表中的“年初余额”栏内。

资产负债表中的“期末余额”栏内各项数据主要来自会计账簿记录，有的可以根据相关账户的期末余额填列，有的应按有关账户合并分析或调整计算后填列。其资料来源有以下几个方面：

（1）根据总账账户余额直接填列。例如，“短期借款”“应收股利”“交易性金融资产”“交易性金融负债”等项目都是根据总账科目的期末余额直接填列。

（2）根据几个总账账户余额计算填列。例如，“货币资金”项目需要根据“库存现金”“银行存款”“其他货币资金”科目的期末余额合计数计算填列。

（3）根据有关明细账户余额分析计算填列。例如,“应付账款”项目需要根据“应付账款”“预付账款”科目所属相关明细科目的期末贷方余额计算填列。

（4）根据总账账户和明细账户余额分析计算填列。例如，“长期借款”项目需要根据“长期借款”总账科目期末余额，扣除“长期借款”科目所属明细科目中反映的将于1年内到期的长期借款部分，分析计算填列。

2. 资产负债表主要项目的填列方法

根据《企业会计准则》的规定，资产负债表各项目的具体填列方法如下：

（1）“货币资金”项目，反映企业库存现金、银行结算户存款、外埠存款、银行汇票存款、银行本票存款、信用卡存款、信用证保证金存款等的合计数。本项目应根据“库存现金”“银行存款”“其他货币资金”科目的期末余额合计数填列。

（2）“交易性金融资产”项目，反映企业为交易目的所持有的债券投资、股票投资、基金投资等交易性金融资产的公允价值。本项目应根据“交易性金融资产”科目的期末余额填列。

（3）“应收票据”项目，反映企业收到的未到期收款也未向银行贴现的应收票据，包括商业承兑汇票和银行承兑汇票。本项目应根据“应收票据”科目的期末余额填列。已向银行贴现和已背书转让的应收票据不包括在本项目内，其中已贴现的商业承兑汇票应在会计报表附注中单独披露。

（4）“应收账款”项目，反映企业因销售商品、产品和提供劳务等而应向购买单位收取的各种款项，减去已计提的坏账准备后的净额。本项目应根据“应收账款”科目所属各明细科目的期末借方余额合计数，减去“坏账准备”科目中有关应收账款计提的坏账准备期末余额后的金额填列。如“预收账款”科目所属有关明细科目有借方余额的，也应包括在本项目内；如“应收账款”科目所属明细科目期末有贷方余额，则应在“预收账款”项目内填列。

（5）“预付账款”项目，反映企业预付给供应单位的款项。本项目应根据“预付账款”科目所属各明细科目的期末借方余额合计填列。如“应付账款”科目所属明细科目有借方余额的，也应包括在本项目内；如“预付账款”科目所属有关明细科目期末有贷方余额的，应在“应付账款”项目内填列。

（6）“应收利息”项目，反映企业因债权投资而应收取的利息。企业购入到期还本付息债券应收的利息，不包括在本项目内。本项目应根据“应收利息”科目的期末余额填列。

（7）“应收股利”项目，反映企业因股权投资而应收取的现金股利，企业应收其他单位的利润，也包括在本项目内。本项目应根据“应收股利”科目的期末余额填列。

（8）“其他应收款”项目，反映企业对其他单位和个人的应收和暂付的款项，减去已计提的坏账准备后的净额。本项目应根据“其他应收款”科目的期末余额，减去“坏账准备”科目中有关其他应收款计提的坏账准备期末余额后的金额填列。

（9）“存货”项目，反映企业期末在库、在途和在加工中的各项存货的可变现净值，包括各种材料、商品、在产品、半成品、包装物、低值易耗品、分期收款发出商品、委托代销商品、受托代销商品等。本项目应根据“在途物资”“原材料”“周转材料”“自制半成品”“库存商品”“分期收款发出商品”“委托加工物资”“委托代销商品”“受托代销商品”“生产成本”等科目的期末余额合计，减去“代销商品款”“存货跌价准备”科目期末余额后的金额填列。材料采用计划成本核算以及库存商品采用计划成本或售价核算的企业，还应按加或减材料成本差异、商品进销差价后的金额填列。

（10）“一年内到期的非流动资产”项目，反映企业将于一年内到期的非流动资产。本项目应根据有关科目的期末余额分析计算填列。

（11）“其他流动资产”项目，反映企业除以上流动资产项目外的其他流动资产，本项目应根据有关科目的期末余额填列。如其他流动资产价值较大的，应在会计报表附注中披露其内容和金额。

（12）“其他债权投资”项目，反映企业持有的划分为其他债权投资的证券。本项目应根据“其他债权投资”科目的期末余额填列。

（13）“持有至到期投资”项目，反映企业持有的划分为持有至到期投资的证券。本项目应根据“持有至到期投资”科目的期末余额减去“持有至到期投资减值准备”科目的期末余额后填列。

（14）“长期应收款”项目，反映企业持有的长期应收款的可收回金额。本项目应根据“长期应收款”科目的期末余额，减去“坏账准备”科目所属相关明细科目期末余额，再减去“未确认融资收益”科目期末余额后的金额分析计算填列。

（15）“长期股权投资”项目，反映企业不准备在1年内（含1年）变现的各种股权性质的投资的可收回金额。本项目应根据“长期股权投资”科目的期末余额，减去“长期投资减值准备”科目中有关股权投资减值准备期末余额后的金额填列。

（16）“投资性房地产”项目，反映企业持有的投资性房地产。本项目应根据“投资性房地产”科目的期末余额，减去“投资性房地产累计折旧”“投资性房地产减值准备”所属有关明细科目期末余额后的金额分析计算填列。

（17）“固定资产”项目，反映企业的固定资产可收回金额。本项目应根据“固定资产”科目的期末余额，减去“累计折旧”“固定资产减值准备”科目期末余额后的金额填列。

（18）“在建工程”项目，反映企业期末各项未完工程的实际支出，包括交付安装的设备价值，未完建筑安装工程已经耗用的材料、工资和费用支出、预付出包工程的价款、已经建筑安装完毕但尚未交付使用的工程等的可收回金额。本项目应根据“在建工程”科目的期末余额，减去“在建工程减值准备”科目期末余额后的金额填列。

（19）“工程物资”项目，反映企业各项工程尚未使用的工程物资的实际成本。本项目应根据“工程物资”科目的期末余额填列。

（20）“固定资产清理”项目，反映企业因出售、毁损、报废等原因转入清理但尚未清理完毕的固定资产的账面价值以及固定资产清理过程中所发生的清理费用和变价收入等各项金额的差额。本项目应根据“固定资产清理”科目的期末借方余额填列，如“固定资产清理”科目期末为贷方余额，以“-”号填列。

（21）“无形资产”项目，反映企业各项无形资产的期末可收回金额。本项目应根据“无形资产”科目的期末余额，减去“累计摊销”“无形资产减值准备”科目期末余额后的金额填列。

（22）“递延所得税资产”项目，反映企业确认的递延所得税资产。本项目应根据“递延所得税资产”科目期末余额分析填列。

（23）“其他非流动资产”项目，反映企业除以上资产以外的其他长期资产。本项目应根据有关科目的期末余额填列，如其他长期资产价值较大的，应在会计报表附注中披露其内容和金额。

（24）“短期借款”项目，反映企业借入尚未归还的1年期以下（含1年）的借款。本项目应根据“短期借款”科目的期末余额填列。

（25）“交易性金融负债”项目，反映企业为交易而发生的金融负债，包括以公允价值计量且其变动计入当期损益的金融负债。本项目应根据“交易性金融负债”等科目的期末余额分析填列。

（26）“应付票据”项目，反映企业为了抵付货款等而开出、承兑的尚未到期付款的应付票据，包括银行承兑汇票和商业承兑汇票。本项目应根据“应付票据”科目的期末余额填列。

（27）“应付账款”项目，反映企业购买原材料、商品和接受劳务供应等而应付给供应单位的款项。本项目应根据“应付账款”科目所属有关明细科目的期末贷方余额合计填列。如“预付账款”科目所属有关明细科目期末有贷方余额的，也应包括在本项目内；如“应付账款”科目所属各明细科目期末有借方余额，应在“预付账款”项目内填列。

（28）“预收款项”项目，反映企业预收购买单位的账款。本项目应根据“预收账款”科目所属各有关明细科目的期末贷方余额合计填列。如“应收账款”科目所属明细科目有贷方余额的，也应包括在本项目内；如“预收账款”科目所属有关明细科目有借方余额的，应在“应收账款”项目内填列。

（29）“应付职工薪酬”项目，反映企业应付未付的职工薪酬。本项目应根据“应付职工薪酬”科目期末贷方余额填列。如“应付职工薪酬”科目期末为借方余额，以“-”号填列。

（30）“应交税费”项目，反映企业期末未交、多交或未抵扣的各种税费。本项目应根据“应交税费”科目的期末贷方余额填列。如“应交税费”科目期末为借方余额，以“-”号填列。

（31）“应付利息”项目，反映企业应付未付的利息。本项目应根据“应付利息”科目的期末贷方余额填列。

（32）“应付股利”项目，反映企业尚未支付的现金股利。本项目应根据“应付股利”科目的期末余额填列。

（33）“其他应付款”项目，反映企业所有应付和暂收其他单位和个人的款项。本项目应根据“其他应付款”科目的期末余额填列。

（34）“一年内到期的非流动负债”项目，反映企业承担的将于一年内到期的非流动负债。本项目应根据有关非流动负债科目的期末余额分析计算填列。

（35）“其他流动负债”项目，反映企业除以上流动负债以外的其他流动负债。本项目应根据有关科目的期末余额填列，如“待转资产价值”科目的期末余额可在本项目内反映。如其他流动负债价值较大的，应在会计报表附注中披露其内容及金额。

（36）“长期借款”项目，反映企业借人尚未归还的1年期以上（不含1年）的借款本息。本项目应根据“长期借款”科目的期末余额填列。

（37）“应付债券”项目，反映企业发行的尚未偿还的各种长期债券的本息。本项目应根据“应付债券”科目的期末余额填列。

（38）“长期应付款”项目，反映企业除长期借款和应付债券以外的其他各种长期应付款。本项目应根据“长期应付款”科目的期末余额，减去“未确认融资费用”科目期末余额后的金额填列。

（39）“预计负债”项目，反映企业预计负债的期末余额。本项目应根据“预计负债”科目的期末余额填列。

（40）“递延所得税负债”项目，反映企业确认的递延所得税负债。本项目应根据“递延所得税负债”科目期末余额分析填列。

（41）“其他非流动负债”项目，反映企业除以上非流动负债项目以外的其他非流动负债。本项目应根据有关科目的期末余额填列。如其他非流动负债价值较大的，应在会计报表附注中披露其内容和金额。

（42）“实收资本”（或“股本”）项目，反映企业各投资者实际投入的资本（或股本）总额。本项目应根据“实收资本”（或“股本”）科目的期末余额填列。

（43）“资本公积”项目，反映企业资本公积的期末余额。本项目应根据“资本公积”科目的期末余额填列。

（44）“盈余公积”项目，反映企业盈余公积的期末余额。本项目应根据“盈余公积”科目的期末余额填列。

（45）“未分配利润”项目，反映企业尚未分配的利润。本项目应根据“本年利润”科目和“利润分配”科目的余额计算填列。未弥补的亏损，在本项目内以“-”号填列。

下面举例说明一般企业资产负债表的编制方法。

【例 2-58】江淮公司 202×年 12 月 31 日总账及明细账账户余额如表 2-50 所示。

表 2-50　科目余额表　　单位：元

借方余额		贷方余额	
库存现金	2 000	短期借款	50 000
银行存款	786 135	应付票据	100 000
其他货币资金	7 300	应付账款	953 800
应收票据	66 000	其他应付款	50 000
应收账款	600 000	应付职工薪酬	180 000
坏账准备	-1 800	应交税费	226 731
预付账款	100 000	应付股利	32 215. 85
其他应收款	5 000	长期借款	1 160 000
材料采购	275 000	实收资本	5 000 000
原材料	45 000	盈余公积	124 770. 40

表2-50(续)

借方余额		贷方余额	
库存商品	2 122 400	未分配利润	190 717.75
周转材料	38 050		
材料成本差异	4 250		
其他流动资产	90 000		
长期股权投资	250 000		
固定资产	2 401 000		
累计折旧	-170 000		
固定资产减值准备	-30 000		
工程物资	150 000		
在建工程	578 000		
无形资产	600 000		
累计摊销	-60 000		
递延所得税资产	9 900		
其他长期资产	200 000		
合计	8 068 235	合计	8 068 235

根据上述资料，编制江淮公司202×年12月31日的资产负债表，如表2-51所示。

表2-51　资产负债表　　会企01表

编制单位：江淮公司　　202×年12月31日　　单位：元

资产	期末余额	年初余额	负债及所有者权益	期末余额	年初余额
流动资产：			流动负债：		
货币资金	795 435	略	短期借款	50 000	略
交易性金融资产			交易性金融负债		
应收票据	66 000		应付票据	100 000	
应收账款	598 200		应付账款	953 800	
预付款项	100 000		预收款项		
应收利息			应付职工薪酬	180 000	
应收股利			应交税费	226 731	
其他应收款	5 000		应付利息		
存货	2 484 700		应付股利	32 215.85	
一年内到期的非流动资产			其他应付款	50 000	
其他流动资产	90 000		一年内到期的非流动负债		
流动资产合计	4 139 335		其他流动负债		

表2-51(续)

资产	期末余额	年初余额	负债及所有者权益	期末余额	年初余额
非流动资产：			流动负债合计	1 592 746.85	
其他债权投资			非流动负债：		
持有至到期投资			长期借款	1 160 000	
长期应收款			应付债券		
长期股权投资	250 000		长期应付款		
投资性房地产			专项应付款		
固定资产	2 201 000		预计负债		
在建工程	578 000		递延所得税负债		
工程物资	150 000		其他非流动负债		
固定资产清理			非流动负债合计	1 160 000	
生产性生物资产			负债合计	2 752 746.85	
油气资产			所有者权益（或股东权益）：		
无形资产	540 000		实收资本（或股本）	5 000 000	
开发支出			资本公积		
商誉			减：库存股		
长期待摊费用			盈余公积	124 770.40	
递延所得税资产	9 900		未分配利润	190 717.75	
其他非流动资产	200 000				
非流动资产合计：	3 928 900		所有者权益(或股东权益)合计	5 315 488.15	
资产总计	8 068 235		负债及所有者权益总计	8 068 235	

三、利润表的编制

（一）利润表的概念

利润表又称损益表，是反映企业在一定会计期间经营成果的报表。利润表是一张动态报表，基于收入、费用、利润三个会计要素的相互关系，将一定期间的收入与同期的费用进行配比，从而确定企业当期的净利润（或净亏损）。

利润表报告的财务信息对信息使用者具有举足轻重的作用。利润表反映的收入、费用等情况，能够反映企业生产经营的收益和成本耗费情况，表明企业生产经营的最终财务成果。同时，利润表提供的不同时期的比较指标（本月数、本年累计数、上年数），可以分析企业的获利能力及其发展趋势，了解投资者投入资本的完整性。由于利润是企业经营管理业绩的综合体现，又是进行利润分配的主要依据，因此利润表也是一张主要的会计报表。

（二）利润表的格式

利润表通过一定的表格来反映企业的经营成果，利润表的格式主要有单步式利润表和多步式利润表两种。

单步式利润表是将本期的所有收入和费用分别相加合计，然后将两者相减，一次计算出企业的净利润额。

多步式利润表是将企业净利润额的计算分解为多个步骤，从而分别反映企业营业性收益和非营业性收益对经营成果实现过程的影响，通常采用上下加减的报告结构。

我国企业的利润表采用多步式。多步式利润表由营业利润、利润总额和净利润几个部分构成。这几个部分的构成项目及其相互关系表示如下：

营业利润=营业收入-营业成本-税金及附加-销售费用-管理费用-财务费用-资产减值损失+公允价值变动收益+投资收益

利润总额=营业利润+营业外收入-营业外支出

净利润=利润总额-所得税费用

一般企业利润表的基本格式参见表2-53。

（三）利润表的编制方法

1. 利润表编制的基本方法

利润表的各项目均需填列“本月数”和“本年累计数”两栏。

利润表中的“本月数”栏反映各项目的本月实际发生数，根据本月实际的净发生额填列。在编制年报时，该栏应改为“上年数”，填列上年全年累计实际发生数。如果上年度利润表的项目名称和内容与本年度利润表不一致，应对上年报表项目的名称和数字按本年度的规定进行调整，填入报表的“上年数”栏。

利润表中的“本年累计数”栏，反映各项目自年初起至本月末止的累计实际发生数。平时采用“表结法”结算利润的企业，本栏各项目金额可直接根据相应的收入类、成本费用类账户的期末余额填列；平时采用“账结法”结算利润的企业，本栏各项目可根据上月利润表中的“本年累计数”金额加上本月利润表的“本月数”金额之和填列。

利润表各项目应根据损益类账户的本期发生额分析计算填列。利润表的基本填列方法可归纳为以下两种：

（1）根据账户的发生额分析填列。利润表中的大部分项目可以根据账户的发生额分析填列，如销售费用、税金及附加、管理费用、财务费用、营业外收入、营业外支出、所得税费用等。

（2）根据报表项目之间的关系计算填列。利润表中的某些项目需要根据项目之间的关系计算填列，如营业利润、利润总额、净利润等。

2. 利润表各项目的具体填列方法

利润表项目的具体填列方法如下：

（1）“营业收入”项目，反映企业经营业务所取得的收入总额。本项目应根据“主营业务收入”账户和“其他业务收入”账户的发生额合计填列。

（2）“营业成本”项目，反映企业经营业务发生的实际成本。本项目应根据“主营业务成本”账户和“其他业务成本”的发生额合计填列。

（3）“税金及附加”项目，反映企业经营业务应负担的消费税、城市维护建设税、资源税、土地增值税和教育费附加等。本项目应根据“税金及附加”账户的发生额分析填列。

（4）“销售费用”项目，反映企业在销售商品和商品流通企业在购入商品等过程中发生的费用。本项目应根据“销售费用”账户的发生额分析填列。

（5）“管理费用”项目，反映企业发生的管理费用。本项目应根据“管理费用”账户的发生额分析填列。

（6）“财务费用”项目，反映企业发生的财务费用。本项目应根据“财务费用”账户的发生额分析填列。

（7）“资产减值损失”项目，反映企业因资产减值而发生的损失。本项目应根据“资产减值损失”账户的发生额分析填列。

（8）“公允价值变动净收益”项目，反映企业资产因公允价值变动而发生的损益。本项目应根据“公允价值变动损益”账户的发生额分析填列。如为净损失，以“-”号填列。

（9）“投资净收益”项目，反映企业以各种方式对外投资所取得的收益。本项目应根据“投资收益”账户的发生额分析填列。如为投资损失，以“-”号填列。

（10）“营业利润”项目，反映企业实现的营业利润。如为亏损，以“-”号填列。

（11）“营业外收入”项目，反映企业发生的与其生产经营无直接关系的各项收入。本项目应根据“营业外收入”账户的发生额分析填列。

（12）“营业外支出”项目，反映企业发生的与其生产经营无直接关系的各项支出。本项目应根据“营业外支出”账户的发生额分析填列。

（13）“利润总额”项目，反映企业实现的全部利润。如为亏损，以“-”号填列。

（14）“所得税费用”项目，反映企业按规定从本期损益中减去的所得税。本项目应根据“所得税费用”账户的发生额分析填列。

（15）“净利润”项目，反映企业实现的净利润。如为净亏损，以“-”号填列。

（16）“基本每股收益”和“稀释每股收益”项目，反映企业根据每股收益计算的两种每股收益指标的金额填列。

下面举例说明一般企业利润表的编制方法。

【例 2-59】天和公司 202×年 12 月的有关账户发生额资料如表 2-52 所示。

表 2-52 有关账户发生额 单位：元

账户名称	借方	贷方
主营业务收入		50 000 000
主营业务成本	42 000 000	
税金及附加	900 000	
销售费用	4 400 000	
管理费用	2 000 000	

表2-52(续)

账户名称	借方	贷方
财务费用	400 000	
投资收益		200 000
营业外收入		600 000
营业外支出	200 000	
所得税费用	231 000	

根据上述资料，编制该公司202×年12月的利润表，如表2-53所示。

表2-53 利润表 会企02表

编制单位：天和公司 202×年12月 单位：元

项目	行次	本期金额	上期金额
一、营业收入		50 000 000	略
减：营业成本		42 000 000	
税金及附加		900 000	
销售费用		4 400 000	
管理费用		2 000 000	
财务费用		400 000	
资产减值损失			
加：公允价值变动净收益			
投资收益		200 000	
其中：对联营企业和合营企业的投资收益			
二、营业利润		500 000	
加：营业外收入		600 000	
减：营业外支出		200 000	
其中：非流动资产处置损失			
三、利润总额		900 000	
减：所得税费用		231 000	
四、净利润		669 000	
五、每股收益			
（一）基本每股收益			
（二）稀释每股收益			

四、现金流量表的编制

（一）现金流量表的概念

现金流量表是反映企业一定会计期间现金和现金等价物流入和流出情况的报表，属于动态报表。企业编制现金流量表的主要目的是为会计报表使用者提供企业一定会计期间内现金和现金等价物流入与流出的信息，以便于会计报表使用者了解和评价企业获取现金和现金等价物的能力，并据以预测企业未来现金流量。因此，现金流量表在评价企业经营业绩、衡量企业财务资源和财务风险以及预测企业未来前景方面有着十分重要的作用。现金流量表有助于评价企业支付能力、偿债能力和周转能力，有助于预测企业未来现金流量，有助于分析企业收益质量及影响现金净流量的因素。

现金流量表是以现金为基础编制的，这里的现金是广义的概念，它包括现金及现金等价物。其具体由库存现金、可以随时用于支付的银行存款、其他货币资金和现金等价物等几个部分组成。其中，现金等价物是指企业持有的期限短、流动性强、易于转换为已知金额现金、价值变动风险很小的投资。现金等价物虽然不是现金，但当企业需要时可以随时变现为已知金额现金，具有很强的支付能力，因而可视同现金。

（二）现金流量表的格式

现金流量表分为三部分：第一部分为表头，第二部分为正表，第三部分为补充资料。

表头概括地说明报表名称、编制单位、编制日期、报表编号、货币名称、计量单位等。正表反映现金流量表的各个项目内容。正表有六项内容：一是经营活动产生的现金流量；二是投资活动产生的现金流量；三是筹资活动产生的现金流量；四是汇率变动对现金及现金等价物的影响；五是现金及现金等价物净增加额；六是期末现金及现金等价物余额。其中，经营活动产生的现金流量，是按直接法编制的。补充资料有三项：一是将净利润调节为经营活动产生的现金流量；二是不涉及现金收支的投资和筹资活动；三是现金及现金等价物净增加情况。

上述这些项目中，有很多项目之间存在勾稽关系。主要包括：正表第一项经营活动产生的现金流量，与补充资料第一项将净利润调节为经营活动产生的现金流量应当核对相符。正表中的第五项与补充资料中的第三项金额应当一致。正表中的数字是流入与流出的差额，补充资料中的数字是期末数与期初数的差额，计算依据不同，但结果应当一致，两者应当核对相符。

一般企业的现金流量表基本格式参见表 2-54。

表 2-54　现金流量表

会企 03 表

编制单位：　　　　　年度　　　　　单位：元

项目	本期金额	上期金额
一、经营活动产生的现金流量		
销售商品、提供劳务收到的现金		
收到的税费返还		
收到的其他与经营活动有关的现金		
现金流入小计		
购买商品、接受劳务支付的现金		
支付给职工以及为职工支付的现金		
支付的各项税费		
支付的其他与经营活动有关的现金		
现金流出小计		
经营活动产生的现金流量净额		
二、投资活动产生的现金流量		
收回投资所收到的现金		
取得投资收益所收到的现金		
处置固定资产、无形资产和其他长期资产所收回的现金净额		
处置子公司及其他营业单位收到的现金净额		
收到的其他与投资活动有关的现金		
现金流入小计		
购建固定资产、无形资产和其他长期资产所支付的现金		
投资所支付的现金		
取得子公司及其他营业单位支付的现金净额		
支付的其他与投资活动有关的现金		
现金流出小计		
投资活动产生的现金流量净额		
三、筹资活动产生的现金流量		
吸收投资所收到的现金		
借款所收到的现金		
收到的其他与筹资活动有关的现金		
现金流入小计		
偿还债务所支付的现金		
分配股利、利润或偿付利息所支付的现金		
支付的其他与筹资活动有关的现金		
现金流出小计		
筹资活动产生的现金流量净额		
四、汇率变动对现金及现金等价物的影响		
五、现金及现金等价物净增加额		
加：期初现金及现金等价物余额		
六、期末现金及现金等价物余额		

表2-54(续)

项目	本期金额	上期金额
补充资料：		
1. 将净利润调节为经营活动现金流量 净利润 加：资产减值准备、油气资产折旧、生产性生物资产折旧 无形资产摊销 长期待摊费用摊销 处置固定资产、无形资产和其他长期资产的损失 固定资产报废损失 公允价值变动损失 财务费用 投资损失 递延所得税资产减少 递延所得税负债增加 存货的减少 经营性应收项目的减少 经营性应付项目的增加 其他 经营活动产生的现金流量净额		
2. 不涉及现金收支的重大投资和筹资活动 债务转为资本 一年内到期的可转换公司债券 融资租入固定资产		
3. 现金及现金等价物净增加情况 现金的期末余额 减：现金的期初余额 加：现金等价物的期末余额 减：现金等价物的期初余额 现金及现金等价物净增加额		

（三）现金流量表的编制方法

现金流量表通常将企业一定期间内的现金流量划分为经营活动产生的现金流量、投资活动产生的现金流量和筹资活动产生的现金流量三类。

1. 经营活动产生的现金流量

经营活动是指企业投资活动和筹资活动以外的所有交易和事项。经营活动的现金流入主要是指销售商品或提供劳务、税费返还等所收到的现金。经营活动的现金流出主要是指购买货物、接受劳务、制造产品、广告宣传、推销产品、缴纳税款等所支出的现金。经营活动产生的现金流量的计算，可以反映企业经营活动对现金流入和流出净额的影响程度。

2. 投资活动产生的现金流量

投资活动是指企业固定资产、无形资产和其他长期资产的购建和处置以及不包括在现金等价物范围内的投资及其处置活动。投资活动的现金流入主要包括收回投资收到现金，分得股利、利润或取得债券利息收入收到的现金以及处置固定资产、无形资产和其他长期资产收到的现金等。投资活动的现金流出是指购建固定资产、无形资产和其他长期资产所支付的现金以及进行权益或债权性投资等所支付的现金。因为现金等价物已视同现金，所以投资活动产生的现金流量中不包括将现金转换为现金等价物这类投资产生的现金流量。投资活动产生的现金流量的计算可以分析企业经由投资获取现金流量的能力以及投资产生的现金流量对企业现金流量净额的影响程度。

3. 筹资活动产生的现金流量

筹资活动是指导致企业资本及债务规模和构成发生变化的活动。筹资活动的现金流入主要包括吸收权益性投资以及发行债券或借款所收到的现金。筹资活动的现金流出主要包括偿还债务或减少资本所支付的现金，发生筹资费用所支付的现金，分配股利、利润或偿付利息所支付的现金等。筹资活动产生的现金流量的计算可以分析企业筹资能力以及筹资产生的现金流量对企业现金流量净额的影响程度。

现金流量表包括经营活动产生的现金流量、投资活动产生的现金流量、筹资活动产生的现金流量三大部分。其中，经营活动产生的现金流量有直接法和间接法两种编制方法。

（1）直接法是指按现金收入和支出的主要类别直接反映企业经营活动产生的现金流量，如销售商品、提供劳务收到的现金，或者购买商品、接受劳务支付的现金等，即按现金收入和支出的来源直接反映的。在直接法下，一般以利润表的营业收入为起算点，调整与经营活动有关的项目的增减变动，然后计算出经营活动产生的现金流量。

（2）间接法是指以净利润为起算点，调整不涉及现金的收入、费用、营业外收支等有关项目，据此计算出经营活动产生的现金流量。按间接法计算的经营活动的现金流量，有助于分析影响现金流量的原因以及从现金流量角度分析企业净利润的质量。因此，我国《企业会计准则》在要求企业按直接法编制经营活动的现金流量的同时，还要求企业在补充资料中按间接法将净利润调节为经营活动的现金流量。

基础会计只要求学生理解现金流量表的基本原理和结构，其编制方法在财务会计中学习。因此，本书没有单独举例讲解现金流量表的编制。

五、所有者权益变动表的编制

（一）所有者权益变动表的概念

所有者权益变动表是反映企业在某一特定日期所有者权益增减变动情况的报表。

所有者权益变动表全面反映了企业的所有者权益在年度内的变化情况，不仅包括所有者权益总量的增减变动，还包括所有者权益变动的重要结构性信息，特别是反映直接计入所有者权益的利得和损失，让报表使用者准确理解所有者权益变动的根源，进而对企业的资本保值增值情况做出正确判断，从而提供对决策有用的信息。

（二）所有者权益变动表的格式

所有者权益变动表包括表头、正表两部分。其中，表头说明报表名称、编制单位、编制日期、报表编号、货币名称和计量单位等；正表是所有者权益变动表的主体，具体说明所有者权益变动表的各项内容，包括股本（实收资本）、资本公积、法定和任意盈余公积、法定公益金和未分配利润等。每个项目中分为年初余额、本年增减额、本年减少数和年末余额四小项，每个项目中又分别按具体情况列示其不同内容。

一般企业所有者权益变动表的格如表 2-55 所示。

表 2-55　所有者权益变动表

会企 04 表

编制单位：　　　　　　　　　　年度　　　　　　　　　　单位：元

项目	本年金额						上年金额					
	实收资本（或股利）	资本公积	减：库存股	盈余公积	未分配利润	所有者权益合计	实收资本（或股利）	资本公积	减：库存股	盈余公积	未分配利润	所有者权益合计
一、上年年末余额												
加：会计政策变更												
前期差错更正												
二、本年年初余额												
三、本年增减变动金额（减少“-”号填列）												
（一）净利润												
（二）直接计入所有者权益的利得和损失												
1. 其他债权投资公允价值变动净额												
2. 权益法下被投资单位其他所有者权益变动的影响												
3. 与计入所有者权益项目相关的所得税影响												
4. 其他												
上述（一）和（二）小计												
（三）所有者投入和减少资本												
1. 所有者投入资本												
2. 股份支付计入所有者权益的金额												
3. 其他												
（四）利润分配												
1. 提取盈余公积					–							

表2-55(续)

项目	本年金额						上年金额					
	实收资本（或股利）	资本公积	减：库存股	盈余公积	未分配利润	所有者权益合计	实收资本（或股利）	资本公积	减：库存股	盈余公积	未分配利润	所有者权益合计
2. 对所有者（或股东）的分配												
3. 其他												
（五）所有者权益内部结转												
1. 资本公积转增资本（或股本）												
2. 盈余公积转增资本（或股本）												
3. 盈余公积弥补亏损												
四、本年年末余额												

（三）所有者权益变动表的编制方法

所有者权益变动表的填列方法如下：

1. “上年年末余额”项目

该项目反映企业上年资产负债表中实收资本（或股本）、资本公积、库存股、盈余公积、未分配利润的年末余额。

（1）“会计政策变更”项目，反映企业采用追溯调整法处理的会计政策变更的影响金额。

（2）“前期差错更正”项目，反映企业采用追溯重述法处理的会计差错更正的累积影响金额。

2. “本年增减变动额”项目

（1）“净利润”项目，反映企业当年实现的净利润（或净亏损）金额。

（2）“直接计入所有者权益的利得和损失”项目，反映企业当年直接计入所有者权益的利得和损失金额。

①“其他债权投资公允价值变动净额”项目，反映企业持有的其他债权投资当年公允价值变动的金额。

②“权益法下被投资单位其他所有者权益变动的影响”项目，反映企业对按照权益法核算的长期股权投资，在被投资单位除当年实现的净损益以外其他所有者权益当年变动中应享有的份额。

③“与计入所有者权益项目相关的所得税影响”项目，反映企业根据《企业会计准则第18号——所得税》的规定应计入所有者权益项目的当年所得税影响金额。

3. “所有者投入和减少资本”项目

该项目反映企业当年所有者投入的资本和减少的资本。

（1）“所有者投入资本”项目，反映企业接受投资者投入形成的实收资本（或股利）和资本溢价或股本溢价。

（2）“股份支付计入所有者权益的金额”项目，反映企业处于等待期中的权益结算的股份支付当年计入资本公积的金额。

4. “利润分配”项目

该项目反映企业当年的利润分配金额。

（1）“提取盈余公积”项目，反映企业按照规定提取的盈余公积。

（2）“对所有者（或股东）的分配”项目，反映对所有者（或股东）分配的利润（或股利）金额。

5. “所有者权益内部结转”项目

该项目反映企业构成所有者权益组成部分之间的增减变动情况。

（1）“资本公积转增资本（或股本）”项目，反映企业以资本公积转增资本或股本的金额。

（2）“盈余公积转增资本（或股本）”项目，反映企业以盈余公积转增资本或股本的金额。

（3）“盈余公积弥补亏损”项目，反映企业以盈余公积弥补亏损的金额。

六、会计报表附注的列示

（一）会计报表附注的作用

会计报表附注是对资产负债表、利润表、现金流量表和所有者权益变动表等报表中列示项目的文字描述或明细资料以及对未能在这些报表中列示项目的说明等。它是对会计报表的补充，也是会计报表体系的重要组成部分。

会计报表附注应当披露会计报表的编制基础，相关信息应当与资产负债表、利润表、现金流量表和所有者权益变动表等报表中列示的项目相互参照。

（二）会计报表附注的内容

按照《企业会计准则》的规定，会计报表附注一般应当披露下列内容：

1. 企业的基本情况

企业的基本情况包括企业注册地、组织形式和总部地址，企业的业务性质和主要经营活动，母公司以及集团最终母公司的名称，财务报表的批准报出者和财务报告批准报出日。

2. 财务报表的编制基础

财务报表的编制基础包括会计年度、记账本位币、会计计量基础、现金和现金等价物的构成等。

3. 遵循企业会计准则的声明

企业应当声明编制的财务报表符合企业会计准则的要求，真实、完整地反映了企业的财务状况、经营成果和现金流量等有关信息。

4. 重要会计政策和会计估计

企业应当披露采用的重要会计政策和会计估计，不重要的会计政策和会计估计可以不披露。企业在披露重要会计政策和会计估计时，应当披露重要会计政策的确定依据和财务报表项目的计量基础以及会计估计中采用的关键假设和不确定因素。

5. 会计政策和会计估计变更以及差错更正的说明

企业应当按照《企业会计准则第 28 号——会计政策、会计估计变更和差错更正》及其应用指南的规定，披露会计政策和会计估计变更以及差错更正的有关情况。

6. 企业对报表重要项目的说明

企业应当按照资产负债表、利润表、现金流量表、所有者权益变动表及其项目列示的顺序，采用文字和数字描述相结合的方式披露报表重要项目的构成或当期增减变动情况。报表重要项目的明细金额合计，应当与报表项目金额相衔接。

7. 其他需要说明的重要事项

对已在资产负债表、利润表、现金流量表和所有者权益变动表中列示的重要项目的进一步说明，包括终止经营税后利润的金额及其构成情况、或有事项和承诺事项、资产负债表日后非调整事项、关联方关系及其交易等需要说明的事项。另外，企业应当在附注中披露在资产负债表日后、财务报表批准报出日前提议或宣布发放的股利总额和每股股利金额。

七、会计报告的复核、报送、审批与汇总

（一）会计报告的复核

复核是保证会计报告质量的一项重要措施。企业会计报告编制完成后，在报送之前，必须由单位会计主管人和单位负责人进行复核。会计报告复核的内容主要包括：报表所列金额与账簿记录是否一致；报表的项目是否填列齐全；报表的各项数字计算是否正确；内容是否完整，相关报表之间的有关数字的勾稽关系是否正确且衔接一致；会计报表的附注是否符合有关要求；其他报告资料是否合法、合理、有效。经审查无误后，企业对会计报告应依次编定页数、加具封面、装订成册、加盖公章。封面应注明企业的名称、地址、主管部门、开业年份、报告所属年度和月份、送出日期等。

（二）会计报告的报送

企业的会计报告必须由企业领导、总会计师、会计主管人员和制表人员签名或盖章后才能报出。单位负责人对会计报告的合法性、真实性负法律责任。

应向哪些单位报送会计报告，这与各单位的隶属关系、经济管理和经济监督的需要有关。国有企业一般要向上级主管部门、开户银行、财政、税务和审计机关报送会计报告，同时应向投资者、债权人以及其他与企业有关的报告使用者提供会计报告。股份有限公司还应向证券交易和证券监督管理机构提供会计报告。根据法律和国家有关规定要求，对会计报告必须进行审计的单位应先委托会计师事务所进行审计，并将注册会计师出具的审计报告，随同会计报告按照规定期限报送有关部门。

（三）会计报告的审批

上级主管部门或总公司、财政、税务和金融部门，对各企业报送的会计报告应当

认真审核。其主要审核会计报告的编制是否符合会计准则和会计制度的有关规定，审查和分析会计报告的指标内容，以便对报送单位的财务活动情况进行监督。其在审核过程中，如果发现报告编制有错误或不符合要求，应及时通知原单位进行更正，错误较多的应当重新编报。如果发现有违反法律和财经纪律、弄虚作假的现象，应查明原因，及时纠正，严肃处理。会计报告审核后，要进行批复。年度决算报告除经上级主管部门审核批复外，还应由财政部门审批。企业要认真研究、执行上级主管部门对报告的批复意见，并在会计上进行相应处理。

（四）会计报告的汇总

国有企业会计报告报送上级主管部门后，上级主管部门要将所属单位上报的会计报告合并，编制汇总会计报告。汇总会计报告是上级根据所属单位上报的会计报告汇总编制，用来总括反映所属单位财务状况和经营成果的书面文件。汇编会计报告必须先审核后汇总。汇总会计报告的格式和基层单位会计报告的格式基本相同。编制方法是根据所属单位的会计报告和汇编单位本身的会计报告，经过合并、分析计算、汇总而填列的。各级企业主管部门编好汇总会计报告后，应按规定的期限逐级上报，并及时报送同级财政、税务等部门，以便及时提供国家宏观管理所需的会计信息。

课后小结

主要术语中英文对照

1. 报表附注	Statement Notes	2. 财务状况	Financial Position
3. 资产负债表	Balance Sheet	4. 经营成果	Operating Result
5. 利润表	Profit Statement	6. 账户式	Account Form
7. 收益表	Income Statement	8. 报告式	Report Form
9. 损益表	Profit and Loss Statement	10. 多步式	Multiple Steps
11. 盈利表	Statement of Earnings	12. 单步式	Simple Step
13. 经营表	Operations Statement	14. 合并报表	Consolidated Statement
15. 现金流量表	Statement of Cash Flows	16. 营运资金	Operating Capital
17. 所有者权益变动表		Statement of Changes in Owner's Equity	
18. 财务状况变动表		Statement of Changes in Financial Position	
19. 会计年度		Fiscal Year & Financial Year	

复习思考题

1. 什么是会计报表？会计报表由哪些内容组成？会计报表有哪些分类？

2. 什么是资产负债表？其结构和内容如何？如何编制资产负债表？

3. 什么是利润表？我国的利润表采用什么格式？如何编制利润表？

4. 什么是现金流量表？现金指的是什么？编制现金流量表的会计基础是什么？其主要内容有哪些？

5. 什么是所有者权益变动表？其主要项目有哪些？

练习题

一、单选题

1. 资产负债表是反映企业在（　　）财务状况的报表。

A. 某一特定时期　　B. 某一特定会计期间

C. 一定时间　　D. 某一特定日期

2. 反映企业某一期间经营成果的会计报表是（　　）。

A. 资产负债表　　B. 利润表

C. 现金流量表　　D. 所有者权益变动表

3. 在资产负债表编制过程中，可以根据有关账簿记录直接填列的项目是（　　）。

A. 货币资金　　B. 存货

C. 短期借款　　D. 未分配利润

4. 下列项目中，属于会计科目的是（　　）。

A. “货币资金”　　B. “存货”

C. “未分配利润”　　D. “固定资产”

5. 企业对外报送的报表不包括（　　）。

A. 资产负债表　　B. 利润表

C. 所有者权益变动表　　D. 销售费用表

6. 会计报表编制的依据是（　　）。

A. 原始凭证　　B. 记账凭证

C. 科目汇总表　　D. 账簿记录

7. 依据我国的会计准则，利润表所采用的格式为（　　）。

A. 单步式　　B. 多步式

C. 账户式　　D. 混合式

8. 资产负债表中的“存货”项目应根据（　　）。

A. “存货”账户的期末借方余额直接填列

B. “原材料”账户的期末借方余额直接填列

C. “原材料”“生产成本”和“库存商品”等账户的期末借方余额之和减去“存货跌价准备”账户的期末余额后的金额填列

D. “原材料”“在产品”“库存商品”等账户的期末借方余额之和填列

二、多选题

1. 会计报告按其编报时间不同，分为（　　）。
   A. 中期会计报告　　B. 月度会计报告
   C. 季度会计报告　　D. 年度会计报告
2. 资产负债表中，根据若干总账账户期末余额计算填列的项目有（　　）。
   A. 货币资金　　B. 存货
   C. 长期借款　　D. 资本公积
   E. 应收账款
3. 下列项目中，属于资产负债表中的流动资产项目的有（　　）。
   A. 货币资金　　B. 存货
   C. 固定资产　　D. 资本公积
   E. 应付账款
4. 下列关于多步式利润表的说法中，正确的说法有（　　）。
   A. 可以反映一定时期的经营成果
   B. 能够产生一些中间性的收益信息
   C. 有利于了解企业一定日期的偿债能力
   D. 一般按照损益类账户的发生额分析填列
   E. 利润表能反映利润分配状况
5. 下列项目中，属于会计报表按其反映经济内容的不同分类的有（　　）。
   A. 资产负债表　　B. 利润表
   C. 静态报表　　D. 动态报表
   E. 所有者权益变动表
6. 下列各项中，能够通过资产负债表反映的有（　　）。
   A. 某一时点的财务状况　　B. 某一时点的偿债能力
   C. 某一期间的经营成果　　D. 某一期间的获利能力
   E. 某一期间的现金流量状况

三、判断题

1. 我国会计准则规定的利润表格式为账户式，这种格式有利于预测企业未来的盈利能力。（　　）

2. 企业资产负债表中“未分配利润”项目填列的金额一定等于“利润分配”账户的年末贷方余额。（　　）

3. 资产负债表中的“应收账款”“预付款项”“应付账款”和“预收款项”项目填列的金额不会出现负数。（　　）

4. 通过利润表可以看出，企业当期发生的营业外支出越多，当期的营业利润就越低（假定其他条件不变）。（　　）

5. 我国的资产负债表是根据“资产=负债+所有者权益”这一会计恒等式为依据编制的。（　　）

6. 企业的会计处理基础是权责发生制，会计报表也都是以权责发生制为基础的。（　　）

7. 资产负债表是一种静态报表，可以依据有关账户的余额直接填列。（　　）

8. 现金流量表中的现金及现金等价物净增加额与资产负债表中货币资金的增加额应该相等。（　　）

四、业务题

【业务题一】

目的：练习资产负债表的编制。

资料：某公司各总账余额如表 2-56 所示。

表 2-56　某公司 202×年 12 月 31 日总账各账户余额表　　单位：元

账户名称	借方金额	账户名称	贷方余额
库存现金	35 000	坏账准备	5 000
银行存款	60 000	存货跌价准备	46 000
交易性金融资产	56 000	累计折旧	52 000
应收账款	64 000	短期借款	34 000
其他应收款	4 000	应付账款	14 000
预付账款	42 000	应付职工薪酬	57 000
应收股利	37 000	应付利息	7 000
生产成本	97 000	应付股利	8 000
原材料	96 000	应交税费	5 000
库存商品	78 000	应付票据	3 600
应收利息	13 000	预收账款	16 000
长期股权投资	90 000	长期借款	12 000
固定资产	820 000	股本	800 000
无形资产	60 000	资本公积	28 000
		盈余公积	56 000
		未分配利润	408 400
合计	1 552 000	合计	1 552 000

其中，有关账户的明细账户余额如下：

“预付账款”明细账户余额：

A 公司：80 000 元（借方）　　B 公司：38 000 元（贷方）

“预收账款”明细账户余额：

C 公司：42 000 元（贷方）　　D 公司：26 000 元（借方）

“应收账款”明细账户余额：

E公司：82 000元（借方）　　　　F公司：18 000元（贷方）

长期借款12 000元须在6个月内偿还。

要求：（1）编制该公司202×年12月31日的资产负债表。

（2）列示出需要经过调整和计算的项目计算过程。

【业务题二】

目的：练习利润表的编制。

资料：某公司各损益类账户发生额或净额如表2-57所示。

表2-57　某公司202×年损益类账户发生额　　单位：元

账户名称	本期金额
主营业务收入	5 600 000
主营业务成本	3 200 000
税金及附加	600 000
销售费用	720 000
管理费用	680 000
财务费用	360 000
其他业务收入	960 000
其他业务成本	680 000
投资收益	480 000
营业外收入	70 000
营业外支出	40 000
资产减值损失	200 000
所得税费用	50 000

要求：编制该公司202×年的利润表。

【业务题三】

目的：练习经济业务的处理与利润表的编制。

资料：某企业202×年发生下列经济业务：

（1）企业销售库存商品甲2 000件，每件售价500元，货款收到并已存入银行。

（2）企业销售库存商品乙5 000件，每件售价60元，货款尚未收到。

（3）企业计算销售乙产品应纳的消费税，消费税税率为10%。

（4）企业结转甲、乙两种库存商品的销售成本，甲产品为600 000元，乙产品为240 000元。

（5）企业管理部门人员王刚出差回来报销差旅费8 000元（出差前预支10 000元）。

（6）企业以现金支票支付广告费60 000元。

（7）经批准，企业转销因意外发生火灾导致的材料盘亏金额3 000元。

(8) 企业支付第四季度短期借款利息费用6 000元，10月、11月已经分别预提利息费用2 000元。

(9) 企业计算出应交的所得税费用为90 000元。

(10) 企业将所有的损益类账户结转至本年利润账户。

要求：

(1) 对以上经济业务做出相应的会计处理。

(2) 计算本期实现的营业利润，写出计算过程。

(3) 根据上述资料编制本年的利润表。

【业务题四】

目的：练习资产负债表的编制。

资料：某公司202×年1月1日资产负债表各项目金额如表2-58所示。

表2-58　资产负债表

编制单位：某公司　　202×年1月1日　　单位：元

资产	期末余额	年初余额	负债及所有者权益	期末余额	年初余额
流动资产：			流动负债：		
货币资金	950 000	略	短期借款	340 000	略
交易性金融资产	560 000		交易性金融负债		
应收票据	57 000		应付票据	200 000	
应收账款	717 000		应付账款	380 000	
预付款项	480 000		预收款项	480 000	
应收利息			应付职工薪酬	114 000	
应收股利			应交税费	50 000	
其他应收款	13 000		应付利息		
存货	1 347 000		应付股利	80 000	
一年内到期的非流动资产			其他应付款		
其他流动资产			一年内到期的非流动负债		
流动资产合计	4 124 000		其他流动负债		
非流动资产：			流动负债合计	1 644 000	
其他债权投资			非流动负债：		
持有至到期投资	200 000		长期借款	200 000	
长期应收款			应付债券	2 000 000	
长期股权投资	800 000		长期应付款	460 000	
投资性房地产			专项应付款		
固定资产	8 680 000		预计负债		
在建工程	460 000		递延所得税负债	120 000	
工程物资	2 000 000		其他非流动负债		
固定资产清理			非流动负债合计	2 780 000	

表2-58(续)

资产	期末余额	年初余额	负债及所有者权益	期末余额	年初余额
生产性生物资产			负债合计	4 424 000	
油气资产			所有者权益（或股东权益）:		
无形资产	200 000		实收资本（或股本）	8 000 000	
开发支出			资本公积	280 000	
商誉			减：库存股		
长期待摊费用			盈余公积	560 000	
递延所得税资产			未分配利润	3 200 000	
其他非流动资产					
非流动资产合计:	12 340 000		所有者权益(或股东权益)合计	12 040 000	
资产总计	16 464 000		负债及所有者权益总计	16 464 000	

某公司本年发生如下经济业务：

（1）公司收到A公司前欠购货款200 000元，存入银行。

（2）公司接受投资者B公司追加投资款1 000 000元，已存入银行。

（3）公司行政管理部门刘星出差预借差旅费5 000元，以现金支付。

（4）公司以银行存款缴纳所得税40 000元。

（5）公司向C公司采购甲材料50 000千克，货款为580 000元；采购乙材料10 000千克，货款为300 000元，货款均已通过银行支付，增值税税率为13%。

（6）公司以银行存款支付甲、乙材料的运输费共计6 000元（按材料重量比例分配，增值税税率为9%）。

（7）上述采购的甲、乙材料已验收入库。

（8）刘星回来报销差旅费6 500元，公司以现金1 500元补足刘星垫付的差旅费。

（9）公司以银行存款共计585 000元购入一套生产设备，当即投入使用，增值税税率为13%。

（10）因违反购货合同，公司支付违约金10 000元，已用银行存款支付。

（11）公司开出支票从银行提取现金5 000元作备用金使用。

（12）公司以现金购买办公用品7 800元。

（13）公司向D公司销售A产品1 500件，每件售价为150元，销售B产品2 500件，每件收件250元，货款均未收到，增值税税率为13%。

（14）公司以银行存款支付广告费5 000元。

（15）公司收回D公司本月购买A、B产品的销货款。

（16）公司发出材料汇总如下：生产A产品3 000件领用甲材料2 000千克，金额230 000元；生产B产品2 000件领用乙材料6 000千克，金额为192 000元；制造车间一般耗用材料金额为35 000元；行政管理部门领用辅助材料金额为5 000元。

（17）公司计提固定资产折旧，其中制造车间为28 000元、行政管理部门为10 000元。

（18）公司分配薪酬费用，其中A产品生产工人薪酬为24 000元、B产品生产工人薪酬为58 000元，制造车间管理技术人员薪酬为19 000元，行政管理部门人员薪酬为12 000元。

（19）公司结转发生的制造费用，按生产工人薪酬比例分配计入A、B产品成本。

（20）公司生产A产品3 000件、B产品2 000件已全部生产完工验收入库。

（21）公司结转已销A产品1 500件、B产品2 500件的销售成本。A产品单位销售成本为95元、B产品单位销售成本为160元。

（22）公司按销售收入的10%计算应交的消费税。

（23）公司将损益类账户发生额结转至“本年利润”账户。

（24）经计算公司本年应交所得税费用为30 000元，结转所得税费用至“本年利润”账户。

（25）公司按税后利润的10%提取法定盈余公积。

（26）经股东大会批准公司向投资人分配利润50 000元。

（27）年末公司结转本年利润及利润分配各明细账户至“利润分配——未分配利润”账户。

要求：

（1）根据上述资料编制相应会计分录。

（2）编制该公司本年末的资产负债表。

参考答案

一、单选题

1. D　2. B　3. C　4. D　5. D　6. D
7. B　8. C

二、多选题

1. AD　2. AB　3. AB　4. ABD　5. ABE　6. AB

三、判断题

1. ×　2. ×　3. √　4. ×　5. √　6. ×
7. ×　8. √

四、业务题

【业务题一】

表 2-59　资产负债表

编制单位：某公司　　202×年 12 月 31 日　　单位：元

资产	期末余额	年初余额	负债及所有者权益	期末余额	年初余额
流动资产：			流动负债：		
货币资金	95 000	略	短期借款	34 000	略
交易性金融资产	56 000		交易性金融负债		
应收票据			应付票据	3 600	
应收账款	103 000		应付账款	52 000	
预付款项	80 000		预收款项	60 000	
应收利息	13 000		应付职工薪酬	57 000	
应收股利	37 000		应交税费	5 000	
其他应收款	4 000		应付利息	7 000	
存货	225 000		应付股利	8 000	
一年内到期的非流动资产			其他应付款		
其他流动资产			一年内到期的非流动负债	12 000	
流动资产合计	613 000		其他流动负债		
非流动资产：			流动负债合计	238 600	
其他债权投资			非流动负债：		
持有至到期投资			长期借款		
长期应收款			应付债券		
长期股权投资	90 000		长期应付款		
投资性房地产			专项应付款		
固定资产	768 000		预计负债		
在建工程			递延所得税负债		
工程物资			其他非流动负债		
固定资产清理			非流动负债合计		
生产性生物资产			负债合计	238 600	
油气资产			所有者权益（或股东权益）：		
无形资产	60 000		实收资本（或股本）	800 000	
开发支出			资本公积	28 000	
商誉			减：库存股		
长期待摊费用			盈余公积	56 000	
递延所得税资产			未分配利润	408 400	
其他非流动资产					
非流动资产合计：	918 000		所有者权益（或股东权益）合计	1 292 400	
资产总计	1 531 000		负债及所有者权益总计	1 531 000	

资产负债表中各项目的计算：

货币资金＝35 000+60 000＝95 000（元）

应收账款＝82 000+26 000−5 000＝103 000（元）

预付款项＝80 000+0＝80 000（元）

存货＝97 000+96 000+78 000−46 000＝225 000（元）

应付账款＝14 000+38 000＝52 000（元）

预收账款＝18 000+42 000＝60 000（元）

【业务题二】

表 2-60　利润表　　会企 02 表

编制单位：某公司　　202×年　　单位：元

项目	行次	本期金额	上期金额
一、营业收入		6 560 000	略
减：营业成本		3 880 000	
税金及附加		600 000	
销售费用		720 000	
管理费用		680 000	
财务费用		360 000	
资产减值损失		200 000	
加：公允价值变动净收益			
投资收益		480 000	
其中：对联营企业和合营企业的投资收益			
二、营业利润		600 000	
加：营业外收入		70 000	
减：营业外支出		40 000	
其中：非流动资产处置损失			
三：利润总额		630 000	
减：所得税费用		50 000	
四：净利润		580 000	
五：每股收益			
（一）基本每股收益			
（二）稀释每股收益			
六、其他综合收益			
七、综合收益总额		580 000	

【业务题三】

1. 账务处理

(1) 借：银行存款	1 130 000	
贷：主营业务收入		1 000 000
应交税费——应交增值税		130 000
(2) 借：应收账款	339 000	
贷：主营业务收入		300 000
应交税费——应交增值税		39 000
(3) 借：税金及附加	30 000	
贷：应交税费——应交消费税		30 000
(4) 借：主营业务成本——甲产品	600 000	
——乙产品	240 000	
贷：库存商品——甲产品		600 000
——乙产品		240 000
(5) 借：管理费用	8 000	
库存现金	2 000	
贷：其他应收款		10 000
(6) 借：销售费用	60 000	
贷：银行存款		60 000
(7) 借：营业外支出	3 000	
贷：待处理财产损溢		3 000
(8) 借：财务费用	2 000	
应付利息	4 000	
贷：银行存款		6 000
(9) 借：所得税费用	90 000	
贷：应交税费——应交所得税		90 000
(10) 结转损益类账户：		
借：本年利润	1 033 000	
贷：税金及附加		30 000
主营业务成本		840 000
管理费用		8 000
销售费用		60 000
财务费用		2 000
营业外支出		3 000
所得税费用		90 000
借：主营业务收入	1 300 000	
贷：本年利润		1 300 000

2. 计算本期实现的营业利润

营业利润=1 300 000−30 000−600 000−240 000−8 000−60 000−2 000=360 000（元）

3. 根据上述资料编制利润表（如表2-61所示）。

表2-61　利润表

编制单位：某公司　　　　202×年　　　　单位：元

项目	行次	本期金额	上期金额
一、营业收入		1 300 000	略
减：营业成本		840 000	
税金及附加		30 000	
销售费用		60 000	
管理费用		8 000	
财务费用		2 000	
资产减值损失			
加：公允价值变动净收益			
投资收益			
其中：对联营企业和合营企业的投资收益			
二、营业利润		360 000	
加：营业外收入			
减：营业外支出		3 000	
其中：非流动资产处置损失			
三：利润总额		357 000	
减：所得税费用		90 000	
四：净利润		267 000	
五：每股收益			
（一）基本每股收益			
（二）稀释每股收益			
六、其他综合收益		267 000	
七、综合收益总额		267 000	

【业务题四】

1. 会计分录

（1）借：银行存款　　200 000

　　　贷：应收账款　　200 000

（2）借：银行存款　　1 000 000

　　　贷：实收资本　　1 000 000

（3）借：其他应收款　　5 000

　　　贷：库存现金　　5 000

(4) 借：应交税费	40 000	
贷：银行存款		40 000
(5) 借：在途物资——甲材料	580 000	
——乙材料	300 000	
应交税费——应交增值税（进项税额）	114 400	
贷：银行存款		994 400
(6) 借：在途物资——甲材料	4 587.16	
——乙材料	917.43	
应交税费——应交增值税（进项税额）	495.41	
贷：银行存款		6 000
(7) 借：原材料——甲材料	584 504.51	
——乙材料	300 900.90	
贷：在途物资——甲材料		584 504.51
——乙材料		300 900.90
(8) 借：管理费用	6 500	
贷：其他应收款		5 000
库存现金		1 500
(9) 借：固定资产	500 000	
应交税费——应交增值税（进项税额）	65 000	
贷：银行存款		565 000
(10) 借：营业外支出	10 000	
贷：银行存款		10 000
(11) 借：库存现金	5 000	
贷：银行存款		5 000
(12) 借：管理费用	7 800	
贷：库存现金		7 800
(13) 借：应收账款	960 500	
贷：主营业务收入		850 000
应交税费——应交增值税（销项税额）		110 500
(14) 借：销售费用	5 000	
贷：银行存款		5 000
(15) 借：银行存款	960 500	
贷：应收账款		960 500
(16) 借：生产成本——A 产品	230 000	
——B 产品	192 000	
制造费用	35 000	
管理费用	5 000	
贷：原材料		462 000

（17）借：制造费用	28 000	
管理费用	10 000	
贷：累计折旧		38 000
（18）借：生产成本——A 产品	24 000	
——B 产品	58 000	
制造费用	19 000	
管理费用	12 000	
贷：应付职工薪酬		113 000
（19）借：生产成本——A 产品	24 000	
——B 产品	58 000	
贷：制造费用		82 000
（20）借：库存商品——A 产品	278 000	
——B 产品	308 000	
贷：生产成本——A 产品		278 000
——B 产品		308 000
（21）借：主营业务成本——A 产品	142 500	
——B 产品	400 000	
贷：库存商品——A 产品		142 500
——B 产品		400 000
（22）借：税金及附加	85 000	
贷：应交税费		85 000
（23）借：主营业务收入	850 000	
贷：本年利润		850 000
借：本年利润	683 800	
贷：主营业务成本		542 500
税金及附加		85 000
管理费用		41 300
销售费用		5 000
营业外支出		10 000
（24）借：所得税费用	30 000	
贷：应交税费		30 000
借：本年利润	30 000	
贷：所得税费用		30 000
（25）借：利润分配——提取盈余公积	13 620	
贷：盈余公积		13 620
（26）借：利润分配——应付股利	50 000	
贷：应付股利		50 000

（27）借：利润分配——未分配利润　63 620
　　贷：利润分配——提取盈余公积　13 620
　　　　利润分配——应付股利　50 000
　借：本年利润　136 200
　　贷：利润分配——未分配利润　136 200

2. 编制资产负债表（如表 2-62 所示）

表 2-62　资产负债表

编制单位：某公司　　202×年 12 月 31 日　　单位：元

资产	期末余额	年初余额	负债及所有者权益	期末余额	年初余额
流动资产：			流动负债：		
货币资金	1 433 400	略	短期借款	340 000	略
交易性金融资产	560 000		交易性金融负债		
应收票据	57 000		应付票据	200 000	
应收账款	517 000		应付账款	380 000	
预付款项	480 000		预收款项	480 000	
应收利息			应付职工薪酬	227 000	
应收股利			应交税费	13 105. 41	
其他应收款	13 000		应付利息		
存货	1 813 905. 41		应付股利	130 000	
一年内到期的非流动资产			其他应付款		
其他流动资产			一年内到期的非流动负债		
流动资产合计	4 874 305. 41		其他流动负债		
非流动资产：			流动负债合计	1 770 105. 41	
其他债权投资			非流动负债：		
持有至到期投资	200 000		长期借款	200 000	
长期应收款			应付债券	2 000 000	
长期股权投资	800 000		长期应付款	460 000	
投资性房地产			专项应付款		
固定资产	9 142 000		预计负债		
在建工程	460 000		递延所得税负债	120 000	
工程物资	2 000 000		其他非流动负债		
固定资产清理			非流动负债合计	2 780 000	
生产性生物资产			负债合计	4 550 105. 41	
油气资产			所有者权益（或股东权益）：		
无形资产	200 000		实收资本（或股本）	9 000 000	
开发支出			资本公积	280 000	
商誉			减：库存股		
长期待摊费用			盈余公积	573 620	
递延所得税资产			未分配利润	3 272 580	
其他非流动资产					
非流动资产合计：	12 802 000		所有者权益（或股东权益）合计	13 126 200	
资产总计	17 676 305. 41		负债及所有者权益总计	17 676 305. 41	

第三章　会计基本程序

会计基本程序包括会计资料组织程序与会计资料保管程序等重要内容。会计资料组织程序也称账务处理程序或会计核算组织程序，是指对会计数据的记录、归类、汇总、呈报的步骤和方法，即从整理原始凭证，填制记账凭证，登记日记账、明细分类账、总分类账，到最后编制会计报表的工作程序和方法。账务处理程序的基本模式可以概括为：原始凭证→记账凭证→会计账簿→会计报表。目前，我国企事业单位会计采用的账务处理程序主要有五种：记账凭证账务处理程序、科目汇总表账务处理程序、汇总记账凭证账务处理程序、多栏式日记账账务处理程序、日记总账账务处理程序。一般情况下，前三种账务处理程序较常用。会计资料保管程序是指会计档案归档、保管、查阅、复制、交接以及销毁的过程。

第一节　会计资料组织程序

一、记账凭证账务处理程序

记账凭证账务处理程序是指对发生的经济业务事项，都要根据原始凭证或汇总原始凭证编制记账凭证，然后直接根据记账凭证逐笔登记总分类账的一种账务处理程序。记账凭证账务处理程序是会计核算中最基本的一种账务处理程序。记账凭证账务处理程序的特点是根据记账凭证逐笔登记总分类账。

采用记账凭证账务处理程序，一般设置库存现金日记账、银行存款日记账、总分类账和明细分类账。其中，日记账一般采用三栏式；总账采用三栏式，并按照各个总账科目（一级科目）开设账页；明细账可视业务特点和管理需要，采用三栏式、数量金额式或多栏式。记账凭证可用一种通用格式，也可将收款凭证、付款凭证和转账凭证同时应用。

记账凭证账务处理程序的核算步骤是：①根据原始凭证编制原始凭证汇总表；②根据审核无误的原始凭证或者原始凭证汇总表，编制记账凭证（专用记账凭证包括收款、付款和转账凭证三类）；③根据收、付款凭证逐日逐笔登记特种日记账（包括库存现金日记账、银行存款日记账）；④根据原始凭证、原始凭证汇总表和记账凭证登记有关的明细分类账；⑤根据记账凭证逐笔登记总分类账；⑥月末，将特种日记账的余额以及各种明细账的余额合计数，分别与总账中有关账户的余额核对相符；⑦月末，根据经核对无误的总账和有关明细账的记录，编制会计报表（如图 3-1 所示）。

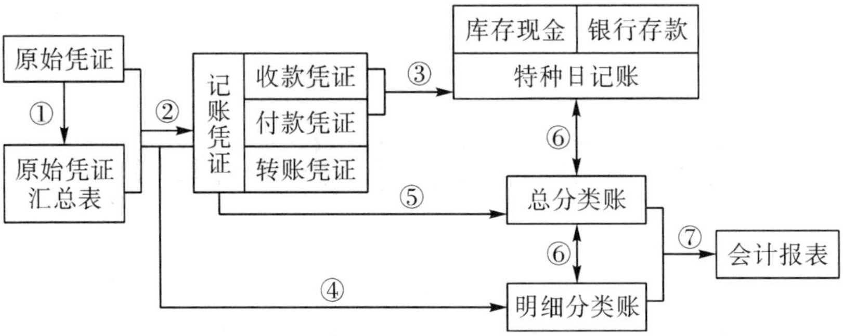

图 3-1　记账凭证账务处理程序

记账凭证账务处理程序简单明了，易于理解，总分类账可以较详细地反映经济业务的发生情况。其缺点是登记总分类账的工作量较大。该财务处理程序适用于规模较小、经济业务量较少的单位。记账凭证账务处理程序的具体应用详见第五章。

二、科目汇总表账务处理程序

科目汇总表账务处理程序又称记账凭证汇总表账务处理程序，是根据记账凭证定期编制科目汇总表，再根据科目汇总表登记总分类账的一种账务处理程序。它的特点主要是先定期把全部记账凭证按科目汇总，编制科日汇总表，然后根据科目汇总表登记总分类账。

采用科目汇总表账务处理程序，可以采用通用格式记账凭证，也可以采用专用格式记账凭证。在选用专用格式记账凭证时，经济业务量相对较少的单位可以选择收款凭证、付款凭证和转账凭证三种格式，经济业务量较多的单位可以采用现金收款凭证、银行存款收款凭证、现金付款凭证、银行存款付款凭证以及转账凭证五种格式。经济业务发生后，企业根据经济业务的性质分别编制不同的记账凭证。账簿的设置与格式均与记账凭证账务处理程序相同。此外，企业还要编制科目汇总表，科目汇总表的性质和作用与记账凭证汇总表相似，但两者的结构和编制方法不同。科目汇总表不分对应科目进行汇总，而是将所有科目的本期借方、贷方发生额汇总在一张科目汇总表内，然后据以登记总账。为了便于登记总账，科目汇总表上的科目排列，应按总分类账上科目排列的顺序来定。一般情况下，科目汇总表上的科目排列也可以根据科目编码的顺序来定，编码较小的排在前面，编码大的排在后面。科目汇总表的汇总时间不宜过长，业务量多的单位可每天汇总一次，业务量不多的单位可选择 5 天、10 天或 15 天汇总一次，以便对发生额进行试算平衡，及时了解资金运动状况。

科目汇总表账务处理程序的核算步骤是：①根据原始凭证编制原始凭证汇总表；②根据原始凭证或原始凭证汇总表编制记账凭证；③根据收款凭证、付款凭证逐笔登记库存现金日记账和银行存款日记账；④根据原始凭证、原始凭证汇总表和记账凭证登记各种明细分类账；⑤根据各种记账凭证编制科目汇总表；⑥根据科目汇总表登记总分类账；⑦期末，库存现金日记账、银行存款日记账和明细分类账的余额同有关总分类账的余额核对相符；⑧期末，根据总分类账和明细分类账的记录，编制会计报表（如图 3-2 所示）。

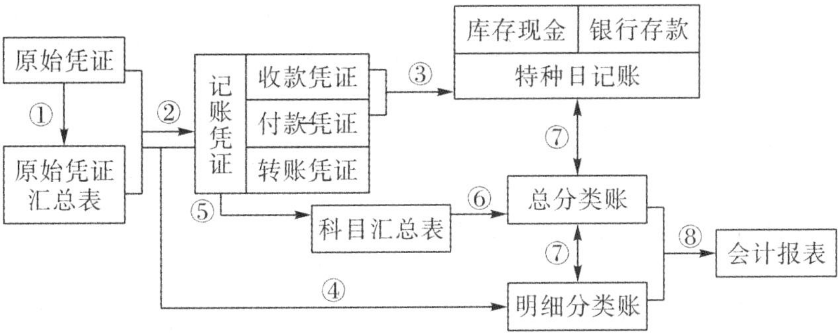

图 3-2　科目汇总表账务处理程序

科目汇总表账务处理程序采取汇总登记总分类账的方式，大大简化了登记总账的工作量；通过科目汇总表的编制，将各科目本期借、贷方发生额的合计数进行试算平衡，可以及时发现填制凭证和汇总过程中的错误，从而保证了记账工作的质量。但这种账务处理程序不分对应科目进行汇总，不能反映各科目的对应关系，不便于对经济业务进行分析和检查；如果记账凭证较多，根据记账凭证编制科目汇总表本身也是一项很复杂的工作，如果记账凭证较少，运用科目汇总表登记总账又起不到简化登记总账的作用。因此，这种账务处理程序一般适用于规模较大、经济业务较多的企业和单位。科目汇总表账务处理程序的具体应用详见第四章。

三、汇总记账凭证账务处理程序

汇总记账凭证账务处理程序是根据原始凭证或原始凭证汇总表编制记账凭证，定期根据记账凭证分类编制汇总收款凭证、汇总付款凭证和汇总转账凭证，再根据汇总记账凭证登记总分类账的一种账务处理程序。它的特点是先定期将记账凭证汇总编制成各种汇总记账凭证，然后根据各种汇总记账凭证登记总分类账。汇总记账凭证账务处理程序是在记账凭证账务处理程序的基础上发展起来的，它与记账凭证账务处理程序的主要区别是在记账凭证和总分类账之间增加了汇总记账凭证。

采用这种账务处理程序，账簿的设置与格式均与记账凭证账务处理程序相同。此外，企业应编制记账凭证汇总表，一般每隔 5 天或 10 天编制一次，每月汇总编制一张，月终结出合计数，据以登记总分类账。汇总记账凭证应分为汇总收款凭证、汇总付款凭证和汇总转账凭证三种，并分别根据收款、付款、转账三种记账凭证汇总填制。

汇总收款凭证和汇总付款凭证，均应以“库存现金”和“银行存款”账户为中心设置，因为这两个账户的收付发生状况，反映了库存现金存量和银行存款存量的变动状况，单位应及时掌握。具体来说，汇总收款凭证，应根据库存现金和银行存款的收款凭证，分别以该两账户的借方设置，并按与该两账户对应的贷方账户归类汇总。汇总付款凭证则方向相反。如果库存现金和银行存款之间相互划转的业务，则视同转账凭证处理。

汇总转账凭证，一般按有关账户的贷方分别设置，并以对应科目的借方账户归类汇总，因此汇总转账凭证只能是一贷一借或一贷多借，而不能相反。这样，既反映了经营过程中各种存量变动情况，又与单位资金运动的方向相一致。为简化会计核算，如在一个会计期间内，某一贷方科目的转账凭证不多，可直接根据转账凭证登记总分类账。

汇总记账凭证账务处理程序的核算步骤是：①根据原始凭证编制原始凭证汇总表；②根据原始凭证或原始凭证汇总表编制收款凭证、付款凭证和转账凭证；③根据收款凭证、付款凭证逐笔登记库存现金日记账和银行存款日记账；④根据原始凭证、原始凭证汇总表或收款凭证、付款凭证、转账凭证登记各种明细分类账；⑤根据收款凭证、付款凭证、转账凭证定期编制汇总收款凭证、汇总付款凭证和汇总转账凭证；⑥期末，根据汇总收款凭证、汇总付款凭证和汇总转账凭证登记总分类账；⑦期末，库存现金日记账、银行存款日记账和明细分类账的余额同有关总分类账的余额核对相符；⑧期末，根据总分类账和明细分类账的记录，编制会计报表（如图 3-3 所示）。

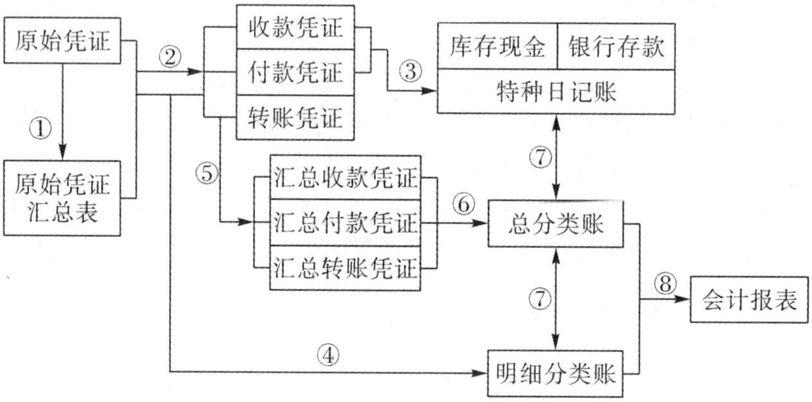

图 3-3　汇总记账凭证账务处理程序

汇总记账凭证账务处理程序减轻了登记总分类账的工作量，由于按照账户对应关系汇总编制记账凭证，便于了解账户之间的对应关系。其缺点是按每一贷方科目编制汇总转账凭证，不利于会计核算的日常分工，并且当转账凭证较多时，编制汇总转账凭证的工作量较大。这一账务处理程序适用于规模较大、经济业务较多的单位。

四、多栏式日记账账务处理程序

多栏式日记账务处理程序是指根据多栏式库存现金日记账、多栏式银行存款日记账和转账凭证登记总分类账的一种账务处理程序。其特点是：根据多栏式库存现金日记账和多栏式银行存款日记账登记总分类账；对于转账业务，可以根据转账凭证逐笔登记总分类账，也可以根据转账凭证编制转账凭证科目汇总表，据以登记总分类账。

在这种账务处理程序下，由于库存现金日记账和银行存款日记账都是按其对应账户设置专栏，起到了汇总收款凭证和汇总付款凭证的作用，在月终就可以直接根据这些日记账的本月收付发生额和各对应账户的发生额登记总分类账。登记时，企业应根据多栏式日记账“收入合计栏”的本月发生额，分别记入库存现金、银行存款总分类账的借方，并将收入栏下各对应账户的本月发生额合计数记入有关总分类账户的贷方；

同时，根据多栏式日记账“付出合计栏”的本月发生额，分别记入库存现金、银行存款总分类账户的贷方，并将付出栏下的每个对应账户的本月发生额合计数记入各有关总分类账户的借方。对于库存现金和银行存款之间的相互划转的业务，因为已分别包括在库存现金日记账和银行存款日记账的收入和支出合计数内，所以无须再根据有关对应账户的专栏登记总分类账，以免重复。对于转账业务，企业根据转账凭证科目汇总表或直接根据转账凭证登记总分类账。

多栏式日记账账务处理程序的核算步骤是：①根据原始凭证编制原始凭证汇总表；②根据原始凭证或原始凭证汇总表编制记账凭证；③根据收款凭证、付款凭证逐笔登记多栏式库存现金日记账和多栏式银行存款日记账；④根据原始凭证、原始凭证汇总表和记账凭证登记各种明细分类账；⑤期末，根据多栏式日记账和转账凭证科目汇总表（或转账凭证）登记总分类账；⑥期末，明细分类账与总分类账核对相符；⑦期末，根据总分类账和明细分类账的记录，编制会计报表（如图 3-4 所示）。

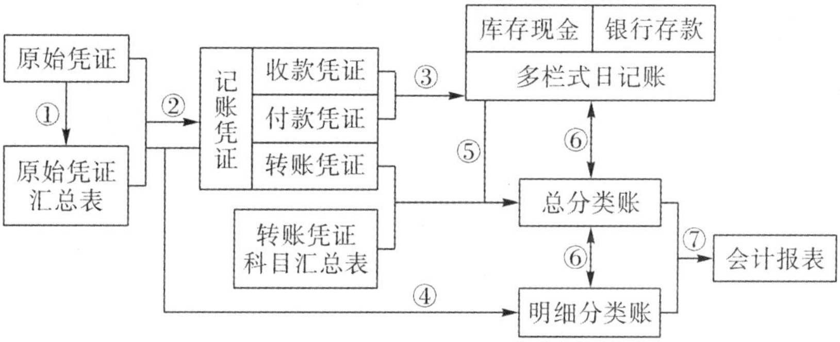

图 3-4 多栏式日记账账务处理程序

采用多栏式日记账账务处理程序，可以简化总分类账的登记工作。但是，如果企业经济业务繁杂，则必然会造成日记账栏目过多，账页庞大，不便于登记。因此，该种账务处理程序只适用于企业规模虽大、业务虽多但所用会计科目较少的单位。

五、日记总账账务处理程序

日记总账账务处理程序是指根据记账凭证逐笔登记日记总账的一种账务处理程序。其主要特点是预先设置日记总账，然后直接根据记账凭证逐笔登记日记总账。

采用日记总账账务处理程序，所有账目都必须在日记总账中进行顺序登记，并分科目进行总分类核算，因此它既是日记账，又是总分类账。对收款和付款业务，企业应根据收款和付款凭证逐日登记或按月汇总登记；对转账业务，企业应根据转账凭证，逐日、逐笔登记。每月登记完毕后，企业应结算出各栏的合计数和各科目的借方和贷方余额，并核对相符。

日记总账账务处理程序的核算步骤是：①根据原始凭证编制原始凭证汇总表；②根据原始凭证或原始凭证汇总表填制记账凭证；③根据收款凭证、付款凭证登记库存现金记账和银行存款日记账；④根据记账凭证和原始凭证或原始凭证汇总表登记各种明细账；⑤根据各种记账凭证逐笔登记日记总账；⑥月末，将日记账和明细账的余额与日记总账的余额相核对；⑦月末，根据日记总账和明细账的资料编制会计报表（如图 3-5 所示）。

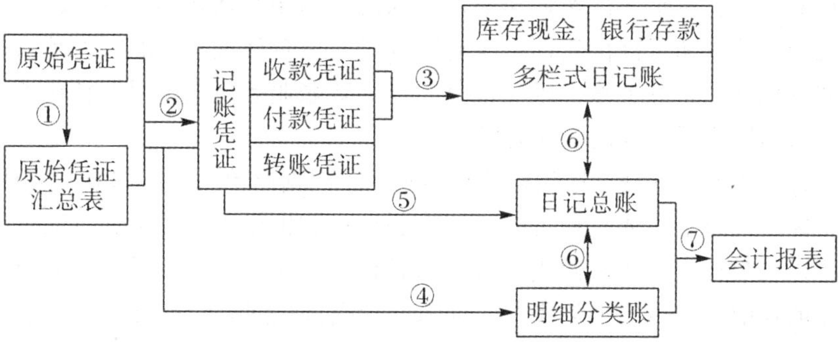

图 3-5　日记总账账务处理程序

采用日记总账账务处理程序的优点是处理会计凭证比较简单，不需要汇总就可在日记总账上全面了解各个账户之间的对应关系，便于了解经济业务的来龙去脉。其缺点是所有会计科目全部集中于一张账页上，不便于记账的分工，在实际操作时较为困难。因此，该种账务处理程序只适用于一些经济业务简单，使用会计科目不多的小型企业。

课后小结

主要术语中英文对照

1. 账务处理程序　Bookkeeping Procedure
2. 科目汇总表　Chart of Accounts
3. 汇总记账凭证　Summary Bookkeeping Voucher
4. 日记总账　Journal and General Ledger
5. 记账凭证账务处理程序　Bookkeeping Procedure using Vouchers
6. 汇总记账凭证账务处理程序　Bookkeeping Procedure Using Summary Vouchers
7. 科目汇总表财务处理程序　Bookkeeping Procedure Using Chart of Accounts
8. 多栏式日记账账务处理程序　Bookkeeping Procedure Using Columnar Journal
9. 日记总账账务处理程序　Bookkeeping Procedure Using Journal and General Ledger

复习思考题

1. 什么是账务处理程序？各种账务处理程序的主要区别是什么？各种账务处理程序的适用范围及其优缺点有哪些？

2. 科目汇总表账务处理程序和汇总记账凭证账务处理程序的区别与联系是什么？

3. 汇总记账凭证账务处理程序和多栏式日记账账务处理程序的区别与联系是什么？

练习题

一、单选题

1. 科目汇总表的缺点是不能反映（　　）。

A. 借方发生额　　B. 贷方发生额

C. 账户发生额　　D. 账户对应关系

2. 直接根据记账凭证逐笔登记总分类账的账务处理程序是（　　）。

A. 记账凭证账务处理程序

B. 汇总记账凭证账务处理程序

C. 科目汇总表账务处理程序

D. 日记总账账务处理程序

3. 下列关于汇总记账凭证账务处理程序的说法中，错误的是（　　）。

A. 根据记账凭证定期编制汇总记账凭证

B. 根据原始凭证或汇总原始凭证登记总账

C. 根据汇总记账凭证登记总账

D. 汇总转账凭证应当按照每一账户的贷方分别设置，并按其对应的借方账户归类汇总

4. 关于科目汇总表账务处理程序，下列说法中，正确的是（　　）。

A. 登记总账的直接依据是记账凭证

B. 登记总账的直接依据是科目汇总表

C. 编制财务报表的直接依据是科目汇总表

D. 与记账凭证账务处理程序相比较，增加了一道编制汇总记账凭证的程序

5. 关于记账凭证账务处理程序，下列说法中，不正确的是（　　）。

A. 根据记账凭证逐笔登记总分类账，是最基本的账务处理程序

B. 简单明了，易于理解，总分类账可以较详细地反映经济业务发生情况

C. 登记总分类账的工作量较大

D. 适用于规模较大、经济业务量较多的单位

6. 汇总记账凭证是依据（　　）编制的。

A. 记账凭证　　B. 原始凭证

C. 原始凭证汇总表　　D. 各种总账

7. 汇总记账凭证账务处理程序的优点是（　　）。

A. 详细反映经济业务的发生情况

B. 可以做到试算平衡

C. 反映账户之间的对应关系

D. 处理程序简单

8. 下列选项中，不属于科目汇总表账务处理程序优点的是（　　）。

A. 科目汇总表的编制和使用较为简便，易学易做
B. 可以清晰地反映科目之间的对应关系
C. 可以大大减少登记总分类的工作量
D. 科目汇总表可以起到试算平衡的作用，保证总账登记的正确性
9. 汇总记账凭证账务处理程序的特点是根据（　　）登记总账。
A. 记账凭证　　B. 汇总记账凭证
C. 科目汇总表　　D. 原始凭证
10. 汇总记账凭证账务处理程序与科目汇总表账务处理程序的相同点是（　　）。
A. 登记总账的依据相同
B. 记账凭证的汇总方法相同
C. 保持了账户间的对应关系
D. 简化了登记总账的工作量
11. 下列选项中，属于记账凭证账务处理程序优点的是（　　）。
A. 总分类账反映经济业务较详细
B. 减轻了登记总分类账的工作量
C. 有利于会计核算的日常分工
D. 便于核对账目和进行试算平衡
12. 各种账务处理程序之间的主要区别在于（　　）。
A. 总账的格式不同
B. 编制会计报表的依据不同
C. 登记总账的依据和方法不同
D. 会计凭证的种类不同

二、多选题

1. 不同账务处理程序所具有的相同之处有（　　）。
A. 编制记账凭证的直接依据相同
B. 编制财务报表的直接依据相同
C. 登记明细分类账簿的直接依据相同
D. 登记总分类账簿的直接依据相同
2. 在我国，常用的账务处理程序主要有（　　）。
A. 记账凭证账务处理程序
B. 汇总记账凭证账务处理程序
C. 多栏式日记账账务处理程序
D. 科目汇总表账务处理程序
3. 下列选项中，属于汇总记账凭证账务处理程序优点的有（　　）。
A. 能保持账户间的对应关系
B. 便于查对账目
C. 能减少登记总账的工作量
D. 能起到试算平衡作用

4. 账务处理程序是指（　　）相结合的方式和方法。

A. 会计凭证　　B. 会计账簿

C. 财务报告　　D. 会计科目

5. 各种账务处理程序下，登记明细账的依据可能有（　　）。

A. 原始凭证　　B. 汇总原始凭证

C. 记账凭证　　D. 汇总记账凭证

6. 在汇总记账凭证账务处理程序下，月末应与总账核对的内容有（　　）。

A. 银行存款日记账　　B. 财务报表

C. 明细账　　D. 记账凭证

7. 对于汇总记账凭证账务处理程序，下列说法中，错误的有（　　）。

A. 登记总账的工作量大

B. 不能体现账户之间的对应关系

C. 明细账与总账无法核对

D. 当转账凭证较多时，汇总转账凭证的编制工作量较大

8. 在常见的账务处理程序中，共同的账务处理工作有（　　）。

A. 均应填制和取得原始凭证

B. 均应编制记账凭证

C. 均应填制汇总记账凭证

D. 均应设置和登记总账

9. 在记账凭证账务处理程序下，不能作为登记总账直接依据的有（　　）。

A. 原始凭证　　B. 记账凭证

C. 汇总原始凭证　　D. 汇总记账凭证

10. 采用汇总记账凭证账务处理程序，转账凭证的会计分录应为（　　）。

A. 一借多贷　　B. 多借多贷

C. 一借一贷　　D. 多借一贷

三、判断题

1. 汇总记账凭证账务处理程序就是将各种原始凭证汇总后填制记账凭证，据以登记总账的账务处理程序。（　　）

2. 科目汇总表账务处理程序能科学地反映账户的对应关系且便于账目核对。（　　）

3. 科目汇总表账务处理程序的主要特点是根据记账凭证编制科目汇总表，并根据科目汇总表填制财务报表。（　　）

4. 库存现金日记账和银行存款日记账不论在何种账务处理程序下，都是根据收款凭证和付款凭证逐日逐笔顺序登记的。（　　）

5. 各种账务处理程序的共同点之一是编制财务报表的方法相同。（　　）

6. 科目汇总表账务处理程序可以反映账户之间的对应关系，但不能起到试算平衡的作用。（　　）

7. 科目汇总表账务处理程序又称为记账凭证汇总表账务处理程序。（　　）

8. 汇总转账凭证是按每一贷方科目分别设置的记账凭证。（　　）

9. 在所有账务处理程序中，账簿组织是核心，会计凭证的种类、格式和填制方法都要与之相适应。（　　）

10. 各种账务处理程序的不同之处在于登记明细账的直接依据不同。（　　）

四、不定项选择题

（一）某公司采用科目汇总表账务处理程序，202×年3月发生的部分经济业务如下：

3日，销售部员工张文出差，预借现金1 500元；

4日，行政部门以现金800元购买办公用品一批；

6日，公司销售产品一件，售价为900元，增值税为117元，产品已发出，货款通过现金收讫，该产品的成本550元同时结转；

8日，公司用库存现金支付第一生产车间维修费用200元；

10日，公司领用甲材料一批60 000元，其中生产产品用55 000元，行政管理部门用3 000元，车间管理用2 000元。

要求：根据上述资料，回答1~3题。

1. 根据上述经济业务按月编制的科目汇总表中，“库存现金”账户发生额分别为（　　）。

A. 借方发生额1 017元　　B. 借方发生额900元

C. 贷方发生额2 500元　　D. 贷方发生额2 300元

2. 根据上述经济业务按月编制的科目汇总表中，所有账户的发生额合计分别为（　　）。

A. 借方发生额63 517元　　B. 借方发生额64 067元

C. 贷方发生额63 517元　　D. 贷方发生额64 067元

3. 3月10日领用甲材料的会计分录涉及的账户有（　　）。

A. “原材料”　　B. “生产成本”

C. “管理费用”　　D. “制造费用”

（二）惠达公司采用科目汇总表账务处理程序，并采取全月一次汇总的方法编制科目汇总表。202×年7月，该公司根据记账凭证编制的科目汇总表如表3-1所示。

表3-1　科目汇总表　　单位：元

202×年7月　　科汇07号

会计科目	本期发生额	
	借方	贷方
银行存款	251 000	249 200
应收账款	100 000	

表3-1(续)

会计科日	本期发生额	
	借方	贷方
原材料	50 000	90 000
生产成本	170 000	210 000
制造费用	60 000	60 000
库存商品	210 000	220 000
固定资产	21 000	
累计折旧		4 600
固定资产清理	56 300	
应付职工薪酬	40 000	40 000
应交税费	66 500	76 000
本年利润	E	F
主营业务收入	300 000	300 000
主营业务成本	220 000	220 000
销售费用	20 000	20 000
财务费用	700	700
管理费用	4 600	4 600
营业外收入	56 300	56 300
营业外支出	11 000	11 000
所得税费用	25 000	25 000
合计	G	H

要求：根据上述材料，回答4~8题。

4. 下列表述中，正确的有（ ）。

A. 字母E的金额为281 300元
B. 字母E的金额为356 300元
C. 字母F的金额为256 300元
D. 字母F的金额为356 300元

5. 下列表述中，不正确的有（ ）。

A. 所有总账的本月发生额均只有一行记录
B. 所有明细账的本月发生额均只有一行记录
C. 所有总账的“凭证号码”一栏均为“科汇07”
D. 所有明细账的“凭证号码”一栏均为“科汇07”

6. 下列表述中，正确的有（ ）。

A. 本月营业利润为54 700元
B. 本月营业利润为45 300元
C. 本月利润总额为100 000元
D. 本月净利润为75 000元

7. 下列表述中，正确的是（　　）。

A. 本月所有者权益减少 356 300 元　　B. 本月所有者权益减少 256 300 元

C. 本月所有者权益增加 75 000 元　　D. 本月所有者权益增加 100 000 元

8. 字母 G 和 H 的金额均为（　　）元。

A. 1 768 700　　B. 1 943 700

C. 918 300　　D. 1 000 000

参考答案

一、单选题

1. D　2. A　3. B　4. B　5. D　6. A
7. C　8. B　9. B　10. D　11. A　12. C

二、多选题

1. ABC　2. ABD　3. AC　4. ABC　5. ABC
6. AC　7. ABC　8. ABD　9. ACD　10. CD

三、判断题

1. ×　2. ×　3. ×　4. √　5. √
6. ×　7. √　8. √　9. √　10. ×

四、不定项选择题

1. AC　2. BD　3. ABCD　4. AD　5. BD
6. ACD　7. C　8. B

第二节　会计资料保管程序

一、会计档案概述

会计档案是指单位在进行会计核算等过程中接收或形成的，记录和反映单位经济业务事项的，具有保存价值的文字、图表等各种形式的会计资料，包括通过计算机等电子设备形成、传输和存储的电子会计档案。

为了加强会计档案管理，统一会计档案管理制度，根据《中华人民共和国会计法》和《中华人民共和国档案法》的规定，财政部、国家档案局联合发布了《会计档案管理办法》，并于2016年1月1日起正式实施。

各单位（包括国家机关、社会团体、企业、事业单位、按规定应当建账的个体工商户和其他组织）必须加强对会计档案管理工作的领导，建立会计档案的立卷、归档、保管、查阅和销毁等管理制度，保证会计档案妥善保管、有序存放、方便查阅、严防毁损、散失和泄密。各级人民政府财政部门和档案行政管理部门共同负责会计档案工作的指导、监督和检查。

会计档案的内容是指会计档案的范围。会计档案的具体内容包括以下四大类：

（1）会计凭证类。会计凭证类包括原始凭证、记账凭证、汇总记账凭证和其他会计凭证。

（2）会计账簿类。会计账簿类包括总账、明细账、日记账、固定资产卡片、辅助账簿和其他会计账簿。

（3）会计报告类。会计报告类包括月度、季度、年度会计报告，即会计报表、附表、附注及文字说明等。

（4）其他会计资料类。其他会计资料类包括银行存款余额调节表、银行对账单、纳税申报表、会计档案移交清册、会计档案保管清册、会计档案销毁清册、会计档案鉴定意见书及其他具有保存价值的会计资料。

二、会计档案的归档

根据《会计档案管理办法》的规定，各单位每年形成的会计档案，都应由会计机构按照归档的要求，负责整理立卷，装订成册，编制会计档案保管清册。

当年形成的会计档案，在会计年度终了，可暂由本单位财务会计部门保管一年。期满之后，原则上应由财务会计部门编造清册，移交本单位的档案部门保管；未设立档案部门的，应当在财务会计部门内指定专人保管。

移交本单位档案机构保管的会计档案，原则上应当保持原卷册的封装，个别需要拆封重新整理的，档案机构应当会同会计机构和经办人共同拆封整理，以分清责任。

各单位对会计档案应当科学管理，做到妥善保管、存放有序、查找方便；同时，严格执行安全和保密制度，不得随意堆放，严防毁损、散失和泄密。会计档案的重要程度不同，其保管期限也有所不同。各种会计档案的保管期限，根据其特点，分为永久、定期两类。永久档案即长期保管、不可以销毁的档案；定期档案根据保管期限分为10年、30年两种。会计档案的保管期限，从会计年度终了后的第一天算起。

《会计档案管理办法》规定了我国企业和其他组织、预算单位等会计档案的保管期限，该办法规定的会计档案保管期限为最低保管期限。

（1）需要永久保存的会计档案，包括会计档案保管清册、会计档案销毁清册，年度财务报告、财政总预算、行政单位和事业单位决算、税收年报（决算）。

（2）保管期限为25年的会计档案，包括库存现金和银行存款日记账、税收日记账（总账）和税收票证分类出纳账。

（3）保管期限为15年的会计档案，包括会计凭证类，总账、明细账、日记账和辅助账簿（不包括库存现金和银行存款日记账），会计移交清册，行政单位和事业单位的各种会计凭证，各种完税凭证和缴退库凭证，财政总预算拨款凭证及其他会计凭证，农牧业税结算凭证。

（4）保管期限为10年的会计档案，包括国家金库编送的各种报表及缴库退库凭证，各收入机关编送的报表，财政总预算保管行政单位和事业单位决算、税收年报、国家金库年报、基本建设拨贷款年报，税收会计报表（包括票证报表）。

（5）保管期限为5年的会计档案，包括固定资产卡片，银行存款余额调节表，银行对账单，财政总预算会计月、季度报表，行政单位和事业单位会计月、季度报表。

（6）保管期限为3年的会计档案，包括月、季度财务报告，财政总预算会计旬报。

表3-2和表3-3为《会计档案管理办法》规定的各类会计档案的保管期限，各类会计档案的保管原则上应当按照该表期限执行。各单位会计档案的具体名称如有同该表中所列档案名称不符的，可以比照类似档案的保管期限办理。

表3-2 企业和其他组织会计档案保管期限表

序号	档案名称	保管期限	备注
一	会计凭证		
1	原始凭证	30年	
2	记账凭证	30年	
二	会计账簿		
3	总账	30年	
4	明细账	30年	
5	日记账	30年	
6	固定资产卡片		固定资产报废清理后保管5年
7	其他辅助性账簿	30年	
三	会计报告		
8	月度、季度、半年度财务会计报告	30年	

表3-2(续)

序号	档案名称	保管期限	备注
9	年度财务会计报告	永久	
四	其他类		
10	银行存款余额调节表	10年	
11	银行对账单	10年	
12	纳税申报表	10年	
13	会计档案移交清册	30年	
14	会计档案保管清册	永久	
15	会计档案销毁清册	永久	
16	会计档案鉴定意见书	永久	

表3-3 财政总预算、行政单位、事业单位和税收会计档案保管期限表

序号	档案名称	保管期限			备注
		财政总预算	行政单位事业单位	税收会计	
一	会计凭证				
1	国家金库编送的各种报表及缴库退库凭证	10年		10年	
2	各收入机关编送的报表	10年			
3	行政单位和事业单位的各种会计凭证		30年		包括：原始凭证、记账凭证和传票汇总表
4	财政总预算拨款凭证和其他会计凭证	30年			包括：拨款凭证和其他会计凭证
二	会计账簿				
5	日记账		30年	30年	
6	总账	30年	30年	30年	
7	税收日记账（总账）			30年	
8	明细分类、分户账或登记簿	30年	30年	30年	
9	行政单位和事业单位固定资产卡片				固定资产报废清理后保管5年
三	财务会计报告				
10	政府综合财务报告	永久			下级财政、本级部门和单位报送的保管2年
11	部门财务报告		永久		所属单位报送的保管2年

表3-3(续)

序号	档案名称	保管期限			备注
		财政总预算	行政单位事业单位	税收会计	
12	财政总决算	永久			下级财政、本级部门和单位报送的保管2年
13	部门决算		永久		所属单位报送的保管2年
14	税收年报（决算）			永久	
15	国家金库年报（决算）	10年			
16	基本建设拨、贷款年报（决算）	10年			
17	行政单位和事业单位会计月、季度报表		10年		所属单位报送的保管2年
18	税收会计报表			10年	所属税务机关报送的保管2年
四	其他会计资料				
19	银行存款余额调节表	10年	10年		
20	银行对账单	10年	10年	10年	
21	会计档案移交清册	30年	30年	30年	
22	会计档案保管清册	永久	永久	永久	
23	会计档案销毁清册	永久	永久	永久	
24	会计档案鉴定意见书	永久	永久	永久	

三、会计档案的查阅、复制和交接

(一) 会计档案的查阅和复制

各单位应建立健全会计档案的查阅、复制登记制度。各单位保存的会计档案不得借出。如有特殊需要，经本单位负责人批准，可以提供查阅或者复制，并办理登记手续。查阅或者复制会计档案的人员，严禁在会计档案上涂划、拆封或抽换。借出的会计档案，会计档案管理人员要按期如数收回，并办理注销借阅手续。

(二) 会计档案的交接

单位因撤销、解散、破产或者其他原因而终止的，在终止和办理注销登记手续之前形成的会计档案，应当由终止单位的业务主管部门或财产所有者代管或移交有关档案馆代管。

单位分立后原单位存续的，其会计档案应当由分立后的存续方统一保管，其他方可查阅、复制与其业务相关的会计档案；单位分立后原单位解散的，其会计档案应经各方协商后由其中一方代管或移交档案馆代管，各方可查阅、复制与其业务相关的会计档案。单位分立中未结清的会计事项所涉及的原始凭证，应当单独抽出由业务相关方保存，并按规定办理交接手续。

单位因业务移交其他单位办理所涉及的会计档案，应当由原单位保管，承接业务单位可查阅、复制与其业务相关的会计档案，对其中未结清的会计事项所涉及的原始凭证，应当单独抽出由业务承接单位保存，并按规定办理交接手续。

单位合并后原各单位解散或一方存续其他方解散的，原各单位的会计档案应当由合并后的单位统一保管；单位合并后原各单位仍存续的，其会计档案仍应由原各单位保管。

建设单位在项目建设期间形成的会计档案，应当在办理竣工结算后移交给建设项目的接受单位，并按规定办理交接手续。

单位之间交接会计档案的，交接双方应当办理会计档案交接手续。移交会计档案的单位，应当编制会计档案移交清册，列明应当移交的会计档案名称、卷号、册数、起止年度和档案编号、应保管期限、已保管期限等内容。

交接会计档案时，交接双方应当按照会计档案移交清册所列内容逐项交接，并由交接双方的单位负责人负责监交。交接完毕后，交接双方经办人应当在会计档案移交清册上签名或者盖章。

我国境内所有单位的会计档案不得携带出境。驻外机构和境内单位在境外设立的企业（简称境外单位）的会计档案，应当按照《会计档案管理办法》和国家有关规定进行管理。

四、会计档案的销毁

会计档案保管期满需要销毁时，可以按以下程序销毁：

（1）由本单位档案机构提出销毁意见，编制会计档案销毁清册。会计档案销毁清册是销毁会计档案的记录和批报文件，一般应包括销毁会计档案的名称、卷号、册数、起止年度和档案编号、应保管期限、已保管期限、销毁时间等内容。

（2）单位负责人应当在会计档案销毁清册上签署意见。

（3）销毁会计档案时，应当由单位档案机构和会计机构共同派员监销。国家机关销毁会计档案时，应当由同级财政部门、审计部门派员参加监销。财政部门销毁会计档案时，应当由同级审计部门派员参加监销。

（4）监销人在销毁会计档案前，应当按照会计档案销毁清册所列内容清点核对所要销毁的会计档案；销毁后，应当在会计档案清册上签名、盖章，并将监销情况报告本单位负责人。

对于保管期满但未结清的债权债务原始凭证以及涉及其他未了事项的原始凭证，不得销毁，应单独抽出，另行立卷，由档案部门保管到未了事项完结为止。单独抽出立卷的会计档案，应当在会计档案销毁清册和会计档案保管清册中列明。

正在项目建设期间的建设单位，其保管期满的会计档案不得销毁。

课后小结

主要术语中英文对照

1. 会计档案	Accounting File	2. 永久档案	Permanent File
3. 定期档案	Term File		

复习思考题

1. 什么是会计档案？其包括哪些内容？
2. 我国是如何规定会计档案的保管期限的？

练习题

一、单选题

1. 会计档案的保管期限，应从（　　）。
   A. 移交档案管理部门之日算起
   B. 会计年度终了后的第一天算起
   C. 年度会计报表签发日算起
   D. 下一会计年度首月末之日算起
2. 某企业按规定需销毁会计档案，监销人员的派出单位应为（　　）。
   A. 本企业档案机构和会计机构　　B. 财政部门
   C. 审计部门　　D. 主管部门
3. 未设立档案机构的单位，会计档案保管部门和人员应是（　　）。
   A. 人事部门的相关人员　　B. 会计部门的出纳人员
   C. 会计部门的非出纳人员　　D. 会计部门的任何人员
4. 按规定保管期限应超过 30 年的会计档案是（　　）。
   A. 记账凭证　　B. 会计移交清册
   C. 会计档案销毁清册　　D. 辅助账簿
5. 应永久保管的会计档案是（　　）。
   A. 原始凭证　　B. 年度财务会计报告（决算）
   C. 总账　　D. 日记账
6. 原始凭证和记账凭证的保管期限为（　　）年。
   A. 15　　B. 25
   C. 30　　D. 10
7. 下列会计资料中，属于会计档案的是（　　）。

A. 库存现金日记账　　B. 公司财务制度
C. 购销合同　　D. 年度财务预算

8. 企业年度财务报告的保管期限为（　　）。
A. 5 年　　B. 15 年
C. 25 年　　D. 永久

9. 各种会计档案的保管期限，根据其特点分为永久、定期两类。定期保管期限分为（　　）两种。
A. 10 年、20 年　　B. 15 年、20 年
C. 5 年、20 年　　D. 10 年、30 年

10. 企业总账的保管期限为（　　）。
A. 15 年　　B. 30 年
C. 25 年　　D. 永久

二、多选题

1. 不能销毁的会计档案有（　　）。
A. 项目正在建设的建设单位保管期已满的会计档案
B. 保管期满但未结清的债权债务原始凭证
C. 会计档案销毁清册
D. 已保管 10 年的明细账

2. 应当在会计档案销毁清册上签名的有（　　）。
A. 会计机构负责人　　B. 鉴定小组负责人
C. 单位负责人　　D. 监销人

3. 属于会计档案的有（　　）。
A. 记账凭证汇总表　　B. 备查账
C. 会计报表附注　　D. 银行对账单

4. 企业的下列会计档案中，保管期限为 30 年的应有（　　）。
A. 往来款项明细账　　B. 存货总账
C. 银行存款余额调节表　　D. 长期股权投资总账

5. 会计档案销毁清册中应列明所销毁会计档案的（　　）等内容。
A. 起止年度和档案编号　　B. 应保管期限
C. 已保管期限　　D. 销毁时间

三、判断题

1. 单位财务会计部门可以保管会计档案 2 年，期满后再移交本单位的档案部门保管。（　　）

2. 各单位的会计档案不得借出，但经批准后可以复制。（　　）

3. 会计档案的保管期限分为永久保管和定期保管两种。其中，定期保管又分为 3 年、5 年、10 年、15 年和 25 年。（　　）

4. 本单位的会计档案机构为方便保管会计档案，可以根据需要对其拆封重新整理。（ ）

5. 会计账簿类会计档案的保管期限均为 15 年。（ ）

6. 各种会计档案的保管期限，从会计年度开始后的第一天算起。（ ）

7. 保管期满但尚未结清的债权债务原始凭证，不得销毁，应单独抽出立卷。（ ）

8. 银行存款余额调节表、银行对账单是会计档案。（ ）

9. 正在项目建设期间的建设单位，其保管期满的会计档案也不得销毁。（ ）

10. 固定资产报废清理后的固定资产卡片等会计档案保管期限为 3 年。（ ）

参考答案

一、单选题

1. B　2. A　3. C　4. C　5. B
6. C　7. A　8. D　9. D　10. B

二、多选题

1. ABCD　2. BCD　3. ABCD　4. ABD　5. ABCD

三、判断题

1. ×　2. √　3. ×　4. √　5. ×
6. ×　7. √　8. √　9. √　10. ×

第四章 工业企业科目汇总表全套账务处理

第一节 概述

一、项目名称

广州百威电器有限公司全盘手工账务处理。

二、项目期间

202×年 12 月。

三、项目程序

科目汇总表账务处理程序如图 4-1 所示。

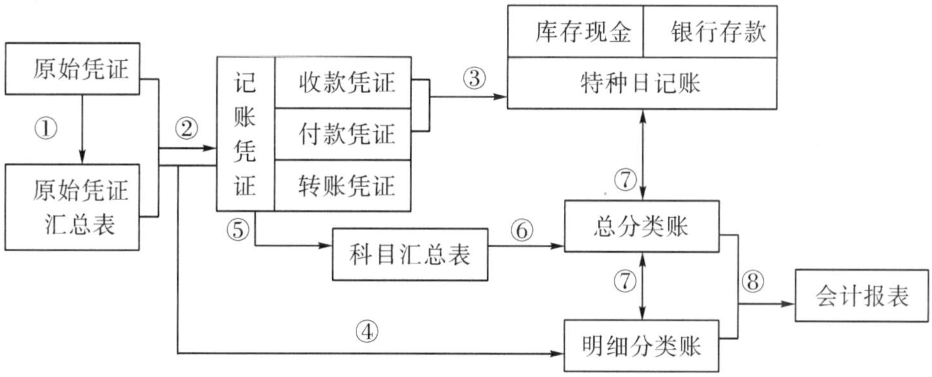

图 4-1 科目汇总表账务处理程序

四、项目资料

项目资料如表 4-1 所示。

表 4-1 项目资料

序号	资料名称	数量（页）	备注
1	记账凭证	49	通用格式（可多备）
2	收款凭证/付款凭证/转账凭证	8/16/30	专用格式（备选格式）
3	日记账	3	明细分类账
4	三栏式明细账	48	
5	数量金额账	7	
6	多栏式明细账	8	
7	在途物资专用格式明细账	1	
8	固定资产专用格式明细账	4	
9	增值税专用格式明细账	2	
10	科目汇总表	4	
11	总分类账	39	
12	试算平衡表	4	
13	资产负债表	1	
14	利润表	1	
15	现金流量表	1	
16	所有者权益变动表	1	
17	银行存款余额调节表	1	
18	记账凭证封面、封底	2	
19	日记账封面、封底	2	A4 纸 2 张
20	明细账封面、封底	2	A4 纸 2 张
21	总账封面、封底	2	A4 纸 2 张
22	会计报表封面、封底	2	A4 纸 2 张
23	档案袋	1 个	

五、项目模拟企业概况

企业名称：百威电器有限公司。

企业类型：电器制造业。

企业性质：民营企业。

经营范围：制造影碟机、功放机、音响器材、电子配件。

纳税人识别号：880 215 176 547 736。

开户银行：中国工商银行花都支行（账号：370-998 305）。

地址：花港大道盛丰工业区 168 号。

联系电话：020-86867888。

法定代表人：刘少明。

六、项目模拟企业财务人员岗位设置

项目模拟企业财务人员岗位设置如表 4-2 所示。

表 4-2　项目模拟企业财务人员岗位设置

岗位	姓名	职责
会计主管	丁英	负责财务科的全面工作、审核业务和会计报表的编制
出纳员	张浩	现金日记账和银行存款日记账的登记
制单会计	李勇	记账凭证的填制、科目汇总表的编制和总账的登记
记账会计	王欣	明细账的登记

七、项目模拟企业会计政策及会计核算方法说明

广州百威电器有限公司为一般纳税人，增值税税率为 13%，所得税税率为 25%，城市维护建设税税率为 7%，教育费附加征收率为 3%；税后利润按 10%提取法定盈余公积，按 5%提取任意盈余公积，并按剩余利润的 80%向投资者分配利润。

购买材料的运杂费按买价标准分配，制造费用以生产工人工资为分配标准；材料和库存商品计价采用加权平均法，在产品成本按定额成本计算，设 12 月产品全部完工入库；所得税费用的确认采用资产负债表债务法，并假设不存在纳税调整项目。

固定资产采用直线法计提折旧，生产用固定资产年折旧率为 3.2%，非生产用固定资产年折旧率为 2.4%。企业上年支付保险费 43 200 元，支付报纸杂志费 2 400 元，均在 1 年内平均摊销，已摊销 11 个月。短期借款年利率为 6.9%。水费每吨为 1.7 元，电费每度为 0.83 元。

第二节　设置账户

一、能力目标

（1）能选用不同格式的账簿。
（2）能根据期初余额设置总账。
（3）能根据期初余额设置日记账。
（4）能根据期初余额设置明细账。

二、能力训练任务

（1）根据期初余额设置总账。
（2）根据期初余额设置日记账。
（3）根据期初余额设置明细账。

三、能力训练步骤

（1）选择格式正确的账簿。
（2）按科目表顺序在账页上方正中间位置加盖科目章或手写科目代码与名称。
（3）将对应科目的余额过入账页第一行，标明时间、摘要与余额方向。
（4）账簿中科目的顺序按科目代码排列，代码小的排在前面。

四、能力训练项目

根据广州百威电器有限公司202×年12月账户期初余额表，为百威公司建账。

1. 账户期初余额表（见表4-3）

表4-3　账户期初余额表　　单位：元

序号	科目代码	会计科目名称	账页格式		借或贷	期初余额/备注
			总账	明细账		
1	1001	库存现金	J		借	730.00
	100101	人民币		R	借	730.00
2	1002	银行存款	J		借	590 600.50
	100201	工行存款		R	借	590 600.50
3	1012	其他货币资金	J		借	100 000.00
	101201	存出投资款		J	借	100 000.00
4	1101	交易性金融资产	J	J		
	110101	中金岭南股票		J		添加的明细账

表4-3(续)

序号	科目代码	会计科目名称	账页格式		借或贷	期初余额/备注
			总账	明细账		
5	1121	应收票据	J			
	112101	尊浪贸易公司		J		添加的明细账
6	1122	应收账款	J		借	73 000.00
	112201	多多乐公司		J	借	73 000.00
	112202	友和对台贸易公司		J		添加的明细账
7	1123	预付账款	J		借	3 800.00
	112301	太平洋保险公司		J	借	3 600.00
	112302	南方日报社		J	借	200.00
8	1231	其他应收款	J			
	123101	丁英		J		添加的明细账
9	1241	坏账准备	J		贷	1 980.00
	124101	应收账款		J	贷	1 980.00
10	1402	在途物资	J			
	140201	线材		J		添加的明细账
11	1403	原材料	J		借	129 678.00
	140301	电子元件		S	借	48 000.00
	140302	板材		S	借	70 600.00
	140303	线材		S	借	6 078.00
	140304	其他		S	借	5 000.00
12	1406	库存商品	J		借	620 800.00
	140601	功放机		S	借	420 800.00
	140602	影碟机		S	借	200 000.00
13	1601	固定资产	J		借	1 429 876.35
	160101	生产用固定资产		Z	借	1 200 000.00
	160102	非生产用固定资产		Z	借	229 876.35
14	1602	累计折旧	J	Z	贷	196 200.00
	160201	生产用固定资产		Z	贷	130 800.00
	160202	非生产用固定资产		Z	贷	65 400.00
15	2001	短期借款	J			
	200101	工商银行		J		添加的明细账

表4-3(续)

序号	科目代码	会计科目名称	账页格式		借或贷	期初余额/备注
			总账	明细账		
16	2202	应付账款	J		贷	3 520.00
	220201	隆科公司		J	贷	3 520.00
	220202	自来水公司		J		添加的明细账
	220203	供电公司		J		添加的明细账
	220204	高宝贸易有限公司		J		添加的明细账
17	2205	预收账款	J			
	220501	南海江华家电公司		J		添加的明细账
18	2211	应付职工薪酬	J		贷	87 663.32
	221101	职工工资		D	贷	74 607.08
	221103	工会经费		D	贷	11 937.13
	221104	职工教育经费		D	贷	1 119.11
19	2221	应交税费	J		贷	16 091.20
	222101	应交增值税		Z		添加的明细账
	进项税额、转出未交增值税、销项税额、进项税额转出					
	222102	未交增值税		J	贷	14 628.36
	222103	应交所得税		J		添加的明细账
	22210301	应交个人所得税		J		添加的明细账
	22210302	应交企业所得税		J		添加的明细账
	222104	应交城市维护建设税		J	贷	1 023.99
	222105	应交教育费附加		J	贷	438.85
	222106	应交养老保险		J		添加的明细账
	222107	应交失业保险		J		添加的明细账
20	2231	应付利息	J			
	223101	花都工行		J		添加的明细账
21	2232	应付股利	J			
	223201	刘少明		J		添加的明细账
	223202	路德有限公司		J		添加的明细账
22	4001	实收资本	J		贷	1 700 000.00
	400101	刘少明		J	贷	1 700 000.00
	400102	路德有限公司		J		添加的明细账

表4-3(续)

序号	科目代码	会计科目名称	账页格式		借或贷	期初余额/备注
			总账	明细账		
23	4002	资本公积	J		贷	52 760.80
	400201	资本溢价		J	贷	52 760.80
24	4101	盈余公积	J		贷	96 541.50
	410101	法定盈余公积	J	J	贷	64 361.00
	410102	任意盈余公积	J	J	贷	32 180.50
25	4103	本年利润	J	J	贷	825 409.75
26	4104	利润分配	J		贷	183 000.00
	410401	提取盈余公积		J		添加的明细账
	410402	提取任意盈余公积		J		添加的明细账
	410403	应付股利		J		添加的明细账
	410404	未分配利润		J	贷	183 000.00
27	5001	生产成本	J		借	214 681.72
	500101	功放机 6901		D	借	128 809.03
	500102	影碟机 1609		D	借	85 872.69
28	5101	制造费用	J	D		
	职工薪酬、折旧费、保险费、水电费					
29	6001	主营业务收入	J			
	600101	功放机 6901		J		添加的明细账
	600102	影碟机 1609		J		添加的明细账
30	6051	其他业务收入	J			
	605101	材料销售		J		添加的明细账
31	6111	投资收益	J			
	611101	交易税费		J		添加的明细账
32	6301	营业外收入	J			
	630101	罚款收入		J		添加的明细账
33	6401	主营业务成本	J			
	640101	功放机 6901		J		添加的明细账
	640102	影碟机 1609		J		添加的明细账
34	6402	其他业务成本	J			
	640201	材料销售		J		添加的明细账

表4-3(续)

序号	科目代码	会计科目名称	账页格式		借或贷	期初余额/备注
			总账	明细账		
35	6405	税金及附加	J			
	640501	城市维护建设税		J		添加的明细账
	640502	教育费附加		J		添加的明细账
36	6601	销售费用	J			
	660101	广告费		J		添加的明细账
37	6602	管理费用	J	D		
	办公费、差旅费、电话费、招待费、职工薪酬、折旧费、报刊费、水电费					
38	6603	财务费用	J			
	660301	借款利息		J		添加的明细账
39	6801	所得税费用	J			
	680101	当期所得税费用		J		添加的明细账

说明："R" 为日记账，"J" 为三栏账，"D" 为多栏账，"S" 为数量金额账，"Z" 为专用格式明细账。

2. 月初原材料明细账（见表 4-4）

表 4-4　月初原材料明细账

材料名称	类别	规格型号	计量单位	数量	单价/元	金额/元
二极管	电子元件	BZV55C	个	600	80	48 000.00
线路板	板材	LL103B	片	1 412	50	70 600.00
影碟机线材	线材	GDZJ20C	套	1 013	6	6 078.00
锡条	其他	GDLS3C	段	200	25	5 000.00
合计						129 678.00

3. 月初库存商品明细账（见表 4-5）

表 4-5　月初库存商品明细账

产品名称	数量/台	总成本/元	单位成本/元
功放机	800	420 800.00	526.00
影碟机	500	200 000.00	400.00
合计		620 800.00	

4. 月初在产品成本明细账（见表 4-6）

表 4-6　月初在产品成本明细账　　单位：元

成本项目	直接材料	直接人工	制造费用	合计
功放机	70 000. 00	36 000. 00	22 809. 03	128 809. 03
影碟机	50 000. 00	23 000. 00	12 872. 69	85 872. 69

5. 设置完成的部分账户

（1）总账（见图 4-2 至图 4-6）。

1001 库存现金总账　　单位：元

202×年		凭证编号	摘要	借方金额										贷方金额										借或贷	余额										核对
月	日			千	百	十	万	千	百	十	元	角	分	千	百	十	万	千	百	十	元	角	分		千	百	十	万	千	百	十	元	角	分	
12	1		期初余额																					借						7	3	0	0	0	

图 4-2

1002 银行存款总账　　单位：元

202×年		凭证编号	摘要	借方金额										贷方金额										借或贷	余额										核对
月	日			千	百	十	万	千	百	十	元	角	分	千	百	十	万	千	百	十	元	角	分		千	百	十	万	千	百	十	元	角	分	
12	1		期初余额																					借			5	9	0	6	0	0	5	0	

图 4-3

1012 其他货币资金总账　　单位：元

202×年		凭证编号	摘要	借方金额										贷方金额										借或贷	余额										核对
月	日			千	百	十	万	千	百	十	元	角	分	千	百	十	万	千	百	十	元	角	分		千	百	十	万	千	百	十	元	角	分	
12	1		期初余额																					借			1	0	0	0	0	0	0	0	

图 4-4

1101 交易性金融资产总账　　单位：元

202×年		凭证编号	摘要	借方金额										贷方金额										借或贷	余额										核对
月	日			千	百	十	万	千	百	十	元	角	分	千	百	十	万	千	百	十	元	角	分		千	百	十	万	千	百	十	元	角	分	

备注：期初余额为 0 的账户，只在账页上方正中间写科目名称，账页内第一行为空白。

图 4-5

1122 应收账款总账 单位：元

<table>
<tr><th colspan="2">202×年</th><th rowspan="2">凭证编号</th><th rowspan="2">摘要</th><th colspan="10">借方金额</th><th colspan="10">贷方金额</th><th rowspan="2">借或贷</th><th colspan="10">余额</th><th rowspan="2">核对</th></tr>
<tr><th>月</th><th>日</th><th>千</th><th>百</th><th>十</th><th>万</th><th>千</th><th>百</th><th>十</th><th>元</th><th>角</th><th>分</th><th>千</th><th>百</th><th>十</th><th>万</th><th>千</th><th>百</th><th>十</th><th>元</th><th>角</th><th>分</th><th>千</th><th>百</th><th>十</th><th>万</th><th>千</th><th>百</th><th>十</th><th>元</th><th>角</th><th>分</th></tr>
<tr><td>12</td><td>1</td><td></td><td>期初余额</td><td></td><td></td><td></td><td></td><td></td><td></td><td></td><td></td><td></td><td></td><td></td><td></td><td></td><td></td><td></td><td></td><td></td><td></td><td></td><td></td><td>借</td><td></td><td></td><td></td><td>7</td><td>3</td><td>0</td><td>0</td><td>0</td><td>0</td><td>0</td><td></td></tr>
</table>

图 4-6

（2）日记账（见图 4-7 和图 4-8）。

100101 库存现金日记账 单位：元

人民币

<table>
<tr><th colspan="2">202×年</th><th rowspan="2">凭证编号</th><th rowspan="2">摘要</th><th rowspan="2">对方科目</th><th colspan="10">借方金额</th><th colspan="10">贷方金额</th><th rowspan="2">借或贷</th><th colspan="10">余额</th><th rowspan="2">核对</th></tr>
<tr><th>月</th><th>日</th><th>千</th><th>百</th><th>十</th><th>万</th><th>千</th><th>百</th><th>十</th><th>元</th><th>角</th><th>分</th><th>千</th><th>百</th><th>十</th><th>万</th><th>千</th><th>百</th><th>十</th><th>元</th><th>角</th><th>分</th><th>千</th><th>百</th><th>十</th><th>万</th><th>千</th><th>百</th><th>十</th><th>元</th><th>角</th><th>分</th></tr>
<tr><td>12</td><td>1</td><td></td><td>期初余额</td><td></td><td></td><td></td><td></td><td></td><td></td><td></td><td></td><td></td><td></td><td></td><td></td><td></td><td></td><td></td><td></td><td></td><td></td><td></td><td></td><td></td><td>借</td><td></td><td></td><td></td><td></td><td></td><td>7</td><td>3</td><td>0</td><td>0</td><td>0</td><td></td></tr>
</table>

图 4-7

100201 银行存款日记账 单位：元

工行存款

<table>
<tr><th colspan="2">202×年</th><th rowspan="2">凭证编号</th><th rowspan="2">摘要</th><th rowspan="2">对方科目</th><th colspan="10">借方金额</th><th colspan="10">贷方金额</th><th rowspan="2">借或贷</th><th colspan="10">余额</th><th rowspan="2">核对</th></tr>
<tr><th>月</th><th>日</th><th>千</th><th>百</th><th>十</th><th>万</th><th>千</th><th>百</th><th>十</th><th>元</th><th>角</th><th>分</th><th>千</th><th>百</th><th>十</th><th>万</th><th>千</th><th>百</th><th>十</th><th>元</th><th>角</th><th>分</th><th>千</th><th>百</th><th>十</th><th>万</th><th>千</th><th>百</th><th>十</th><th>元</th><th>角</th><th>分</th></tr>
<tr><td>12</td><td>1</td><td></td><td>期初余额</td><td></td><td></td><td></td><td></td><td></td><td></td><td></td><td></td><td></td><td></td><td></td><td></td><td></td><td></td><td></td><td></td><td></td><td></td><td></td><td></td><td></td><td>借</td><td></td><td></td><td>5</td><td>9</td><td>0</td><td>6</td><td>0</td><td>0</td><td>5</td><td>0</td><td></td></tr>
</table>

图 4-8

（3）明细账（见图 4-9 和图 4-10）。

101201 其他货币资金明细账 单位：元

账户名称：存出投资款

<table>
<tr><th colspan="2">202×年</th><th rowspan="2">凭证编号</th><th rowspan="2">摘要</th><th colspan="10">借方金额</th><th colspan="10">贷方金额</th><th rowspan="2">借或贷</th><th colspan="10">余额</th><th rowspan="2">核对</th></tr>
<tr><th>月</th><th>日</th><th>千</th><th>百</th><th>十</th><th>万</th><th>千</th><th>百</th><th>十</th><th>元</th><th>角</th><th>分</th><th>千</th><th>百</th><th>十</th><th>万</th><th>千</th><th>百</th><th>十</th><th>元</th><th>角</th><th>分</th><th>千</th><th>百</th><th>十</th><th>万</th><th>千</th><th>百</th><th>十</th><th>元</th><th>角</th><th>分</th></tr>
<tr><td>12</td><td>1</td><td></td><td>期初余额</td><td></td><td></td><td></td><td></td><td></td><td></td><td></td><td></td><td></td><td></td><td></td><td></td><td></td><td></td><td></td><td></td><td></td><td></td><td></td><td></td><td>借</td><td></td><td></td><td>1</td><td>0</td><td>0</td><td>0</td><td>0</td><td>0</td><td>0</td><td>0</td><td></td></tr>
</table>

图 4-9

110101 交易性金融资产明细账 单位：元

账户名称：中金岭南股票

<table>
<tr><th colspan="2">202×年</th><th rowspan="2">凭证编号</th><th rowspan="2">摘要</th><th colspan="10">借方金额</th><th colspan="10">贷方金额</th><th rowspan="2">借或贷</th><th colspan="10">余额</th><th rowspan="2">核对</th></tr>
<tr><th>月</th><th>日</th><th>千</th><th>百</th><th>十</th><th>万</th><th>千</th><th>百</th><th>十</th><th>元</th><th>角</th><th>分</th><th>千</th><th>百</th><th>十</th><th>万</th><th>千</th><th>百</th><th>十</th><th>元</th><th>角</th><th>分</th><th>千</th><th>百</th><th>十</th><th>万</th><th>千</th><th>百</th><th>十</th><th>元</th><th>角</th><th>分</th></tr>
<tr><td></td><td></td><td></td><td></td><td></td><td></td><td></td><td></td><td></td><td></td><td></td><td></td><td></td><td></td><td></td><td></td><td></td><td></td><td></td><td></td><td></td><td></td><td></td><td></td><td></td><td></td><td></td><td></td><td></td><td></td><td></td><td></td><td></td><td></td><td></td><td></td></tr>
</table>

备注：明细账为活页账，期初没有余额的账户可在以后遇到时再添加。

图 4-10

第三节　分析原始凭证

一、能力目标

（1）能正确判断原始凭证种类。
（2）能规范填制各种原始凭证。
（3）能辨析原始凭证的真实、合法、有效性。
（4）能分析各种原始凭证所代表的经济业务内容。

二、能力训练任务

（1）根据原始凭证分析经济业务内容。
（2）根据经济业务内容编制会计分录。
（3）根据会计分录判断专用记账凭证格式。

三、能力训练项目要求

分析 202×年广州百威电器有限公司 12 月原始凭证并进行账务处理（见图 4-11 至图 4-100）。

1-1　　**深圳增值税专用发票**　　NO. 01332956

发票联　　开票日期：202×年 12 月 3 日

<table>
<tr><td rowspan="4">购货单位</td><td>名称</td><td colspan="5">广州百威电器有限公司</td><td rowspan="4">密码区</td><td rowspan="4">4168642+＊−+548+−<667/7
2>978−45430>428＊＊5>><
0＊/+4<01<2−>713611332
−9424+7>>2+＊<08−7>>4/</td></tr>
<tr><td>纳税人识别号</td><td colspan="5">880215176547736</td></tr>
<tr><td>地址、电话</td><td colspan="5">花港大道盛丰工业区 168 号 020-86867888</td></tr>
<tr><td>开户银行及账号</td><td colspan="5">中国工商银行花都支行 370-998305</td></tr>
<tr><td colspan="2">货物或应税劳务名称</td><td>规格型号</td><td>计量单位</td><td>数量</td><td>单价</td><td>金额</td><td>税率</td><td>税额</td></tr>
<tr><td colspan="2">影碟机线材</td><td>GDZJ20C</td><td>套</td><td>5 000</td><td>6.8</td><td>34 000</td><td>13%</td><td>4 420.00</td></tr>
<tr><td colspan="2">合计</td><td></td><td></td><td></td><td></td><td>¥34 000</td><td></td><td>¥4 420.00</td></tr>
<tr><td colspan="2">价税合计（大写）</td><td colspan="7">⊕叁万捌仟肆佰贰拾元整　　（小写）¥38 420.00</td></tr>
<tr><td rowspan="4">销货单位</td><td>名称</td><td colspan="5">隆科电子有限公司</td><td rowspan="4">备注</td><td rowspan="4"></td></tr>
<tr><td>纳税人识别号</td><td colspan="5">440306731128999</td></tr>
<tr><td>地址、电话</td><td colspan="5">深圳宝安沙井镇兴业园路 13 号 0755-33652865</td></tr>
<tr><td>开户银行及账号</td><td colspan="5">中国工商银行宝安支行 062-321006</td></tr>
</table>

第二联　发票联　购货方记账凭证

收款人：胡美琴　　复核：余玲　　开票人：余玲　　销货单位（章）：

图 4-11

1-2 **中国工商银行信汇凭证（回单）** ①

委托日期 202×年 12 月 3 日　　　　第 05066 号

<table>
<tr><td rowspan="3">汇款人</td><td>全称</td><td colspan="3">广州百威电器有限公司</td><td rowspan="3">收款人</td><td>全称</td><td colspan="3">隆科电子有限公司</td></tr>
<tr><td>账号或地址</td><td colspan="3">370-998305</td><td>账号或地址</td><td colspan="3">062-321006</td></tr>
<tr><td>汇出地点</td><td>广东 省
广州 市（县）</td><td>汇出行名称</td><td>工商银行花都支行</td><td>汇入地点</td><td>广东 省
深圳 市（县）</td><td>汇入行名称</td><td>工商银行宝安支行</td></tr>
</table>

<table>
<tr><td rowspan="2">金额</td><td rowspan="2">人民币（大写）⊕叁万捌仟肆佰贰拾元整</td><td>千</td><td>百</td><td>十</td><td>万</td><td>千</td><td>百</td><td>十</td><td>元</td><td>角</td><td>分</td></tr>
<tr><td></td><td></td><td>¥</td><td>3</td><td>8</td><td>4</td><td>2</td><td>0</td><td>0</td><td>0</td></tr>
<tr><td colspan="2">汇款用途：支付影碟机线材款
上列款项已根据委托办理，如需查询，请持此联来面洽。
单位主管　会计　复核　记账</td><td colspan="10">汇出行盖章
202×年 12 月 3 日</td></tr>
</table>

图 4-12

借：在途物资——线材（影碟机线材）　　34 000

　　应交税费——应交增值税（进项税额）　　4 420

　贷：银行存款——工行存款　　38 420

（编制付款凭证，银付字第 01 号；或编制通用记账凭证，记字第 01 号）

2-1 **中国工商银行进账单（回单或收账通知）** ①

202×年 12 月 5 日　　　　第 28220200 号

<table>
<tr><td rowspan="3">付款人</td><td>全称</td><td>路德有限公司</td><td rowspan="3">收款人</td><td>全称</td><td>广州百威电器有限公司</td></tr>
<tr><td>账号</td><td>037852903</td><td>账号</td><td>370-998305</td></tr>
<tr><td>开户银行</td><td>工商银行花都支行</td><td>开户银行</td><td>工商银行花都支行</td></tr>
</table>

<table>
<tr><td rowspan="2">人民币（大写）</td><td rowspan="2">⊕叁佰叁拾万元整</td><td>千</td><td>百</td><td>十</td><td>万</td><td>千</td><td>百</td><td>十</td><td>元</td><td>角</td><td>分</td></tr>
<tr><td>¥</td><td>3</td><td>3</td><td>0</td><td>0</td><td>0</td><td>0</td><td>0</td><td>0</td><td>0</td></tr>
<tr><td>票据种类</td><td></td><td colspan="10" rowspan="3">收款人开户行盖章</td></tr>
<tr><td>票据张数</td><td></td></tr>
<tr><td colspan="2">单位主管　会计　复核</td></tr>
</table>

图 4-13

2-2

<table>
<tr><td>

华都会计师事务所有限公司

［202×］验字第 002 号

验资报告　　　　华都会计师事务所有限公司验资专用章

百威电器有限公司全体股东：

我们接受委托，审验了贵公司截至 202×年 12 月 5 日止申请变更登记的注册资本的实收情况。按照国家相关法律、法规的规定和有关决议、章程的要求出资，提供真实、合法、完整的验资资料，保证资产的安全、完整是全体股东及贵公司的责任。我们的责任是对贵公司注册资本的实收情况发表审验意见。我们的审验是依据《独立审计实务公告第 1 号——验资》进行的。在审验过程中，我们结合贵公司的实际情况，实施了检查等必要的审验程序。根据有关部门协议、章程规定，贵公司申请变更的注册资本为人民币 500 万元，由刘少明、路德有限公司于 202×年 12 月 5 日之前缴足。经我们审验，截至 202×年 12 月 5 日止，贵公司已收到全体股东缴纳的注册资本，合计人民币伍佰万元整（￥ 5 000 000. 00），全部以货币出资。

本验资报告仅供贵公司申请变更登记及据以向全体股东签发出资证明时使用，不应将其视为是对贵公司验资报告日后资本保全、偿债能力和持续经营能力等的保证。因使用不当造成的后果，与执行本验资业务的注册会计师及会计师事务所无关。

附：注册资本实收情况明细表

华都会计师事务所有限公司　　　　主任会计师：张力

中国广州　　　　中国注册会计师：王华

二〇二×年十二月五日

</td></tr>
</table>

图 4-14

2-3

注册资本实收情况明细表

截至 202×年 12 月 5 日

公司名称：广州百威电器有限公司　　　　金额单位：万元

股东名称	申请的注册资本		实际出资情况						
	金额	比例/%	货币	实物	净资产	其他	合计	其中：实缴资本	
								金额	比例/%
刘少明	170	34. 00	170				170	170	34. 00
路德公司	330	66. 00	330				330	330	66. 00
合计	500	100	500				500	500	100

华都会计师事务所有限公司　　　　中国注册会计师：王华

图 4-15

借：银行存款——工行存款　　　　3 300 000

　贷：实收资本——路德有限公司　　　　3 300 000

（编制收款凭证，银收字第 01 号；或编制通用记账凭证，记字第 02 号）

3-1 **广州百威电器有限公司材料入库单**

日期：202×-12-05　　供应商：隆科电子有限公司　　单号：CG202×-12-05-0001

品名规格	单位	数量	单价/元	金额/元	采购费用/元	实际入库数量	金额/元
影碟机线材	套	5 000	6.8	34 000.00	——	5 000	34 000.00
合计		5 000		34 000.00	——	5 000	34 000.00

审核：　　采购员：叶建辉　　保管员：陈志庆　　记账：

图 4-16

借：原材料——线材（影碟机线材）　　34 000

　贷：在途物资——线材（影碟机线材）　　34 000

（编制转账凭证，转字第 01 号；或编制通用记账凭证，记字第 03 号）

4-1

中国工商银行 现金支票存根（粤）	中国工商银行　现金支票　Ⅶ Ⅱ 01018889
Ⅶ Ⅱ 01018889	出票日期（大写）贰零贰×年壹拾贰月零陆日　付款行名称：工行花都支行
附加信息	收款人：广州百威电器有限公司　出票人账号：370-998305
出票日期 202×年 12 月 6 日	人民币（大写）⊕叁仟元整　千 百 十 万 千 百 十 元 角 分：¥ 3 0 0 0 0 0
收款人：广州百威电器有限公司	用途备用金
金额：¥3 000.00	上列款项请从我账户内支付　百威电器有限公司财务专用章　刘少明之印　00-1879-45678
用途：备用金	出票人签章
单位主管　会计	复核　记账

（由企业会计填制，右边交给银行提取现金，左边企业留存作为原始凭证）

图 4-17

借：库存现金——人民币　　3 000

　贷：银行存款——工行存款　　3 000

（编制付款凭证，银付字第 02 号；或编制通用记账凭证，记字第 04 号）

5-1　　**中国工商银行广东省分行营业部广州市电子缴税回单**

INDUSTRIAL AND COMMERCIAL BANK OFCHINA　GUANGZHOU　NO. 0609011012140307

<table>
<tr><td rowspan="3">付款人</td><td>全称</td><td colspan="2">广州百威电器有限公司</td><td rowspan="3">收款人</td><td>全称</td><td colspan="10">广州市花都区税务局</td></tr>
<tr><td>账号</td><td colspan="2">370-998305</td><td>账号</td><td colspan="10">08459778535001</td></tr>
<tr><td>开户银行</td><td colspan="2">工商银行花都支行</td><td>开户银行</td><td colspan="10">中华人民共和国国家金库花都支库</td></tr>
<tr><td rowspan="2">金额</td><td rowspan="2">人民币（大写）</td><td colspan="4" rowspan="2">⊕壹万肆仟陆佰贰拾捌元叁角陆分</td><td>千</td><td>百</td><td>十</td><td>万</td><td>千</td><td>百</td><td>十</td><td>元</td><td>角</td><td>分</td></tr>
<tr><td></td><td></td><td>¥</td><td>1</td><td>4</td><td>6</td><td>2</td><td>8</td><td>3</td><td>6</td></tr>
<tr><td>内容</td><td>扣缴国税款</td><td>电子税票号</td><td>0182008000015859</td><td>纳税人编码</td><td>018200008190</td><td colspan="5">纳税人名称</td><td colspan="5">广州百威电器有限公司</td></tr>
<tr><td>税种</td><td>所属期</td><td>纳税金额</td><td>备注</td><td>税种</td><td>所属期</td><td colspan="5">纳税金额</td><td colspan="5">备注</td></tr>
<tr><td>增值税</td><td>2×1101-2×1130</td><td>14 628. 36</td><td></td><td></td><td></td><td colspan="5"></td><td colspan="5"></td></tr>
</table>

日期：202×年 12 月 6 日　　清算日期：202×年 12 月 6 日

网站：www. icbc. om. cn　　打印日期：202×年 12 月 6 日

服务热线电话：95588

图 4-18

5-2　　**中华人民共和国**

税收电子转账专用完税证

（202×）粤国　0000000200150

填发日期：202×年 12 月 6 日　　电子交易流水号：01164280

<table>
<tr><td colspan="2">纳税人代码：880215176547736</td><td colspan="3">征收机关：花都区税务局征收组</td></tr>
<tr><td colspan="2">纳税人全称：广州百威电器有限公司</td><td colspan="3">收款银行：广州市工行花都支行</td></tr>
<tr><td colspan="2">纳税人缴款账号：370-998305</td><td colspan="3">国　　库：花都金库 08459778535001</td></tr>
<tr><td colspan="2">税种（品目名称）</td><td>预算科目、预算级次</td><td>税收所属时期</td><td>实缴金额</td></tr>
<tr><td colspan="2">增值税
商业零售</td><td>股份制企业增值税
中央 75%，市区 25%</td><td>202×年 11 月 1 日至
202×年 11 月 30 日</td><td>14 628 . 36</td></tr>
<tr><td>金额合计</td><td colspan="3">（大写）⊕壹万肆仟陆佰贰拾捌元叁角陆分</td><td>¥ 14 628. 36</td></tr>
<tr><td>税务机关
（盖章）</td><td>收款银行
（盖章）</td><td>经手人 吴丽珍
（盖章）</td><td>备注</td><td>正常税款
（202×）粤国 0000000200150
税收转账专用完税证（电脑平推）
POS 机缴款</td></tr>
</table>

此凭证不得用于收取现金税款，仅作纳税人电子转账完税凭证（电脑打印　手工填写无效）

图 4-19

借：应交税费——未交增值税　　14 628. 36

　贷：银行存款——工行存款　　14 628. 36

（编制付款凭证，银付字第 03 号；或编制通用记账凭证，记字第 05 号）

6-1　　中国工商银行广东省分行营业部广州市电子缴税回单

INDUSTRIAL AND COMMERCIAL BANK OFCHINA　　GUANGZHOU　　NO. 0054635012140963

<table>
<tr><td rowspan="3">付款人</td><td>全称</td><td colspan="4">广州百威电器有限公司</td><td rowspan="3">收款人</td><td>全称</td><td colspan="10">广州市花都区税务局</td></tr>
<tr><td>账号</td><td colspan="4">370-998305</td><td>账号</td><td colspan="10">08459778535001</td></tr>
<tr><td>开户银行</td><td colspan="4">工商银行花都支行</td><td>开户银行</td><td colspan="10">中华人民共和国国家金库花都支库</td></tr>
<tr><td rowspan="2">金额</td><td rowspan="2">人民币（大写）</td><td colspan="6" rowspan="2">⊕壹仟肆佰陆拾贰元捌角肆分</td><td>千</td><td>百</td><td>十</td><td>万</td><td>千</td><td>百</td><td>十</td><td>元</td><td>角</td><td>分</td></tr>
<tr><td></td><td></td><td></td><td>¥</td><td>1</td><td>4</td><td>6</td><td>2</td><td>8</td><td>4</td></tr>
<tr><td>内容</td><td>扣缴国税款</td><td>电子税票号</td><td colspan="3">320060913069689</td><td colspan="2">纳税人编码</td><td colspan="4">718145719</td><td colspan="2">纳税人名称</td><td colspan="4">广州百威电器有限公司</td></tr>
</table>

税种	所属期	纳税金额	备注	税种	所属期	纳税金额	备注
城市维护建设税（市区）	2×1101-2×1130	1 023. 99	地税				
教育费附加（城镇）	2×1101-2×1130	438. 85	地税				

日期：202×年 12 月 6 日　　清算日期：202×年 12 月 6 日

网站：www. icbc. om. cn　　打印日期：202×年 12 月 6 日

服务热线电话：95588

图 4-20

6-2

中华人民共和国

税收电子转账专用完税证

隶属关系：其他　　填发日期：202×年 12 月 6 日（202×-1）粤地 02600438431 号

所属类型：私营有限责任公司　　征收机关：广州地税局新华分局

<table>
<tr><td rowspan="3">收款单位（人）</td><td>纳税代码</td><td colspan="3">176547736</td><td>开户银行</td><td colspan="3"></td></tr>
<tr><td>全　　称</td><td colspan="3">广州百威电器有限公司</td><td>账　　号</td><td colspan="3"></td></tr>
<tr><td>地　　址</td><td colspan="3">花港大道盛丰工业区 168 号</td><td>收款银行</td><td colspan="3">工商银行花都支行</td></tr>
<tr><td>所属时期</td><td colspan="4">202×年 11 月 1 日至 202×年 11 月 30 日</td><td>账号</td><td colspan="3">370-998305</td></tr>
<tr><td colspan="2" rowspan="2">品　目
名　称</td><td colspan="2">预算科目</td><td rowspan="2">计税金额或课税数量</td><td rowspan="2">税率或单位税额</td><td rowspan="2">扣除额</td><td colspan="2" rowspan="2">实缴金额</td></tr>
<tr><td>编　码</td><td>级　次</td></tr>
<tr><td colspan="2">城市维护建设税
城市维护建设税（市区）
教育费附加　城镇</td><td></td><td></td><td>14 628. 36
14 628. 36</td><td>7%
3%</td><td></td><td colspan="2">¥1 023. 99
¥ 438. 85</td></tr>
<tr><td colspan="2">金额合计</td><td colspan="5">（大写）⊕壹仟肆佰陆拾贰元捌角肆分</td><td colspan="2">¥1 462 . 84</td></tr>
<tr><td colspan="2">黄靖芳
填票人（盖章）</td><td colspan="2">广州市花都区税务局新华税务分局（盖章）</td><td>收款银行（盖章）</td><td>备注</td><td colspan="3">正常税款
（202×-1）粤地-026-00438431
税收转账专用完税证（电脑平推）
POS 机缴款</td></tr>
</table>

逾期不缴按税法规定加收滞纳金

图 4-21

借：应交税费——应交城市维护建设税　　1 023.99

　　　　　　——应交教育费附加　　438.85

　贷：银行存款——工行存款　　1 462.84

（编制付款凭证，银付字第 04 号；或编制通用记账凭证，记字第 06 号）

7-1　　**广州百威电器有限公司现金借款单**　　NO. 3201010

202×年 12 月 6 日

借款人：丁英　现金付讫	
借款用途：出差备用	
借款数额：人民币（大写）⊕壹仟元整　¥1000.00	
单位负责人所属部门：经理办	借款人（签章）　丁英　202×年 12 月 06 日
单位负责人批示：同意借款　签字：刘少明　202×年 12 月 06 日	
会计或出纳员签章：张浩	

图 4-22

借：其他应收款——丁英　　1 000

　贷：库存现金——人民币　　1 000

（编制付款凭证，现付字第 01 号；或编制通用记账凭证，记字第 07 号）

8-1　　4400062140　　**广东增值税专用发票**　　NO. 01754191

发票联　　开票日期：202×年 12 月 7 日

购货单位	名称	广州百威电器有限公司			密码区	>/72422503/95671/5348/ 4/453/5<>8/410/22122＊2 ＊4<29446>0163491360// 145<3>>2+＊<08-7>>2-	
	纳税人识别号	880215176547736					
	地址、电话	花港大道盛丰工业区 168 号 020-86867888					
	开户银行及账号	中国工商银行花都支行 370-998305					
货物或应税劳务名称	规格型号	计量单位	数量	单价	金额	税率	税额
带钢	YL501	吨	30	5 000	150 000.00	13%	19 500.00
二极管	BZV55C	个	700	82	57 400.00	13%	7 462.00
合计					¥207 400.00		¥26 962.00
价税合计（大写）	⊕贰拾叁万肆仟叁佰陆拾贰元整					（小写）	¥234 362.00
销货单位	名称	佛山市顺德区乐从镇高宝贸易有限公司			备注		
	纳税人识别号	440681708079765					
	地址、电话	顺德区乐从镇沿江路 28869178					
	开户银行及账号	中国工商银行乐从支行 049-568972					

第二联　发票联　购货方记账凭证

收款人：石美琳　　复核：胡慧楠　　开票人：郑秀梅　　销货单位（章）：

图 4-23

8-2

4403124730　　**货物运输业增值税专用发票**　　NO. 00430387

发　票　联　　开票日期：202×年 12 月 7 日

承运人及纳税人识别号	广发货物运输有限公司 44030088774662X			密码区	0212>/72＊6783671/57808/4/453/ 5<>8/410/2353322＊2＊4<291>01 623691890//1423<3>>2+＊<01-6 >>809921340065++4352190＊87		
实际受票方及纳税人识别号	广州百威电器有限公司 880215176547736						
收货人及纳税人识别号	广州百威电器有限公司 880215176547736			发货人及纳税人识别号	高宝贸易有限公司 440681708079765		
起运地、经由、到达地	南海—广州						
费用项目及金额	费用项目 运费	金额 1 100.92		运输货物信息	202×年 12 月 7 日运达 带钢 二极管		
合计金额	¥1 100.92	税率	9%	税额	¥99.08	机器编号	889990002
费税合计（大写）	⊕壹仟贰佰元整				（小写）¥1 200.00		
车种车号	粤 A9987	车船吨位	35t	备注			
主管税务机关及代码	广东广州市白云区税务局 442087300						

收款人：王刚　　复核人：胡一萍　　开票人：兰新　　承运人：（章）

第二联：发票联　实际受票方记账凭证

图 4-24

8-3　　**运费分配表**

单位名称：百威电器有限公司　　日期：202×年 12 月 7 日　　制单：李勇

材料名称	购进金额/元	分配率	分配金额/元
带钢	150 000.00	0.005 308 197	796.23
二极管	57 400.00	0.005 308 197	304.69
合计	207 400.00		1 100.92
备注：分配率＝1 100.92÷（150 000+57 400）＝0.005 308 197			

图 4-25

8-4　　**广州百威电器有限公司材料入库单**

日期：202×-12-07　　供应商：高宝贸易有限公司　　单号：CG202×-12-07-0001

品名规格	单位	数量	单价/元	金额/元	采购费用/元	实际入库数量	金额/元
带钢	吨	30	5 000	150 000.00	796.23	30	150 796.23
二极管	个	700	82	57 400.00	304.69	700	57 704.69
合计				207 400.00	1 100.92		208 500.92

审核：　　采购员：叶建辉　　保管员：陈志庆　　记账：

图 4-26

借：原材料——板材（带钢）　　150 796. 23
　　　　——电子元件（二极管）　　57 704. 69
　应交税费——应交增值税（进项税额）　　27 061. 08
　贷：应付账款——高宝贸易有限公司　　235 562

（编制转账凭证，转字第 02 号；或编制通用记账凭证，记字第 08 号）

9-1

工资结算单

所属期间：202×年 11 月份　　发放日期：202×年 12 月 8 日　　单位：元

序号	姓名	部门	基本工资	责任津贴	岗位津贴	其他补贴	缺勤应扣	应发工资	代扣款项		代扣个人所得税	实发工资
									养老保险	失业保险		
01	王杰	厂部	1 450	380	400	159	30	2 359	180	22. 5	32. 5	2 124. 00
02	林燕	厂部	1 350	350	400	148	—	2 248	173	21. 72	28. 6	2 024. 68
……	……	……	……	……	……	……	……	……	……	……	……	……
60	周华	车间	520	220	310	130	—	1 180	98. 8	12. 5	—	1 068. 70
合计			41 744. 08	13 246	11 167	8 885	435	74 607. 08	7 030	878. 00	276. 08	66 423. 00

会计主管：丁英　　出纳：张浩　　制单：王欣

图 4-27

9-2

中国工商银行转账支票存根

支票号码　NO 3789546721

科目__________

对方科目__________

签发日期 202×年 12 月 8 日

金额：￥66 423. 00
用途：发工资
备注：

单位主管：　　会计：张浩

复　核：丁英　　记账：

图 4-28

借：应付职工薪酬——职工工资　　74 607. 08
　贷：银行存款——工行存款　　66 423
　　应交税费——应交养老保险　　7 030
　　　　——应交失业保险　　878
　　　　——应交个人所得税　　276. 08

（编制付款及转账凭证，银付字第 05 号及转字第 03 号；或编制通用记账凭证，记字第 09 号）

10-1 **中国工商银行特种转账贷方传票**

202×年 12 月 9 日（32） 粤工字 NO. 0050267

付款人	全称	中国工商银行花都支行	收款人	全称	广州百威电器有限公司
	账号	02000130		账号	370-998305
	开户银行	贷款户		开户银行	工商银行花都支行

金额	人民币（大写） ⊕叁拾万元整	千	百	十	万	千	百	十	元	角	分
			¥	3	0	0	0	0	0	0	0

原凭证金额		赔偿金		科目（贷）＿＿＿＿ 对方科目（借）＿＿＿＿ 会计 复核 记账 制票

图 4-29

10-2

中国工商银行贷款合同

立合同单位：中国工商银行花都支行（以下简称贷款方）
广州百威电器有限公司（以下简称借款方）
广州金威集团有限公司（以下简称保证方）

为明确责任，恪守合同，特签订本合同，共同信守。

一、贷款种类：短期流动资金借款。

二、借款金额：人民币叁拾万元整。

三、借款用途：采购原材料。

四、借款利率：年利率 6.9%，利随本清，如遇国家调整利率，按调整后的规定计算。

五、贷款期限：借款时间自 202×年 12 月 9 日至 202×年 6 月 9 日止，共计 6 个月。

六、还款资金来源：产品销售收入。

七、还款方式：转账。

图 4-30

借：银行存款——工行存款 300 000

　贷：短期借款——工行借款 300 000

（编制收款凭证，银收字第 02 号；或编制通用记账凭证，记字第 10 号）

11-1 **商品销售发票** 1440106260695

开票日期：202×年 12 月 9 日 NO 15342580

单位名称	广州百威电器有限公司				税务登记代码		440506221066889					备注
品名	规格	单位	数量	单价	金额							
					万	千	百	十	元	角	分	
办公用品							6	3	0	0	0	
金额合计（大写）	⊕万⊕仟陆佰叁拾零元零角零分					¥	6	3	0	0	0	
销售单位	（加盖财务专用章或发票专用章）	开户银行	屈臣氏用品商店有限公司		结算方式		银行□现金■					
		账号	322457891		电话		87520367					

开票地址： 开票人：许磊 收款人：张楚楚

图 4-31

借：管理费用——办公费 630

贷：库存现金——人民币 630

（编制付款凭证，现付字第 02 号；或编制通用记账凭证，记字第 11 号）

12-1 **中国工商银行进账单（回单或收账通知）①**

202×年 12 月 9 日 第 28220200 号

<table>
<tr><td rowspan="3">付款人</td><td>全称</td><td>华讯杰有限公司</td><td rowspan="3">收款人</td><td>全称</td><td colspan="10">广州百威电器有限公司</td></tr>
<tr><td>账号</td><td>33000265335</td><td>账号</td><td colspan="10">370-998305</td></tr>
<tr><td>开户银行</td><td>工商银行南海分行</td><td>开户银行</td><td colspan="10">工商银行花都支行</td></tr>
<tr><td rowspan="2" colspan="2">人民币（大写）</td><td rowspan="2" colspan="3">⊕壹拾柒万伍仟伍佰元整</td><td>千</td><td>百</td><td>十</td><td>万</td><td>千</td><td>百</td><td>十</td><td>元</td><td>角</td><td>分</td></tr>
<tr><td></td><td>¥</td><td>1</td><td>7</td><td>5</td><td>5</td><td>0</td><td>0</td><td>0</td><td>0</td></tr>
<tr><td colspan="2">票据种类</td><td></td><td rowspan="3" colspan="12">收款人开户行盖章</td></tr>
<tr><td colspan="2">票据张数</td><td></td></tr>
<tr><td colspan="3">单位主管 会计 复核</td></tr>
</table>

图 4-32

12-2 **销售产品发货单** 运输方式：自提

购货单位：华讯杰有限公司 202×年 12 月 6 日 编号：061204

产品名称	规格型号	计量单位	数量	单价/元	金额/元	备注
功放机	6901	台	100	1 500	150 000	

销售负责人：李春林 发货人：陈志庆 提货人：杨谷 制单：陈志庆

图 4-33

12-3 4400061140 **广东增值税专用发票** NO. 03955068

此联不作报销、扣税凭证使用 开票日期：202×年 12 月 9 日

<table>
<tr><td rowspan="4">购货单位</td><td>名称</td><td colspan="4">华汛杰有限公司</td><td rowspan="4">密码区</td><td colspan="3" rowspan="4">>＊/＊587944+-44//＊410
64+6300354</38745<4+
/855211<<56+-8448653
23566-87＊-237>＊/56</td></tr>
<tr><td>纳税人识别号</td><td colspan="4">44012528645311</td></tr>
<tr><td>地址、电话</td><td colspan="4">广东南海新世纪工业园 25 号 86497522</td></tr>
<tr><td>开户银行及账号</td><td colspan="4">中国工商银行南海分行 33000265335</td></tr>
<tr><td colspan="2">货物或应税劳务名称</td><td>规格型号</td><td>计量单位</td><td>数量</td><td>单价</td><td colspan="2">金额</td><td>税率</td><td>税额</td></tr>
<tr><td colspan="2">功放机</td><td>6901</td><td>台</td><td>100</td><td>1500</td><td colspan="2">150 000. 00</td><td>13%</td><td>19 500. 00</td></tr>
<tr><td colspan="2"></td><td></td><td></td><td></td><td></td><td colspan="2"></td><td></td><td></td></tr>
<tr><td colspan="2">合计</td><td></td><td></td><td></td><td></td><td colspan="2">¥150 000. 00</td><td></td><td>¥19 500. 00</td></tr>
<tr><td colspan="2">价税合计（大写）</td><td colspan="8">⊕壹拾陆万玖仟伍佰元整 （小写）¥169 500. 00</td></tr>
<tr><td rowspan="4">销货单位</td><td>名称</td><td colspan="5" rowspan="4">广州百威电器有限公司
880215176547736
花港大道盛丰工业区 168 号 020-86867888
中国工商银行花都支行 370-998305</td><td rowspan="4">备注</td><td colspan="2" rowspan="4"></td></tr>
<tr><td>纳税人识别号</td></tr>
<tr><td>地址、电话</td></tr>
<tr><td>开户银行及账号</td></tr>
</table>

第三联 记账联 销货方记账凭证

收款人：张浩 复核：丁英 开票人：李勇 销货单位（章）：

图 4-34

借：银行存款——工行存款　　169 500
　贷：主营业务收入——功放机 6901　　150 000
　　　应交税费——应交增值税（销项税额）　　19 500

（编制收款凭证，银收字第 03 号；或编制通用记账凭证，记字第 12 号）

13-1　　**广州百威电器有限公司差旅费报销单**　　记账凭证附件

姓名：丁英　　202×年 12 月 11 日

起止日期	起止地点	车费	飞机费	途中补助	住宿费	外勤补助	杂费	合计	单据
12 月 9 日	花都	150.00		240.00	160.00	100.00	60.00	710.00	7
12 月 10 日	深圳	150.00						150.00	1
合计		300.00		240.00	160.00	100.00	60.00	860.00	8
合计报销金额	（大写）捌佰陆拾元整							（小写）¥ 860.00	
主管意见	同意　刘少明　2X-12-11					报销人签章：丁英　2X-12-11			
备注	已借现金（小写）	¥ 1 000.00		退回现金（小写）			¥ 140.00		

复核：　　记账：　　出纳：张浩

图 4-35

13-2　　**收款收据**　　NO. 4015213

202×年 12 月 11 日

缴款单位（或缴款人）	丁英　现金收讫								
款项内容	归还多借的差旅费								
人民币（大写）	×拾×万×仟壹佰肆拾零元零角零分	十	万	千	百	十	元	角	分
				¥	1	4	0	0	0

第三联　记账联

收款单位：广州百威电器有限公司　　会计：　　出纳：张浩

图 4-36

借：管理费用——差旅费　　860
　　库存现金——人民币　　140
　贷：其他应收款——丁英　　1 000

（编制收款及转账凭证，现收字第 01 号及转字第 04 号；或编制通用记账凭证，记字第 13 号）

14-1　　中国人民银行支付系统专用凭证　　NO. 000078628760

报文种类：CMT100　交易种类：HVPS　货计　业务种类：11　支付交易序号：02X7031
发起行行号：313303000072　汇款人开户行行号：　委托日期：
汇款人账号：11011345670
汇款人名称：多多乐有限公司
汇款人地址：增城区朱村镇山田城北路 58 号
接受行行号：370　收款人开户行行号：中国工商银行花都支行　收报日期：202×-12-11
收款人账号：370-998305　（盖章）
收款人名称：广州百威电器有限公司
收款人地址：花港大道盛丰工业区 168 号
货币名称、金额（大写）⊕柒万叁仟元整
货币名称、金额（大写）￥73 000.00
附言：前欠货款
报文状态：已入账
流水号：515934　打印时间：202×-12-11
第 01 次打印！

第二联　作为客户通知单　会计　复核　记账

图 4-37

借：银行存款——工行存款　73 000
　贷：应收账款——多多乐有限公司　73 000
（编制收款凭证，银收字第 04 号；或编制通用记账凭证，记字第 14 号）

15-1　4400061140　广东增值税专用发票　NO. 03955068
此联不作报销、扣税凭证使用　开票日期：202×年 12 月 13 日

购货单位	名称	广东省友和对台贸易公司			密码区	893 * / * 5879 * </3+621 0/ * 00>0//45 * 02+-11 7610<186053<+-2<35 >66-87 * -237> * /56/5 689>45	
	纳税人识别号	440104190376331					
	地址、电话	广州市米市路 58 号 83334115					
	开户银行及账号	中国银行广州分行 850000211308093001					
货物或应税劳务名称	规格型号	计量单位	数量	单价	金额	税率	税额
影碟机 1609	DIGTAL	台	150	1 200	180 000.00	13%	23 400.00
合计					￥180 000.00		￥23 400.00
价税合计（大写）	⊕贰拾万叁仟肆佰元整					（小写）￥203 400.00	
销货单位	名称	广州百威电器有限公司			备注		
	纳税人识别号	880215176547736					
	地址、电话	花港大道盛丰工业区 168 号 020-86867888					
	开户银行及账号	中国工商银行花都支行 370-998305					

第三联　记账联　销货方记账凭证

收款人：　复核：　开票人：李勇　销货单位（章）：

图 4-38

15-2

广州百威电器有限公司

现金支付证明

NO. 298766

202×年 12 月 13 日

兹向广东大众运输公司 支付现金陆佰元整 ，特此证明。	
事由：代垫友和对台贸易公司影碟机运费 现金付讫	
数额：人民币（大写）⊕陆佰元整	¥600.00
支付部门：销售科（盖章）	经办人（签章）赵一鸣 202×年 12 月 13 日
财务主管批示：情况属实	签字：丁英 202×年 12 月 13 日
单位负责人批示：同意用现金垫支	签字：刘少明 202×年 12 月 13 日
会计或出纳员签章：张浩	

附：运费发票（不作为百威公司原始凭证）

4403124730 **货物运输业增值税专用发票** NO. 00430387

发票联 开票日期：202×年 12 月 13 日

承运人及纳税人识别号	广东大众运输公司 440568915780568	密码区	0412>/72＊6734671/57123/6/483/7<> 8/800/23545672 ＊ 20 < 201 > 67894391890//1423<34>>2+＊<01-6> >789021340065++4368030＊8098>2＊0				
实际受票方及纳税人识别号	友和对台贸易公司 440104190376331						
收货人及纳税人识别号	友和对台贸易公司 440104190376331	发货人及纳税人识别号	广州百威电器有限公司 880215176547736				
起运地、经由、到达地	花都—米市						
费用项目及金额	费用项目 运费	金额 550.46	运输货物信息	202×年 12 月 7 日运达 影碟机			
合计金额	¥550.46	税率	9%	税额	¥49.54	机器编号	000000106005
费税合计（大写）	⊕陆佰元整	（小写）¥600.00					
车种车号	粤 A8721	车船吨位	5t	备注	完税凭证号：（004）5687941		
主管税务机关及代码	广东广州市海珠区税务局 443520891						

第二联：发票联 实际受票方记账凭证

收款人：王立 复核人：陈慧 开票人：刘凯军 承运人：（章）杨梅

图 4-39

15-3

托收凭证（受理回单） 1

委托日期　202×年 12 月 13 日

<table>
<tr><td>业务类型</td><td colspan="6">委托收款（□邮划、■电划）托收承付（□邮划、□电划）</td></tr>
<tr><td rowspan="3">付款人</td><td>全称</td><td>广东省友和对台贸易公司</td><td rowspan="3">收款人</td><td>全 称</td><td colspan="2">广州百威电器有限公司</td></tr>
<tr><td>账号</td><td>中国银行广州分行
850000211308093001</td><td>账号</td><td colspan="2">中国工商银行花都支行
370-998305</td></tr>
<tr><td>地址</td><td>广州市米市路 58 号</td><td>地址</td><td colspan="2">花港大道盛丰工业区 168 号</td></tr>
<tr><td>金额</td><td>人民币（大写）</td><td colspan="3">贰拾万肆仟圆整</td><td colspan="2">亿 千 百 十 万 千 百 十 元 角 分
¥ 2 0 4 0 0 0 0 0</td></tr>
<tr><td>款项内容</td><td>货款</td><td>托收凭证名称</td><td></td><td>附寄单证张数</td><td colspan="2">壹张</td></tr>
<tr><td>商品发运情况</td><td colspan="2">已发运</td><td colspan="2">合同名称号码</td><td colspan="2">202×1213</td></tr>
<tr><td colspan="2">备注：验单付款
复核　　　记账</td><td colspan="3">款项收妥日期
202×年 2 月 13 日
（3 个月后）</td><td colspan="2">收款人开户银行签章
年　月　日</td></tr>
</table>

此联作收款人开户银行给收款人按期受理回单

图 4-40

15-4

销售产品发货单

运输方式：自提

购货单位：友和对台贸易公司　　202×年 12 月 13 日　　编号：061205

产品名称	规格型号	计量单位	数量	单价/元	金额/元	备注
影碟机	DIGTAL1609	台	150	1 200	180 000. 00	

销售负责人：李春林　　发货人：陈志庆　　提货人：黄山　　制单：陈志庆

图 4-41

借：应收账款——友和对台贸易公司　　204 000

　贷：主营业务收入——影碟机 1609　　180 000

　　应交税费——应交增值税（销项税额）　　23 400

　　库存现金——人民币　　600

（编制转账及付款凭证，转字第 05 号及现付字第 03 号；或编制通用记账凭证，记字第 15 号）

16-1

固定资产交接单

202×年 12 月 13 日

移交单位		接受单位	财务处
固定资产名称	联想计算机	规格	Ⅷ 860
技术特征		数量	2
附属物			
建造企业	联想计算机集团	出厂或建成年月	202×. 11
安装单位	广州国美电器	安装完工年月	202×. 12. 13
原值	¥7 600. 00	其中安装费	
移交单位负责人		接受单位负责人	刘少明

图 4-42

16-2　　4400062140　　**广东增值税专用发票**　　NO. 08623453

抵扣联　　开票日期：202×年 12 月 13 日

购货单位		密码区
名称	广州百威电器有限公司	46003 * / * 59 * </356+687
纳税人识别号	880215176547736	0/ * 78>0//−+5 * 02+−145
地址、电话	花港大道盛丰工业区 168 号 020−86867888	610<1 * −/4573<+−2<350
开户银行及账号	中国工商银行花都支行 370−998305	0427>66−87 * −237> * /54

货物或应税劳务名称	规格型号	计量单位	数量	单价	金额	税率	税额
联想电脑	XPIII	台	2	3 800. 00	7 600. 00	13%	988. 00
合计					¥7 600. 00		¥988. 00
价税合计（大写）	⊕捌仟伍佰捌拾捌元整						（小写） ¥8 588. 00

销货单位		备注
名称	广州国美电器有限公司	
纳税人识别号	440568974321683	
地址、电话	天河路 456 号 87597598	
开户银行及账号	建设银行天河支行 458973213587	

第四联　抵扣联　购货方记账凭证

收款人：邓林　　复核：张立　　开票人：肖业伟　　销货单位（章）：

图 4-43

16-3

中国工商银行 转账支票存根（粤） XⅡ04015623 附加信息 出票日期 202×年 12 月 13 日	中国工商银行　转账支票　X Ⅱ04015623 出票日期（大写）贰零贰×年壹拾贰 月壹拾叁 日　付款行名称：工行花都支行 收款人：广州百威电器有限公司　出票人账号：370-998305
收款人：国美电器有限公司 金额：￥8 588.00 用途：购买电脑	人民币（大写）⊕捌仟伍佰捌拾捌元整　千 百 十 万 千 百 十 元 角 分：￥ 8 5 8 8 0 0 用途购货款 上列款项请从我账户内支付　出票人签章 百威电器有限公司财务专用章　刘少明之印　00-1879-45678
单位主管　会计	复核　记账

（由企业会计填制，左边企业留存，右边交银行转账）

图 4-44

借：固定资产——非生产用（联想电脑）　7 600

　　应交税费——应交增值税（进项税额）　988

　贷：银行存款——工行存款　8 588

（编制付款凭证，银付字第 06 号；或编制通用记账凭证，记字第 16 号）

17-1　4400061140　**广东增值税专用发票**　NO. 03955068

此联不作报销、扣税凭证使用　开票日期：202×年 12 月 13 日

购货单位	名称	广东尊浪贸易公司				密码区	899<08492+7>>783>＊ 5341</-576105＊60<2 +7915634783-6<250＊ ->657/1362＊＊47028	
	纳税人识别号	445222617600081						
	地址、电话	揭阳市棉湖路 266 号 0663-5689568						
	开户银行及账号	中国银行揭阳分行 380555989456						
货物或应税劳务名称		规格型号	计量单位	数量	单价	金额	税率	税额
锡条		GDLS3C	段	150	40	6 000.00	13%	780.00
合计						￥6 000.00		￥780.00
价税合计（大写）		⊕陆仟柒佰捌拾元整					（小写）￥6 780.00	
销货单位	名称	广州百威电器有限公司					备注	
	纳税人识别号	880215176547736						
	地址、电话	花港大道盛丰工业区 168 号 020-86867888						
	开户银行及账号	中国工商银行花都支行 370-998305						

第三联　记账联　销货方记账凭证

收款人：　复核：　开票人：李勇　销货单位（章）：

图 4-45

17-2　　　　　　　　　　　　　　**银行承兑汇票**　　　2

出票日期（大写）贰零贰×年壹拾贰月壹拾叁日　汇票号码 89765

出票人全称	广东尊浪贸易公司	收款人	全称	广州百威电器有限公司
出票人账号	1312456547623		账号	中国工商银行花都支行 370-998305
付款行全称	中国银行揭阳分行		地址	花港大道盛丰工业区 168 号

金额		亿	千	百	十	万	千	百	十	元	角	分
人民币（大写）	陆仟柒佰捌拾圆整					¥	6	7	8	0	0	0

汇款到期日（大写）	贰零贰×年叁月壹拾叁日	付款行	行号	中国工商银行花都支行
承兑协议编号	202×12999		地址	花港大道盛丰工业区 18 号

本汇票请你行承兑，到期无条件付款。 出票人签章	本汇票已经承兑，到期由本行付款。 承兑行签章 承兑日期　　年　月　日	复核　　记账
	备注：	

此联收款人开户银行随托收凭证寄付款行作借方凭证

图 4-46

借：应收票据——尊浪贸易公司　　　　6 780

　贷：其他业务收入——材料销售　　　　6 000

　　　应交税费——应交增值税（销项税额）　　780

（编制转账凭证，转字第 06 号；或编制通用记账凭证，记字第 17 号）

18-1　　　　　　　　　　　　　**事业服务性收款收据**

财准印（2004）003-121 号　　　　　　NO. 037002

交款单位及个人：广州百威电器有限公司　　　　收款日期：202×年 12 月 15 日

项目	单位	数量	单价	金额 十	万	千	百	十	元	角	分	说明
广告费						2	6	0	0	0	0	①本收据限用于事业单位非经营性收费，其他无效。 ②本收据需加盖收款单位和收款人印章。
		转　账		广州众达广告有限公司财务专用章								
合计人民币（大写）⊕拾⊕万贰仟陆佰零元零角零分												

图 4-47

18-2　　　　广州百威电器有限公司费用报销单　　　　记账凭证附件

202×年 12 月 15 日

发生日期		报销内容	单据张数	金额									备注
月	日			百	十	万	千	百	十	元	角	分	
12	15	广告费	1				2	6	0	0	0	0	
			转　账										
合计人民币（大写）⊕贰仟陆佰元整						¥	2	6	0	0	0	0	
主管意见	同意　　丁英 202×-12-15			报销人签章：刘少明									
已借现金：				退回现金：									

复核：　　　　记账：　　　　出纳：张浩

图 4-48

18-3

中国工商银行转账支票存根

支票号码　　NO 022568971

科目

对方科目　　销售费用

签发日期 202×年 12 月 15 日

收款人：广州百威电器有限公司
金额：¥ 2 600.00
用途：支付广告费
备注：

单位主管：　　　　会计：张浩

复　　核：丁英　　记账：

图 4-49

借：销售费用——广告费　　　　2 600

　贷：银行存款——工行存款　　　　2 600

（编制付款凭证，银付字第 07 号；或编制通用记账凭证，记字第 18 号）

19-1　　中国电信　　广东省电信有限公司收费专用发票　　地税监

CHINATELECOM　　发　票　联

客户名称：广州百威电器有限公司　　客户号码：86867888　　发票代码：244010541291

开户银行：　　银行账号：　　发票号码：23913388

计费周期：202×年 12 月　　202×年 12 月 20 日填开

项目	金额/元	项目	金额/元	项目	金额/元
电话基本月租 功能使用费 区内电话费 长途电话费	28.00 6.00 285.60 2 842.40				
合计人民币（大写）叁仟壹佰陆拾贰元整					（小写）3 162.00
备注：本月消费总额 3 162.00 元　享受优惠总额 0.00 元　本月积分：3162 分，累计积分 18652 分					

收款员：1129401003　　收款单位（盖章）：

说明：本发票经收款单位和收款员盖章方为有效　　（本发票手写无效）

超过拾万元无效

图 4-50

19-2　　**委托收款凭证（付款通知）**　5

委邮　　委托日期：202×年 12 月 20 日　　委托号码：

付款人	全称	广州百威电器有限公司	收款人	全称	广东省电信广州分公司
	账号	370-998305		账号	370-546798
	开户银行	中国工商银行花都支行		开户银行	中国工商银行花都支行

委收金额	人民币（大写）	⊕叁仟壹佰陆拾贰元整	千	百	十	万	千	百	十	元	角	分
						¥	3	1	6	2	0	0

项目内容	电话费	委托收款凭证	电话费发票	附寄单证张数	1 张
备注：	付款单位注意： 根据结算办法，上列委托收款，如在付款期限内未拒付时，即视同意付款，以此联代付款通知。 如需提前付款或多付款时，应另写书面通知送银行办理。 如系全部或部分拒付，应在付款期限内另填拒付理由书送银行办理。				

单位主管　　会计　　复核　　记账　　付款人开户行盖章　202×年 12 月 20 日

图 4-51

借：管理费用——电话费　　3 162

　贷：银行存款——工行存款　　3 162

（编制付款凭证，银付字第 08 号；或编制通用记账凭证，记字第 19 号）

20-1　　上海证券中央登记清算公司

客户名称：广州百威电器有限公司　　日期：202×年 12 月 20 日

<table>
<tr><td colspan="2">036792　　成交过户交割凭单预
买</td></tr>
<tr><td>股东编号：456781
电脑编号：25789
公司编号：258</td><td>成交证券：中金岭南
成交数量：3 000（股）
成交价格：23.68（元）</td></tr>
<tr><td>申请编号：697
申报时间：10：00
成交时间：11：30</td><td>成交金额：71 040.00（元）
标准佣金：50.00（元）
过户费用：215.00（元）</td></tr>
<tr><td>上次余额：4 000（股）
本次成交：3 000（股）
本次余额：7 000（股）
本次库存：</td><td>印花税：497.00（元）
应收金额：
附加费用：120.00（元）
实付金额：71 922.00（元）</td></tr>
</table>

③通知联

图 4-52

借：交易性金融资产——中金岭南股票　　71 040

　　投资收益　　882

　贷：其他货币资金——存出投资款　　71 922

（编制转账凭证，转字第 09 号；或编制通用记账凭证，记字第 20 号。）

21-1　　广东省医疗机构门诊收费收据

系列号：01958095　　202×年 12 月 21 日　　KZ66967880

<table>
<tr><td colspan="2">姓名：张小兵</td><td colspan="6">结算方式：现金</td></tr>
<tr><td>药品项目</td><td>金额</td><td colspan="2">医疗项目</td><td>金额</td><td colspan="2">医疗项目</td><td>金额</td></tr>
<tr><td>西药</td><td></td><td colspan="2">诊查费</td><td></td><td colspan="2">治疗费</td><td></td></tr>
<tr><td>中成药</td><td></td><td colspan="2">急诊留观床位费</td><td></td><td rowspan="2">其中</td><td>输血费</td><td rowspan="2"></td></tr>
<tr><td>中草药</td><td></td><td colspan="2">检查费</td><td>370.00</td><td>输氧费</td></tr>
<tr><td></td><td></td><td rowspan="2">其中</td><td>CT</td><td rowspan="2"></td><td colspan="2">手术</td><td rowspan="2"></td></tr>
<tr><td></td><td></td><td>MRI</td><td colspan="2">其他</td></tr>
<tr><td></td><td></td><td colspan="2">检验费</td><td></td><td colspan="2">特需服务</td><td></td></tr>
<tr><td colspan="2">合计人民币（大写）</td><td colspan="6">零万零仟叁佰柒拾零元零角零分　¥370.00</td></tr>
<tr><td colspan="4">医保/公医记账金额：</td><td colspan="4">个人缴费金额：</td></tr>
</table>

收费单位（盖章）：眼科中心　　审核员：　　收费员：1101

图 4-53

21-2　　广州百威电器有限公司费用报销单　　记账凭证附件

202×年 12 月 21 日

发生日期		报销内容	单据张数	金额									备注
月	日			百	十	万	千	百	十	元	角	分	
12	21	医药费	1					3	7	0	0	0	
合计人民币（大写）⊕叁佰柒拾元整							¥	3	7	0	0	0	
主管意见	同意　丁英　202×-12-21			报销人签章：张小兵　202×-12-21									
已借现金：				退回现金：									

复核：　　记账：　　出纳：张浩

图 4-54

借：管理费用——职工福利费　　370

　贷：库存现金——人民币　　370

（编制付款凭证，现付字第 04 号；或编制通用记账凭证，记字第 21 号。当前实务操作中，职工福利费已不再预提，实报实销，但计税时超过工资总额 14%的部分应补交企业所得税）

22-1

广东省地方税收通用定额发票

GENERAL QUOTA INVOICE FOR GUANGDONG LOCAL TAXATION

发票联

INVOICE

发票代码　244000600431

CODE　　500

发票号码 26127119

NO.　　伍佰圆

开票日期：202×年 12 月 22 日　　收款单位（盖章）

DATE　　PAYEE（SEAL）

（样板）

图 4-55

22-2　　广州百威电器有限公司费用报销单　　记账凭证附件

202×年 12 月 22 日

发生日期		报销内容	单据张数	金额									备注
月	日			百	十	万	千	百	十	元	角	分	
12	22	招待费	4					5	6	5	0	0	
			现金付讫										
合计人民币（大写）⊕伍佰陆拾伍元整							¥	5	6	5	0	0	
主管意见	同意　刘少明　202×-12-22			报销人签章：丁英　202×-12-22									
已借现金：				退回现金：									

复核：　　记账：　　出纳：张浩

图 4-56

借：管理费用——业务招待费 565

贷：库存现金——人民币 565

（编制付款凭证，现付字第 05 号；或编制通用记账凭证，记字第 22 号，计税时业务招待费按 60%进行纳税调整，为简化核算，本例从略，不对相关数据进行纳税调整）

23-1

新■

国税　　南方日报社订报发票　　144010520072　续□

发票联　　东南报 01-00188345

客户名称：广州百威电器有限公司　电话：86867284　联系人：

投递地址：花港大道盛丰工业区 168 号　202×年 12 月 23 日填发

<table>
<tr><td rowspan="2">月份
名称</td><td rowspan="2">起止订期</td><td rowspan="2">订阅份数</td><td rowspan="2">月份单价</td><td rowspan="6">超过仟元无效</td><td colspan="5">金额</td><td rowspan="2">注意事项</td></tr>
<tr><td>百</td><td>拾</td><td>元</td><td>角</td><td>分</td></tr>
<tr><td>南方都市报</td><td>202×年 1/1 至 202×年 31/12（下一年全年）</td><td>壹</td><td>30</td><td>3</td><td>6</td><td>0</td><td>0</td><td>0</td><td rowspan="8">①本发票只限于订阅南方日报报业集团系列报刊。②本发票限于 202×年 12 月底前填开方为有效。③发票四联编号及填写内容必须一致。</td></tr>
<tr><td></td><td></td><td></td><td></td><td></td><td></td><td></td><td></td><td></td></tr>
<tr><td></td><td></td><td></td><td></td><td></td><td></td><td></td><td></td><td></td></tr>
<tr><td></td><td></td><td></td><td></td><td colspan="5"></td></tr>
<tr><td colspan="4">合计：人民币（大写）⊕叁佰陆拾元零角零分</td><td>合计</td><td>3</td><td>6</td><td>0</td><td>0</td><td>0</td></tr>
<tr><td>联络站：花都</td><td colspan="2">订单类别：XQ</td><td rowspan="2">投递方式</td><td colspan="6" rowspan="2">信箱□　办公室□
订户家□ 报箱□
一楼保安（收发）■
其他□</td></tr>
<tr><td>付款方式：现金■转账□</td><td colspan="2">线编：D203</td></tr>
</table>

图 4-57

借：预付账款——南方日报社 360

贷：库存现金——人民币 360

（编制付款凭证，现付字第 06 号；或编制通用记账凭证，记字第 23 号）

24-1

罚款通知单

财务科：

生产车间工人杨胜利违章操作，经总经理办公会议研究决定，对其罚款 250 元。请财务科足额收取罚款为盼。特此通知。

总经理办公室

202×年 12 月 27 日

图 4-58

24-2 **收款收据** NO. 4015214

收款日期 202×年 12 月 27 日

缴款单位（或缴款人）	杨胜利			现金收讫					第三联 记账联
款项内容	违章操作罚款								
人民币（大写）	×拾×万×仟贰佰伍拾零元零角零分	十	万	千	百	十	元	角	分
				¥	2	5	0	0	0

收款单位：广州百威电器有限公司　　会计：　　出纳：张浩

图 4-59

借：库存现金——人民币　　250

　贷：营业外收入——罚款收入　　250

（编制收款凭证，现收字第 02 号；或编制通用记账凭证，记字第 24 号）

25-1 **中国太平洋财产保险股份有限公司**

CHINA PACIFIC PROPERTY INSURANCE CO. LTD

财产保险综合保险单（正本）NO. 02-0027572

保险单号：

鉴于广州百威电器有限公司（以下称被保险人）已向本公司投报财产保险综合险以及附加险，并按本保险条款约定缴纳保险费，本公司持签发本保险单并同意依照财产保险综合险条款和附加险条款以及特别约定条件在本保险单保险责任期限内，承担被保险人下列标的的保险责任。

	承保标的项目		标的坐落地址	以何种价值承保	保险金额/元	费率/%	保险费/元
综合险			花港大道盛丰工业区 168 号厂房		360 000.00	1	3 600.00
	特约保险标的						
总保险金额（大写）⊕叁拾陆万元整					（小写）¥360 000.00		
附加险							
总保险费（大写）叁仟陆佰元整							
保险责任期限：自 202×年 1 月 1 日零时起至 202×年 1 月 1 日二十四时止（下一年全年）							
特别约定							
注意： 被保险人收到本保险单后请即核对，如有错误立即通知公司。 财产保险投保单、投保标的的明细表、风险情况表连同本保险单皆为本保险合同不可分割的组成部分。					中国太平洋财产保险股份有限公司广州分公司 202×年 12 月 1 日		

经理：　　统计：　　会计：　　复核：陈晨　　制单：李薇　　核保：

图 4-60

25-2　　**中国工商银行转账支票存根**

支票号码　　NO 024993279

科目

对方科目　　预付账款

签发日期 202×年 12 月 26 日

收款人：广州百威电器有限公司
金额：¥ 3 600.00
用途：支付财产保险费
备注：

单位主管：　　　　会计：张浩

复　　核：丁英　　记账：

图 4-61

借：预付账款——太平洋财产保险公司　　3 600

　贷：银行存款——工行存款　　3 600

（编制付款凭证，银付字第 10 号；或编制通用记账凭证，记字第 25 号）

26-1　　**中国工商银行信汇凭证（收账通知）** ①

委托日期 202×年 12 月 28 日　　　　第 356248 号

<table>
<tr><td rowspan="3">汇款人</td><td colspan="2">全称</td><td colspan="3">南海江华家电有限公司</td><td rowspan="3" colspan="2">收款人</td><td colspan="3">全称</td><td colspan="7">广州百威电器有限公司</td></tr>
<tr><td colspan="2">账号或地址</td><td colspan="3">560-564966</td><td colspan="3">账号或地址</td><td colspan="7">370-998305</td></tr>
<tr><td>汇出地点</td><td>广东 省 佛山 市 南海 区</td><td>汇出行名称</td><td colspan="2">工商银行南海支行</td><td>汇入地点</td><td colspan="2">广东 省 广州市（县）</td><td colspan="3">汇入行名称</td><td colspan="4">工商银行花都支行</td></tr>
<tr><td rowspan="2">金额</td><td rowspan="2" colspan="6">人民币（大写）⊕陆万壹仟陆佰元整</td><td>千</td><td>百</td><td>十</td><td>万</td><td>千</td><td>百</td><td>十</td><td>元</td><td>角</td><td>分</td></tr>
<tr><td></td><td></td><td>¥</td><td>6</td><td>1</td><td>6</td><td>0</td><td>0</td><td>0</td><td>0</td></tr>
<tr><td colspan="7">汇款用途：预付购货款
上列款项已根据委托办理，如需查询，请持此联来面洽。
单位主管　会计　复核　记账</td><td colspan="10">汇出行盖章
202×年 12 月 28 日</td></tr>
</table>

图 4-62

26-2

购销合同书

202×年 12 月 25 日　　　合同编号：202×1225001

购货方名称	南海江华家电有限公司			销货方名称	广州百威电器有限公司	
电话及地址	85636428 南海丹灶区 56 号			电话及地址	86867888 花港大道盛丰工业区 168 号	
开户银行及账号	工商银行南海分行 560-564966			开户银行及账号	工商银行花都支行 370-998305	
品名	规格型号	计量单位	数量	单价/元	金额/元	备注
功放机	6901	台	200	1 600	320 000. 00	（不含税价）
合计（大写）⊕叁拾贰万元整						

合同条款：1. 交货日期及方式：预付款到账后三天内发货，货到余款付清。
2. 结算方式：信汇。
3. 质量保证：质量不合格三个月内可退货。
4. 违约责任：购货方到期不付款，每月按货款及价税总额 6% 支付罚金，销货方不能如期供货按货款 30% 补付对方。

购货方：南海江华家电有限公司（盖章）　　销货方：百威电器有限公司（盖章）
购货方代表签名：石宁　202×-12-25　　销货方代表签名：李春林　202×-12-25

图 4-63

借：银行存款——工行存款　　61 600
　贷：预收账款——南海江华家电公司　　61 600
（编制收款凭证，银收字第 05 号；或编制通用记账凭证，记字第 26 号）

27-1
（此联交银行转账，不做原始凭证）

中国工商银行转账支票　　Ⅶ Ⅱ 24301287

出票日期（大写）贰零贰×年壹拾贰月叁拾日　　付款行名称：南海江华家电有限公司
收款人：广州百威电器有限公司　　出票人账号：560-564966

人民币：（大写）	千	百	十	万	千	百	十	元	角	分
⊕叁拾万元整		¥	3	0	0	0	0	0	0	0

用途销货款
上列款项请从
我账户内支付
出票人签章

南海江华家电有限公司财务专用章　　肖平之印　　02-2578-3916

复核　　记账

图 4-64

27-2

中国工商银行进账单（回单或收账通知）①

202×年 12 月 30 日　　　　第 56487920 号

<table>
<tr><td rowspan="3">付款人</td><td>全称</td><td>南海江华家电有限公司</td><td rowspan="3">收款人</td><td>全称</td><td colspan="10">广州百威电器有限公司</td></tr>
<tr><td>账号</td><td>560564966</td><td>账号</td><td colspan="10">370-998305</td></tr>
<tr><td>开户银行</td><td>工商银行南海分行</td><td>开户银行</td><td colspan="10">工商银行花都支行</td></tr>
<tr><td rowspan="2">人民币（大写）</td><td colspan="4" rowspan="2">⊕叁拾万元整</td><td>千</td><td>百</td><td>十</td><td>万</td><td>千</td><td>百</td><td>十</td><td>元</td><td>角</td><td>分</td></tr>
<tr><td></td><td>¥</td><td>3</td><td>0</td><td>0</td><td>0</td><td>0</td><td>0</td><td>0</td><td>0</td></tr>
<tr><td>票据种类</td><td></td><td colspan="13" rowspan="3">收款人开户行盖章</td></tr>
<tr><td>票据张数</td><td></td></tr>
<tr><td colspan="2">单位主管　　会计　　复核</td></tr>
</table>

图 4-65

27-3

销售产品发货单　　　　运输方式：自提

购货单位：南海江华家电有限公司　202×年 12 月 30 日　　　　编号：101206

产品名称	规格型号	计量单位	数量	单价/元	金额/元	备注
功放机	6901	台	200	1 600	320 000.00	

销售负责人：李春林　　发货人：陈志庆　　提货人：钟开　　制单：陈志庆

图 4-66

27-4　　4400061140　　**广东增值税专用发票**　　NO. 06487952

此联不作报销、扣税凭证使用　　开票日期：202×年 12 月 30 日

<table>
<tr><td rowspan="4">购货单位</td><td>名称</td><td colspan="3">南海江华家电有限公司</td><td rowspan="4">密码区</td><td colspan="3" rowspan="4">>＊/＊58737>/＊944+-44/
/＊4106987/6/＊-20104<
/38745<4+/855204+/-0
11<<56+-84486537＊-+3
7>>3235+＊-66-87＊-237
>＊/56</td></tr>
<tr><td>纳税人识别号</td><td colspan="3">44012357894612</td></tr>
<tr><td>地址、电话</td><td colspan="3">南海丹灶区 56 号 85636428</td></tr>
<tr><td>开户银行及账号</td><td colspan="3">工行南海分行 560-564966</td></tr>
<tr><td colspan="2">货物或应税劳务名称</td><td>规格型号</td><td>计量单位</td><td>数量</td><td>单价</td><td>金额</td><td>税率</td><td>税额</td></tr>
<tr><td colspan="2">功放机</td><td>6901</td><td>台</td><td>200</td><td>1 600</td><td>320 000.00</td><td>13%</td><td>41 600.00</td></tr>
<tr><td colspan="2"></td><td></td><td></td><td></td><td></td><td></td><td></td><td></td></tr>
<tr><td colspan="2">合计</td><td></td><td></td><td></td><td></td><td>¥320 000.00</td><td></td><td>¥41 600.00</td></tr>
<tr><td colspan="2">价税合计（大写）</td><td colspan="7">⊕叁拾陆万壹仟陆佰元整　　（小写）¥361 600.00</td></tr>
<tr><td rowspan="4">销货单位</td><td>名称</td><td colspan="4" rowspan="4">广州百威电器有限公司
880215176547736
花港大道盛丰工业区 168 号 020-86867888
中国工商银行花都支行 370-998305</td><td rowspan="4">备注</td><td colspan="2" rowspan="4"></td></tr>
<tr><td>纳税人识别号</td></tr>
<tr><td>地址、电话</td></tr>
<tr><td>开户银行及账号</td></tr>
</table>

收款人：张浩　　复核：丁英　　开票人：李勇　　销货单位（章）：

图 4-67

借：银行存款——工行存款　　300 000
　　预收账款——南海江华家电公司　　61 600
　贷：主营业务收入——功放机 6901　　320 000
　　　应交税费——应交增值税（销项税额）　　41 600

（编制收款及转账凭证，银收字第 06 号及转字第 07 号；或编制通用记账凭证，记字第 27 号）

28-1（本单为样板，12 月其余 15 份领料单略）

广州百威电器有限公司领料单

领料部门：生产车间

用途：生产功放机　　202×年 12 月 1 日　　编号：LL202×-12-0001

材料名称及规格	计量单位	数量		价格/元	
		请领	实领	单价	金额
二极管 BZV55C	个	20	20	81.31	1 626.20
线路板 LL103B	片	500	500	50.00	25 000.00
备注：				合计	26 626.20

第二联　记账联

记账：　　审批人：李长华　　领料人：钱华明　　发料人：陈志庆

图 4-68

28-2（根据上述 16 份领料单编制“发料汇总表”如下，本“汇总表”可作“记账凭证附件”）

广州百威电器有限公司发料凭证汇总表

202×年 12 月 31 日　　附单据 16 账

领料部门	材料名称	用途	计量单位	领用数量	单价/元	金额/元
生产车间	二极管	生产功放机	个	400	81.31	32 524.00
生产车间	线路板	生产功放机	片	600	50.00	30 000.00
生产车间	带钢	生产影碟机	吨	5	5 026.54	25 132.70
生产车间	影碟机线材	生产影碟机	套	5 000	6.67	33 350.00
厂部	锡条	销售	段	150	25.00	3 750.00
合计						124 756.70

会计主管：丁英　　制表：王欣

图 4-69

借：生产成本——功放机 6901　　62 524
　　　　　　——影碟机 1609　　58 482.70
　　其他业务成本——材料销售　　3 750

贷：原材料——电子元件（二极管）　　32 524
　　　　　——板材（线路板）　　30 000
　　　　　——板材（带钢）　　25 132.70
　　　　　——线材（影碟机线材）　　33 350
　　　　　——其他（锡条）　　3 750

（编制转账凭证，转字第 08 号；或编制通用记账凭证，记字第 28 号）

29-1

工资结算汇总表

202×年 12 月 31 日　　单位：元

车间及部门人员	职工人数	基本工资	责任津贴	岗位津贴	其他补贴	缺勤应扣	应发工资
生产功放机工人	20	12 571	4 688	5 387	2 510	156	25 000
生产影碟机工人	32	17 080	7 834	8 831	3 880	125	37 500
车间管理人员	3	4 120	1 556	1 955	820	151	8 300
厂部管理人员	5	5 320	2 287	3 373	1 245	25	12 200
合计	60	39 091	16 365	19 546	8 455	457	83 000

会计主管：丁英　　制表：王欣

图 4-70

29-2

工资费用分配汇总表

202×年 12 月 31 日　　单位：元

车间及部门人员	应借账户				
	生产成本——功放机	生产成本——影碟机	制造费用	管理费用	合计
生产功放机工人	25 000				25 000
生产影碟机工人		37 500			37 500
车间管理人员			8 300		8 300
厂部管理人员				12 200	12 200
合计	25 000	37 500	8 300	12 200	83 000

会计主管：丁英　　制表：王欣

图 4-71

借：生产成本——功放机 6901　　25 000
　　　　　——影碟机 1609　　37 500
　　制造费用——职工薪酬　　8 300
　　管理费用——职工薪酬　　12 200
　贷：应付职工薪酬——职工工资　　83 000

（编制转账凭证，转字第 09 号；或编制通用记账凭证，记字第 29 号）

30-1

工会经费提取计算表

202×年 12 月 31 日　　　　单位：元

车间及部门人员	应付工资	提取比例	应提工会经费
生产功放机工人	25 000	2%	500
生产影碟机工人	37 500	2%	750
车间管理人员	8 300	2%	166
厂部管理人员	12 200	2%	244
合计	83 000	2%	1 660

会计主管：丁英　　　　制表：王欣

图 4-72

借：生产成本——功放机 6901　　500
　　　　　　——影碟机 1609　　750
　　制造费用——职工薪酬　　166
　　管理费用——职工薪酬　　244
　贷：应付职工薪酬——工会经费　　1 660

（编制转账凭证，转字第 10 号；或编制通用记账凭证，记字第 30 号）

31-1

职工教育经费提取计算表

202×年 12 月 31 日　　　　单位：元

车间及部门人员	应付工资	提取比例	应提职工教育经费
生产功放机工人	25 000	1.5%	375
生产影碟机工人	37 500	1.5%	562.50
车间管理人员	8 300	1.5%	124.50
厂部管理人员	12 200	1.5%	183
合计	83 000	1.5%	1 245

会计主管：丁英　　　　制表：王欣

图 4-73

（从业人员技术素质要求高、培训任务重、经济效益较好的企业也可按 2.5%提取职工教育经费）

借：生产成本——功放机 6901　　375
　　　　　　——影碟机 1609　　562.50
　　制造费用——职工薪酬　　124.50
　　管理费用——职工薪酬　　183
　贷：应付职工薪酬——职工教育经费　　1 245

（编制转账凭证，转字第 11 号；或编制通用记账凭证，记字第 31 号）

32-1

固定资产折旧计算表

202×年 12 月 31 日　　单位：元

固定资产项目	原值	年折旧率	年折旧额	月折旧额	备注
生产用：厂房机器设备	1 200 000. 00	3. 2%	38 400. 00	3 200. 00	
非生产用：办公用房设备	229 876. 35	2. 4%	5 517. 03	459. 75	
合计	1 429 876. 35		43 917. 03	3 659. 75	

会计主管：丁英　　制表：王欣

图 4-74

借：制造费用——折旧费　3 200
　　管理费用——折旧费　459. 75
　贷：累计折旧——生产用固定资产　3 200
　　　　　　——非生产用固定资产　459. 75

（编制转账凭证，转字第 12 号；或编制通用记账凭证，记字第 32 号）

33-1

预付费用摊销计算表

202×年 12 月 31 日　　单位：元

预付费用项目	预付费用总额	计划摊销期	已摊销额	本期摊销额	未摊销额
保险费	43 200	12 期	39 600	3 600	0
报刊费	2 400	12 期	2 200	200	0
合计	45 600		41 800	3 800	0

会计主管：丁英　　制表：王欣

图 4-75

借：制造费用——保险费　3 600
　　管理费用——报刊费　200
　贷：预付账款——太平洋保险公司　3 600
　　　　　　——南方日报社　200

（编制转账凭证，转字第 13 号；或编制通用记账凭证，记字第 33 号）

34-1

水、电费用分配表

202×年 12 月 31 日

费用项目	厂部			车间			合计/元
	数量	单价/元	金额/元	数量	单价/元	金额/元	
水费/吨	200	1. 70	340. 00	513	1. 70	872. 10	1 212. 10
电费/度	2 558	0. 83	2 123. 14	23 472	0. 83	19 481. 76	21 604. 90
合计			2 463. 14			20 353. 86	22 817. 00

会计主管：丁英　　制单：王欣

图 4-76

借：管理费用——水电费　2 463.14

　　制造费用——水电费　20 353.86

　贷：应付账款——自来水公司　1 212.10

　　　　　　——供电公司　21 604.90

（编制转账凭证，转字第 14 号；或编制通用记账凭证，记字第 34 号）

35-1

短期借款利息计算表

202×年 12 月 31 日

借款项目	借款日期	金额/元	年利率	应提利息/元	备注
流动资金	202×年 12 月 9 日	300 000	6.9%	1 322.50	23 天
合计		300 000		1 322.50	

会计主管：丁英　　制表：王欣

图 4-77

借：财务费用——借款利息　1 322.50

　贷：应付利息——花都工行　1 322.50

（编制转账凭证，转字第 15 号；或编制通用记账凭证，记字第 35 号）

本期制造费用发生额 = 8 300+166+124.5+3 200+3 600+20 353.86

　　　　　　　　　= 35 744.36（元）

36-1

制造费用分配表

部门：生产车间　　202×年 12 月 31 日

分配对象	分配标准/元	分配率	分配金额/元
功放机	25 000	35 744.36/62 500	14 297.74
影碟机	37 500	35 744.36/62 500	21 446.62
合计	62 500		35 744.36

会计主管：丁英　　制表：王欣

图 4-78

借：生产成本——功放机 6901　14 297.74

　　　　　　——影碟机 1609　21 446.62

　贷：制造费用——职工薪酬　8 590.50

　　　　　　　——折旧费　3 200

　　　　　　　——保险费　3 600

　　　　　　　——水电费　20 353.86

（编制转账凭证，转字第 16 号；或编制通用记账凭证，记字第 36 号）

37-1

产成品入库单

202×年 12 月 10 日　　　　编号：RK202×-12-10-0001

产品名称	计量单位	入库数量	本月累计
功放机	台	120	120
影碟机	台	50	50
备注	第一批完工产品验收入库		

第二联　记账联

记账：　　　　经手人：徐建达　　　　保管人：陈志庆

图 4-79

37-2

产成品入库单

202×年 12 月 18 日　　　　编号：RK202×-12-15-0002

产品名称	计量单位	入库数量	本月累计
功放机	台	250	370
影碟机	台	150	200
备注	第二批完工产品验收入库		

第二联　记账联

记账：　　　　经手人：徐建达　　　　保管人：陈志庆

图 4-80

37-3

产成品入库单

202×年 12 月 30 日　　　　编号：RK202×-12-26-0003

产品名称	计量单位	入库数量	本月累计
功放机	台	100	470
影碟机	台	350	550
备注	第三批完工产品验收入库		

第二联　记账联

记账：　　　　经手人：徐建达　　　　保管人：陈志庆

图 4-81

37-4

完工产品成本计算表

产品名称：功放机　　202×年 12 月 31 日　　单位：元

	数量	直接材料	直接人工	制造费用	总成本
月初在产品成本		70 000. 00	36 000. 00	22 809. 03	128 809. 03
本月发生额		62 524. 00	25 875. 00	14 297. 74	102 696. 74
合计	470 台	132 524. 00	61 875. 00	37 106. 77	231 505. 77
分配率	—	—	—	—	—
本月完工产品成本	470 台	132 524. 00	61 875. 00	37 106. 77	231 505. 77
月末在产品成本	—	—	—	—	—

会计主管：丁英　　审核：丁英　　制表：王欣

图 4-82

37-5

完工产品成本计算表

产品名称：影碟机　　202×年 12 月 31 日　　单位：元

	数量	直接材料	直接人工	制造费用	总成本
月初在产品成本		50 000. 00	23 000. 00	12 872. 69	85 872. 69
本月发生额		58 482. 70	38 812. 50	21 446. 62	118 741. 82
合计	550 台	108 482. 70	61 812. 50	34 319. 31	204 614. 51
分配率	—	—	—	—	—
本月完工产品成本	550 台	108 482. 70	61 812. 50	34 319. 31	204 614. 51
月末在产品成本	—	—	—	—	—

会计主管：丁英　　审核：丁英　　制表：王欣

图 4-83

借：库存商品——功放机　　231 505. 77
　　　　　　——影碟机　　204 614. 51
　贷：生产成本——功放机　　231 505. 77
　　　　　　　——影碟机　　204 614. 51

（编制转账凭证，转字第 17 号；或编制通用记账凭证，记字第 37 号）

38-1

产品出库单

202×年 12 月 9 日　　编号：CK202×-12-0001

产品名称及规格	计量单位	数量		单价/元	金额/元
		申请数量	实发数量		
功放机 6901	台	100	100	1 500. 00	150 000. 00
备注：华讯杰有限公司				合计	¥150 000. 00

记账联（二）

记账：　　审批人：刘少明　　申请人：李春林　　制单：陈志庆

图 4-84

38-2

产品出库单

202×年 12 月 13 日　　　　编号：CK202×-12-0002

产品名称及规格	计量单位	数量		单价/元	金额/元
		申请数量	实发数量		
影碟机 1609	台	150	150	1 200.00	180 000.00
备注：广东省友和对台贸易公司				合计	¥180 000.00

记账联（二）

记账：　　审批人：刘少明　　申请人：李春林　　制单：陈志庆

图 4-85

38-3

产品出库单

202×年 12 月 18 日　　　　编号：CK202×-12-0003

产品名称及规格	计量单位	数量		单价/元	金额/元
		申请数量	实发数量		
功放机 6901	台	200	200	1 600.00	320 000.00
备注：南海江华家电有限公司				合计	¥320 000.00

记账联（二）

记账：　　审批人：刘少明　　申请人：李春林　　制单：陈志庆

图 4-86

38-4

产品销售成本计算表

202×年 12 月 31 日

产品名称	上月库存		本月入库		合计			本月减少		月末库存	
								销售			
	数量/台	金额/元	数量/台	金额/元	数量/台	金额/元	平均价/元	数量/台	金额/元	数量/台	金额/元
功放机 6901	800	420 800	470	231 505.77	1 270	652 305.77	513.63	300	154 089.00	970	498 216.77
影碟机 1609	500	200 000	550	204 614.51	1 050	404 614.51	385.35	150	57 802.50	900	346 812.01
合计		620 800		436 120.28		1 056 920.28			211 891.50		845 028.78

会计主管：丁英　　　　制表：王欣

图 4-87

借：主营业务成本——功放机 6901　　154 089
　　　　　　　　——影碟机 1906　　57 802.50
　贷：库存商品——功放机 6901　　154 089
　　　　　　　——影碟机 1906　　57 802.50

（编制转账凭证，转字第 18 号；或编制通用记账凭证，记字第 38 号）

39-1

应交增值税计算表

202×年 12 月 1 日至 202×年 12 月 31 日

项目				销售额/元	税额/元	备注
		货物名称	适用税率/%			
销项税	应税货物	功放机 6901	13	470 000.00	61 100.00	300 台
		影碟机 1609	13	180 000.00	23 400.00	150 台
		原材料	13	6 000.00	780.00	
		小计		656 000.00	85 280.00	
	应税劳务					
进项税	本期进项税额发生额				32 469.08	
	进项税额转出					
应纳税额					52 810.92	

会计主管：丁英　　　　　　　　　　　　　　　　　　　　制表：王欣

图 4-88

借：应交税费——应交增值税（转出未交增值税）　　　　52 810.92

　贷：应交税费——未交增值税　　　　　　　　　　　　　52 810.92

（编制转账凭证，转字第 19 号；或编制通用记账凭证，记字第 39 号）

40-1

应交城市维护建设税计算表

202×年 12 月 1 日至 202×年 12 月 31 日

项目	计税基数	税率/%	应交城市维护建设税/元
	增值税/元		
	(1)	(2)	(3) = (1) × (2)
城市维护建设税	52 810.92	7	3 696.76
合计	52 810.92		3 696.76

会计主管：丁英　　　　　　　　　　　　　　　　　　　　制表：王欣

图 4-89

40-2

应交教育费附加计算表

202×年 12 月 1 日至 202×年 12 月 31 日

项目	计税基数	税率/%	应交教育费附加/元
	增值税/元		
	(1)	(2)	(3) = (1) × (3)
教育费附加	52 810.92	3	1 584.33
合计	52 810.92		1 584.33

会计主管：丁英　　　　　　　　　　　　　　　　　　　　制表：王欣

图 4-90

借：税金及附加——应交城市维护建设税　　　　3 696.76

　　　　　　　——应交教育费附加　　　　　　1 584.33

贷：应交税费——城市维护建设税 3 696. 76
——教育费附加 1 584. 33
（编制转账凭证，转字第 20 号；或编制通用记账凭证，记字第 40 号）

41-1 **本月损益类账户收入发生额汇总表**

202×年 12 月 1 日至 202×年 12 月 31 日 单位：元

项目	本月发生额
1. 主营业务收入	650 000
2. 其他业务收入	6 000
3. 营业外收入	250
合计	656 250

会计主管：丁英 制表：王欣

图 4-91

借：主营业务收入——功放机 6901 470 000
——影碟机 1906 180 000
其他业务收入——材料销售 6 000
营业外收入——罚款收入 250
贷：本年利润 656 250
（编制转账凭证，转字第 21 号；或编制通用记账凭证，记字第 41 号）

42-1 **本月损益类账户费用发生额汇总表**

202×年 12 月 1 日至 202×年 12 月 31 日 单位：元

项目	本月数
1. 主营业务成本	211 891. 50
2. 其他业务成本	3 750. 00
3. 税金及附加	5 281. 09
4. 销售费用	2 600. 00
5. 管理费用	21 336. 89
6. 财务费用	1 322. 50
7. 投资损失	882. 00
合计	247 063. 98

会计主管：丁英 制表：王欣

图 4-92

借：本年利润　　247 063.98

　贷：主营业务成本——功放机 6901　　154 089

　　　　　　　　——影碟机 1906　　57 802.50

　　其他业务成本——材料销售　　3 750

　　税金及附加——城市维护建设税　　3 696.76

　　　　　　　——教育费附加　　1 584.33

　　销售费用——广告费　　2 600

　　管理费用——办公费　　630

　　　　　　——差旅费　　860

　　　　　　——电话费　　3 162

　　　　　　——职工福利　　370

　　　　　　——招待费　　565

　　　　　　——职工薪酬　　12 627

　　　　　　——折旧费　　459.75

　　　　　　——报刊费　　200

　　　　　　——水电费　　2 463.14

　　财务费用——借款利息　　1 322.50

　　投资收益——交易税费　　882

（编制转账凭证，转字第 22 号；或编制通用记账凭证，记字第 42 号）

43-1

公式一：营业利润=营业收入-营业成本-税金及附加-销售费用-管理费用-财务费用-资产减值损失±公允价值变动损益±投资收益

备注：营业收入=主营业务收入+其他业务收入

　　　营业成本=主营业务成本+其他业务成本

公式二：利润总额=营业利润+营业外收入-营业外支出

公式三：净利润=利润总额-所得税费用

备注：所得税费用=应纳税所得额×所得税税率

　　　应纳税所得额=利润总额±纳税调整项目

所得税费用=（656 250.00-247 063.98）×25%

　　　　　=409 186.02×25%

　　　　　=102 296.51（元）

（本例不存在纳税调查事项）

企业所得税计算表

202×年 12 月 1 日至 202×年 12 月 31 日　　单位：元

项目	本月数
一、营业收入	656 000. 00
减：营业成本	215 641. 50
税金及附加	5 281. 09
销售费用	2 600. 00
管理费用	21 336. 89
财务费用	1 322. 50
资产减值损失	
加：公允价值变动损益（损失以“-”号填列）	
投资收益（损失以“-”号填列）	-882. 00
二、营业利润（亏损以“-”号填列）	408 936. 02
加：营业外收入	250. 00
减：营业外支出	
三、利润总额（亏损以“-”号填列）	409 186. 02
减：所得税费用	102 296. 51
四、净利润	306 889. 51

会计主管：丁英　　制表：王欣

图 4-93

借：所得税费用——当期所得税费用　　102 296. 51

　贷：应交税费——应交企业所得税　　102 296. 51

（编制转账凭证，转字第 23 号；或编制通用记账凭证，记字第 43 号）

44-1　本月所得税费用发生额汇总表

202×年 12 月 1 日至 202×年 12 月 31 日　　单位：元

项目	本月数
所得税费用	102 296. 51
合计	102 296. 51

会计主管：丁英　　制表：王欣

图 4-94

借：本年利润　　102 296. 51
　贷：所得税费用——当期所得税费用　　102 296. 51
（编制转账凭证，转字第 24 号；或编制通用记账凭证，记字第 44 号）

45-1

全年税后利润计算表

202×年 12 月 31 日　　单位：元

月份	1 至 11 月	12 月	合计
金额	825 409. 75	306 889. 51	1 132 299. 26

会计主管：丁英　　制表：王欣

图 4-95

借：本年利润　　1 132 299. 26
　贷：利润分配——未分配利润　　1 132 299. 26
（编制转账凭证，转字第 25 号；或编制通用记账凭证，记字第 45 号）

46-1

提取盈余公积计算表

202×年 12 月 31 日　　单位：元

项目	计提依据	提取率	应提金额	备注
	全年税后利润金额			
法定盈余公积	1 132 299. 26	10%	113 229. 93	
合计	1 132 299. 26		113 229. 93	

会计主管：丁英　　制表：王欣

图 4-96

借：利润分配——提取法定盈余公积　　113 229. 93
　贷：盈余公积——法定盈余公积　　113 229. 93
（编制转账凭证，转字第 26 号；或编制通用记账凭证，记字第 46 号）

47-1

提取公益金计算表

202×年 12 月 31 日　　单位：元

项目	计提依据	提取率	应提金额	备注
	全年税后利润金额			
公益金	1 132 299. 26	5%	56 614. 96	
合计	1 132 299. 26		56 614. 96	

会计主管：丁英　　制表：王欣

图 4-97

借：利润分配——提取任意盈余公积　　　　　　　　56 614.96
　贷：盈余公积——任意盈余公积　　　　　　　　　　56 614.96
（编制转账凭证，转字第 27 号；或编制通用记账凭证，记字第 47 号）

48-1

应付股利计算表

202×年 12 月 31 日　　　　单位：元

项目	分配依据	提取率	应分配金额	备注
	剩余利润金额			
应付股利	962 454.37	80%	769 963.50	
合计				

会计主管：丁英　　　　制表：王欣

图 4-98

48-2

应付各投资者股利计算表

202×年 12 月 31 日　　　　单位：元

股东名称	分配依据	提取率	应分配金额	备注
	应付股利总额			
刘少明	769 963.50	34%	261 787.59	
路德有限责任公司	769 963.50	66%	508 175.91	
合计			769 963.50	

会计主管：丁英　　　　制表：王欣

图 4-99

借：利润分配——应付股利　　　　　　　　769 963.50
　贷：应付股利——刘少明　　　　　　　　　261 787.59
　　　　　　　——路德有限公司　　　　　　508 175.91
（编制转账凭证，转字第 28 号；或编制通用记账凭证，记字第 48 号）

49-1

本月利润分配各明细账户发生额汇总表

202×年 12 月 1 日至 202×年 12 月 31 日　　　　单位：元

项目	本月数
1. 提取法定盈余公积	113 229.93
2. 提取任意盈余公积	56 614.96
3. 应付股利	769 963.50
合计	939 808.39

会计主管：丁英　　　　制表：王欣

图 4-100

借：利润分配——未分配利润	939 808. 39
贷：利润分配——提取法定盈余公积	113 229. 93
——提取任意盈余公积	56 614. 96
——应付股利	769 963. 50

（编制转账凭证，转字第 29 号；或编制通用记账凭证，记字第 49 号）

第四节 编制记账凭证

一、能力目标

（1）能了解记账凭证基本作用。
（2）能掌握记账凭证基本要素。
（3）能明确记账凭证编制规范。
（4）能理解记账凭证编制依据。
（5）能正确编制记账凭证。
（6）能认真复核记账凭证。
（7）能明确记账凭证传递程序。
（8）能体会记账凭证相关岗位分工。

二、能力训练任务

（1）根据原始凭证或原始凭证汇总表编制记账凭证并在制证处签章。
（2）根据经济业务内容及会计基础工作规范复核记账凭证并在审核处签章。

三、能力训练步骤

（1）填写记账凭证日期。
（2）为记账凭证编号。
（3）填写摘要。
（4）将对应会计分录写在记账凭证上。
（5）合计借贷方金额，金额前加用符号“￥”表示合计。
（6）大写表示附件张数。
（7）划线注销空白金额栏。
（8）在制证处签章以示负责。
（9）复核记账凭证并在审核处签章以示负责。
（10）在最后一张记账凭证编号旁标注“（全）”字字样，以防凭证丢失。

四、能力训练要求

编制 202×年广州百威电器有限公司 12 月份记账凭证如图 4-101 至图 4-154 所示。

记账凭证

202×年 12 月 3 日　　　　记字第 01 号

摘要	会计科目		借方金额										贷方金额										记账√
	总账科目	明细科目	千	百	十	万	千	百	十	元	角	分	千	百	十	万	千	百	十	元	角	分	
购入原材料	在途物资	线材（影碟机线材）				3	4	0	0	0	0	0											
	应交税费	应交增值税（进项税额）					4	4	2	0	0	0											
	银行存款	工行存款														3	8	4	2	0	0	0	
附件 贰 张	合计				¥	3	8	4	2	0	0	0			¥	3	8	4	2	0	0	0	

会计主管：　　记账：　　出纳：　　审核：丁英　　制证：李勇

图 4-101

记账凭证

202×年 12 月 5 日　　　　记字第 02 号

摘要	会计科目		借方金额										贷方金额										记账√
	总账科目	明细科目	千	百	十	万	千	百	十	元	角	分	千	百	十	万	千	百	十	元	角	分	
收到投资款	银行存款	工行存款		3	3	0	0	0	0	0	0	0											
	实收资本	路德有限公司												3	3	0	0	0	0	0	0	0	
附件 叁 张	合计		¥	3	3	0	0	0	0	0	0	0	¥	3	3	0	0	0	0	0	0	0	

会计主管：　　记账：　　出纳：　　审核：丁英　　制证：李勇

图 4-102

记账凭证

202×年 12 月 5 日　　　　记字第 03 号

摘要	会计科目		借方金额										贷方金额										记账√
	总账科目	明细科目	千	百	十	万	千	百	十	元	角	分	千	百	十	万	千	百	十	元	角	分	
材料验收入库	原材料	线材（影碟机线材）				3	4	0	0	0	0	0											
	在途物资	线材（影碟机线材）														3	4	0	0	0	0	0	
附件 壹 张	合计				¥	3	4	0	0	0	0	0			¥	3	4	0	0	0	0	0	

会计主管：　　记账：　　出纳：　　审核：丁英　　制证：李勇

图 4-103

记账凭证

202×年 12 月 6 日　　　　　　　　记字第 04 号

摘要	会计科目		借方金额										贷方金额										记账√
	总账科目	明细科目	千	百	十	万	千	百	十	元	角	分	千	百	十	万	千	百	十	元	角	分	
提取现金备用	库存现金	人民币					3	0	0	0	0	0											
	银行存款	工行存款															3	0	0	0	0	0	
附件 壹 张	合计					¥	3	0	0	0	0	0				¥	3	0	0	0	0	0	

会计主管：　　记账：　　出纳：　　审核：丁英　　制证：李勇

图 4-104

记账凭证

202×年 12 月 6 日　　　　　　　　记字第 05 号

摘要	会计科目		借方金额										贷方金额										记账√
	总账科目	明细科目	千	百	十	万	千	百	十	元	角	分	千	百	十	万	千	百	十	元	角	分	
银行代扣增值税	应交税费	未交增值税				1	4	6	2	8	3	6											
	银行存款	工行存款														1	4	6	2	8	3	6	
附件 贰 张	合计				¥	1	4	6	2	8	3	6			¥	1	4	6	2	8	3	6	

会计主管：　　记账：　　出纳：　　审核：丁英　　制证：李勇

图 4-105

记账凭证

202×年 12 月 6 日　　　　　　　　记字第 06 号

摘要	会计科目		借方金额										贷方金额										记账√
	总账科目	明细科目	千	百	十	万	千	百	十	元	角	分	千	百	十	万	千	百	十	元	角	分	
银行代扣税费	应交税费	应交城市维护建设税					1	0	2	3	9	9											
		应交教育费附加						4	3	8	8	5											
	银行存款	工行存款															1	4	6	2	8	4	
附件 贰 张	合计					¥	1	4	6	2	8	4				¥	1	4	6	2	8	4	

会计主管：　　记账：　　出纳：　　审核：丁英　　制证：李勇

图 4-106

记账凭证

202×年 12 月 6 日　　　　记字第 07 号

摘要	会计科目		借方金额										贷方金额										记账√
	总账科目	明细科目	千	百	十	万	千	百	十	元	角	分	千	百	十	万	千	百	十	元	角	分	
预借差旅费	其他应收款	丁英					1	0	0	0	0	0											
	库存现金	人民币															1	0	0	0	0	0	
附件 壹 张	合计					¥	1	0	0	0	0	0				¥	1	0	0	0	0	0	

会计主管：　　记账：　　出纳：　　审核：丁英　　制证：李勇

图 4-107

记账凭证

202×年 12 月 7 日　　　　记字第 08 号

摘要	会计科目		借方金额										贷方金额										记账√
	总账科目	明细科目	千	百	十	万	千	百	十	元	角	分	千	百	十	万	千	百	十	元	角	分	
赊购原材料入库	原材料	板材（带钢）			1	5	0	7	9	6	2	3											
		电子元件（二极管）				5	7	7	0	4	6	9											
	应交税费	应交增值税（进项税额）				2	7	0	6	1	0	8											
	应付账款	高宝贸易有限公司													2	3	5	5	6	2	0	0	
附件 肆 张	合计			¥	2	3	5	5	6	2	0	0		¥	2	3	5	5	6	2	0	0	

会计主管：　　记账：　　出纳：　　审核：丁英　　制证：李勇

图 4-108

记账凭证

202×年 12 月 8 日　　　　记字第 09 号

摘要	会计科目		借方金额										贷方金额										记账√
	总账科目	明细科目	千	百	十	万	千	百	十	元	角	分	千	百	十	万	千	百	十	元	角	分	
支付工资	应付职工薪酬	职工工资				7	4	6	0	7	0	8											
	银行存款	工行存款														6	6	4	2	3	0	0	
	应交税费	应交养老保险															7	0	3	0	0	0	
		应交失业保险																8	7	8	0	0	
		应交个人所得税																2	7	6	0	8	
附件 贰 张	合计				¥	7	4	6	0	7	0	8			¥	7	4	6	0	7	0	8	

会计主管：　　记账：　　出纳：　　审核：丁英　　制证：李勇

图 4-109

记账凭证

202×年 12 月 9 日　　　　记字第 10 号

摘要	会计科目		借方金额										贷方金额										记账√
	总账科目	明细科目	千	百	十	万	千	百	十	元	角	分	千	百	十	万	千	百	十	元	角	分	
取得短期贷款	银行存款	工行存款			3	0	0	0	0	0	0	0											
	短期借款	工行借款													3	0	0	0	0	0	0	0	
附件 贰 张	合计			¥	3	0	0	0	0	0	0	0		¥	3	0	0	0	0	0	0	0	

会计主管：　　记账：　　出纳：　　审核：丁英　　制证：李勇

图 4-110

记账凭证

202×年 12 月 9 日　　　　记字第 11 号

摘要	会计科目		借方金额										贷方金额										记账√
	总账科目	明细科目	千	百	十	万	千	百	十	元	角	分	千	百	十	万	千	百	十	元	角	分	
购买办公用品	管理费用	办公费						6	3	0	0	0											
	库存现金	人民币																6	3	0	0	0	
附件 壹 张	合计						¥	6	3	0	0	0					¥	6	3	0	0	0	

会计主管：　　记账：　　出纳：　　审核：丁英　　制证：李勇

图 4-111

记账凭证

202×年 12 月 9 日　　　　记字第 12 号

摘要	会计科目		借方金额										贷方金额										记账√
	总账科目	明细科目	千	百	十	万	千	百	十	元	角	分	千	百	十	万	千	百	十	元	角	分	
销售产品	银行存款	工行存款			1	6	9	5	0	0	0	0											
	主营业务收入	功放机 6901													1	5	0	0	0	0	0	0	
	应交税费	应交增值税(销项税额)														1	9	5	0	0	0	0	
附件 叁 张	合计			¥	1	6	9	5	0	0	0	0		¥	1	6	9	5	0	0	0	0	

会计主管：　　记账：　　出纳：　　审核：丁英　　制证：李勇

图 4-112

记账凭证

202×年 12 月 11 日　　　　记字第 13 号

摘要	会计科目		借方金额										贷方金额										记账√
	总账科目	明细科目	千	百	十	万	千	百	十	元	角	分	千	百	十	万	千	百	十	元	角	分	
报销差旅费	管理费用	差旅费						8	6	0	0	0											
	库存现金	人民币						1	4	0	0	0											
	其他应收款	丁英															1	0	0	0	0	0	
附件 贰 张	合计					¥	1	0	0	0	0	0				¥	1	0	0	0	0	0	

会计主管：　　记账：　　出纳：　　审核：丁英　　制证：李勇

图 4-113

记账凭证

202×年 12 月 11 日　　　　记字第 14 号

摘要	会计科目		借方金额										贷方金额										记账√
	总账科目	明细科目	千	百	十	万	千	百	十	元	角	分	千	百	十	万	千	百	十	元	角	分	
收到前欠货款	银行存款	工行存款				7	3	0	0	0	0	0											
	应收账款	多多乐公司														7	3	0	0	0	0	0	
附件 壹 张	合计				¥	7	3	0	0	0	0	0			¥	7	3	0	0	0	0	0	

会计主管：　　记账：　　出纳：　　审核：丁英　　制证：李勇

图 4-114

记账凭证

202×年 12 月 13 日　　　　记字第 15 号

摘要	会计科目		借方金额										贷方金额										记账√
	总账科目	明细科目	千	百	十	万	千	百	十	元	角	分	千	百	十	万	千	百	十	元	角	分	
赊销产品	应收账款	友和对台贸易公司			2	0	4	0	0	0	0	0											
	主营业务收入	影碟机 1609													1	8	0	0	0	0	0	0	
	应交税费	应交增值税(销项税额)														2	3	4	0	0	0	0	
	库存现金	人民币																6	0	0	0	0	
附件 肆 张	合计			¥	2	0	4	0	0	0	0	0		¥	2	0	4	0	0	0	0	0	

会计主管：　　记账：　　出纳：　　审核：丁英　　制证：李勇

图 4-115

记账凭证

202×年 12 月 13 日 记字第 16 号

摘要	会计科目		借方金额										贷方金额										记账√
	总账科目	明细科目	千	百	十	万	千	百	十	元	角	分	千	百	十	万	千	百	十	元	角	分	
购入电脑	固定资产	非生产用（联想电脑）					7	6	0	0	0	0											
	应交税费	应交增值税（进项税额）						9	8	8	0	0											
	银行存款	工行存款															8	5	8	8	0	0	
附件 叁 张	合计					¥	8	5	8	8	0	0				¥	8	5	8	8	0	0	

会计主管： 记账： 出纳： 审核：丁英 制证：李勇

图 4-116

记账凭证

202×年 12 月 13 日 记字第 17 号

摘要	会计科目		借方金额										贷方金额										记账√
	总账科目	明细科目	千	百	十	万	千	百	十	元	角	分	千	百	十	万	千	百	十	元	角	分	
赊销原材料	应收票据	尊浪贸易公司					6	7	8	0	0	0											
	其他业务收入	材料销售															6	0	0	0	0	0	
	应交税费	应交增值税(销项税额)																7	8	0	0	0	
附件 贰 张	合计					¥	6	7	8	0	0	0				¥	6	7	8	0	0	0	

会计主管： 记账： 出纳： 审核：丁英 制证：李勇

图 4-117

记账凭证

202×年 12 月 15 日 记字第 18 号

摘要	会计科目		借方金额										贷方金额										记账√
	总账科目	明细科目	千	百	十	万	千	百	十	元	角	分	千	百	十	万	千	百	十	元	角	分	
支付广告费	销售费用	广告费					2	6	0	0	0	0											
	银行存款	工行存款															2	6	0	0	0	0	
附件 叁 张	合计					¥	2	6	0	0	0	0				¥	2	6	0	0	0	0	

会计主管： 记账： 出纳： 审核：丁英 制证：李勇

图 4-118

记账凭证

202×年 12 月 20 日　　　　记字第 19 号

摘要	会计科目		借方金额										贷方金额										记账√
	总账科目	明细科目	千	百	十	万	千	百	十	元	角	分	千	百	十	万	千	百	十	元	角	分	
支付电话费	管理费用	电话费					3	1	6	2	0	0											
	银行存款	工行存款															3	1	6	2	0	0	
附件 贰 张	合计					¥	3	1	6	2	0	0				¥	3	1	6	2	0	0	

会计主管：　　记账：　　出纳：　　审核：丁英　　制证：李勇

图 4-119

记账凭证

202×年 12 月 20 日　　　　记字第 20 号

摘要	会计科目		借方金额										贷方金额										记账√
	总账科目	明细科目	千	百	十	万	千	百	十	元	角	分	千	百	十	万	千	百	十	元	角	分	
购入股票	交易性金融资产	中金岭南股票				7	1	0	4	0	0	0											
	投资收益	交易税费						8	8	2	0	0											
	其他货币资金	存出投资款														7	1	9	2	2	0	0	
附件 壹 张	合计				¥	7	1	9	2	2	0	0			¥	7	1	9	2	2	0	0	

会计主管：　　记账：　　出纳：　　审核：丁英　　制证：李勇

图 4-120

记账凭证

202×年 12 月 21 日　　　　记字第 21 号

摘要	会计科目		借方金额										贷方金额										记账√
	总账科目	明细科目	千	百	十	万	千	百	十	元	角	分	千	百	十	万	千	百	十	元	角	分	
报销医药费	管理费用	职工福利费						3	7	0	0	0											
	库存现金	人民币																3	7	0	0	0	
附件 壹 张	合计						¥	3	7	0	0	0					¥	3	7	0	0	0	

会计主管：　　记账：　　出纳：　　审核：丁英　　制证：李勇

图 4-121

记账凭证

202×年 12 月 22 日　　　　　　记字第 22 号

摘要	会计科目		借方金额										贷方金额										记账√
	总账科目	明细科目	千	百	十	万	千	百	十	元	角	分	千	百	十	万	千	百	十	元	角	分	
报销业务招待费	管理费用	业务招待费						5	6	5	0	0											
	库存现金	人民币																5	6	5	0	0	
附件 壹 张	合计						¥	5	6	5	0	0					¥	5	6	5	0	0	

会计主管：　　记账：　　出纳：　　审核：丁英　　制证：李勇

图 4-122

记账凭证

202×年 12 月 23 日　　　　　　记字第 23 号

摘要	会计科目		借方金额										贷方金额										记账√
	总账科目	明细科目	千	百	十	万	千	百	十	元	角	分	千	百	十	万	千	百	十	元	角	分	
预付报刊订阅费	预付账款	南方日报社						3	6	0	0	0											
	库存现金	人民币																3	6	0	0	0	
附件 壹 张	合计						¥	3	6	0	0	0					¥	3	6	0	0	0	

会计主管：　　记账：　　出纳：　　审核：丁英　　制证：李勇

图 4-123

记账凭证

202×年 12 月 27 日　　　　　　记字第 24 号

摘要	会计科目		借方金额										贷方金额										记账√
	总账科目	明细科目	千	百	十	万	千	百	十	元	角	分	千	百	十	万	千	百	十	元	角	分	
收到罚款	库存现金	人民币						2	5	0	0	0											
	营业外收入	罚款收入																2	5	0	0	0	
附件 贰 张	合计						¥	2	5	0	0	0					¥	2	5	0	0	0	

会计主管：　　记账：　　出纳：　　审核：丁英　　制证：李勇

图 4-124

记账凭证

202×年 12 月 27 日　　　　　　记字第 25 号

摘要	会计科目		借方金额										贷方金额										记账√
	总账科目	明细科目	千	百	十	万	千	百	十	元	角	分	千	百	十	万	千	百	十	元	角	分	
预付保险费	预付账款	太平洋保险公司					3	6	0	0	0	0											
	银行存款	工行存款															3	6	0	0	0	0	
附件 贰 张	合计					¥	3	6	0	0	0	0				¥	3	6	0	0	0	0	

会计主管：　　记账：　　出纳：　　审核：丁英　　制证：李勇

图 4-125

记账凭证

202×年 12 月 28 日　　　　　　记字第 26 号

摘要	会计科目		借方金额										贷方金额										记账√
	总账科目	明细科目	千	百	十	万	千	百	十	元	角	分	千	百	十	万	千	百	十	元	角	分	
预收货款	银行存款	工行存款				6	1	6	0	0	0	0											
	预收账款	南海江华家电公司														6	1	6	0	0	0	0	
附件 贰 张	合计				¥	6	1	6	0	0	0	0	0		¥	6	1	6	0	0	0	0	

会计主管：　　记账：　　出纳：　　审核：丁英　　制证：李勇

图 4-126

记账凭证

202×年 12 月 30 日　　　　　　记字第 27 号

摘要	会计科目		借方金额										贷方金额										记账√
	总账科目	明细科目	千	百	十	万	千	百	十	元	角	分	千	百	十	万	千	百	十	元	角	分	
销售产品	银行存款	工行存款			3	0	0	0	0	0	0	0											
	预收账款	南海江华家电公司				6	1	6	0	0	0	0											
	主营业务收入	功放机 6901													3	2	0	0	0	0	0	0	
	应交税费	应交增值税(销项税额)														4	1	6	0	0	0	0	
附件 叁 张	合计			¥	3	6	1	6	0	0	0	0		¥	3	6	1	6	0	0	0	0	

会计主管：　　记账：　　出纳：　　审核：丁英　　制证：李勇

图 4-127

记账凭证

202×年 12 月 31 日　　　　　　记字第 28 1/2 号

摘要	会计科目		借方金额										贷方金额										记账√
	总账科目	明细科目	千	百	十	万	千	百	十	元	角	分	千	百	十	万	千	百	十	元	角	分	
结转发出材料成本	生产成本	功放机 6901				6	2	5	2	4	0	0											
		影碟机 1609				5	8	4	8	2	7	0											
	其他业务成本	材料销售					3	7	5	0	0	0											
	原材料	电子元件（二极管）														3	2	5	2	4	0	0	
		板材（线路板）														3	0	0	0	0	0	0	
附件 壹拾柒 张	合计			¥	1	2	4	7	5	6	7	0			¥	6	2	5	2	4	0	0	

会计主管：　　　记账：　　　出纳：　　　审核：丁英　　　制证：李勇

图 4-128

记账凭证

202×年 12 月 31 日　　　　　　记字第 28 2/2 号

摘要	会计科目		借方金额										贷方金额										记账√
	总账科目	明细科目	千	百	十	万	千	百	十	元	角	分	千	百	十	万	千	百	十	元	角	分	
结转发出材料成本	原材料	板材（带钢）														2	5	1	3	2	7	0	
		线材（影碟机线材）														3	3	3	5	0	0	0	
		其他（锡条）															3	7	5	0	0	0	
附件　张 见记字 第 28 1/2 号	合计			¥	1	2	4	7	5	6	7	0		¥	1	2	4	7	5	6	7	0	

会计主管：　　　记账：　　　出纳：　　　审核：丁英　　　制证：李勇

图 4-129

记账凭证

202×年 12 月 31 日　　　　　　记字第 29 号

摘要	会计科目		借方金额										贷方金额										记账√
	总账科目	明细科目	千	百	十	万	千	百	十	元	角	分	千	百	十	万	千	百	十	元	角	分	
分配工资费用	生产成本	功放机 6901				2	5	0	0	0	0	0											
		影碟机 1609				3	7	5	0	0	0	0											
	制造费用	职工薪酬					8	3	0	0	0	0											
	管理费用	职工薪酬				1	2	2	0	0	0	0											
	应付职工薪酬	职工工资														8	3	0	0	0	0	0	
附件 贰 张	合计				¥	8	3	0	0	0	0	0			¥	8	3	0	0	0	0	0	

会计主管：　　　记账：　　　出纳：　　　审核：丁英　　　制证：李勇

图 4-130

记账凭证

202×年 12 月 31 日　　　　记字第 30 号

摘要	会计科目		借方金额										贷方金额										记账√
	总账科目	明细科目	千	百	十	万	千	百	十	元	角	分	千	百	十	万	千	百	十	元	角	分	
计提本月工会经费	生产成本	功放机 6901						5	0	0	0	0											
		影碟机 1609						7	5	0	0	0											
	制造费用	职工薪酬						1	6	6	0	0											
	管理费用	职工薪酬						2	4	4	0	0											
	应付职工薪酬	工会经费															1	6	6	0	0	0	
附件 壹 张	合计					¥	1	6	6	0	0	0				¥	1	6	6	0	0	0	

会计主管：　　记账：　　出纳：　　审核：丁英　　制证：李勇

图 4-131

记账凭证

202×年 12 月 31 日　　　　记字第 31 号

摘要	会计科目		借方金额										贷方金额										记账√
	总账科目	明细科目	千	百	十	万	千	百	十	元	角	分	千	百	十	万	千	百	十	元	角	分	
计提职工教育经费	生产成本	功放机 6901						3	7	5	0	0											
		影碟机 1609						5	6	2	5	0											
	制造费用	职工薪酬						1	2	4	5	0											
	管理费用	职工薪酬						1	8	3	0	0											
	应付职工薪酬	职工教育经费															1	2	4	5	0	0	
附件 壹 张	合计					¥	1	2	4	5	0	0				¥	1	2	4	5	0	0	

会计主管：　　记账：　　出纳：　　审核：丁英　　制证：李勇

图 4-132

记账凭证

202×年 12 月 31 日　　　　记字第 32 号

摘要	会计科目		借方金额										贷方金额										记账√
	总账科目	明细科目	千	百	十	万	千	百	十	元	角	分	千	百	十	万	千	百	十	元	角	分	
计提固定资产折旧	制造费用	折旧费					3	2	0	0	0	0											
	管理费用	折旧费						4	5	9	7	5											
	累计折旧	生产用固定资产															3	2	0	0	0	0	
		非生产用固定资产																4	5	9	7	5	
附件 壹 张	合计					¥	3	6	5	9	7	5				¥	3	6	5	9	7	5	

会计主管：　　记账：　　出纳：　　审核：丁英　　制证：李勇

图 4-133

记账凭证

202×年 12 月 31 日　　　　记字第 33 号

摘要	会计科目		借方金额										贷方金额										记账√
	总账科目	明细科目	千	百	十	万	千	百	十	元	角	分	千	百	十	万	千	百	十	元	角	分	
预付费用摊销	制造费用	保险费					3	6	0	0	0	0											
	管理费用	报刊费						2	0	0	0	0											
	预付账款	太平洋保险公司															3	6	0	0	0	0	
		南方日报社																2	0	0	0	0	
附件 壹 张	合计					¥	3	8	0	0	0	0				¥	3	8	0	0	0	0	

会计主管：　　记账：　　出纳：　　审核：丁英　　制证：李勇

图 4-134

记账凭证

202×年 12 月 31 日　　　　记字第 34 号

摘要	会计科目		借方金额										贷方金额										记账√
	总账科目	明细科目	千	百	十	万	千	百	十	元	角	分	千	百	十	万	千	百	十	元	角	分	
计提本月水电费	管理费用	水电费					2	4	6	3	1	4											
	制造费用	水电费				2	0	3	5	3	8	6											
	应付账款	自来水公司															1	2	1	2	1	0	
		供电公司														2	1	6	0	4	9	0	
附件 壹 张	合计				¥	2	2	8	1	7	0	0			¥	2	2	8	1	7	0	0	

会计主管：　　记账：　　出纳：　　审核：丁英　　制证：李勇

图 4-135

记账凭证

202×年 12 月 31 日　　　　记字第 35 号

摘要	会计科目		借方金额										贷方金额										记账√
	总账科目	明细科目	千	百	十	万	千	百	十	元	角	分	千	百	十	万	千	百	十	元	角	分	
计提银行借款利息	财务费用	借款利息					1	3	2	2	5	0											
	应付利息	花都工行															1	3	2	2	5	0	
附件 壹 张	合计					¥	1	3	2	2	5	0				¥	1	3	2	2	5	0	

会计主管：　　记账：　　出纳：　　审核：丁英　　制证：李勇

图 4-136

记账凭证

202×年 12 月 31 日　　　　记字第 36 1/2 号

摘要	会计科目		借方金额										贷方金额										记账√
	总账科目	明细科目	千	百	十	万	千	百	十	元	角	分	千	百	十	万	千	百	十	元	角	分	
结转制造费用	生产成本	功放机 6901				1	4	2	9	7	7	4											
		影碟机 1609				2	1	4	4	6	6	2											
	制造费用	职工薪酬															8	5	9	0	5	0	
		折旧费															3	2	0	0	0	0	
		保险费															3	6	0	0	0	0	
附件 壹 张	合计				¥	3	5	7	4	4	3	6			¥	1	5	3	9	0	5	0	

会计主管：　　记账：　　出纳：　　审核：丁英　　制证：李勇

图 4-137

记账凭证

202×年 12 月 31 日　　　　记字第 36 2/2 号

摘要	会计科目		借方金额										贷方金额										记账√
	总账科目	明细科目	千	百	十	万	千	百	十	元	角	分	千	百	十	万	千	百	十	元	角	分	
结转制造费用	制造费用	水电费														2	0	3	5	3	8	6	
附件 张 见记字 第 36 1/2 号	合计				¥	3	5	7	4	4	3	6			¥	3	5	7	4	4	3	6	

会计主管：　　记账：　　出纳：　　审核：丁英　　制证：李勇

图 4-138

记账凭证

202×年 12 月 31 日　　　　记字第 37 号

摘要	会计科目		借方金额										贷方金额										记账√
	总账科目	明细科目	千	百	十	万	千	百	十	元	角	分	千	百	十	万	千	百	十	元	角	分	
结转完工产品成本	库存商品	功放机 6901			2	3	1	5	0	5	7	7											
		影碟机 1906			2	0	4	6	1	4	5	1											
	生产成本	功放机 6901													2	3	1	5	0	5	7	7	
		影碟机 1906													2	0	4	6	1	4	5	1	
附件 伍 张	合计			¥	4	3	6	1	2	0	2	8		¥	4	3	6	1	2	0	2	8	

会计主管：　　记账：　　出纳：　　审核：丁英　　制证：李勇

图 4-139

记账凭证

202×年 12 月 31 日　　　　记字第 38 号

摘要	会计科目		借方金额										贷方金额										记账√
	总账科目	明细科目	千	百	十	万	千	百	十	元	角	分	千	百	十	万	千	百	十	元	角	分	
计算产品销售成本	主营业务成本	功放机 6901			1	5	4	0	8	9	0	0											
		影碟机 1609				5	7	8	0	2	5	0											
	库存商品	功放机 6901													1	5	4	0	8	9	0	0	
		影碟机 1609														5	7	8	0	2	5	0	
附件 肆 张	合计			¥	2	1	1	8	9	1	5	0		¥	2	1	1	8	9	1	5	0	

会计主管：　　记账：　　出纳：　　审核：丁英　　制证：李勇

图 4-140

记账凭证

202×年 12 月 31 日　　　　记字第 39 号

摘要	会计科目		借方金额										贷方金额										记账√
	总账科目	明细科目	千	百	十	万	千	百	十	元	角	分	千	百	十	万	千	百	十	元	角	分	
计算应交增值税	应交税费	应交增值税（转出未交增值税）				5	2	8	1	0	9	2											
	应交税费	未交增值税														5	2	8	1	0	9	2	
附件 壹 张	合计				¥	5	2	8	1	0	9	2			¥	5	2	8	1	0	9	2	

会计主管：　　记账：　　出纳：　　审核：丁英　　制证：李勇

图 4-141

记账凭证

202×年 12 月 31 日　　　　记字第 40 号

摘要	会计科目		借方金额										贷方金额										记账√
	总账科目	明细科目	千	百	十	万	千	百	十	元	角	分	千	百	十	万	千	百	十	元	角	分	
计算城市维护建设税及教育费附加	税金及附加	城市维护建设税					3	6	9	6	7	6											
		教育费附加					1	5	8	4	3	3											
	应交税费	应交城市维护建设税															3	6	9	6	7	6	
		教育费附加															1	5	8	4	3	3	
附件 贰 账	合计					¥	5	2	8	1	0	9				¥	5	2	8	1	0	9	

会计主管：　　记账：　　出纳：　　审核：丁英　　制证：李勇

图 4-142

记账凭证

202×年 12 月 31 日　　　　记字第 41 号

摘要	会计科目		借方金额										贷方金额										记账√
	总账科目	明细科目	千	百	十	万	千	百	十	元	角	分	千	百	十	万	千	百	十	元	角	分	
结转损益类收入账户	主营业务收入	功放机 6901			4	7	0	0	0	0	0	0											
		影碟机 1906			1	8	0	0	0	0	0	0											
	其他业务收入	材料销售					6	0	0	0	0	0											
	营业外收入	罚款收入						2	5	0	0	0											
	本年利润														6	5	6	2	5	0	0	0	
附件 壹 张	合计			¥	6	5	6	2	5	0	0	0		¥	6	5	6	2	5	0	0	0	

会计主管：　　记账：　　出纳：　　审核：丁英　　制证：李勇

图 4-143

记账凭证

202×年 12 月 31 日　　　　记字第 42 1/4 号

摘要	会计科目		借方金额										贷方金额										记账√
	总账科目	明细科目	千	百	十	万	千	百	十	元	角	分	千	百	十	万	千	百	十	元	角	分	
结转损益类费用账户	本年利润				2	4	7	0	6	3	9	8											
	主营业务成本	功放机 6901													1	5	4	0	8	9	0	0	
		影碟机 1906														5	7	8	0	2	5	0	
	其他业务成本	材料销售															3	7	5	0	0	0	
	税金及附加	城市维护建设税															3	6	9	6	7	6	
附件 壹 张	合计			¥	2	4	7	0	6	3	9	8		¥	2	1	9	3	3	8	2	6	

会计主管：　　记账：　　出纳：　　审核：丁英　　制证：李勇

图 4-144

记账凭证

202×年 12 月 31 日　　　　字第 42 2/4 号

摘要	会计科目		借方金额										贷方金额										记账√
	总账科目	明细科目	千	百	十	万	千	百	十	元	角	分	千	百	十	万	千	百	十	元	角	分	
结转损益类费用账户	税金及附加	教育费附加															1	5	8	4	3	3	
	销售费用	广告费															2	6	0	0	0	0	
	管理费用	办公费																6	3	0	0	0	
		差旅费																8	6	0	0	0	
		电话费															3	1	6	2	0	0	
附件　张 见记字第 42 1/4 号	合计			¥	2	4	7	0	6	3	9	8		¥	2	2	8	1	7	4	5	9	

会计主管：　　记账：　　出纳：　　审核：丁英　　制证：李勇

图 4-145

记账凭证

202×年 12 月 31 日　　　　记字第 42 3/4 号

摘要	会计科目		借方金额										贷方金额										记账√
	总账科目	明细科目	千	百	十	万	千	百	十	元	角	分	千	百	十	万	千	百	十	元	角	分	
结转损益类费用账户	管理费用	职工福利																3	7	0	0	0	
		招待费																5	6	5	0	0	
		职工薪酬														1	2	6	2	7	0	0	
		折旧费																4	5	9	7	5	
		报刊费																2	0	0	0	0	
附件　张 见记字第 42 1/4 号	合计			¥	2	4	7	0	6	3	9	8		¥	2	4	2	3	9	6	3	4	

会计主管：　　记账：　　出纳：　　审核：丁英　　制证：李勇

图 4-146

记账凭证

202×年 12 月 31 日　　　　记字第 42 4/4 号

摘要	会计科目		借方金额										贷方金额										记账√
	总账科目	明细科目	千	百	十	万	千	百	十	元	角	分	千	百	十	万	千	百	十	元	角	分	
结转损益类费用账户		水电费															2	4	6	3	1	4	
	财务费用	借款利息															1	3	2	2	5	0	
	投资收益																	8	8	2	0	0	
附件　张 见记字第 42 1/4 号	合计			¥	2	4	7	0	6	3	9	8		¥	2	4	7	0	6	3	9	8	

会计主管：　　记账：　　出纳：　　审核：丁英　　制证：李勇

图 4-147

记账凭证

202×年 12 月 31 日　　　　记字第 43 号

摘要	会计科目		借方金额										贷方金额										记账√
	总账科目	明细科目	千	百	十	万	千	百	十	元	角	分	千	百	十	万	千	百	十	元	角	分	
计算应交所得税	所得税费用	当期所得税费用			1	0	2	2	9	6	5	1											
	应交税费	应交企业所得税													1	0	2	2	9	6	5	1	
附件 壹 张	合计			¥	1	0	2	2	9	6	5	1		¥	1	0	2	2	9	6	5	1	

会计主管：　　记账：　　出纳：　　审核：丁英　　制证：李勇

图 4-148

记账凭证

202×年 12 月 31 日　　　　记字第 44 号

摘要	会计科目		借方金额										贷方金额										记账√
	总账科目	明细科目	千	百	十	万	千	百	十	元	角	分	千	百	十	万	千	百	十	元	角	分	
结转所得税费用	本年利润				1	0	2	2	9	6	5	1											
	所得税费用	当期所得税费用													1	0	2	2	9	6	5	1	
附件 壹 张	合计			¥	1	0	2	2	9	6	5	1		¥	1	0	2	2	9	6	5	1	

会计主管：　　记账：　　出纳：　　审核：丁英　　制证：李勇

图 4-149

记账凭证

202×年 12 月 31 日　　　　记字第 45 号

摘要	会计科目		借方金额										贷方金额										记账√
	总账科目	明细科目	千	百	十	万	千	百	十	元	角	分	千	百	十	万	千	百	十	元	角	分	
结转全年税后利润	本年利润			1	1	3	2	2	9	9	2	6											
	利润分配	未分配利润												1	1	3	2	2	9	9	2	6	
附件 壹 张	合计		¥	1	1	3	2	2	9	9	2	6	¥	1	1	3	2	2	9	9	2	6	

会计主管：　　记账：　　出纳：　　审核：丁英　　制证：李勇

图 4-150

记账凭证

202×年 12 月 31 日　　　　记字第 46 号

摘要	会计科目		借方金额										贷方金额										记账√
	总账科目	明细科目	千	百	十	万	千	百	十	元	角	分	千	百	十	万	千	百	十	元	角	分	
提取法定盈余公积金	利润分配	提取法定盈余公积			1	1	3	2	2	9	9	3											
	盈余公积	法定盈余公积													1	1	3	2	2	9	9	3	
附件 壹 张	合计			¥	1	1	3	2	2	9	9	3		¥	1	1	3	2	2	9	9	3	

会计主管：　　记账：　　出纳：　　审核：丁英　　制证：李勇

图 4-151

记账凭证

202×年 12 月 31 日　　　　记字第 47 号

摘要	会计科目		借方金额										贷方金额										记账√
	总账科目	明细科目	千	百	十	万	千	百	十	元	角	分	千	百	十	万	千	百	十	元	角	分	
提取任意盈余公积	利润分配	提取任意盈余公积				5	6	6	1	4	9	6											
	盈余公积	任意盈余公积														5	6	6	1	4	9	6	
附件 壹 张	合计				¥	5	6	6	1	4	9	6			¥	5	6	6	1	4	9	6	

会计主管：　　记账：　　出纳：　　审核：丁英　　制证：李勇

图 4-152

记账凭证

202×年 12 月 31 日　　　　记字第 48 号

摘要	会计科目		借方金额										贷方金额										记账√
	总账科目	明细科目	千	百	十	万	千	百	十	元	角	分	千	百	十	万	千	百	十	元	角	分	
计提应付股利	利润分配	应付股利			7	6	9	9	6	3	5	0											
	应付股利	刘少明													2	6	1	7	8	7	5	9	
		路德有限公司													5	0	8	1	7	5	9	1	
附件 壹 张	合计			¥	7	6	9	9	6	3	5	0		¥	7	6	9	9	6	3	5	0	

会计主管：　　记账：　　出纳：　　审核：丁英　　制证：李勇

图 4-153

记账凭证

202×年 12 月 31 日　　　　记字第 49 号（全）

摘要	会计科目		借方金额										贷方金额										记账√
	总账科目	明细科目	千	百	十	万	千	百	十	元	角	分	千	百	十	万	千	百	十	元	角	分	
结转利润分配明细账	利润分配	未分配利润			9	3	9	8	0	8	3	9											
	利润分配	提取法定盈余公积													1	1	3	2	2	9	9	3	
		提取任意盈余公积														5	6	6	1	4	9	6	
		应付股利													7	6	9	9	6	3	5	0	
附件 壹 张	合计			¥	9	3	9	8	0	8	3	9		¥	9	3	9	8	0	8	3	9	

会计主管：　　记账：　　出纳：　　审核：丁英　　制证：李勇

图 4-154

第五节　登记日记账

一、能力目标

（1）能明确日记账格式。

（2）能选用库存现金日记账、银行存款日记账或出纳日记账。

（3）能熟悉现金管理条例与银行存款管理制度。

（4）能明确出纳岗位工作职责。

（5）能根据记账凭证登记日记账。

（6）能对日记账进行日清月结和年终结账。

二、能力训练任务

（1）根据记账凭证登记日记账。

（2）每日结出日记账余额。

（3）对日记账进行月末结账。

（4）对日记账进行年终结账。

三、能力训练步骤

（1）按顺序在记账凭证上查找库存现金与银行存款科目。

（2）根据记账凭证对应的库存现金科目内容登记库存现金日记账。

（3）根据记账凭证对应的银行存款科目内容登记银行存款日记账。

（4）在记账凭证右侧库存现金或银行存款科目对应的记账栏打“√”。

（5）在记账凭证下方出纳处签章以示负责，若记账凭证不涉及库存现金或银行存款科目则不登记日记账，出纳处也无需签章。

（6）月末结算本期发生额及余额，并在本月合计栏下方，划一条通栏红线。

（7）年末累计本年发生额及余额，并在本年累计栏下方，划两条通栏红线。

（8）将本年余额结转下年，本年账簿余额为零，红线注销空白栏，封存账簿。

四、能力训练要求

根据广州百威电器有限公司 202×年 12 月记账凭证登记日记账，如图 4－155 至图 4－157所示。

库存现金日记账

人民币

202×年 月	日	凭证编号	摘要	对方科目	借方金额（千百十万千百十元角分）	贷方金额（千百十万千百十元角分）	借或贷	余额（千百十万千百十元角分）	核对
12	1		期初余额				借	73000	
	6	记字第 04 号	提取备用金	银行存款	300000				
	6	记字第 07 号	预借差旅费	其他应收款		100000	借	273000	
	9	记字第 11 号	购办公用品	管理费用		63000	借	210000	
	11	记字第 13 号	报销差旅费	其他应收款	14000		借	224000	
	13	记字第 15 号	垫付运费	应收账款		60000	借	164000	
	21	记字第 21 号	报销医药费	管理费用		37000	借	127000	
	22	记字第 22 号	报销招待费	管理费用		56500	借	70500	
	23	记字第 23 号	预付报刊费	预付账款		36000	借	34500	
	27	记字第 24 号	收到罚款	营业外收入	25000		借	59500	
	31		本月合计		339000	352500	借	59500	
	31		本年累计		339000	352500	借	59500	
	31		结转下年			59500	平	0	

备注："本月合计"下划"单红线"，"本月累计"下划"双红线"。

图 4-155

银行存款日记账

工商银行

202×年 月	日	凭证编号	摘要	对方科目	借方金额（千百十万千百十元角分）	贷方金额（千百十万千百十元角分）	借或贷	余额（千百十万千百十元角分）	核对
12	1		期初余额				借	59060050	
	3	记字第 01 号	购入原材料	在途物资等		3842000	借	55218050	
	5	记字第 02 号	收到投资款	实收资本	330000000		借	385218050	
	6	记字第 04 号	提取备用金	库存现金		300000			
	6	记字第 05 号	扣缴增值税	应交税费		1462836			
	6	记字第 06 号	扣缴城市维护建设税等	应交税费		146284	借	383308930	
	8	记字第 09 号	支付工资	应付职工薪酬		6642300	借	376666630	
	9	记字第 10 号	取得贷款	短期借款	30000000				
	9	记字第 12 号	销售产品	主营业务收入等	16950000		借	423616630	
	11	记字第 14 号	收到货款	应收账款	7300000		借	430916630	
	13	记字第 16 号	购入电脑	固定资产等		858800	借	430057830	
	15	记字第 18 号	支付广告费	销售费用		260000	借	429797830	
	20	记字第 19 号	支付电话费	管理费用		316200	借	429481630	
	27	记字第 25 号	预付保险费	预付账款		360000	借	429121630	
	28	记字第 26 号	预收货款	预收账款	6160000		借	435281630	

表(续)

202×年		凭证编号	摘要	对方科目	借方金额										贷方金额										借或贷	余额										核对
月	日				千	百	十	万	千	百	十	元	角	分	千	百	十	万	千	百	十	元	角	分		千	百	十	万	千	百	十	元	角	分	
	30	记字第 27 号	销售产品	主营业务收入等			3	0	0	0	0	0	0	0											借		4	6	5	2	8	1	6	3	0	
	31		本月合计			4	2	0	4	1	0	0	0	0			1	4	1	8	8	4	2	0	借		4	6	5	2	8	1	6	3	0	
	31		本年累计			4	2	0	4	1	0	0	0	0			1	4	1	8	8	4	2	0	借		4	6	5	2	8	1	6	3	0	
	31		结转下年													4	6	5	2	8	1	6	3	0	平								0			

备注：①登记日记账后的记账凭证如下图所示，记账栏已打“√”，出纳处已签名。

②“本月合计”下划“单红线”，“本月累计”下划“双红线”。

图 4-156

记账凭证

202×年 12 月 3 日　　　　记字第 01 号

摘要	会计科目		借方金额										贷方金额										记账√
	总账科目	明细科目	千	百	十	万	千	百	十	元	角	分	千	百	十	万	千	百	十	元	角	分	
购入原材料	在途物资	线材（影碟机线材）				3	4	0	0	0	0	0											
	应交税费	应交增值税（进项税额）					4	4	2	0	0	0											
	银行存款	工行存款														3	8	4	2	0	0	0	√
附件贰　张	合计				¥	3	8	4	2	0	0	0			¥	3	8	4	2	0	0	0	

会计主管：　　记账：　　出纳：张浩　　审核：丁英　　制证：李勇

图 4-157

第六节　登记明细账

一、能力目标

（1）能辨析明细账格式。

（2）能明确明细账与总账的平行登记原理。

（3）能明确明细账会计岗位工作职责。

（4）能根据记账凭证登记明细账。

（5）能对明细账进行月结和年结。

二、能力训练任务

（1）根据记账凭证登记明细账。

（2）对明细账进行月末结账。

（3）对明细账进行年终结账。

三、能力训练步骤

（1）按顺序在记账凭证上查找除了库存现金与银行存款以外的会计科目。

（2）根据记账凭证对应的科目内容登记明细账。

（3）在记账凭证右侧该会计科目对应的记账栏打“√”。

（4）在记账凭证下方记账处签章以示负责。

（5）月末结算本期发生额及余额，并在本月合计栏下方，划一条通栏红线。

（6）年末累计本年发生额及余额，并在本年累计栏下方，划两条通栏红线。

（7）将本年余额结转下年，本年账簿余额为零，红线注销空白栏，封存账簿。

四、能力训练要求

根据广州百威电器有限公司 202×年 12 月记账凭证登记明细账，如图 4-158 至图 4-221所示。

其他货币资金明细账

账户名称：存出投资款

202×年		凭证编号	摘要	借方金额										贷方金额										借或贷	余额										核对
月	日			千	百	十	万	千	百	十	元	角	分	千	百	十	万	千	百	十	元	角	分		千	百	十	万	千	百	十	元	角	分	
12	1		期初余额																					借			1	0	0	0	0	0	0	0	
	20	记字 20 号	购入股票														7	1	9	2	2	0	0												
	31		本月合计														7	1	9	2	2	0	0	借				2	8	0	7	8	0	0	
	31		本年累计														7	1	9	2	2	0	0	借				2	8	0	7	8	0	0	

图 4-158

交易性金融资产明细账

账户名称：中金岭南股票

202×年		凭证编号	摘要	借方金额										贷方金额										借或贷	余额										核对
月	日			千	百	十	万	千	百	十	元	角	分	千	百	十	万	千	百	十	元	角	分		千	百	十	万	千	百	十	元	角	分	
12	20	记字20号	购入股票				7	1	0	4	0	0	0																						
	31		本月合计				7	1	0	4	0	0	0											借				7	1	0	4	0	0	0	
	31		本年累计				7	1	0	4	0	0	0											借				7	1	0	4	0	0	0	

图 4-159

应收票据明细账

账户名称：尊浪贸易公司

202×年		凭证编号	摘要	借方金额										贷方金额										借或贷	余额										核对
月	日			千	百	十	万	千	百	十	元	角	分	千	百	十	万	千	百	十	元	角	分		千	百	十	万	千	百	十	元	角	分	
12	13	记字17号	赊销原材料					6	7	8	0	0	0																						
	31		本月合计					6	7	8	0	0	0											借					6	7	8	0	0	0	
	31		本年累计					6	7	8	0	0	0											借					6	7	8	0	0	0	

图 4-160

应收账款明细账

账户名称：多多乐公司

202×年		凭证编号	摘要	借方金额										贷方金额										借或贷	余额										核对
月	日			千	百	十	万	千	百	十	元	角	分	千	百	十	万	千	百	十	元	角	分		千	百	十	万	千	百	十	元	角	分	
12	1		期初余额																					借				7	3	0	0	0	0	0	
	11	记字14号	收到货款														7	3	0	0	0	0	0												
	31		本月合计														7	3	0	0	0	0	0	平								0			
	31		本年累计														7	3	0	0	0	0	0	平								0			

图 4-161

应收账款明细账

账户名称：友和贸易公司

202×年		凭证编号	摘要	借方金额										贷方金额										借或贷	余额										核对
月	日			千	百	十	万	千	百	十	元	角	分	千	百	十	万	千	百	十	元	角	分		千	百	十	万	千	百	十	元	角	分	
12	13	记字15号	赊销产品			2	0	4	0	0	0	0	0																						
	31		本月合计			2	0	4	0	0	0	0	0											借			2	0	4	0	0	0	0	0	
	31		本年累计			2	0	4	0	0	0	0	0											借			2	0	4	0	0	0	0	0	

图 4-162

预付账款明细分类账

账户名称：太平洋保险公司

202×年		凭证编号	摘要	借方金额										贷方金额										借或贷	余额										核对
月	日			千	百	十	万	千	百	十	元	角	分	千	百	十	万	千	百	十	元	角	分		千	百	十	万	千	百	十	元	角	分	
12	1		期初余额																					借					3	6	0	0	0	0	
	27	记字 25 号	支付保险费					3	6	0	0	0	0																						
	31	记字 33 号	摊销															3	6	0	0	0	0												
	31		本月合计					3	6	0	0	0	0					3	6	0	0	0	0	借					3	6	0	0	0	0	
	31		本年累计					3	6	0	0	0	0					3	6	0	0	0	0	借					3	6	0	0	0	0	

图 4-163

预付账款明细分类账

账户名称：南方日报社

202×年		凭证编号	摘要	借方金额										贷方金额										借或贷	余额										核对
月	日			千	百	十	万	千	百	十	元	角	分	千	百	十	万	千	百	十	元	角	分		千	百	十	万	千	百	十	元	角	分	
12	1		期初余额																					借						2	0	0	0	0	
	23	记字 23 号	支付报刊费						3	6	0	0	0																						
	31	记字 33 号	摊销																2	0	0	0	0												
	31		本月合计						3	6	0	0	0						2	0	0	0	0	借						3	6	0	0	0	
	31		本年累计						3	6	0	0	0						2	0	0	0	0	借						3	6	0	0	0	

图 4-164

其他应收款明细账

账户名称：丁英

202×年		凭证编号	摘要	借方金额										贷方金额										借或贷	余额										核对
月	日			千	百	十	万	千	百	十	元	角	分	千	百	十	万	千	百	十	元	角	分		千	百	十	万	千	百	十	元	角	分	
12	6	记字 07 号	预借差旅费					1	0	0	0	0	0																						
	11	记字 13 号	报销差旅费															1	0	0	0	0	0												
	31		本月合计					1	0	0	0	0	0					1	0	0	0	0	0	平								0			
	31		本年累计					1	0	0	0	0	0					1	0	0	0	0	0	平								0			

图 4-165

坏账准备明细账

账户名称：应收账款

202×年		凭证编号	摘要	借方金额										贷方金额										借或贷	余额										核对
月	日			千	百	十	万	千	百	十	元	角	分	千	百	十	万	千	百	十	元	角	分		千	百	十	万	千	百	十	元	角	分	
12	1		期初余额																					贷					1	9	8	0	0	0	
	31		本月合计																					贷					1	9	8	0	0	0	
	31		本年累计																					贷					1	9	8	0	0	0	

图 4-166

在途物资明细账

材料名称：线材（影碟机线材）　　单位：元

202×年		凭证号数	摘要	借方金额			贷方金额	结余金额
月	日			买价	采购费用	合计		
12	3	记字 01 号	购入原材料	34 000.00	—	34 000.00	—	
	3	记字 03 号	材料验收入库				34 000.00	
	31		本月合计	34 000.00		34 000.00	34 000.00	0
	31		本年累计	34 000.00		34 000.00	34 000.00	0

图 4-167

原材料明细分类账

材料名称：电子元件（二极管）　　计量单位：个　　金额单位：元

202×年		凭证号数	摘要	收入			发出			结存		
月	日			数量	单价	金额	数量	单价	金额	数量	单价	金额
12	1		期初余额							600	80	48 000.00
	7	记字 08 号	购入	700	82.44	57 704.69				1 300	81.31	105 704.69
	31	记字 28 1/2 号	发出				400	81.31	32 524	900	81.31	73 180.69
	31		本月合计	700	82.44	57 704.69	400	81.31	32 524	900	81.31	73 180.69
	31		本年累计	700	82.44	57 704.69	400	81.31	32 524	900	81.31	73 180.69

图 4-168

原材料明细分类账

材料名称：板材（线路板）　　计量单位：片　　金额单位：元

202×年		凭证号数	摘要	收入			发出			结存		
月	日			数量	单价	金额	数量	单价	金额	数量	单价	金额
12	1		期初余额							1 412	50	70 600
	31	记字 28 1/2 号	发出				600	50	30 000	812	50	40 600
	31		本月合计				600	50	30 000	812	50	40 600
	31		本年累计				600	50	30 000	812	50	40 600

图 4-169

原材料明细分类账

材料名称：板材（带钢）　　计量单位：吨　　金额单位：元

202×年		凭证号数	摘要	收入			发出			结存		
月	日			数量	单价	金额	数量	单价	金额	数量	单价	金额
12	7	记字 08 号	购入	30	5 026.54	150 796.23				30	5 026.54	150 796.23
	31	记字 28 2/2 号	发出				5	5 026.54	25 132.70	25	5 026.54	125 663.53
	31		本月合计	30	5 026.54	150 796.23	5	5 026.54	25 132.70	25	5 026.54	125 663.23
	31		本年累计	30	5 026.54	150 796.23	5	5 026.54	25 132.70	25	5 026.54	125 663.53

图 4-170

原材料明细分类账

材料名称：线材（影碟机线材）　　　　计量单位：套　　金额单位：元

202×年		凭证号数	摘要	收入			发出			结存		
月	日			数量	单价	金额	数量	单价	金额	数量	单价	金额
12	1		期初余额							1 013	6	6 078.00
	5	记字 03 号	验收入库	5 000	6.80	34 000				6 013	6.67	40 078.00
	31	记字 28 2/2 号	发出				5 000	6.67	33 350.00	1 013	6.67	6 728.00
	31		本月合计	5 000	6.80	34 000	5 000	6.67	33 350.00	1 013	6.67	6 728.00
	31		本年累计	5 000	6.80	34 000	5 000	6.67	33 350.00	1 013	6.67	6 728.00

图 4-171

原材料明细分类账

材料名称：其他（锡条）　　　　计量单位：段　　金额单位：元

202×年		凭证号数	摘要	收入			发出			结存		
月	日			数量	单价	金额	数量	单价	金额	数量	单价	金额
12	1		期初余额							200	25	5 000.00
	31	记字 28 2/2 号	发出				150	25	3 750.00	50	25	1 250.00
	31		本月合计				150		3 750.00	50	25	1 250.00
	31		本年累计				150		3 750.00	50	25	1 250.00

图 4-172

库存商品明细分类账

产品名称：功放机 6901　　　　计量单位：台　　金额单位：元

202×年		凭证号数	摘要	收入			发出			结存		
月	日			数量	单价	金额	数量	单价	金额	数量	单价	金额
12	1		期初余额							800	526	420 800.00
	31	记字 37 号	完工入库	470	492.57	231 505.77				1270	513.63	652 305.77
	31	记字 38 号	销售				300	513.63	154 089.00	970	513.63	498 216.77
	31		本月合计	470		231 505.77	300		154 089.00	970	513.63	498 216.77
	31		本年累计	470		231 505.77	300		154 089.00	970	513.63	498 216.77

图 4-173

库存商品明细分类账

产品名称：影碟机 1609　　　　计量单位：台　　金额单位：元

202×年		凭证号数	摘要	收入			发出			结存		
月	日			数量	单价	金额	数量	单价	金额	数量	单价	金额
12	1		期初余额							500	400	200 000.00
	31	记字 37 号	完工入库	550	372.03	204 614.51				1 050	385.35	404 614.51
	31	记字 38 号	销售				150	385.35	57 802.50	900	385.35	346 812.01
	31		本月合计	550	372.03	204 614.51	150	385.35	57 802.50	900	385.35	346 812.01
	31		本年累计	550	372.03	204 614.51	150	385.35	57 802.50	900	385.35	346 812.01

图 4-174

固定资产明细分类账

账户名称：生产用固定资产　　　　　　　　　　　　　　　　　　单位：元

202×年		凭证号数	摘要	原值			折旧			净值		
月	日			借方	贷方	余额	借方	贷方	余额	借方	贷方	余额
12	1		期初余额			1 200 000. 00			130 800. 00			1 069 200. 00
	31	记字 32 号	计提折旧						3 200. 00			1 066 000. 00
	31		本月合计			1 200 000. 00			3 200. 00			1 066 000. 00
	31		本年累计			1 200 000. 00			3 200. 00			1 066 000. 00

图 4-175

固定资产明细分类账

账户名称：非生产用固定资产　　　　　　　　　　　　　　　　　单位：元

202×年		凭证号数	摘要	原值			折旧			净值		
月	日			借方	贷方	余额	借方	贷方	余额	借方	贷方	余额
12	1		期初余额			229 876. 35			65 400. 00			164 476. 35
	13	记字 16 号	购入电脑	7 600		237 476. 35						172 076. 35
	31	记字 32 号	计提折旧						459. 75			171 616. 60
	31		本月合计	7 600		237 476. 35			459. 75			171 616. 60
	31		本年累计	7 600		237 476. 35			459. 75			171 616. 60

图 4-176

短期借款明细分类账

账户名称：工行借款

202×年		凭证编号	摘要	借方金额										贷方金额										借或贷	余额										核对
月	日			千	百	十	万	千	百	十	元	角	分	千	百	十	万	千	百	十	元	角	分		千	百	十	万	千	百	十	元	角	分	
12	9	记字 10 号	取得贷款													3	0	0	0	0	0	0	0												
	31		本月合计													3	0	0	0	0	0	0	0	贷			3	0	0	0	0	0	0	0	
	31		本年累计													3	0	0	0	0	0	0	0	贷			3	0	0	0	0	0	0	0	

图 4-177

应付账款明细账

账户名称：隆科公司

202×年		凭证编号	摘要	借方金额										贷方金额										借或贷	余额										核对
月	日			千	百	十	万	千	百	十	元	角	分	千	百	十	万	千	百	十	元	角	分		千	百	十	万	千	百	十	元	角	分	
12	1		期初余额																					贷					3	5	2	0	0	0	
	31		本月合计																					贷					3	5	2	0	0	0	
	31		本年累计																					贷					3	5	2	0	0	0	

图 4-178

应付账款明细账

账户名称：自来水公司

202×年		凭证编号	摘要	借方金额										贷方金额										借或贷	余额										核对
月	日			千	百	十	万	千	百	十	元	角	分	千	百	十	万	千	百	十	元	角	分		千	百	十	万	千	百	十	元	角	分	
12	31	记字34号	分配水费															1	2	1	2	1	0												
	31		本月合计															1	2	1	2	1	0	贷					1	2	1	2	1	0	
	31		本年累计															1	2	1	2	1	0	贷					1	2	1	2	1	0	

图 4-179

应付账款明细账

账户名称：供电公司

202×年		凭证编号	摘要	借方金额										贷方金额										借或贷	余额										核对
月	日			千	百	十	万	千	百	十	元	角	分	千	百	十	万	千	百	十	元	角	分		千	百	十	万	千	百	十	元	角	分	
12	31	记字34号	分配电费														2	1	6	0	4	9	0												
	31		本月合计														2	1	6	0	4	9	0	贷				2	1	6	0	4	9	0	
	31		本年累计														2	1	6	0	4	9	0	贷				2	1	6	0	4	9	0	

图 4-180

应付账款明细账

账户名称：高宝贸易有限公司

202×年		凭证编号	摘要	借方金额										贷方金额										借或贷	余额										核对
月	日			千	百	十	万	千	百	十	元	角	分	千	百	十	万	千	百	十	元	角	分		千	百	十	万	千	百	十	元	角	分	
12	7	记字08号	赊购原材料													2	3	5	5	6	2	0	0												
	31		本月合计													2	3	5	5	6	2	0	0	贷			2	3	5	5	6	2	0	0	
	31		本年累计													2	3	5	5	6	2	0	0	贷			2	3	5	5	6	2	0	0	

图 4-181

预收账款明细账

账户名称：南海江华家电有限公司

202×年		凭证编号	摘要	借方金额										贷方金额										借或贷	余额										核对
月	日			千	百	十	万	千	百	十	元	角	分	千	百	十	万	千	百	十	元	角	分		千	百	十	万	千	百	十	元	角	分	
12	28	记字26号	预收货款														6	1	6	0	0	0	0												
	30	记字27号	销货结算				6	1	6	0	0	0	0																						
	31		本月合计				6	1	6	0	0	0	0				6	1	6	0	0	0	0	平								0			
	31		本年累计				6	1	6	0	0	0	0				6	1	6	0	0	0	0	平								0			

图 4-182

应付职工薪酬明细账 单位：元

202×年		凭证号数	摘要	贷方			
月	日			合计	职工工资	工会经费	职工教育经费
12	1		期初余额	87 663.32	74 607.08	11 937.13	1 119.11
	8	记字 09 号	支付工资（红字）	74 607.08	74 607.08		
	31	记字 29 号	分配工资费用	83 000.00	83 000.00		
	31	记字 30 号	计提工会经费	1 660.00		1 660.00	
	31	记字 31 号	计提职工教育经费	1 245.00			1 245.00
	31		本月合计	98 961.24	83 000.00	13 597.13	2 364.11
	31		结转（红字）	98 961.24	83 000.00	13 597.13	2 364.11

图 4-183

应交税费——应交增值税明细账 单位：元

202×年		凭证号数	摘要	借方			贷方		借或贷	余额
月	日			合计	进项税额	转出未交增值税	合计	销项税额		
12	3	记字 01 号	购原材料	4 420.00	4 420.00					
	7	记字 08 号	购原材料	27 061.08	27 061.08					
	9	记字 12 号	销售产品				19 500.00	19 500.00		
	13	记字 15 号	赊销产品				23 400.00	23 400.00		
	13	记字 16 号	购入电脑	988.00	988.00					
	13	记字 17 号	赊销原材料				780.00	780.00		
	30	记字 27 号	销售产品				41 600.00	41 600.00		
	31	记字 39 号	转出未交增值税	52 810.92		52 810.92				
	31		本月合计	85 280.00	32 469.08	52 810.92	85 280.00	85 280.00	平	0
	31		本年累计	85 280.00	32 469.08	52 810.92	85 280.00	85 280.00	平	0

图 4-184

应交税费明细账

账户名称：未交增值税

202×年		凭证编号	摘要	借方金额										贷方金额										借或贷	余额										核对
月	日			千	百	十	万	千	百	十	元	角	分	千	百	十	万	千	百	十	元	角	分		千	百	十	万	千	百	十	元	角	分	
12	1		期初余额																					贷				1	4	6	2	8	3	6	
	6	记字 05 号	扣缴税费				1	4	6	2	8	3	6																						
	31	记字 39 号	结转未交税														5	2	8	1	0	9	2					5	2	8	1	0	9	2	
	31		本月合计				1	4	6	2	8	3	6				5	2	8	1	0	9	2	贷				5	2	8	1	0	9	2	
	31		本年累计				1	4	6	2	8	3	6				5	2	8	1	0	9	2	贷				5	2	8	1	0	9	2	

图 4-185

应交税费明细账

账户名称：应交个人所得税

202×年		凭证编号	摘要	借方金额										贷方金额										借或贷	余额										核对
月	日			千	百	十	万	千	百	十	元	角	分	千	百	十	万	千	百	十	元	角	分		千	百	十	万	千	百	十	元	角	分	
12	8	记字 09 号	代扣所得税																2	7	6	0	8												
	31		本月合计																2	7	6	0	8	贷						2	7	6	0	8	
	31		本年累计																2	7	6	0	8	贷						2	7	6	0	8	

图 4-186

应交税费明细账

账户名称：应交企业所得税

202×年		凭证编号	摘要	借方金额										贷方金额										借或贷	余额										核对
月	日			千	百	十	万	千	百	十	元	角	分	千	百	十	万	千	百	十	元	角	分		千	百	十	万	千	百	十	元	角	分	
12	31	记字 43 号	计提所得税													1	0	2	2	9	6	5	1												
	31		本月合计													1	0	2	2	9	6	5	1	贷			1	0	2	2	9	6	5	1	
	31		本年累计													1	0	2	2	9	6	5	1	贷			1	0	2	2	9	6	5	1	

图 4-187

应交税费明细账

账户名称：应交城市维护建设税

202×年		凭证编号	摘要	借方金额										贷方金额										借或贷	余额										核对
月	日			千	百	十	万	千	百	十	元	角	分	千	百	十	万	千	百	十	元	角	分		千	百	十	万	千	百	十	元	角	分	
12	1		期初余额																					贷					1	0	2	3	9	9	
	6	记字 06 号	扣缴税费					1	0	2	3	9	9																						
	31	记字 40 号	计提税费															3	6	9	6	7	6												
	31		本月合计					1	0	2	3	9	9					3	6	9	6	7	6	贷					3	6	9	6	7	6	
	31		本年累计					1	0	2	3	9	9					3	6	9	6	7	6	贷					3	6	9	6	7	6	

图 4-188

应交税费明细账

账户名称：应交教育费附加

202×年		凭证编号	摘要	借方金额										贷方金额										借或贷	余额										核对
月	日			千	百	十	万	千	百	十	元	角	分	千	百	十	万	千	百	十	元	角	分		千	百	十	万	千	百	十	元	角	分	
12	1		期初余额																					贷						4	3	8	8	5	
	6	记字 06 号	扣缴税费						4	3	8	8	5																						
	31	记字 40 号	计提税费															1	5	8	4	3	3												
	31		本月合计						4	3	8	8	5					1	5	8	4	3	3	贷					1	5	8	4	3	3	
	31		本年累计						4	3	8	8	5					1	5	8	4	3	3	贷					1	5	8	4	3	3	

图 4-189

应交税费明细账

账户名称：应交养老保险

202×年		凭证编号	摘要	借方金额										贷方金额										借或贷	余额										核对
月	日			千	百	十	万	千	百	十	元	角	分	千	百	十	万	千	百	十	元	角	分		千	百	十	万	千	百	十	元	角	分	
12	8	记字 09 号	代扣保险费															7	0	3	0	0	0												
	31		本月合计															7	0	3	0	0	0	贷					7	0	3	0	0	0	
	31		本年累计															7	0	3	0	0	0	贷					7	0	3	0	0	0	

图 4-190

应交税费明细账

账户名称：应交失业保险

202×年		凭证编号	摘要	借方金额										贷方金额										借或贷	余额										核对
月	日			千	百	十	万	千	百	十	元	角	分	千	百	十	万	千	百	十	元	角	分		千	百	十	万	千	百	十	元	角	分	
12	8	记字 09 号	代扣保险费																8	7	8	0	0												
	31		本月合计																8	7	8	0	0	贷						8	7	8	0	0	
	31		本年累计																8	7	8	0	0	贷						8	7	8	0	0	

图 4-191

应付利息明细账

账户名称：花都工行

202×年		凭证编号	摘要	借方金额										贷方金额										借或贷	余额										核对
月	日			千	百	十	万	千	百	十	元	角	分	千	百	十	万	千	百	十	元	角	分		千	百	十	万	千	百	十	元	角	分	
12	31	记字 35 号	计提利息															1	3	2	2	5	0												
	31		本月合计															1	3	2	2	5	0	贷					1	3	2	2	5	0	
	31		本年累计															1	3	2	2	5	0	贷					1	3	2	2	5	0	

图 4-192

应付股利明细账

账户名称：刘少明

202×年		凭证编号	摘要	借方金额										贷方金额										借或贷	余额										核对
月	日			千	百	十	万	千	百	十	元	角	分	千	百	十	万	千	百	十	元	角	分		千	百	十	万	千	百	十	元	角	分	
12	31	记字 48 号	计提应付股利													2	6	1	7	8	7	5	9												
	31		本月合计													2	6	1	7	8	7	5	9	贷			2	6	1	7	8	7	5	9	
	31		本年累计													2	6	1	7	8	7	5	9	贷			2	6	1	7	8	7	5	9	

图 4-193

应付股利明细账

账户名称：路德有限公司

202×年		凭证编号	摘要	借方金额										贷方金额										借或贷	余额										核对
月	日			千	百	十	万	千	百	十	元	角	分	千	百	十	万	千	百	十	元	角	分		千	百	十	万	千	百	十	元	角	分	
12	31	记字 48 号	计提应付股利													5	0	8	1	7	5	9	1												
	31		本月合计													5	0	8	1	7	5	9	1	贷			5	0	8	1	7	5	9	1	
	31		本年累计													5	0	8	1	7	5	9	1	贷			5	0	8	1	7	5	9	1	

图 4-194

实收资本明细账

账户名称：刘少明

202×年		凭证编号	摘要	借方金额										贷方金额										借或贷	余额										核对
月	日			千	百	十	万	千	百	十	元	角	分	千	百	十	万	千	百	十	元	角	分		千	百	十	万	千	百	十	元	角	分	
12	1		期初余额																					贷		1	7	0	0	0	0	0	0	0	
	31		本月合计																					贷		1	7	0	0	0	0	0	0	0	
	31		本年累计																					贷		1	7	0	0	0	0	0	0	0	

图 4-195

实收资本明细账

账户名称：路德有限公司

202×年		凭证编号	摘要	借方金额										贷方金额										借或贷	余额										核对
月	日			千	百	十	万	千	百	十	元	角	分	千	百	十	万	千	百	十	元	角	分		千	百	十	万	千	百	十	元	角	分	
12	1	记字 02 号	投入资本												3	3	0	0	0	0	0	0	0												
	31		本月合计												3	3	0	0	0	0	0	0	0	贷		3	3	0	0	0	0	0	0	0	
	31		本年累计												3	3	0	0	0	0	0	0	0	贷		3	3	0	0	0	0	0	0	0	

图 4-196

资本公积明细账

账户名称：资本溢价

202×年		凭证编号	摘要	借方金额										贷方金额										借或贷	余额										核对
月	日			千	百	十	万	千	百	十	元	角	分	千	百	十	万	千	百	十	元	角	分		千	百	十	万	千	百	十	元	角	分	
12	1		期初余额																					贷				5	2	7	6	0	8	0	
	31		本月合计																					贷				5	2	7	6	0	8	0	
	31		本年累计																					贷				5	2	7	6	0	8	0	

图 4-197

盈余公积明细账

账户名称：法定盈余公积

202×年		凭证编号	摘要	借方金额										贷方金额										借或贷	余额										核对
月	日			千	百	十	万	千	百	十	元	角	分	千	百	十	万	千	百	十	元	角	分		千	百	十	万	千	百	十	元	角	分	
12	1		期初余额																					贷				6	4	3	6	1	0	0	
	31	记字 46 号	本期提取													1	1	3	2	2	9	9	3											
	31		本月合计													1	1	3	2	2	9	9	3	贷			1	7	7	5	9	0	9	3	
	31		本年累计													1	1	3	2	2	9	9	3	贷			1	7	7	5	9	0	9	3	

图 4-198

盈余公积明细账

账户名称：任意盈余公积

202×年		凭证编号	摘要	借方金额										贷方金额										借或贷	余额										核对
月	日			千	百	十	万	千	百	十	元	角	分	千	百	十	万	千	百	十	元	角	分		千	百	十	万	千	百	十	元	角	分	
12	1		期初余额																					贷				3	2	1	8	0	5	0	
	31	记字 47 号	本期提取														5	6	6	1	4	9	6											
	31		本月合计														5	6	6	1	4	9	6	贷				8	8	7	9	5	4	6	
	31		本年累计														5	6	6	1	4	9	6	贷				8	8	7	9	5	4	6	

图 4-199

本年利润明细账

202×年		凭证编号	摘要	借方金额										贷方金额										借或贷	余额										核对
月	日			千	百	十	万	千	百	十	元	角	分	千	百	十	万	千	百	十	元	角	分		千	百	十	万	千	百	十	元	角	分	
12	1		期初余额																					贷			8	2	5	4	0	9	7	5	
	31	记字 41 号	结转收入													6	5	6	2	5	0	0	0											
	31	记字 42 号	结转费用			2	4	7	0	6	3	9	8																					
	31	记字 44 号	结转所得税			1	0	2	2	9	6	5	1																					
	31	记字 45 号	全年利润结转		1	1	3	2	2	9	9	2	6																					
	31		本月合计		1	4	8	1	6	5	9	7	5			6	5	6	2	5	0	0	0	平								0		
	31		本年累计		1	4	8	1	6	5	9	7	5			6	5	6	2	5	0	0	0	平								0		

图 4-200

利润分配明细账

账户名称：提取法定盈余公积

202×年		凭证编号	摘要	借方金额										贷方金额										借或贷	余额										核对
月	日			千	百	十	万	千	百	十	元	角	分	千	百	十	万	千	百	十	元	角	分		千	百	十	万	千	百	十	元	角	分	
12	31	记字 46 号	提取			1	1	3	2	2	9	9	3																					
	31	记字 49 号	结转													1	1	3	2	2	9	9	3											
	31		本月合计			1	1	3	2	2	9	9	3			1	1	3	2	2	9	9	3	平								0		
	31		本年累计			1	1	3	2	2	9	9	3			1	1	3	2	2	9	9	3	平								0		

图 4-201

利润分配明细账

账户名称：提取任意盈余公积

202×年		凭证编号	摘要	借方金额										贷方金额										借或贷	余额										核对
月	日			千	百	十	万	千	百	十	元	角	分	千	百	十	万	千	百	十	元	角	分		千	百	十	万	千	百	十	元	角	分	
12	31	记字 47 号	提取				5	6	6	1	4	9	6																						
	31	记字 49 号	结转														5	6	6	1	4	9	6												
	31		本月合计				5	6	6	1	4	9	6				5	6	6	1	4	9	6	平								0			
	31		本年累计				5	6	6	1	4	9	6				5	6	6	1	4	9	6	平								0			

图 4-202

利润分配明细账

账户名称：应付股利

202×年		凭证编号	摘要	借方金额										贷方金额										借或贷	余额										核对
月	日			千	百	十	万	千	百	十	元	角	分	千	百	十	万	千	百	十	元	角	分		千	百	十	万	千	百	十	元	角	分	
12	31	记字 48 号	计提			7	6	9	9	6	3	5	0																						
	31	记字 49 号	结转													7	6	9	9	6	3	5	0												
	31		本月合计			7	6	9	9	6	3	5	0			7	6	9	9	6	3	5	0	平								0			
	31		本年累计			7	6	9	9	6	3	5	0			7	6	9	9	6	3	5	0	平								0			

图 4-203

利润分配明细账

账户名称：未分配利润

202×年		凭证编号	摘要	借方金额										贷方金额										借或贷	余额										核对
月	日			千	百	十	万	千	百	十	元	角	分	千	百	十	万	千	百	十	元	角	分		千	百	十	万	千	百	十	元	角	分	
12	31		期初余额																					贷			1	8	3	0	0	0	0	0	
	31	记字 45 号	全年利润结转												1	1	3	2	2	9	9	2	6												
	31	记字 49 号	明细科目结转			9	3	9	8	0	8	3	9																						
	31		本月合计			9	3	9	8	0	8	3	9		1	1	3	2	2	9	9	2	6	贷			3	7	5	4	9	0	8	7	
	31		本年累计			9	3	9	8	0	8	3	9		1	1	3	2	2	9	9	2	6	贷			3	7	5	4	9	0	8	7	

图 4-204

生产成本明细账

产品品种：功放机 6901　　　　单位：元

202×年		凭证号数	摘要	借方（成本项目）			
月	日			合计	直接材料	直接人工	制造费用
12	1		期初余额	128 809.03	70 000.00	36 000.00	22 809.03
	31	记字 28 1/2 号	材料成本	62 524.00	62 524.00		
	31	记字 29 号	工资成本	25 000.00		25 000.00	
	31	记字 30 号	工会经费	500.00		500.00	
	31	记字 31 号	教育经费	375.00		375.00	
	31	记字 36 1/2 号	制造费用	14 297.74			14 297.74
	31	记字 37 号	完工产品成本（红字）	231 505.77	132 524.00	61875.00	37 106.77
	31		期末在产品成本	——	——	——	——

图 4-205

生产成本明细账

产品品种：影碟机 1609　　　　单位：元

202×年		凭证号数	摘要	借方（成本项目）			
月	日			合计	直接材料	直接人工	制造费用
12	1		期初余额	85 872.69	50 000.00	23 000.00	12 872.69
	31	记字 28 1/2 号	材料成本	58 482.70	58 482.70		
	31	记字 29 号	工资成本	37 500.00		37 500.00	
	31	记字 30 号	工会经费	750.00		750.00	
	31	记字 31 号	教育经费	562.50		562.50	
	31	记字 36 1/2 号	制造费用	21 446.62			21 446.62
	31	记字 37 号	完工产品成本（红字）	204 614.51	108 482.70	61 812.50	34 319.31
	31		期末在产品成本	——	——	——	——

图 4-206

制造费用明细账

单位：元

202×年		凭证号数	摘要	借方（成本项目）				
月	日			合计	薪酬	折旧	保险费	水电费
12	31	记字 29 号	计提工资	8 300.00	8 300.00			
	31	记字 30 号	计提工会经费	166.00	166.00			
	31	记字 31 号	计提教育经费	124.50	124.50			
	31	记字 32 号	计提折旧	3 200.00		3 200.00		
	31	记字 33 号	预付费用摊销	3 600.00			3 600.00	
	31	记字 34 号	计提水电费	20 353.86				20 353.86
	31		本月合计	35 744.36	8 590.50	3 200.00	3 600.00	20 353.86
	31	记字 36 1/2 号至 36 2/2 号	结转（红字）	35 744.36	8 590.50	3 200.00	3 600.00	20 353.86

图 4-207

主营业务收入明细账

账户名称：功放机 6901

202×年		凭证编号	摘要	借方金额										贷方金额										借或贷	余额										核对
月	日			千	百	十	万	千	百	十	元	角	分	千	百	十	万	千	百	十	元	角	分		千	百	十	万	千	百	十	元	角	分	
12	9	记字 12 号	销售产品													1	5	0	0	0	0	0	0												
	30	记字 27 号	销售产品													3	2	0	0	0	0	0	0												
	31	记字 41 号	结转本年利润			4	7	0	0	0	0	0	0																						
	31		本月合计			4	7	0	0	0	0	0	0			4	7	0	0	0	0	0	0	平								0			
	31		本年累计			4	7	0	0	0	0	0	0			4	7	0	0	0	0	0	0	平								0			

图 4-208

主营业务收入明细账

账户名称：影碟机 1609

202×年		凭证编号	摘要	借方金额										贷方金额										借或贷	余额										核对
月	日			千	百	十	万	千	百	十	元	角	分	千	百	十	万	千	百	十	元	角	分		千	百	十	万	千	百	十	元	角	分	
12	13	记字 15 号	销售产品													1	8	0	0	0	0	0	0												
	31	记字 41 号	结转本年利润			1	8	0	0	0	0	0	0																						
	31		本月合计			1	8	0	0	0	0	0	0			1	8	0	0	0	0	0	0	平								0			
	31		本年累计			1	8	0	0	0	0	0	0			1	8	0	0	0	0	0	0	平								0			

图 4-209

其他业务收入明细账

账户名称：材料销售

202×年		凭证编号	摘要	借方金额										贷方金额										借或贷	余额										核对
月	日			千	百	十	万	千	百	十	元	角	分	千	百	十	万	千	百	十	元	角	分		千	百	十	万	千	百	十	元	角	分	
12	13	记字17号	销售原材料															6	0	0	0	0	0												
	31	记字41号	结转本年利润					6	0	0	0	0	0																						
	31		本月合计					6	0	0	0	0	0					6	0	0	0	0	0	平								0			
	31		本年累计					6	0	0	0	0	0					6	0	0	0	0	0	平								0			

图 4-210

投资收益明细账

账户名称：交易税费

202×年		凭证编号	摘要	借方金额										贷方金额										借或贷	余额										核对
月	日			千	百	十	万	千	百	十	元	角	分	千	百	十	万	千	百	十	元	角	分		千	百	十	万	千	百	十	元	角	分	
12	20	记字20号	购入股票						8	8	2	0	0											借						8	8	2	0	0	
	31	记字42 4/4号	结转本年利润																8	8	2	0	0	平								0			
	31		本月合计						8	8	2	0	0						8	8	2	0	0	平								0			
	31		本年累计						8	8	2	0	0						8	8	2	0	0	平								0			

图 4-211

营业外收入明细账

账户名称：罚款收入

202×年		凭证编号	摘要	借方金额										贷方金额										借或贷	余额										核对
月	日			千	百	十	万	千	百	十	元	角	分	千	百	十	万	千	百	十	元	角	分		千	百	十	万	千	百	十	元	角	分	
12	27	记字24号	收到罚款																2	5	0	0	0												
	31	记字41号	结转本年利润						2	5	0	0	0																						
	31		本月合计						2	5	0	0	0						2	5	0	0	0	平								0			
	31		本年累计						2	5	0	0	0						2	5	0	0	0	平								0			

图 4-212

主营业务成本明细账

账户名称：功放机 6901

202×年		凭证编号	摘要	借方金额										贷方金额										借或贷	余额										核对
月	日			千	百	十	万	千	百	十	元	角	分	千	百	十	万	千	百	十	元	角	分		千	百	十	万	千	百	十	元	角	分	
12	31	记字38号	结转销售成本			1	5	4	0	8	9	0	0																						
	31	记字42 1/4号	结转本年利润													1	5	4	0	8	9	0	0												
	31		本月合计			1	5	4	0	8	9	0	0			1	5	4	0	8	9	0	0	平								0			
	31		本年累计			1	5	4	0	8	9	0	0			1	5	4	0	8	9	0	0	平								0			

图 4-213

主营业务成本明细账

账户名称：影碟机 1609

202×年		凭证编号	摘要	借方金额										贷方金额										借或贷	余额										核对
月	日			千	百	十	万	千	百	十	元	角	分	千	百	十	万	千	百	十	元	角	分		千	百	十	万	千	百	十	元	角	分	
12	31	记字 39 号	结转销售成本				5	7	8	0	2	5	0																						
	31	记字 42 1/4 号	结转本年利润														5	7	8	0	2	5	0												
	31		本月合计				5	7	8	0	2	5	0				5	7	8	0	2	5	0	平								0			
	31		本年累计				5	7	8	0	2	5	0				5	7	8	0	2	5	0	平								0			

图 4-214

其他业务成本明细账

账户名称：材料销售

202×年		凭证编号	摘要	借方金额										贷方金额										借或贷	余额										核对
月	日			千	百	十	万	千	百	十	元	角	分	千	百	十	万	千	百	十	元	角	分		千	百	十	万	千	百	十	元	角	分	
12	31	记字 28 1/2 号	结转销售成本					3	7	5	0	0	0																						
	31	记字 42 1/4 号	结转本年利润															3	7	5	0	0	0												
	31		本月合计					3	7	5	0	0	0					3	7	5	0	0	0	平								0			
	31		本年累计					3	7	5	0	0	0					3	7	5	0	0	0	平								0			

图 4-215

税金及附加明细账

账户名称：城市维护建设税

202×年		凭证编号	摘要	借方金额										贷方金额										借或贷	余额										核对
月	日			千	百	十	万	千	百	十	元	角	分	千	百	十	万	千	百	十	元	角	分		千	百	十	万	千	百	十	元	角	分	
12	31	记字 40 号	计提城市维护建设税					3	6	9	6	7	6																						
	31	记字 42 1/4 号	结转本年利润															3	6	9	6	7	6												
	31		本月合计					3	6	9	6	7	6					3	6	9	6	7	6	平								0			
	31		本年累计					3	6	9	6	7	6					3	6	9	6	7	6	平								0			

图 4-216

税金及附加明细账

账户名称：教育费附加

202×年		凭证编号	摘要	借方金额										贷方金额										借或贷	余额										核对
月	日			千	百	十	万	千	百	十	元	角	分	千	百	十	万	千	百	十	元	角	分		千	百	十	万	千	百	十	元	角	分	
12	31	记字 40 号	计提教育费					1	5	8	4	3	3																						
	31	记字 42 2/4 号	结转本年利润															1	5	8	4	3	3												
	31		本月合计					1	5	8	4	3	3					1	5	8	4	3	3	平								0			
	31		本年累计					1	5	8	4	3	3					1	5	8	4	3	3	平								0			

图 4-217

销售费用明细账

账户名称：广告费

202×年		凭证编号	摘要	借方金额										贷方金额										借或贷	余额										核对
月	日			千	百	十	万	千	百	十	元	角	分	千	百	十	万	千	百	十	元	角	分		千	百	十	万	千	百	十	元	角	分	
12	15	记字 18 号	支付广告费					2	6	0	0	0	0																						
	31	记字 42 2/4 号	结转本年利润															2	6	0	0	0	0												
	31		本月合计					2	6	0	0	0	0					2	6	0	0	0	0	平								0			
	31		本年累计					2	6	0	0	0	0					2	6	0	0	0	0	平								0			

图 4-218

管理费用明细账

单位：元

202×年		凭证号数	摘要	借方（费用项目）									
月	日			合计	办公费	差旅费	电话费	福利费	招待费	职工薪酬	折旧费	报刊费	水电费
12	9	记字 11 号	购买办公用品	630.00	630.00								
	11	记字 13 号	报销差旅费	860.00		860.00							
	20	记字 19 号	支付电话费	3 162.00			3 162.00						
	21	记字 21 号	报销医药费	370.00				370.00					
	22	记字 22 号	报销业务招待费	565.00					565.00				
	31	记字 29 号	计提工资	12 200.00						12 200.00			
	31	记字 30 号	计提工会经费	244.00						244.00			
	31	记字 31 号	计提教育经费	183.00						183.00			
	31	记字 32 号	计提折旧	459.75							459.75		
	31	记字 33 号	摊销报刊费	200.00								200.00	
	31	记字 34 号	计提水电费	2 463.14									2 463.14
	31		本月合计	21 336.89	630.00	860.00	3 162.00	370.00	565.00	12 627.00	459.75	200.00	2 463.14
	31	记字 42 2/4 至 42 3/4 号	结转（红字）	21 336.89	630.00	860.00	3 162.00	370.00	565.00	12 627.00	459.75	200.00	2 463.14

图 4-219

财务费用明细账

账户名称：借款利息

202×年		凭证编号	摘要	借方金额										贷方金额										借或贷	余额										核对
月	日			千	百	十	万	千	百	十	元	角	分	千	百	十	万	千	百	十	元	角	分		千	百	十	万	千	百	十	元	角	分	
12	31	记字35号	预提利息					1	3	2	2	5	0																						
	31	记字42 4/4号	结转本年利润															1	3	2	2	5	0												
	31		本月合计					1	3	2	2	5	0					1	3	2	2	5	0	平								0			
	31		本年累计					1	3	2	2	5	0					1	3	2	2	5	0	平								0			

图 4-220

所得税费用明细账

账户名称：当期所得税费用

202×年		凭证编号	摘要	借方金额										贷方金额										借或贷	余额										核对
月	日			千	百	十	万	千	百	十	元	角	分	千	百	十	万	千	百	十	元	角	分		千	百	十	万	千	百	十	元	角	分	
12	31	记字43号	计提所得税			1	0	2	2	9	6	5	1																						
	31	记字44号	结转所得税													1	0	2	2	9	6	5	1												
	31		本月合计			1	0	2	2	9	6	5	1			1	0	2	2	9	6	5	1	平								0			
	31		本年累计			1	0	2	2	9	6	5	1			1	0	2	2	9	6	5	1	平								0			

图 4-221

第七节　编制科目汇总表

一、能力目标

（1）能了解科目汇总表账务处理程序。

（2）能明确科目汇总表的作用。

（3）能理解记账规则与科目汇总表编制原理。

（4）能利用丁字账每 5 天、10 天或 15 天汇总一次当期科目发生额。

（5）能编制科目汇总表。

二、能力训练任务

（1）根据记账凭证利用丁字账汇总科目发生额。

（2）根据总账科目发生额编制科目汇总表。

三、能力训练步骤

（1）按科目顺序根据记账凭证利用丁字账汇总科目发生额。

（2）填写科目汇总表编号、编制时间、所涉及的记账凭证编号以及张数。

（3）将丁字账所汇总的科目发生额过入科目汇总表。

（4）计算所有科目的借方合计数与贷方合计数并进行发生额试算平衡。

四、能力训练要求

根据广州百威电器有限公司 202×年 12 月记账凭证编制科目汇总表。

（1）12 月 1 日至 15 日各科目丁字总账如下：

（1）库存现金

④	3 000.00		
		⑦	1 000.00
⑬	140.00	⑪	630.00
		⑮	600.00
本期发生额：	3 140.00	本期发生额：	2 230.00

（2）银行存款

②	3 300 000.00	①	38 420.00
⑩	300 000.00	④	3 000. 00
⑫	169 500.00	⑤	14 628.36
⑭	73 000.00	⑥	1 462.84
		⑨	66 423.00
		⑯	8 588.00
		⑱	2 600.00
本期发生额：	3 842 500.00	本期发生额：	135 122.20

（3）应收票据

⑰	6 780.00		
本期发生额：	6 780.00	本期发生额：	0

（4）应收账款

⑮	204 000.00	⑭	73 000.00
本期发生额：	204 000.00	本期发生额：	73 000.00

（5）其他应收款

⑦	1 000.00	⑬	1 000.00
本期发生额：	1 000.00	本期发生额：	1 000.00

（6）在途物资

①	34 000.00	③	34 000.00
本期发生额：	34 000.00	本期发生额：	34 000.00

（7）原材料

③	34 000.00		
⑧	208 500.92		
本期发生额：	242 500.92	本期发生额：	0

（8）固定资产

⑯	7 600.00		
本期发生额：	7 600.00	本期发生额：	0

（9）短期借款

		⑩	300 000.00
本期发生额：	0	本期发生额：	300 000.00

（10）应付账款

		⑧	235 562.00
本期发生额：	0	本期发生额：	235 562.00

（11）应付职工薪酬

⑨	74 607.08		
本期发生额：	74 607.08	本期发生额：	0

（12）应交税费

①	4 420.00	⑨	8 184.08
⑤	14 628.36	⑫	19 500.00
⑥	1 462.84	⑮	23 400.00
⑧	27 061.08	⑰	780.00
⑯	988.00		
本期发生额：	48 560.28	本期发生额：	51 864.08

（13）实收资本

		②	330 000.00
本期发生额：	0	本期发生额：	330 000.00

（14）主营业务收入

		⑫	150 000.00
		⑮	180 000.00
本期发生额：	0	本期发生额：	330 000.00

（15）其他业务收入

		⑰	6000.00
本期发生额：	0	本期发生额：	6 000.00

(16) 销售费用

⑱ 2 600.00	
本期发生额：2 600.00	本期发生额：0

(17) 管理费用

⑪ 630.00	
⑬ 860.00	
本期发生额：1 490.00	本期发生额：0

(2) 12 月 1 日至 15 日科目汇总表，如表 4-7 所示。

表 4-7 科目汇总表

202×年 12 月 1 日至 202×年 12 月 15 日

编号：科汇字第 01 号　　　　记账凭证第 01 号至第 18 号共 18 张

会计科目	借方/元	贷方/元
库存现金	3140.00	2 230.00
银行存款	3 842 500.00	135 122.20
应收票据	6 780.00	
应收账款	204 000.00	73 000.00
其他应收款	1 000.00	1 000.00
在途物资	34 000.00	34 000.00
原材料	242 500.92	
固定资产	7 600.00	
短期借款		300 000.00
应付账款		235 562.00
应付职工薪酬	74 607.08	
应交税费	48 560.28	51 864.08
实收资本		3 300 000.00
主营业务收入		330 000.00
其他业务收入		6 000.00
销售费用	2 600.00	
管理费用	1 490.00	
合计	4 468 778.28	4 468 778.28

(3) 12 月 16 日至 31 日各科目丁字总账如下：

(1) 库存现金

㉔ 250.00	㉑ 370.00
	㉒ 565.00
	㉓ 360.00
本期发生额：250.00	本期发生额：1 295.00

(2) 银行存款

㉖ 61 600.00	⑲ 3 162.00
㉗ 300 000.00	㉕ 3 600.00
本期发生额：361 600.00	本期发生额：6 762.00

(3) 其他货币资金

		⑳	71 922.00
本期发生额:	0	本期发生额:	71 922.00

(4) 交易性金融资产

⑳	71 040.00		
本期发生额:	71 040.00	本期发生额:	0

(5) 预付账款

㉓	360.00	㉝	3 800.00
㉕	3 600.00		
本期发生额:	3 960.00	本期发生额:	3 800.00

(6) 原材料

		㉘	124 756.70
本期发生额:	0	本期发生额:	124 756.70

(7) 库存商品

㊲	436 120.28	㊳	211 891.50
本期发生额:	436 120.28	本期发生额:	211 891.50

(8) 累计折旧

		㉜	3 659.75
本期发生额:	0	本期发生额:	3 659.75

(9) 应付账款

		㉞	22 817.00
本期发生额:	0	本期发生额:	22 817.00

(10) 预收账款

㉗	61 600.00	㉖	61 600.00
本期发生额:	61 600.00	本期发生额:	61 600.00

(11) 应付职工薪酬

		㉙	83 000.00
		㉚	1 660.00
		㉛	1 245.00
本期发生额:	0	本期发生额:	85 905.00

(12) 应付股利

		㊽	769 963.50
本期发生额:	0	本期发生额:	769 963.50

(13) 应付利息

		㉟	1 322.50
本期发生额:	0	本期发生额:	1 322.50

(14) 应交税费

㊴	52 810.92	㉗	41 600.00
		㊴	52 810.92
		㊵	5 281.09
		㊸	102 296.51
本期发生额:	52 810.92	本期发生额:	201 988.52

（15）盈余公积

借方		贷方	
		㊻	113 229.93
		㊼	56 614.96
本期发生额：	0	本期发生额：	169 844.89

（16）本年利润

借方		贷方	
㊷	247 063.98	㊶	656 250.00
㊹	102 296.51		
㊺	1 132 299.26		
本期发生额：	1 481 659.75	本期发生额：	656 250.00

（17）利润分配

借方		贷方	
㊻	113 229.93	㊺	1 132 299.26
㊼	56 614.96		
㊽	769 963.50		
㊾	939 808.39	㊾	939 808.39
本期发生额：	1 879 616.78	本期发生额：	2 072 107.65

（18）生产成本

借方		贷方	
㉘	121 006.70	㊲	436 120.28
㉙	62 500.00		
㉚	1 250.00		
㉛	937.50		
㊱	35 744.36		
本期发生额：	221 438.56	本期发生额：	436 120.28

（19）制造费用

借方		贷方	
㉙	8 300.00	㊱	35 744.36
㉚	166.00		
㉛	124.50		
㉜	3 200.00		
㉝	3 600.00		
㉞	20 353.86		
本期发生额：	35 744.36	本期发生额：	35 744.36

（20）主营业务收入

借方		贷方	
㊶	650 000.00	㉗	320 000.00
本期发生额：	650 000.00	本期发生额：	320 000.00

（21）其他业务收入

借方		贷方	
㊶	6 000.00		
本期发生额：	6 000.00	本期发生额：	0

（22）投资收益

借方		贷方	
⑳	882.00	㊷	882.00
本期发生额：	882.00	本期发生额：	882.00

（23）营业外收入

借方		贷方	
㊶	250.00	㉔	250.00
本期发生额：	250.00	本期发生额：	250.00

（24）主营业务成本

借方		贷方	
㊳	211 891.50	㊷	211 891.50
本期发生额：	211 891.50	本期发生额：	211 891.50

（25）其他业务成本

㉘	3 750.00	㊷	3 750.00
本期发生额：	3 750.00	本期发生额：	3 750.00

（26）税金及附加

㊵	5 281.09	㊷	5 281.09
本期发生额：	5 281.09	本期发生额：	5 281.09

（27）销售费用

		㊷	2 600.00
本期发生额：	0	本期发生额：	2 600.00

（28）财务费用

㉟	1 322.50	㊷	1 322.50
本期发生额：	1 322.50	本期发生额：	1 322.50

（29）管理费用

⑲	3 162.00	㊷	21 336.89
㉑	370.00		
㉒	565.00		
㉙	12 200.00		
㉚	244.00		
㉛	183.00		
㉜	459.75		
㉝	200.00		
㉞	2 463.14		
本期发生额：	19 846.89	本期发生额：	21 336.89

（30）所得税费用

㊸	102 296.51	㊹	102 296.51
本期发生额：	102 296.51	本期发生额：	102 296.51

（4）12 月 16 日至 31 日科目汇总表如表 4-8 所示。

表 4-8　科目汇总表

202×年 12 月 16 日至 202×年 12 月 31 日

编号：科汇字第 02 号　　　　记账凭证第 19 号至第 49 号共 36 张

会计科目	借方/元	贷方/元
库存现金	250.00	1 295.00
银行存款	361 600.00	6 762.00
其他货币资金		71 922.00
交易性金融资产	71 040.00	
预付账款	3 960.00	3 800.00
原材料		124 756.70
库存商品	436 120.28	211 891.50
累计折旧		3 659.75
应付账款		22 817.00

表4-8(续)

会计科目	借方/元	贷方/元
预收账款	61 600.00	61 600.00
应付职工薪酬		85 905.00
应付股利		769 963.50
应付利息		1 322.50
应交税费	52 810.92	201 988.52
盈余公积		169 844.89
本年利润	1 481 659.75	656 250.00
利润分配	1 879 616.78	2 072 107.65
生产成本	221 438.56	436 120.28
制造费用	35 744.36	35 744.36
主营业务收入	650 000.00	320 000.00
其他业务收入	6 000.00	
投资收益	882.00	882.00
营业外收入	250.00	250.00
主营业务成本	211 891.50	211 891.50
其他业务成本	3 750.00	3 750.00
税金及附加	5 281.09	5 281.09
销售费用		2 600.00
财务费用	1 322.50	1 322.50
管理费用	19 846.89	21 336.89
所得税费用	102 296.51	102 296.51
合计	5 607 361.14	5 607 361.14

第八节　登记总账

一、能力目标

（1）能辨析总账格式。
（2）能明确明细账与总账的平行登记原理。
（3）能明确总账会计岗位工作职责。
（4）能明确总账的登记依据。
（5）能根据科目汇总表登记总账。
（6）能对总账进行月结和年结。

二、能力训练任务

（1）根据科目汇总表登记总账。
（2）对总账进行月末结账。
（3）对总账进行年终结账。

三、能力训练步骤

（1）根据科目汇总表对应的科目内容登记总账。
（2）月末结算本期发生额及余额，并在本月合计栏下方，划一条通栏红线。
（3）年末累计本年发生额及余额，并在本年累计栏下方，划两条通栏红线。
（4）将本年余额结转下年，本年账簿余额为零，红线注销空白栏，封存账簿。

四、能力训练要求

根据广州百威电器有限公司 202×年 12 月科目汇总表登记总账，如图 4-222 至图 4-260所示。

库存现金总账

202×年		凭证编号	摘要	借方金额										贷方金额										借或贷	余额										核对
月	日			千	百	十	万	千	百	十	元	角	分	千	百	十	万	千	百	十	元	角	分		千	百	十	万	千	百	十	元	角	分	
12	1		期初余额																					借						7	3	0	0	0	
	15	汇字 01 号	汇总 1-15 日发生额					3	1	4	0	0	0					2	2	3	0	0	0												
	31	汇字 02 号	汇总 16-31 日发生额						2	5	0	0	0						1	2	9	5	0												
	31		本月合计					3	3	9	0	0	0					3	5	2	5	0	0	借						5	9	5	0	0	
	31		本年累计					3	3	9	0	0	0					3	5	2	5	0	0	借						5	9	5	0	0	

图 4-222

银行存款总账

202×年		凭证编号	摘要	借方金额										贷方金额										借或贷	余额										核对
月	日			千	百	十	万	千	百	十	元	角	分	千	百	十	万	千	百	十	元	角	分		千	百	十	万	千	百	十	元	角	分	
12	1		期初余额																					借			5	9	0	6	0	0	5	0	
	15	汇字 01 号	汇总 1-15 日发生额		3	8	4	2	5	0	0	0	0			1	3	5	1	2	2	2	0												
	31	汇字 02 号	汇总 16-31 日发生额			3	6	1	6	0	0	0	0					6	7	6	2	0	0												
	31		本月合计		4	2	0	4	1	0	0	0	0			1	4	1	8	8	4	2	0	借		4	6	5	2	8	1	6	3	0	
	31		本年累计		4	2	0	4	1	0	0	0	0			1	4	1	8	8	4	2	0	借		4	6	5	2	8	1	6	3	0	

图 4-223

其他货币资金总账

202×年		凭证编号	摘要	借方金额										贷方金额										借或贷	余额										核对
月	日			千	百	十	万	千	百	十	元	角	分	千	百	十	万	千	百	十	元	角	分		千	百	十	万	千	百	十	元	角	分	
12	1		期初余额																					借			1	0	0	0	0	0	0	0	
	31	汇字 02 号	汇总 16-31 日发生额														7	1	9	2	2	0	0												
	31		本月合计														7	1	9	2	2	0	0	借				2	8	0	7	8	0	0	
	31		本年累计														7	1	9	2	2	0	0	借				2	8	0	7	8	0	0	

图 4-224

交易性金融资产总账

202×年		凭证编号	摘要	借方金额										贷方金额										借或贷	余额										核对
月	日			千	百	十	万	千	百	十	元	角	分	千	百	十	万	千	百	十	元	角	分		千	百	十	万	千	百	十	元	角	分	
12	31	汇字 02 号	汇总 16-31 日发生额				7	1	0	4	0	0	0																						
	31		本月合计				7	1	0	4	0	0	0											借				7	1	0	4	0	0	0	
	31		本年累计				7	1	0	4	0	0	0											借				7	1	0	4	0	0	0	

图 4-225

应收票据总账

202×年		凭证编号	摘要	借方金额										贷方金额										借或贷	余额										核对
月	日			千	百	十	万	千	百	十	元	角	分	千	百	十	万	千	百	十	元	角	分		千	百	十	万	千	百	十	元	角	分	
12	15	汇字 01 号	汇总 1-15 日发生额					6	7	8	0	0	0																						
	31		本月合计					6	7	8	0	0	0											借					6	7	8	0	0	0	
	31		本年累计					6	7	8	0	0	0											借					6	7	8	0	0	0	

图 4-226

应收账款总账

202×年		凭证编号	摘要	借方金额										贷方金额										借或贷	余额										核对
月	日			千	百	十	万	千	百	十	元	角	分	千	百	十	万	千	百	十	元	角	分		千	百	十	万	千	百	十	元	角	分	
12	1		期初余额																					借				7	3	0	0	0	0	0	
	15	汇字 01 号	汇总 1-15 日发生额			2	0	4	0	0	0	0	0				7	3	0	0	0	0	0												
	31		本月合计			2	0	4	0	0	0	0	0				7	3	0	0	0	0	0	借			2	0	4	0	0	0	0	0	
	31		本年累计			2	0	4	0	0	0	0	0				7	3	0	0	0	0	0	借			2	0	4	0	0	0	0	0	

图 4-227

预付账款总账

202×年 月	日	凭证编号	摘要	借方金额（千百十万千百十元角分）	贷方金额（千百十万千百十元角分）	借或贷	余额（千百十万千百十元角分）	核对
12	1		期初余额			借	380000	
	31	汇字 02 号	汇总 16-31 日发生额	396000	380000			
	31		本月合计	396000	380000	借	396000	
	31		本年累计	396000	380000	借	396000	

图 4-228

其他应收款总账

202×年 月	日	凭证编号	摘要	借方金额（千百十万千百十元角分）	贷方金额（千百十万千百十元角分）	借或贷	余额（千百十万千百十元角分）	核对
12	15	汇字 01 号	汇总 1-15 日发生额	100000	100000			
	31		本月合计	100000	100000	平	0	
	31		本年累计	100000	100000	平	0	

图 4-229

坏账准备总账

202×年 月	日	凭证编号	摘要	借方金额（千百十万千百十元角分）	贷方金额（千百十万千百十元角分）	借或贷	余额（千百十万千百十元角分）	核对
12	1		期初余额			贷	198000	
	31		本月合计			贷	198000	
	31		本年累计			贷	198000	

图 4-230

在途物资总账

202×年 月	日	凭证编号	摘要	借方金额（千百十万千百十元角分）	贷方金额（千百十万千百十元角分）	借或贷	余额（千百十万千百十元角分）	核对
12	15	汇字 01 号	汇总 1-15 日发生额	3400000	3400000			
	31		本月合计	3400000	3400000	平	0	
	31		本年累计	3400000	3400000	平	0	

图 4-231

原材料总账

202×年 月	日	凭证编号	摘要	借方金额（千百十万千百十元角分）	贷方金额（千百十万千百十元角分）	借或贷	余额（千百十万千百十元角分）	核对
12	1		期初余额			借	12967800	
	15	汇字 01 号	汇总 1-15 日发生额	24250092				
	31	汇字 02 号	汇总 16-31 日发生额		12475670			
	31		本月合计	24250092	12475670	借	24742222	
	31		本年累计	24250092	12475670	借	24742222	

图 4-232

库存商品总账

202×年		凭证编号	摘要	借方金额										贷方金额										借或贷	余额										核对
月	日			千	百	十	万	千	百	十	元	角	分	千	百	十	万	千	百	十	元	角	分		千	百	十	万	千	百	十	元	角	分	
12	1		期初余额																					借			6	2	0	8	0	0	0	0	
	31	汇字 02 号	汇总 16-31 日发生额			4	3	6	1	2	0	2	8			2	1	1	8	9	1	5	0												
	31		本月合计			4	3	6	1	2	0	2	8			2	1	1	8	9	1	5	0	借			8	4	5	0	2	8	7	8	
	31		本年累计			4	3	6	1	2	0	2	8			2	1	1	8	9	1	5	0	借			8	4	5	0	2	8	7	8	

图 4-233

固定资产总账

202×年		凭证编号	摘要	借方金额										贷方金额										借或贷	余额										核对
月	日			千	百	十	万	千	百	十	元	角	分	千	百	十	万	千	百	十	元	角	分		千	百	十	万	千	百	十	元	角	分	
12	1		期初余额																					借		1	4	2	9	8	7	6	3	5	
	15	汇字 01 号	汇总 1-15 日发生额					7	6	0	0	0	0																						
	31		本月合计					7	6	0	0	0	0											借		1	4	3	7	4	7	6	3	5	
	31		本年累计					7	6	0	0	0	0											借		1	4	3	7	4	7	6	3	5	

图 4-234

累计折旧总账

202×年		凭证编号	摘要	借方金额										贷方金额										借或贷	余额										核对
月	日			千	百	十	万	千	百	十	元	角	分	千	百	十	万	千	百	十	元	角	分		千	百	十	万	千	百	十	元	角	分	
12	1		期初余额																					贷			1	9	6	2	0	0	0	0	
	31	汇字 02 号	汇总 16-31 日发生额															3	6	5	9	7	5												
	31		本月合计															3	6	5	9	7	5	贷			1	9	9	8	5	9	7	5	
	31		本年累计															3	6	5	9	7	5	贷			1	9	9	8	5	9	7	5	

图 4-235

短期借款总账

202×年		凭证编号	摘要	借方金额										贷方金额										借或贷	余额										核对
月	日			千	百	十	万	千	百	十	元	角	分	千	百	十	万	千	百	十	元	角	分		千	百	十	万	千	百	十	元	角	分	
12	15	汇字 01 号	汇总 1-15 日发生额													3	0	0	0	0	0	0	0												
	31		本月合计													3	0	0	0	0	0	0	0	贷			3	0	0	0	0	0	0	0	
	31		本年累计													3	0	0	0	0	0	0	0	贷			3	0	0	0	0	0	0	0	

图 4-236

应付账款总账

202×年		凭证编号	摘要	借方金额										贷方金额										借或贷	余额										核对
月	日			千	百	十	万	千	百	十	元	角	分	千	百	十	万	千	百	十	元	角	分		千	百	十	万	千	百	十	元	角	分	
12	1		期初余额																					贷					3	5	2	0	0	0	
	15	汇字 01 号	汇总 1-15 日发生额													2	3	5	5	6	2	0	0												
	31	汇字 02 号	汇总 16-31 日发生额														2	2	8	1	7	0	0												
	31		本月合计													2	5	8	3	7	9	0	0	贷			2	6	1	8	9	9	0	0	
	31		本年累计													2	5	8	3	7	9	0	0	贷			2	6	1	8	9	9	0	0	

图 4-237

预收账款总账

202×年		凭证编号	摘要	借方金额										贷方金额										借或贷	余额										核对
月	日			千	百	十	万	千	百	十	元	角	分	千	百	十	万	千	百	十	元	角	分		千	百	十	万	千	百	十	元	角	分	
12	31	汇字 02 号	汇总 16-31 日发生额				6	1	6	0	0	0	0				6	1	6	0	0	0	0												
	31		本月合计				6	1	6	0	0	0	0				6	1	6	0	0	0	0	平								0			
	31		本年累计				6	1	6	0	0	0	0				6	1	6	0	0	0	0	平								0			

图 4-238

应付职工薪酬总账

202×年		凭证编号	摘要	借方金额										贷方金额										借或贷	余额										核对
月	日			千	百	十	万	千	百	十	元	角	分	千	百	十	万	千	百	十	元	角	分		千	百	十	万	千	百	十	元	角	分	
12	1		期初余额																					贷				8	7	6	6	3	3	2	
	15	汇字 01 号	汇总 1-15 日发生额				7	4	6	0	7	0	8																						
	31	汇字 02 号	汇总 16-31 日发生额														8	5	9	0	5	0	0												
	31		本月合计				7	4	6	0	7	0	8				8	5	9	0	5	0	0	贷				9	8	9	6	1	2	4	
	31		本年累计				7	4	6	0	7	0	8				8	5	9	0	5	0	0	贷				9	8	9	6	1	2	4	

图 4-239

应付股利总账

202×年		凭证编号	摘要	借方金额										贷方金额										借或贷	余额										核对
月	日			千	百	十	万	千	百	十	元	角	分	千	百	十	万	千	百	十	元	角	分		千	百	十	万	千	百	十	元	角	分	
12	31	汇字 02 号	汇总 16-31 日发生额													7	6	9	9	6	3	5	0												
	31		本月合计													7	6	9	9	6	3	5	0	贷			7	6	9	9	6	3	5	0	
	31		本年累计													7	6	9	9	6	3	5	0	贷			7	6	9	9	6	3	5	0	

图 4-240

应付利息总账

202×年		凭证编号	摘要	借方金额										贷方金额										借或贷	余额										核对
月	日			千	百	十	万	千	百	十	元	角	分	千	百	十	万	千	百	十	元	角	分		千	百	十	万	千	百	十	元	角	分	
12	31	汇字 02 号	汇总 16-31 日发生额															1	3	2	2	5	0												
	31		本月合计															1	3	2	2	5	0	贷					1	3	2	2	5	0	
	31		本年累计															1	3	2	2	5	0	贷					1	3	2	2	5	0	

图 4-241

应交税费总账

202×年		凭证编号	摘要	借方金额										贷方金额										借或贷	余额										核对
月	日			千	百	十	万	千	百	十	元	角	分	千	百	十	万	千	百	十	元	角	分		千	百	十	万	千	百	十	元	角	分	
12	1		期初余额																					贷				1	6	0	9	1	2	0	
	15	汇字 01 号	汇总 1-15 日发生额				4	8	5	6	0	2	8				5	1	8	6	4	0	8												
	31	汇字 02 号	汇总 16-31 日发生额				5	2	8	1	0	9	2			2	0	1	9	8	8	5	2												
	31		本月合计			1	0	1	3	7	1	2	0			2	5	3	8	5	2	6	0	贷			1	6	8	5	7	2	6	0	
	31		本年累计			1	0	1	3	7	1	2	0			2	5	3	8	5	2	6	0	贷			1	6	8	5	7	2	6	0	

图 4-242

实收资本总账

202×年 月	日	凭证编号	摘要	借方金额（千百十万千百十元角分）	贷方金额（千百十万千百十元角分）	借或贷	余额（千百十万千百十元角分）	核对
12	1		期初余额			贷	170000000	
	15	汇字 01 号	汇总 1-15 日发生额		330000000			
	31		本月合计		330000000	贷	500000000	
	31		本年累计		330000000	贷	500000000	

图 4-243

资本公积总账

202×年 月	日	凭证编号	摘要	借方金额（千百十万千百十元角分）	贷方金额（千百十万千百十元角分）	借或贷	余额（千百十万千百十元角分）	核对
12	1		期初余额			贷	5276080	
	31		本月合计			贷	5276080	
	31		本年累计			贷	5276080	

图 4-244

盈余公积总账

202×年 月	日	凭证编号	摘要	借方金额（千百十万千百十元角分）	贷方金额（千百十万千百十元角分）	借或贷	余额（千百十万千百十元角分）	核对
12	1		期初余额			贷	9654150	
	31	汇字 02 号	汇总 16-31 日发生额		16984489			
	31		本月合计		16984489	贷	26638639	
	31		本年累计		16984489	贷	26638639	

图 4-245

本年利润总账

202×年 月	日	凭证编号	摘要	借方金额（千百十万千百十元角分）	贷方金额（千百十万千百十元角分）	借或贷	余额（千百十万千百十元角分）	核对
12	1		期初余额			贷	82540975	
	31	汇字 02 号	汇总 16-31 日发生额	148165975	65625000			
	31		本月合计	148165975	65625000	平	0	
	31		本年累计	148165975	65625000	平	0	

图 4-246

利润分配总账

202×年 月	日	凭证编号	摘要	借方金额（千百十万千百十元角分）	贷方金额（千百十万千百十元角分）	借或贷	余额（千百十万千百十元角分）	核对
12	1		期初余额			贷	18300000	
	31	汇字 02 号	汇总 16-31 日发生额	187961678	207210765			
	31		本月合计	187961678	207210765	贷	37549087	
	31		本年累计	187961678	207210765	贷	37549087	

图 4-247

生产成本总账

202×年		凭证编号	摘要	借方金额										贷方金额										借或贷	余额										核对
月	日			千	百	十	万	千	百	十	元	角	分	千	百	十	万	千	百	十	元	角	分		千	百	十	万	千	百	十	元	角	分	
12	1		期初余额																					借			2	1	4	6	8	1	7	2	
	31	汇字 02 号	汇总 16-31 日发生额			2	2	1	4	3	8	5	6			4	3	6	1	2	0	2	8												
	31		本月合计			2	2	1	4	3	8	5	6			4	3	6	1	2	0	2	8	平								0			
	31		本年累计			2	2	1	4	3	8	5	6			4	3	6	1	2	0	2	8	平								0			

图 4-248

制造费用总账

202×年		凭证编号	摘要	借方金额										贷方金额										借或贷	余额										核对
月	日			千	百	十	万	千	百	十	元	角	分	千	百	十	万	千	百	十	元	角	分		千	百	十	万	千	百	十	元	角	分	
	31	汇字 02 号	汇总 16-31 日发生额				3	5	7	4	4	3	6				3	5	7	4	4	3	6												
	31		本月合计				3	5	7	4	4	3	6				3	5	7	4	4	3	6	平								0			
	31		本年累计				3	5	7	4	4	3	6				3	5	7	4	4	3	6	平								0			

图 4-249

主营业务收入总账

202×年		凭证编号	摘要	借方金额										贷方金额										借或贷	余额										核对
月	日			千	百	十	万	千	百	十	元	角	分	千	百	十	万	千	百	十	元	角	分		千	百	十	万	千	百	十	元	角	分	
12	15	汇字 01 号	汇总 1-15 日发生额													3	3	0	0	0	0	0	0												
	31	汇字 02 号	汇总 16-31 日发生额			6	5	0	0	0	0	0	0			3	2	0	0	0	0	0	0												
	31		本月合计			6	5	0	0	0	0	0	0			6	5	0	0	0	0	0	0	平								0			
	31		本年累计			6	5	0	0	0	0	0	0			6	5	0	0	0	0	0	0	平								0			

图 4-250

其他业务收入总账

202×年		凭证编号	摘要	借方金额										贷方金额										借或贷	余额										核对
月	日			千	百	十	万	千	百	十	元	角	分	千	百	十	万	千	百	十	元	角	分		千	百	十	万	千	百	十	元	角	分	
12	15	汇字 01 号	汇总 1-15 日发生额															6	0	0	0	0	0												
	31	汇字 02 号	汇总 16-31 日发生额					6	0	0	0	0	0																						
	31		本月合计					6	0	0	0	0	0					6	0	0	0	0	0	平								0			
	31		本年累计					6	0	0	0	0	0					6	0	0	0	0	0	平								0			

图 4-251

投资收益总账

202×年		凭证编号	摘要	借方金额										贷方金额										借或贷	余额										核对
月	日			千	百	十	万	千	百	十	元	角	分	千	百	十	万	千	百	十	元	角	分		千	百	十	万	千	百	十	元	角	分	
12	31	汇字 02 号	汇总 16-31 日发生额						8	8	2	0	0						8	8	2	0	0												
	31		本月合计						8	8	2	0	0						8	8	2	0	0	平								0			
	31		本年累计						8	8	2	0	0						8	8	2	0	0	平								0			

图 4-252

营业外收入总账

202×年		凭证编号	摘要	借方金额										贷方金额										借或贷	余额										核对
月	日			千	百	十	万	千	百	十	元	角	分	千	百	十	万	千	百	十	元	角	分		千	百	十	万	千	百	十	元	角	分	
12	31	汇字 02 号	汇总 16-31 日发生额						2	5	0	0	0						2	5	0	0	0												
	31		本月合计						2	5	0	0	0						2	5	0	0	0	平								0			
	31		本年累计						2	5	0	0	0						2	5	0	0	0	平								0			

图 4-253

主营业务成本总账

202×年		凭证编号	摘要	借方金额										贷方金额										借或贷	余额										核对
月	日			千	百	十	万	千	百	十	元	角	分	千	百	十	万	千	百	十	元	角	分		千	百	十	万	千	百	十	元	角	分	
12	31	汇字 02 号	汇总 16-31 日发生额			2	1	1	8	9	1	5	0			2	1	1	8	9	1	5	0												
	31		本月合计			2	1	1	8	9	1	5	0			2	1	1	8	9	1	5	0	平								0			
	31		本年累计			2	1	1	8	9	1	5	0			2	1	1	8	9	1	5	0	平								0			

图 4-254

其他业务成本总账

202×年		凭证编号	摘要	借方金额										贷方金额										借或贷	余额										核对
月	日			千	百	十	万	千	百	十	元	角	分	千	百	十	万	千	百	十	元	角	分		千	百	十	万	千	百	十	元	角	分	
12	31	汇字 02 号	汇总 16-31 日发生额					3	7	5	0	0	0					3	7	5	0	0	0												
	31		本月合计					3	7	5	0	0	0					3	7	5	0	0	0	平								0			
	31		本年累计					3	7	5	0	0	0					3	7	5	0	0	0	平								0			

图 4-255

税金及附加总账

202×年		凭证编号	摘要	借方金额										贷方金额										借或贷	余额										核对
月	日			千	百	十	万	千	百	十	元	角	分	千	百	十	万	千	百	十	元	角	分		千	百	十	万	千	百	十	元	角	分	
12	31	汇字 02 号	汇总 16-31 日发生额					5	2	8	1	0	9					5	2	8	1	0	9												
	31		本月合计					5	2	8	1	0	9					5	2	8	1	0	9	平								0			
	31		本年累计					5	2	8	1	0	9					5	2	8	1	0	9	平								0			

图 4-256

销售费用总账

202×年		凭证编号	摘要	借方金额										贷方金额										借或贷	余额										核对
月	日			千	百	十	万	千	百	十	元	角	分	千	百	十	万	千	百	十	元	角	分		千	百	十	万	千	百	十	元	角	分	
12	15	汇字 01 号	汇总 1-15 日发生额					2	6	0	0	0	0																						
	31	汇字 02 号	汇总 16-31 日发生额															2	6	0	0	0	0												
	31		本月合计					2	6	0	0	0	0					2	6	0	0	0	0	平								0			
	31		本年累计					2	6	0	0	0	0					2	6	0	0	0	0	平								0			

图 4-257

财务费用总账

202×年		凭证编号	摘要	借方金额										贷方金额										借或贷	余额										核对
月	日			千	百	十	万	千	百	十	元	角	分	千	百	十	万	千	百	十	元	角	分		千	百	十	万	千	百	十	元	角	分	
12	31	汇字 02 号	汇总 16-31 日发生额					1	3	2	2	5	0					1	3	2	2	5	0												
	31		本月合计					1	3	2	2	5	0					1	3	2	2	5	0	平								0			
	31		本年累计					1	3	2	2	5	0					1	3	2	2	5	0	平								0			

图 4-258

管理费用总账

202×年		凭证编号	摘要	借方金额										贷方金额										借或贷	余额										核对
月	日			千	百	十	万	千	百	十	元	角	分	千	百	十	万	千	百	十	元	角	分		千	百	十	万	千	百	十	元	角	分	
12	15	汇字 01 号	汇总 1-15 日发生额					1	4	9	0	0	0																						
	31	汇字 02 号	汇总 16-31 日发生额				1	9	8	4	6	8	9				2	1	3	3	6	8	9												
	31		本月合计				2	1	3	3	6	8	9				2	1	3	3	6	8	9	平								0			
	31		本年累计				2	1	3	3	6	8	9				2	1	3	3	6	8	9	平								0			

图 4-259

所得税费用总账

202×年		凭证编号	摘要	借方金额										贷方金额										借或贷	余额										核对
月	日			千	百	十	万	千	百	十	元	角	分	千	百	十	万	千	百	十	元	角	分		千	百	十	万	千	百	十	元	角	分	
12	31	汇字 02 号	汇总 16-31 日发生额			1	0	2	2	9	6	5	1			1	0	2	2	9	6	5	1												
	31		本月合计			1	0	2	2	9	6	5	1			1	0	2	2	9	6	5	1	平								0			
	31		本年累计			1	0	2	2	9	6	5	1			1	0	2	2	9	6	5	1	平								0			

图 4-260

第九节　结账

一、能力目标

（1）能区分账户的类别。
（2）能明确账户的性质与借贷记账符号的含义。
（3）能合计不同账户的本期发生额并计算期末余额。
（4）能按照会计手工操作的规范性要求对日记账、明细账、总账进行结账。

二、能力训练任务

（1）对日记账进行结账。
（2）对明细账进行结账。
（3）对总账进行结账。

三、能力训练步骤

（1）月末结算本期发生额及余额，并在本月合计栏下方，划一条通栏红线。
（2）年末累计本年发生额及余额，并在本年累计栏下方，划两条通栏红线。
（3）将本年余额结转下年，本年账簿余额为零，红线注销空白栏，封存账簿。

四、能力训练要求

对广州百威电器有限公司202×年12月的日记账、明细账、总账进行结账。

1. 日记账的月结与年结

详见本章第五节“登记日记账”的“库存现金日记账”与“银行存款日记账”的“本月合计”“本年累计”“结转下年”以及账簿下方斜对角线注销的图示操作。

2. 明细账的月结与年结

如“其他货币资金明细账”所示（见图4-261），其他科目类似。

3. 总账的月结与年结

如“交易性金融资产总账”所示（见图4-262），其他科目类似。

其他货币资金明细账

账户名称：存出投资款

202×年		凭证编号	摘要	借方金额										贷方金额										借或贷	余额										核对
月	日			千	百	十	万	千	百	十	元	角	分	千	百	十	万	千	百	十	元	角	分		千	百	十	万	千	百	十	元	角	分	
12	1		期初余额																					借			1	0	0	0	0	0	0	0	
	20	记字20号	购入股票														7	1	9	2	2	0	0												
	31		本月合计														7	1	9	2	2	0	0	借				2	8	0	7	8	0	0	
	31		本年累计														7	1	9	2	2	0	0	借				2	8	0	7	8	0	0	
	31		结转下年														2	8	0	7	8	0	0	平								0			

图 4-261

交易性金融资产总账

202×年		凭证编号	摘要	借方金额										贷方金额										借或贷	余额										核对
月	日			千	百	十	万	千	百	十	元	角	分	千	百	十	万	千	百	十	元	角	分		千	百	十	万	千	百	十	元	角	分	
12	31	汇字02号	汇总16-31日发生额				7	1	0	4	0	0	0																						
	31		本月合计				7	1	0	4	0	0	0											借				7	1	0	4	0	0	0	
	31		本年累计				7	1	0	4	0	0	0											借				7	1	0	4	0	0	0	
	31		结转下年														7	1	0	4	0	0	0	平								0			

图 4-262

第十节 对账

一、能力目标

（1）能掌握明细账与总账平行登记的原理。

（2）能理解总账对明细账的统驭作用。

（3）能理解明细账对总账会计信息的解释说明作用。

（4）能理解对账的具体内容。

（5）能明确对账的具体步骤。

（6）能按照会计手工操作的规范性要求进行对账。

二、能力训练任务

（1）账证核对。

（2）账账核对。

（3）账物核对。

（4）账款核对。

三、能力训练步骤

（1）核对日记账、明细账记录与原始凭证、记账凭证是否一致并在账簿核对栏打"√"。

（2）核对总分类账中，全部账户的借方余额合计数与贷方余额合计数是否相符。

（3）核对总分类账中的"库存现金""银行存款"账户的余额数与对应日记账是否相符，并在账簿核对栏打"√"；

（4）核对总分类账中，各账户的月末余额与所属明细分类账户月末余额之和是否相符，并在账簿核对栏打"√"；

（5）编制财产物资清查报告核对财产物资明细账结存量与实存量是否相符。

（6）每日编制库存现金盘点表核对现金日记账账面余额与实际库存数是否相符。

（7）每月核对银行存款日记账的账面余额与银行对账单余额是否相符，若不一致，应编制银行存款余额调节表。

（8）定期核对各种往来款项明细账余额是否与有关单位或个人的记录相符。

（9）按规定时间核对已上交税费是否与监交部门的要求与记录相符。

四、能力训练要求

完成广州百威电器有限公司202×年12月份对账工作。

1. 账证核对

月末，执行能力训练步骤（1）。

2. 账账核对

月末，执行能力训练步骤（2）至步骤（4）。

3. 账物核对

月末，执行能力训练步骤（5），编制盘存单（见图 4-263）与账存实存对比表（见图 4-264）。

盘存单

单位名称：　　　　　　　　　　　　　　　　编号：

盘点时间　　　　　　　　　财产类别：　　　　　　　存放地点：

编号	名称	计量单位	数量	单价	金额	备注

盘点人签章__________　　　　　　　实物保管人签章__________

图 4-263

实存账存对比表

单位名称：　　　　　　　　　年　月　日

编号	类别及名称	计量单位	单价	实存		账存		差异			
								盘盈		盘亏	
				数量	金额	数量	金额	数量	金额	数量	金额

主管人员：　　　　　　　　会计：　　　　　　　　制表：

图 4-264

4. 账款核对

（1）月末，执行能力训练步骤（6），编制库存现金盘点报告表（见图4-265）。

库存现金盘点报告表

单位名称：　　　　　　　　　年　月　日

实存金额	账存金额	对比结果		备注
		盘盈	盘亏	

盘点人（签章）：　　　　　　　　出纳员（签章）：

图 4-265

（2）月末，执行能力训练步骤（7），编制银行存款余额调节表。

百威公司202×年12月银行对账单如图4-266所示。

银行对账单

202×年12月31日　　　　单位：元

月	日		摘 要	借方	贷方	余额
12	1					590 600.50
	3	付	材料款	38 420.00		
	5	收	投资款		3 300 000.00	
	6	付	备用金	3 000.00		
	6	付	增值税	14 628.36		
	6	付	城市维护建设税	1 462.84		
	8	付	工资	66 423.00		
	9	收	短期贷款		300 000.00	
	9	收	销货款		169 500.00	
	11	收	前欠货款		73 000.00	
	15	付	广告费	2 600.00		
	20	付	电话费	3 162.00		
	29	收	预收产品订金		12 000.00	
	30	收	销货款		300 000.00	
	31	付	厂房租金	50 000.00		
	31		本月合计	179 696.20	4 154 500.00	4 565 404.30

图4-266

先核对银行存款日记账与对账单，找出未达账项，再编制银行存款余额调节表（如图4-267所示）。

银行存款余额调节表

编制：广州百威电器有限公司　　202×年12月31日　　单位：元

银行存款日记账	金额	银行对账单	金额
账面存款余额	4 652 816.30	银行对账单余额	4 565 404.30
加：银行已收企业未收	12 000.00	加：企业已收银行未收	61 600.00
减：银行已付企业未付	50 000.00	减：企业已付银行未付	12 188.00
调节后的存款余额	4 614 816.30	调节后的存款余额	4 614 816.30

图4-267

（3）月末，执行能力训练步骤（8），编制往来账项对账单（见图 4-268）。

往来账项对账单

总分类账户名称：　　　　　　　　　年　月　日

明细分类账名称	账面金额	核对相符金额	核对不符金额
备注	未达款项金额：　有争议款项金额：　其他：		

会计主管：　　　　　　　　复核人：　　　　　　　　出纳员：

图 4-268

（4）月末，执行能力训练步骤（9），编制已交税费核对表（见图 4-269）。

已交税费核对表

年　月　日

税费种类	计税基础	税率	应交金额	申报日期	缴纳日期	缴纳方式	完税凭证编号	差异	核对人

会计主管：　　　　　　　　复核人：　　　　　　　　出纳员：

图 4-269

第十一节　编制试算平衡表

一、能力目标

（1）能理解余额试算平衡与发生额试算平衡的原理。
（2）能掌握试算平衡表的格式。
（3）能理解试算平衡表的作用。
（4）能掌握试算平衡表的编制方法。

二、能力训练任务

编制试算平衡表进行余额试算平衡与发生额试算平衡。

三、能力训练步骤

（1）选择格式正确的试算平衡表。
（2）按顺序将总账上的全部科目名称抄到试算平衡表第一列“会计科目”处。
（3）将总账上各科目的期初余额过到试算平衡表上。
（4）试算期初余额的借方合计数与贷方合计数是否平衡。
（5）将总账上各科目的本期借方发生额与贷方发生额过到试算平衡表上。
（6）试算本期发生额的借方合计数与贷方合计数是否平衡。
（7）将总账上各科目的期末余额过到试算平衡表上。
（8）试算期末余额的借方合计数与贷方合计数是否平衡。

四、能力训练要求

编制广州百威电器有限公司202×年12月份试算平衡表（如表4-9所示）。

表4-9　试算平衡表

202×年12月31日　　单位：元

会计科目	期初余额		本期发生额		期末余额	
	借方	贷方	借方	贷方	借方	贷方
库存现金	730.00		3 390.00	3 525.00	595.00	
银行存款	590 600.50		4 204 100.00	141 884.20	4 652 816.30	
其他货币资金	100 000.00			71 922.00	28 078.00	
交易性金融资产			71 040.00		71 040.00	
应收票据			6 780.00		6 780.00	
应收账款	73 000.00		204 000.00	73 000.00	204 000.00	
预付账款	3 800.00		3 960.00	3 800.00	3 960.00	

表4-9(续)

会计科目	期初余额		本期发生额		期末余额	
	借方	贷方	借方	贷方	借方	贷方
其他应收款			1 000.00	1 000.00		
坏账准备		1 980.00				1 980.00
在途物资			34 000.00	34 000.00		
原材料	129 678.00		242 500.92	124 756.70	247 422.22	
库存商品	620 800.00		436 120.28	211 891.50	845 028.78	
固定资产	1 429 876.35		7 600.00		1 437 476.35	
累计折旧		196 200.00		3 659.75		199 859.75
短期借款				300 000.00		300 000.00
应付账款		3 520.00		258 379.00		261 899.00
预收账款			61 600.00	61 600.00		
应付职工薪酬		87 663.32	74 607.08	85 905.00		98 961.24
应付股利				769 963.50		769 963.50
应付利息				1 322.50		1 322.50
应交税费		16 091.20	101 371.20	253 852.60		168 572.60
实收资本		1 700 000.00		3 300 000.00		5 000 000.00
资本公积		52 760.80				52 760.80
盈余公积		96 541.50		169 844.89		266 386.39
本年利润		825 409.75	1 481 659.75	656 250.00		
利润分配		183 000.00	1 879 616.78	2 072 107.65		375 490.87
生产成本	214 681.72		221 438.56	436 120.28		
制造费用			35 744.36	35 744.36		
主营业务收入			650 000.00	650 000.00		
投资收益			882.00	882.00		
其他业务收入			6 000.00	6 000.00		
营业外收入			250.00	250.00		
主营业务成本			211 891.50	211 891.50		
其他业务成本			3 750.00	3 750.00		
税金及附加			5 281.09	5 281.09		
销售费用			2 600.00	2 600.00		
财务费用			1 322.50	1 322.50		
管理费用			21 336.89	21 336.89		
所得税费用			102 296.51	102 296.51		
合计	3 163 166.57	3 163 166.57	10 076 139.42	10 076 139.42	7 497 196.65	7 497 196.65

第十二节　编制会计报表

一、能力目标

（1）能编制资产负债表。
（2）能编制利润表。
（3）能编制现金流量表。
（4）能编制所有者权益变动表。

二、能力训练任务

（1）编制资产负债表。
（2）编制利润表。
（3）编制现金流量表。
（4）编制所有者权益变动表。

三、能力训练步骤

（1）根据明细账、总账数据编制资产负债表。
（2）根据损益类科目本期发生额编制利润表。
（3）根据利润分配情况编制所有者权益变动表。
（4）根据货币资金变动情况编制现金流量表。

四、能力训练要求

编制广州百威电器有限公司 202×年 12 月四大会计报表。

（1）编制百威公司资产负债表（如表4-10所示）。

表4-10 资产负债表

编制单位：广州百威电器有限公司 202×年12月31日 单位：元

资产	期初数	期末数	负债和所有者权益	期初数	期末数
流动资产：			流动负债：		
货币资金	691 330.50	4 681 489.30	短期借款		300 000.00
交易性金融资产		71 040.00	应付票据		
应收票据		6 780.00	应付账款	3 520.00	261 899.00
应收账款	71 020.00	202 020.00	预收账款		
预付账款	3 800.00	3 960.00	应付职工薪酬	87 663.32	98 961.24
应收股利			应交税费	16 091.20	168 572.60
应收利息			应付利息		1 322.50
其他应收款			应付股利		769 963.50
存货	965 159.72	1 092 451.00	其他应付款		
1年内到期的非流动资产			1年内到期的非流动负债		
流动资产合计	1 731 310.22	6 057 740.30	其他流动负债		
非流动资产：			流动负债合计	107 274.52	1 600 718.84
持有至到期投资			非流动负债：		
长期股权投资			长期借款		
长期应收款			应付债券		
固定资产	1 233 676.35	1 237 616.60	长期应付款		
在建工程			专项应付款		
工程物资			预计负债		
固定资产清理			递延所得税负债		
无形资产			其他非流动负债		
开发支出			非流动负债合计		
商誉			负债合计	107 274.52	1 600 718.84
长期待摊费用			所有者权益		
递延所得税资产			（或股东权益）：		
其他非流动资产			实收资本（或股本）	1 700 000.00	5 000 000.00
非流动资产合计	1 233 676.35	1 237 616.60	资本公积	52 760.80	52 760.80
			减：库存股		
			盈余公积	96 541.50	266 386.39
			未分配利润	1 008 409.75	375 490.87
			所有者权益		
			（或股东权益）合计	2 857 712.05	5 694 638.06
			负债和所有者权益		
资产总计	2 964 986.57	7 295 356.90	（或股东权益）总计	2 964 986.57	7 295 356.90

（2）编制百威公司利润表（如表 4-11 所示）。

表 4-11　利润表

编制单位：百威电器有限公司　　202×年 12 月　　单位：元

项目	本月数	本年累计
一、营业收入	656 000.00	656 000.00
减：营业成本	215 641.50	215 641.50
税金及附加	5 281.09	5 281.09
销售费用	2 600.00	2 600.00
管理费用	21 336.89	21 336.89
财务费用	1 322.50	1 322.50
资产减值损失		
加：公允价值变动收益		
投资收益	-882.00	-882.00
二、营业利润	408 936.02	408 936.02
加：营业外收入	250.00	250.00
减：营业外支出		
三、利润总额	409 186.02	409 186.02
减：所得税费用	102 296.51	102 296.51
四、净利润	306 889.51	306 889.51
五、每股收益		
（一）基本每股收益		
（二）稀释每股收益		

（3）编制百威公司现金流量表（如表4-12所示）。

表4-12　现金流量表

编制单位：百威电器有限公司　　　202×年度　　　单位：元

项目	金额
一、经营活动产生的现金流量	
销售商品、提供劳务收到的现金	604 100.00
收到的税费返还	
收到的其他与经营活动有关的现金	3 390.00
现金流入小计	607 490.00
购买商品、接受劳务支付的现金	38 420.00
支付给职工以及为职工支付的现金	66 423.00
支付的各项税费	16 091.20
支付的其他与经营活动有关的现金	15 887.00
现金流出小计	136 821.20
经营活动产生的现金流量净额	470 668.80
二、投资活动产生的现金流量	
收回投资所收到的现金	
取得投资收益所收到的现金	
处置固定资产、无形资产和其他长期资产所收到的现金净额	
收到的其他与投资活动有关的现金	
现金流入小计	
购置固定资产、无形资产和其他长期资产所支付的现金	8 588.00
投资所支付的现金	71 922.00
支付的其他与投资活动有关的现金	
现金流出小计	80 510.00
投资活动产生的现金流量净额	-80 510.00
三、筹资活动产生的现金流量	
吸收投资所收到的现金	3 300 000.00
借款所收到的现金	300 000.00
收到的其他与筹资活动有关的现金	
现金流入小计	3 600 000.00
偿还债务所支付的现金	
分配股利、利润或偿付利息所支付的现金	
支付的其他与筹资活动有关的现金	
现金流出小计	
筹资活动产生的现金流量净额	3 600 000.00
四、汇率变动对现金的影响	
五、现金及现金等价物净增加额	3 990 158.80

表 4-12（续）

补充资料	金额
1. 将净利润调节为经营活动现金流量	
净利润	306 889.51
加：资产减值准备	—
固定资产折旧、油气资产折耗、生产性生物资产折旧	3 659.75
无形资产摊销	—
长期待摊费用摊销	—
处置固定资产、无形资产和其他长期资产的损失（收益以“-”号填列）	—
固定资产报废损失（收益以“-”号填列）	—
公允价值变动损失（收益以“-”号填列）	—
财务费用（收益以“-”号填列）	1 322.50
投资损失（收益以“-”号填列）	882.00
递延所得税资产减少（增加以“-”号填列）	—
递延所得税负债减少（增加以“-”号填列）	—
存货的减少（增加以“-”号填列）	-127 291.28
经营性应收项目的减少（增加以“-”号填列）	-137 940.00
经营性应付项目的增加（减少以“-”号填列）	423 146.32①
其他	
经营活动产生的现金流量净额	470 668.80②
2. 不涉及现金收支的投资和筹资	—
债务转为资本	—
1 年内到期的可转换公司债券	—
融资租入固定资产	—
3. 现金及现金等价物净增加情况	—
现金的期末余额	4 681 489.30
减：现金的期初余额	691 330.50
加：现金等价物的期末余额	—
减：现金等价物的期初余额	—
现金及现金等价物净增加额	3 990 158.80

备注：

①423 146.32=261 899-3 520+98 961.24-87 663.32+168 572.60-16 091.20+988（988 为购入电脑的进项税）

②470 668.80=306 889.51+3 659.75+1 322.50+882-127 291.28-137 940+423 146.32

（4）编制百威公司所有者权益变动表（如表 4-13 所示）。

表 4-13　所有者权益变动表

编制单位：百威电器有限公司　　202×年度　　单位：元

项目	本年金额						上年金额					
	实收资本	资本公积	减：库存股	盈余公积	未分配利润	所有者权益合计	实收资本	资本公积	减：库存股	盈余公积	未分配利润	所有者权益合计
一、上年年末余额	1 700 000.00	52 760.80		96 541.5	1 008 409.75	2 857 712.05						
1. 会计政策变更												
2. 前期差错更正												
二、本年年初余额	1 700 000.00	52 760.80		96 541.5	1 008 409.75	2 857 712.05						
三、本年增减变动金额（减少以“-”号填列）	3 300 000.00			169 844.89	-632 918.88	2 836 926.01						
（一）净利润					306 889.51	306 889.51						
（二）直接计入所有者权益的利得和损失												
1. 其他债权投资公允价值变动净额												
2. 权益法下被投资单位其他所有者权益变动的影响												
3. 与计入所有者权益项目相关的所得税影响												
4. 其他												
小计												
（三）所有者投入和减少资本	3 300 000.00					3 300 000.00						
1. 所有者投入资本	3 300 000.00					3 300 000.00						

表4-13（续）

项目	本年金额						上年金额					
	实收资本	资本公积	减：库存股	盈余公积	未分配利润	所有者权益合计	实收资本	资本公积	减：库存股	盈余公积	未分配利润	所有者权益合计
2. 股份支付计入所有者权益的金额												
3. 其他												
（四）利润分配				169 844.89	−939 808.39	−769 963.50						
1. 提取盈余公积				169 844.89	−169 844.89	0						
2. 对所有者的分配					−769 963.50	−769 963.50						
（五）所有者权益内部结转												
1. 资本公积转增资本												
2. 盈余公积转增资本												
3. 盈余公积弥补亏损												
4. 其他												
四、本年年末余额	5 000 000.00	52 760.80		266 386.39	375 490.87	5 694 638.06	1 700 000	52 760.80		96 541.5	1 008 409.75	2 857 712.05

第五章　商业企业记账凭证账务处理程序模拟实训

第一节　概述

一、实训名称

新设立公司广州博纬贸易有限公司全盘手工账务处理。

二、实训期间

202×年 12 月。

三、实训程序

记账凭证账务处理程序如图 5-1 所示。

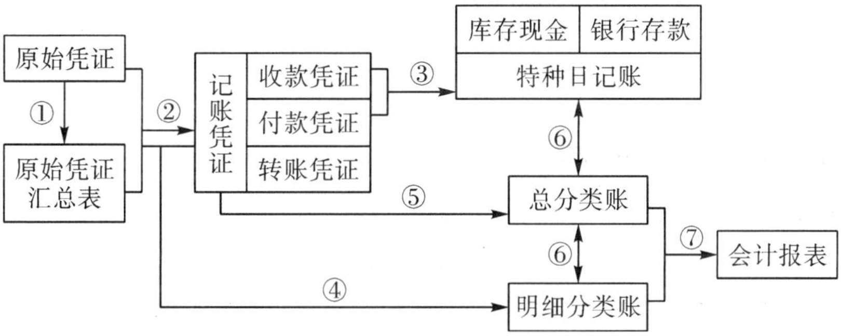

图 5-1　记账凭证账务处理程序

四、实训记账凭证类型

专用记账凭证。

五、实训模拟企业概况

企业名称：广州博纬贸易有限公司（英文：BARWELL LIMITED）。
法定代表人：陈洪。
注册资金：100 万元人民币。
经营范围：批发零售贸易（国家专营专控商品除外），货物进出口，技术进出口。
企业类型：私营有限公司责任公司。

办公场所：广州市天秀路31号26楼（NO. 31TIANXIU ROAD GUANGZHOU CHINA）。
营业期限：自202×年12月1日至203×年12月1日。
成立日期：202×年12月1日。
开户银行：中国银行广州市天河支行（账号：825026030808095009）。
纳税人识别号：440106792690475。
证照手续：
（1）营业执照（广州市市场监督管理局）。
（2）组织机构代码证（广州市质量技术监督局）。
（3）税务登记证（广州市税务局）。
（4）海关登记证（广州市海关）。
（5）外汇登记证（广州市外汇管理局）。
（6）外管备案（广州市外汇管理局）。
（7）检疫局备案（广州市卫生健康委员会）。
（8）对外贸易经营者备案（广州市对外贸易经济管理委员会）。
公司印章：
（1）中文印章（圆）。
（2）英文印章（椭圆）。
（3）合同专用章（圆）。
（4）财务专用章（圆形，公司用）。
（5）财务专用章（方形，银行预留印鉴）。
（6）报关专用章。

六、模拟企业财务人员岗位设置

模拟企业财务人员岗位设置如表5-1所示。

表5-1 财务人员岗位设置

职位	姓名	职责
会计主管	方琳	负责财务科的全面工作、审核业务和会计报表的编制
出纳员	张铭	现金日记账和银行存款日记账的登记
制单会计	李凯	记账凭证的填制、总账的登记
记账会计	王萍	明细账的登记

七、实训模拟企业会计政策及会计核算方法说明

增值税税率为13%，出口退税税率为9%，城市维护建设税税率为7%，教育费附加率为3%，所得税税率为25%，用五五摊销法摊销出租商品成本。公司为新公司，设置账户时没有期初余额。

第二节　模拟公司经济业务

一、202×年 12 月经济业务总体情况

公司 202×年 12 月经济业务总体情况如表 5-2 所示。

表 5-2　202×年 12 月经济业务总体情况一览表

业务序号	日期	业务摘要	附件张数	凭证字号
1	12.1	收到投资款	1	银收字第 01 号
2	12.2	购入欧元	1	银付字第 01 号
3	12.2	存入信用证存款	1	银付字第 02 号
4	12.3	支付进口商品国外运费	2	银付字第 03 号
5	12.3	支付进口商品保险费	2	银付字第 04 号
6	12.3	支付进口商品关税、增值税	2	银付字第 05 号
7	12.5	支付进口商品款（FOB 价）	3	转字第 01 号
8	12.8	进口商品验收入库	1	转字第 02 号
9	12.10	进口商品内销	1	转字第 03 号
10	12.11	购出口商品	3	银付字第 06 号
11	12.12	提取人民币备用	1	银付字第 07 号
12	12.12	提取欧元备用	1	银付字第 08 号
13	12.12	支付展览费	2	现付字第 01 号
14	12.15	商品出口（CIF 价）	2	转字第 04 号
15	12.16	支付出口商品国外运费	3	现付字第 02 号
16	12.16	支付出口商品保险费	2	现付字第 03 号
17	12.18	收到出口商品款	1	银收字第 02 号 转字第 05 号
18	12.19	购入样品	2	现付字第 04 号
19	12.19	商品盘亏	1	转字第 06 号
20	12.21	丙商品出租	1	转字第 07 号
21	12.25	批准转销损失	1	转字第 08 号
22	12.31	取得丙商品租金收入	2	现收字第 01 号
23	12.31	摊销本月出租商品成本	1	转字第 09 号
24	12.31	计提城市维护建设税及教育费附加	2	转字第 10 号
25	12.31	申报出口退税	1	转字第 11 号
26	12.31	调整增值税差额计入销售成本	1	转字第 12 号

表5-2(续)

业务序号	日期	业务摘要	附件张数	凭证字号
27	12.31	结转自营进口商品销售成本	1	转字第 13 号
28	12.31	结转自营出口商品销售成本	1	转字第 14 号
29	12.31	提现备用	1	银付字第 09 号
30	12.31	支付本月办公场所租金	2	现付字第 05 号
31	12.31	计算工资	1	转字第 15 号
32	12.31	结转收入	1 或不用	转字第 16 号
33	12.31	结转成本费用	1 或不用	转字第 17 号
34	12.31	结转本月亏损	1 或不用	转字第 18 号

二、202×年 12 月公司主要经济业务

(1) 12 月 1 日，投资人陈洪交来银行存款人民币 1 000 000 元，根据解付银行的凭证编制如下会计分录：

借：银行存款——人民币户　　1 000 000

　贷：实收资本——陈洪　　1 000 000

(2) 12 月 2 日购入 40 000 欧元，当日外汇牌价 9.00 元，根据银行购汇凭证编制如下会计分录：

借：银行存款——欧元户 (9.00×40 000)　　360 000

　贷：银行存款——人民币户 (9.00×40 000)　　360 000

(3) 12 月 2 日进口甲商品 10 件，国外进价 FOB 价 (Free On Board，离岸价) 单价1 000欧元，总价 10 000 欧元，存入信用证存款，开出信用证，当日外汇牌价 8.60 元，据支取凭条或外汇划款凭证编制如下会计分录：

借：其他货币资金——信用证存款 (8.60×10 000)　　86 000

　贷：银行存款——欧元户 (8.60×10 000)　　86 000

(4) 12 月 3 日，为甲商品支付国外运费 500 欧元，当日外汇牌价 8.60 元，根据外运公司发票和转账支票存根编制如下会计分录：

借：商品采购——进口商品 (甲商品) (8.60×500)　　4 300

　贷：银行存款——欧元户 (8.60×500)　　4 300

(5) 12 月 3 日，为甲商品支付保险费 250 欧元，当日外汇牌价 8.60 元，根据保险公司发票和转账支票存根编制如下会计分录：

借：商品采购——进口商品 (甲商品) (8.60×250)　　2 150

　贷：银行存款——欧元户 (8.60×250)　　2 150

(6) 12 月 3 日，为甲商品支付进口关税及增值税，进口关税为 8 600 元，增值税为 14 620 元，根据完税凭证及银行代缴电子回单编制如下会计分录：

借：商品采购——进口商品 (甲商品)　　8 600

　　应交税费——应交增值税 (进项税额)　　14 620

　贷：银行存款——人民币户　　23 220

（7）12月5日收到银行传来境外供货单位全套单证（如商业发票、提单、装箱单等），审单无异议，银行付款，当日牌价8.70元，编制如下会计分录：

借：商品采购——进口商品（甲商品）（8.70×10 000）　87 000

　贷：其他货币资金——信用证存款（8.60×10 000）　86 000

　　财务费用——汇兑损益（收益）　1 000

（8）12月8日，甲商品验收入库，根据验收部门开具的验收入库单编制如下会计分录：

借：库存商品——进口商品（甲商品）　102 050

　贷：商品采购——进口商品（甲商品）　102 050

（9）12月10日，将进口甲商品按国内同类商品协商定价，每件含税价人民币16 950元，售给国内A公司5件，根据发票编制如下会计分录：

借：应收账款——A公司　84 750

　贷：主营业务收入——进口商品（甲商品）　75 000

　　应交税费——应交增值税（销项税额）　9 750

（10）12月11日，购出口商品乙商品100件，买价共计10 000元，增值税税率为13%，款项已用银行存款支付，商品已验收入库，根据增值税专用发票、转账支票存根、商品验收入库单编制如下会计分录：

借：库存商品——出口商品（乙商品）　10 000

　应交税费——应交增值税（进项税额）　1 300

　贷：银行存款——人民币户　11 300

（11）12月12日，提取备用金人民币7 000元，根据现金支票存根编制如下会计分录：

借：库存现金——人民币户　7 000

　贷：银行存款——人民币户　7 000

（12）12月12日，提取500欧元备用，当日外汇牌价为8.50，根据现金支票存根编制如下会计分录：

借：库存现金——欧元户（8.50×500）　4 250

　贷：银行存款——欧元户（8.50×500）　4 250

（13）12月12日，用现金支付乙商品广交会出口商品展览费人民币3 000元，根据展览费发票、现金支付证明编制如下会计分录：

借：销售费用——展览费　3 000

　贷：库存现金——人民币户　3 000

（14）12月15日，将11日购进的100件乙商品全部出口德国麦德龙公司，为CIF价（Cost Insurance and Freight，到岸价）3 000美元，当日外汇牌价为8.50。商品已经报关发出，已开具商业发票，已备齐提单、装箱单、保险单、产地证、品质保证书等有关单据，并持买方银行开出的信用证一起提交银行，办妥托收手续。根据商业发票、出口单据收妥入账/结汇委托书编制如下会计分录：

借：应收账款——麦德龙（8.50×3 000）　25 500

　贷：主营业务收入——出口商品（乙商品）（8.50×3 000）　25 500

（15）12月16日，用现金支付国外运费300欧元，当日外汇牌价为8.60，据银行国内外汇转账结算凭证、现金支付证明及国内承运机构的运费发票编制如下会计分录：

借：主营业务收入——出口商品（乙商品）（8.60×300）　　2 580
　贷：库存现金——欧元户（8.60×300）　　2 580

（16）12月16日，用现金支付保险费100欧元，当日外汇牌价为8.60，据现金支付证明及保险公司发票编制如下会计分录：

借：主营业务收入——出口商品（乙商品）（8.60×100）　　860
　贷：库存现金——欧元户（8.60×100）　　860

（17）12月18日，收到银行进账通知单，麦德龙公司3 000欧元货款已收，当日外汇牌价为8.40，据银行进账单编制如下会计分录：

借：银行存款——欧元户（8.40×3 000）　　25 200
　　财务费用——汇兑损益（损失）　　300
　贷：应收账款—麦德龙（8.50×3 000）　　25 500

（18）12月19日，用现金购买丙商品2件作为样品，单价为1 200元，据普通发票及验收入库单编制如下会计分录：

借：库存商品——其他商品（丙商品）　　2 400
　贷：库存现金——人民币户　　2 400

（19）12月19日，清点仓库，发现盘亏甲商品3件，据盘点报告单编制如下会计分录：

借：待处理财产损溢——待处理流动资产损溢　　35 001
　贷：库存商品——进口商品（甲商品）　　30 615
　　　应交税费——应交增值税（进项税额转出）　　4 386

（20）12月21日，将上述2件丙商品出租，单价为1 200元，据商品出库单编制如下会计分录：

借：库存商品——出租商品（丙商品）　　2 400
　贷：库存商品——其他商品（丙商品）　　2 400

（21）12月25日，上述商品盘亏原因已经查明，一件被盗由太平洋保险公司全额赔偿，一件腐烂变质属一般经营损失，一件由于火灾烧毁。每件损失金额为11 667元。据损失批准文件编制如下会计分录：

借：其他应收款——太平洋保险公司　　11 667
　　管理费用——经营损失　　11 667
　　营业外支出——非常损失　　11 667
　贷：待处理财产损溢——待处理流动资产损溢　　35 001

（22）12月31日，取得丙商品现金租金收入6 000元，据现金收据及发票存根联编制如下会计分录：

借：库存现金——人民币户　　6 000
　贷：其他业务收入——商品出租　　6 000

（23）12月31日，摊销本月出租商品成本1 200元，据出租商品成本计算单编制如下会计分录：

借：其他业务成本——出租商品（丙商品）　1 200
　贷：库存商品——出租商品（丙商品）　1 200

（24）12 月 31 日，计算本月内销商品应交城市维护建设税及教育费附加。本月内销商品增值税销项税额为 12 750 元，本月内销商品可抵扣增值税进项税额为14 620-4 386=10 234（元），本月应交增值税税额为 12 750-10 234=2 516（元）。按应交增值税 2 516 元的 7%计提城市维护建设税，3%计提教育费附加。据城市维护建设税计算表、教育费附加计算表编制如下会计分录：

借：税金及附加——城市维护建设税　176. 12
　　　　　　——教育费附加　75. 48
　贷：应交税费——应交城市维护建设税（2 816×7%）　176. 12
　　　　　　——应交教育费附加（2 816×3%）　75. 48

（25）12 月 31 日，申报出口退税，据出口退税申报表编制如下会计分录：

借：其他应收款——出口退税（10 000×9%）　900
　贷：应交税费——应交增值税（出口退税）（10 000×9%）　900

（26）12 月 31 日，将购进出口货物取得的增值税专用发票上记载的增值税额与按规定的退税率计算的增值税税额的差额（13%-9%部分），作调增当期出口销售商品进价成本处理，据增值税差额计算表编制如下会计分录：

借：主营业务成本——出口商品（乙商品）　400
　贷：应交税费——应交增值税（进项税额转出）　400

（27）12 月 31 日，结转自营进口商品甲商品销售成本 51 025 元，据商品出库单编制如下会计分录：

借：主营业务成本——进口商品（甲商品）　51 025
　贷：库存商品——进口商品（甲商品）　51 025

（28）12 月 31 日，结转自营出口商品乙商品销售成本 10 000 元，据商品出库单编制如下会计分录：

借：主营业务成本——出口商品（乙商品）　10 000
　贷：库存商品——出口商品（乙商品）　10 000

（29）12 月 31 日，提取现金人民币 6 000 元备用。编制如下会计分录：

借：库存现金——人民币户　6 000
　贷：银行存款——人民币户　6 000

（30）12 月 31 日，用现金支付本月办公场所租金 6 000 元，据现金支付证明和租金发票编制如下会计分录：

借：管理费用——租赁费　6 000
　贷：库存现金——人民币户　6 000

（31）计算本月应支付的职工工资，共计 37 515 元。据工资计算表编制如下会计分录：

借：管理费用——职工工资　37 515
　贷：应付职工薪酬——职工工资　37 515

（32）12 月 31 日，结转收入，据本月损益类账户收入发生额汇总表编制如下会计分录：

借：主营业务收入——进口商品（甲商品）　　75 000
　　　　　　　　——出口商品（乙商品）　　22 060
　　其他业务收入——商品出租　　6 000
　　财务费用——汇兑损益　　700
　贷：本年利润　　103 760

（33）12 月 31 日，结转成本费用，据本月损益类账户费用发生额汇总表编制如下会计分录：

借：本年利润　　132 725. 60
　贷：主营业务成本——进口商品（甲商品）　　51 025. 00
　　　　　　　　　——出口商品（乙商品）　　10 400. 00
　　　其他业务成本——出租商品　　1 200. 00
　　　税金及附加——城市维护建设税　　176. 12
　　　　　　　　——教育费附加　　75. 48
　　　营业外支出——非常损失　　11 667. 00
　　　销售费用——展览费　　3 000. 00
　　　管理费用——经营损失　　11 667. 00
　　　　　　　——租赁费　　6 000. 00
　　　　　　　——职工工资　　37 515. 00

（34）月末，结转本期亏损，编制如下会计分录：

借：利润分配——未分配利润　　28 965. 60
　贷：本年利润　　28 965. 60

（35）因利润总额为负数，本月无需计算所得税费用，也不进行利润分配。

第三节　模拟公司专用记账凭证

根据前面的经济业务编制下列专用记账凭证（如图 5-2 至图 5-37 所示）。

收款凭证

借方科目：　　　　　　　　年　月　日　　　　　　　　字第　号

<table>
<tr><td rowspan="2">摘要</td><td colspan="2">贷方科目</td><td rowspan="2">金额</td><td rowspan="2">记账</td></tr>
<tr><td>一级科目</td><td>二级科目或明细科目</td></tr>
<tr><td></td><td></td><td></td><td></td><td></td></tr>
<tr><td></td><td></td><td></td><td></td><td></td></tr>
<tr><td></td><td></td><td></td><td></td><td></td></tr>
<tr><td>附件　张</td><td colspan="2">合计</td><td></td><td></td></tr>
</table>

会计主管：　　　记账：　　　出纳：　　　审核：　　　制单：

图 5-2

付款凭证

贷方科目：　　　　　　　　年　月　日　　　　　　　　字第　号

<table>
<tr><td rowspan="2">摘要</td><td colspan="2">借方科目</td><td rowspan="2">金额</td><td rowspan="2">记账</td></tr>
<tr><td>一级科目</td><td>二级科目或明细科目</td></tr>
<tr><td></td><td></td><td></td><td></td><td></td></tr>
<tr><td></td><td></td><td></td><td></td><td></td></tr>
<tr><td></td><td></td><td></td><td></td><td></td></tr>
<tr><td>附件　张</td><td colspan="2">合计</td><td></td><td></td></tr>
</table>

会计主管：　　　记账：　　　出纳：　　　审核：　　　制单：

图 5-3

付款凭证

贷方科目：　　　　　　　　年　月　日　　　　　　　　字第　号

<table>
<tr><td rowspan="2">摘要</td><td colspan="2">借方科目</td><td rowspan="2">金额</td><td rowspan="2">记账</td></tr>
<tr><td>一级科目</td><td>二级科目或明细科目</td></tr>
<tr><td></td><td></td><td></td><td></td><td></td></tr>
<tr><td></td><td></td><td></td><td></td><td></td></tr>
<tr><td></td><td></td><td></td><td></td><td></td></tr>
<tr><td>附件　张</td><td colspan="2">合计</td><td></td><td></td></tr>
</table>

会计主管：　　　记账：　　　出纳：　　　审核：　　　制单：

图 5-4

付款凭证

贷方科目：　　　　　　年　月　日　　　　　　字第　号

摘要	借方科目		金额	记账
	一级科目	二级科目或明细科目		
附件　张	合计			

会计主管：　记账：　出纳：　审核：　制单：

图 5-5

付款凭证

贷方科目：　　　　　　年　月　日　　　　　　字第　号

摘要	借方科目		金额	记账
	一级科目	二级科目或明细科目		
附件　张	合计			

会计主管：　记账：　出纳：　审核：　制单：

图 5-6

付款凭证

贷方科目：　　　　　　年　月　日　　　　　　字第　号

摘要	借方科目		金额	记账
	一级科目	二级科目或明细科目		
附件　张	合计			

会计主管：　记账：　出纳：　审核：　制单：

图 5-7

转账凭证

年　月　日　　　　　　字第　号

摘要	一级科目	二级科目或明细科目	借方金额	贷方金额	记账
附件　张	合计				

会计主管：　记账：　出纳：　审核：　制单：

图 5-8

转账凭证

年　月　日　　　　　　　　　　字第　号

摘要	一级科目	二级科目或明细科目	借方金额	贷方金额	记账
附件　张	合计				

会计主管：　　　记账：　　　出纳：　　　审核：　　　制单：

图 5-9

转账凭证

年　月　日　　　　　　　　　　字第　号

摘要	一级科目	二级科目或明细科目	借方金额	贷方金额	记账
附件　张	合计				

会计主管：　　　记账：　　　出纳：　　　审核：　　　制单：

图 5-10

付款凭证

贷方科目：　　　　年　月　日　　　　　　　　　　字第　号

摘要	借方科目		金额	记账
	一级科目	二级科目或明细科目		
附件　张	合计			

会计主管：　　　记账：　　　出纳：　　　审核：　　　制单：

图 5-11

付款凭证

贷方科目：　　　　年　月　日　　　　　　　　　　字第　号

摘要	借方科目		金额	记账
	一级科目	二级科目或明细科目		
附件　张	合计			

会计主管：　　　记账：　　　出纳：　　　审核：　　　制单：

图 5-12

付款凭证

贷方科目：　　　　年　月　日　　　　字第　号

摘要	借方科目		金额	记账
	一级科目	二级科目或明细科目		
附件　张	合计			

会计主管：　记账：　出纳：　审核：　制单：

图 5-13

付款凭证

贷方科目：　　　　年　月　日　　　　字第　号

摘要	借方科目		金额	记账
	一级科目	二级科目或明细科目		
附件　张	合计			

会计主管：　记账：　出纳：　审核：　制单：

图 5-14

转账凭证

年　月　日　　　　字第　号

摘要	一级科目	二级科目或明细科目	借方金额	贷方金额	记账
附件　张	合计				

会计主管：　记账：　出纳：　审核：　制单：

图 5-15

付款凭证

贷方科目：　　　　年　月　日　　　　字第　号

摘要	借方科目		金额	记账
	一级科目	二级科目或明细科目		
附件　张	合计			

会计主管：　记账：　出纳：　审核：　制单：

图 5-16

付款凭证

贷方科目：　　　　　　　　　　年　月　日　　　　　　　　　　字第　号

摘要	借方科目		金额	记账
	一级科目	二级科目或明细科目		
附件　张	合计			

会计主管：　　记账：　　出纳：　　审核：　　制单：

图 5-17

收款凭证

借方科目：　　　　　　　　　　年　月　日　　　　　　　　　　字第　号

摘要	贷方科目		金额	记账
	一级科目	二级科目或明细科目		
附件　张	合计			

会计主管：　　记账：　　出纳：　　审核：　　制单：

图 5-18

转账凭证

年　月　日　　　　　　　　　　字第　号

摘要	一级科目	二级科目或明细科目	借方金额	贷方金额	记账
附件　张	合计				

会计主管：　　记账：　　出纳：　　审核：　　制单：

图 5-19

付款凭证

贷方科目：　　　　　　　　　　年　月　日　　　　　　　　　　字第　号

摘要	借方科目		金额	记账
	一级科目	二级科目或明细科目		
附件　张	合计			

会计主管：　　记账：　　出纳：　　审核：　　制单：

图 5-20

转账凭证

年　月　日　　　　字第　号

摘要	一级科目	二级科目或明细科目	借方金额	贷方金额	记账
附件　张	合计				

会计主管：　记账：　出纳：　审核：　制单：

图 5-21

转账凭证

年　月　日　　　　字第　号

摘要	一级科目	二级科目或明细科目	借方金额	贷方金额	记账
附件　张	合计				

会计主管：　记账：　出纳：　审核：　制单：

图 5-22

转账凭证

年　月　日　　　　字第　号

摘要	一级科目	二级科目或明细科目	借方金额	贷方金额	记账
附件　张	合计				

会计主管：　记账：　出纳：　审核：　制单：

图 5-23

收款凭证

借方科目：　　年　月　日　　　　字第　号

摘要	贷方科目		金额	记账
	一级科目	二级科目或明细科目		
附件　张	合计			

会计主管：　记账：　出纳：　审核：　制单：

图 5-24

转账凭证

年 月 日 字第 号

摘要	一级科目	二级科目或明细科目	借方金额	贷方金额	记账
附件 张	合计				

会计主管： 记账： 出纳： 审核： 制单：

图 5-25

转账凭证

年 月 日 字第 号

摘要	一级科目	二级科目或明细科目	借方金额	贷方金额	记账
附件 张	合计				

会计主管： 记账： 出纳： 审核： 制单：

图 5-26

转账凭证

年 月 日 字第 号

摘要	一级科目	二级科目或明细科目	借方金额	贷方金额	记账
附件 张	合计				

会计主管： 记账： 出纳： 审核： 制单：

图 5-27

转账凭证

年 月 日 字第 号

摘要	一级科目	二级科目或明细科目	借方金额	贷方金额	记账
附件 张	合计				

会计主管： 记账： 出纳： 审核： 制单：

图 5-28

转账凭证

年 月 日 字第 号

摘要	一级科目	二级科目或明细科目	借方金额	贷方金额	记账
附件 张	合计				

会计主管： 记账： 出纳： 审核： 制单：

图 5-29

转账凭证

年 月 日 字第 号

摘要	一级科目	二级科目或明细科目	借方金额	贷方金额	记账
附件 张	合计				

会计主管： 记账： 出纳： 审核： 制单：

图 5-30

转账凭证

年 月 日 字第 号

摘要	一级科目	二级科目或明细科目	借方金额	贷方金额	记账
附件 张	合计				

会计主管： 记账： 出纳： 审核： 制单：

图 5-31

付款凭证

贷方科目： 年 月 日 字第 号

摘要	借方科目		金额	记账
	一级科目	二级科目或明细科目		
附件 张	合计			

会计主管： 记账： 出纳： 审核： 制单：

图 5-32

付款凭证

贷方科目：　　　　　　　　　　年　月　日　　　　　　　　字第　号

摘要	借方科目		金额	记账
	一级科目	二级科目或明细科目		
附件　张	合计			

会计主管：　　记账：　　出纳：　　审核：　　制单：

图 5-33

转账凭证

年　月　日　　　　　　　　字第　号

摘要	一级科目	二级科目或明细科目	借方金额	贷方金额	记账
附件　张	合计				

会计主管：　　记账：　　出纳：　　审核：　　制单：

图 5-34

转账凭证

年　月　日　　　　　　　　字第　号

摘要	一级科目	二级科目或明细科目	借方金额	贷方金额	记账
附件　张	合计				

会计主管：　　记账：　　出纳：　　审核：　　制单：

图 5-35

转账凭证

年　月　日　　　　　　　　　　字第　号

摘要	一级科目	二级科目或明细科目	借方金额	贷方金额	记账
附件　张	合计				

会计主管：　　记账：　　出纳：　　审核：　　制单：

图 5-36

转账凭证

年　月　日　　　　　　　　　　字第　号

摘要	一级科目	二级科目或明细科目	借方金额	贷方金额	记账
附件　张	合计				

会计主管：　　记账：　　出纳：　　审核：　　制单：

图 5-37

第四节　模拟公司日记账

根据前面编制的现金收付款凭证，逐日逐笔登记库存现金日记账（见表5-3和表5-4）；根据前面编制的银行存款收付款凭证，逐日逐笔登记银行存款日记账（见表5-5和表5-6）。

表5-3　库存现金日记账

账户名称：人民币户

年		凭证		摘要	对方科目	借方	贷方	余额
月	日	字	号					

表5-4　库存现金日记账

账户名称：欧元户

年		凭证		摘要	对方科目	借方	贷方	余额
月	日	字	号					

表 5-5　银行存款日记账

账户名称：人民币户

年		凭证		摘要	对方科目	借方	贷方	余额
月	日	字	号					

表 5-6　银行存款日记账

账户名称：欧元户

年		凭证		摘要	对方科目	借方	贷方	余额
月	日	字	号					

第五节　模拟公司明细账

根据记账凭证资料练习部分明细分类账的登记。

三栏式明细账（见图 5-38 至图 5-40）。

其他货币资金明细账

账户名称：信用证存款

年		凭证		摘要	借方	贷方	借或贷	余额
月	日	字	号					

图 5-38

应收账款明细账

账户名称：A 公司

年		凭证		摘要	借方	贷方	借或贷	余额
月	日	字	号					

图 5-39

应收账款明细账

账户名称：麦德龙

年		凭证		摘要	借方	贷方	借或贷	余额
月	日	字	号					

图 5-40

横向登记式明细账（见图 5-41 至图 5-43）。

其他应收款明细账

账户名称：太平洋保险公司

年		凭证		摘要	借方	年		凭证		摘要	贷方	借或贷	余额
月	日	字	号			月	日	字	号				

图 5-41

其他应收款明细账

账户名称：出口退税

年		凭证		摘要	借方	年		凭证		摘要	贷方	借或贷	余额
月	日	字	号			月	日	字	号				

图 5-42

商品采购明细账

账户名称：进口商品（甲商品）

年		凭证		摘要	借方	年		凭证		摘要	贷方	借或贷	余额
月	日	字	号			月	日	字	号				

图 5-43

数量金额式明细账（见图 5-44 至图 5-47）。

库存商品明细账

科目：库存商品　　　　规格等级：

子目：进口商品　　　　计量单位：　　　　品名：甲商品

年		凭证		摘要	收入			发出			结存		
月	日	字	号		数量	单价	金额	数量	单价	金额	数量	单价	金额

图 5-44

库存商品明细账

科目：库存商品　　　　规格等级：
子目：出口商品　　　　计量单位：　　　　品名：乙商品

年		凭证		摘要	收入			发出			结存		
月	日	字	号		数量	单价	金额	数量	单价	金额	数量	单价	金额

图 5-45

库存商品明细账

科目：库存商品　　　　规格等级：
子目：其他商品　　　　计量单位：　　　　品名：丙商品

年		凭证		摘要	收入			发出			结存		
月	日	字	号		数量	单价	金额	数量	单价	金额	数量	单价	金额

图 5-46

库存商品明细账

科目：库存商品　　　　规格等级：
子目：出租商品　　　　计量单位：　　　　品名：丙商品

年		凭证		摘要	收入			发出			结存		
月	日	字	号		数量	单价	金额	数量	单价	金额	数量	单价	金额

图 5-47

增值税专用明细账（双方多栏账）（见图 5-48）。

应交税费——应交增值税明细账

年		凭证号数	摘要	借方				贷方				借或贷	余额
月	日			合计	进项税额	已交税金	转出未交增值税	合计	销项税额	进项税额转出	出口退税		

图 5-48

多栏式明细账（见图 5-49 和图 5-50）。

主营业务收入明细账

账户名称：出口商品（乙商品）

年		凭证		摘要	贷方			
月	日	字	号		合计	国外运费	保险费	售价

图 5-49

主营业务成本明细账

账户名称：出口商品（乙商品）

年		凭证		摘要	借方			
月	日	字	号		合计	进项税额转出	商品采购成本	

图 5-50

第六节 模拟公司总账

根据记账凭证资料登记总分类账，练习记账凭证账务处理程序的应用（见图5-51至图5-72）。

总分类账

账户名称：库存现金

年		凭证		摘要	借方	贷方	借或贷	余额
月	日	字	号					

图 5-51

账户名称：银行存款

年		凭证		摘要	借方	贷方	借或贷	余额
月	日	字	号					

图 5-52

账户名称：其他货币资金

年		凭证		摘要	借方	贷方	借或贷	余额
月	日	字	号					

图 5-53

账户名称：应收账款

年		凭证		摘要	借方	贷方	借或贷	余额
月	日	字	号					

图 5-54

账户名称：其他应收款

年		凭证		摘要	借方	贷方	借或贷	余额
月	日	字	号					

图 5-55

账户名称：商品采购

年		凭证		摘要	借方	贷方	借或贷	余额
月	日	字	号					

图 5-56

账户名称：库存商品

年		凭证		摘要	借方	贷方	借或贷	余额
月	日	字	号					

图 5-57

账户名称：待处理财产损溢

年		凭证		摘要	借方	贷方	借或贷	余额
月	日	字	号					

图 5-58

账户名称：应付职工薪酬

年		凭证		摘要	借方	贷方	借或贷	余额
月	日	字	号					

图 5-59

账户名称：应交税费

年		凭证		摘要	借方	贷方	借或贷	余额
月	日	字	号					

图 5-60

账户名称：实收资本

年		凭证		摘要	借方	贷方	借或贷	余额
月	日	字	号					

图 5-61

账户名称：本年利润

年		凭证		摘要	借方	贷方	借或贷	余额
月	日	字	号					

图 5-62

账户名称：利润分配

年		凭证		摘要	借方	贷方	借或贷	余额
月	日	字	号					

图 5-63

账户名称：主营业务收入

年		凭证		摘要	借方	贷方	借或贷	余额
月	日	字	号					

图 5-64

账户名称：主营业务成本

年		凭证		摘要	借方	贷方	借或贷	余额
月	日	字	号					

图 5-65

账户名称：其他业务收入

年		凭证		摘要	借方	贷方	借或贷	余额
月	日	字	号					

图 5-66

账户名称：其他业务成本

年		凭证		摘要	借方	贷方	借或贷	余额
月	日	字	号					

图 5-67

账户名称：税金及附加

年		凭证		摘要	借方	贷方	借或贷	余额
月	日	字	号					

图 5-68

账户名称：管理费用

年		凭证		摘要	借方	贷方	借或贷	余额
月	日	字	号					

图 5-69

账户名称：财务费用

年		凭证		摘要	借方	贷方	借或贷	余额
月	日	字	号					

图 5-70

账户名称：销售费用

年		凭证		摘要	借方	贷方	借或贷	余额
月	日	字	号					

图 5-71

账户名称：营业外支出

年		凭证		摘要	借方	贷方	借或贷	余额
月	日	字	号					

图 5-72

第七节　模拟公司账账核对表

当月月末，编制总分类账与所属明细分类账和日记账金额核对表，练习部分账户的明细账与总账余额是否相符（见表5-7）。

表5-7　日记账、明细账与总账核对表

账户名称	期末余额	账户名称	期末余额
库存现金总分类账		其他应收款总分类账	
库存现金日记账		其中：太平洋保险公司	
银行存款总分类账		出口退税	
银行存款日记账		其他应收款明细账余额小计	
		库存商品总分类账	
应收账款总分类账		其中：甲商品	
其中：A公司		乙商品	
麦德龙		丙商品	
应收账款明细账余额小计		库存商品明细账余额小计	

第八节　模拟公司试算平衡表

当月月末，根据与日记账、明细分类账核对余额后的总账记录，编制总分类账户发生额及余额试算平衡表（见表5-8）。

表5-8　总分类账户发生额及余额试算平衡表

年　月

会计科目	期初余额		本期发生额		期末余额	
	借方	贷方	借方	贷方	借方	贷方
库存现金						
银行存款						
其他货币资金						
应收账款						
其他应收款						
商品采购						
库存商品						
待处理财产损溢						
应付职工薪酬						
应交税费						
实收资本						
主营业务收入						
主营业务成本						
其他业务收入						
其他业务成本						
税金及附加						
管理费用						
财务费用						
销售费用						
营业外支出						
本年利润						
利润分配						
合计						

第九节 模拟公司资产负债表

根据明细分类账及总分类账资料编制资产负债表（见表5-9）。

表5-9 资产负债表

编制单位： 年 月 日 单位：元

资产	年初数	期末数	负债及所有者权益	年初数	期末数
流动资产：			流动负债：		
货币资金			短期借款		
交易性金融资产			交易性金融负债		
应收票据			应付票据		
应收账款			应付账款		
预付款项			预收款项		
应收利息			应付职工薪酬		
应收股利			应交税费		
其他应收款			应付利息		
存货			应付股利		
一年内到期的非流动资产			其他应付款		
其他流动资产			一年内到期的非流动负债		
流动资产合计			其他流动负债		
非流动资产：			流动负债合计		
其他债权投资			非流动负债：		
持有至到期投资			长期借款		
长期应收款			应付债券		
长期股权投资			长期应付款		
投资性房地产			专项应付款		
固定资产			预计负债		
在建工程			递延所得税负债		
工程物资			其他非流动负债		
固定资产清理			非流动负债合计		
生产性生物资产			负债合计		
油气资产			所有者权益（或股东权益）：		
无形资产			实收资本（或股本）		

表5-9(续)

资产	年初数	期末数	负债及所有者权益	年初数	期末数
开发支出			资本公积		
商誉			减：库存股		
长期待摊费用			盈余公积		
递延所得税资产			未分配利润		
其他非流动资产					
非流动资产合计			所有者权益（或股东权益）合计		
资产总计			负债及所有者权益总计		

第十节　模拟公司利润表

根据明细分类账及总分类账资料编制利润表（见表 5-10）。

表 5-10　利润表

编制单位：　　　　　　　　　　年　月　　　　　　　　　　单位：元

项目	行次	本期金额	上期金额
一、营业收入			
减：营业成本			
税金及附加			
销售费用			
管理费用			
财务费用			
资产减值损失			
加：公允价值变动净收益			
投资收益			
其中：对联营企业和合营企业的投资收益			
二、营业利润			
加：营业外收入			
减：营业外支出			
其中：非流动资产处置损失			
三、利润总额			
减：所得税费用			
四、净利润			
五、每股收益			
（一）基本每股收益			
（二）稀释每股收益			

参考文献

[1] 李海波. 新编会计学原理——基础会计［M］. 上海：立信会计出版社，2020.

[2] 李海波. 新编会计学原理——基础会计习题集［M］. 上海：立信会计出版社，2020.

[3] 邵瑞庆. 会计学原理［M］. 上海：立信会计出版社，2015.

[4] 邵瑞庆. 会计学原理学习指导书［M］. 上海：立信会计出版社，2015.

[5] 林双全. 基础会计实训［M］. 大连：大连理工大学出版社，2011.

[6] 会计从业资格考试辅导教材编写组. 会计从业资格考试习题集［M］. 北京：中国财政经济出版社，2016.

[7] 会计从业资格考试辅导教材编写组. 会计从业资格考试习题集［M］. 北京：中国财政经济出版社，2012.

[8] 会计从业资格考试辅导教材编写组. 会计基础［M］. 北京：中国财政经济出版社，2016.

[9]《会计基础应试指南》编写组. 会计基础应试指南［M］. 北京：企业管理出版社，2015.

[10] 李继斌，方树栋. 会计学原理［M］. 北京：科学出版社，2007.

[11] 曲洪山，禹阿平. 新编基础会计［M］. 大连：大连理工大学出版社，2008.

[12] 高香林. 基础会计［M］. 北京：高等教育出版社，2007.

[13] 石人瑾，钱嘉福. 英汉·汉英会计词典［M］. 上海：立信会计出版社，1997.

[14] 常勋，肖华. 会计专业英语［M］. 上海：立信会计出版社，2006.

[15] 高文青，张同法. 基础会计——原理、实务、实训［M］. 北京：北京交通大学出版社，2009.

[16] 陈兴滨. 会计原理［M］. 北京：高等教育出版社，2008.